증보판

스포츠의 사회학적 이해

스포츠의 사회학적 이해 증보판

초판 발행 2001년 3월 16일 | **2판 5쇄** 2020년 2월 22일

지은이 김동규 · 한준영 · 구강본

펴낸이 서길수 | **펴낸곳** 영남대학교출판부

출판등록 1975년 9월 5일 경산 제16-1호 | **주소** 경북 경산시 대학로 280

전화 053) 810-1801~3 | **FAX** 053) 810-4722 | **홈페이지** book.yu.ac.kr

ISBN 978-89-7581-392-4 93690

• 값은 표지 뒷면에 있습니다

• 잘못 만들어진 책은 바꾸어 드립니다

증보판

스포츠의 사회학적 이해

김동규 · 한준영 · 구강본 지음

영남대학교출판부

머리말

사회가 복잡해지고 다양해지는 가운데 스포츠는 현대사회에 있어서 주요 문화의 한 부분이 되었다. 개인의 건강을 도모하거나 여가시간을 보내기 위해서도 스포츠는 중요하지만, 한편으로는 경쟁의 장을 펼쳐 다 함께 즐기기 위해서도 스포츠는 중요한 것이 되었다. 따라서 오늘날에 있어서는 스포츠가 개인 차원의 운동이라는 입장을 넘어 다양한 관점에서 종합적으로 이해하는 것이 중요하다.

어느 분야이든 학문은 하위영역의 구축에서 비롯된다고 해도 과언이 아니다. 그러나 일반학문이 인문 · 사회 · 자연의 어느 한 영역에 예속되어 일관성 있는 대상과 방법으로 연구가 수행되는 것과는 달리 스포츠학은 인문 · 사회 · 자연의 전 영역을 커버해야 하는 운명에 놓이게 되었다. 인문학의 영역으로서 스포츠사, 스포츠철학, 사회과학 영역으로서 스포츠심리학, 스포츠사회학, 자연과학 영역으로서 운동생리학, 생체역학 등이 대표적인 분야이다. 인문학 영역이 스포츠의 나아갈 방향을 제시한다면, 사회과학과 자연과학은 구체적인 방법을 연구한다고 볼 수 있다.

이 책의 내용은 스포츠와 관련한 사회과학의 제반 영역에 초점이 맞추어져 있다. 스포츠의 본질을 논하는 제1장 스포츠론을 비롯하여 제2장은 스포츠사회학의 주요 이론과 스포츠의 사회적 기능을 논의하였다. 그리고 제3장부터 제12장까지는 사회의 제반 문제들을 영역별로 분류하여 스포츠와 관련한 개념 및 의의를 주제별로 탐색하였다. 정치 · 사회일탈 · 윤리 · 법 · 문화 · 매스미디어 · 마케팅 · 여성 · 환경 · 엘리트스포츠 등의 영역이 그것으로서 이러한 논의들은 현대사회에서 스포츠를 수준 높게 접근하거나 연구하는데 도움이 되리라고 본다.

이 책의 특징이라면 분류된 영역이 사회과학의 전 영역을 종합적으로 커버함은 물론 최신 이론이 소개되었다는 점이다. 그리고 인용출처도 어려움은 있었지만 독자의 이해를 돕기 위해 비교적 소상히 밝혔으며, 각 장의 구성에 있어서 전문가들의 자료와 조언도 충분히 활용하였다. 아쉽고 부족한 점이 없는 것은 아니나 이 책은 스포츠학의 사회과학 영역을 공부하려는 체육학도는 물론 일반인이 스포츠세계를 이해하는 데에 기여하리라 확신한다.

마지막으로 이 책의 탄생을 위해 많은 노고를 아끼지 않은 몇 사람을 소개하고자 한다. 우선 팀장으로서 최신 정보를 제시하고 원고의 구성에 직 · 간접적으로 참여한 전용배 박사의 노고가 가장 컸으며, 박사학위 논문의 작성에도 눈코 뜰 사이가 없었음에도 불구하고 기꺼이 참여해 준 이정식 교수와 남중웅 선생의 노고에도 고마움의 뜻을 전한다. 또 원고의 최종 정리를 담당한 김영갑 선생의 노고도 있었다. 물론 출판을 허락하고 협력해 준 영남대학교 출판부 측에의 감사는 말할 것도 없는 일이다.

2001년 3월

지은이

증보판에 부쳐…

현대사회에서 스포츠의 사회문화적 의의 및 역할을 탐구한 이 저서가 출간 된지 어느 듯 10여년을 맞게 되었다. 부족한 부분이 있었음에도 불구하고 그 동안 많은 분들의 관심과 각 대학에서 체육학 전공은 물론 일반교양서적으로 활용되었음은 저자의 입장에서 보면 여간 보람된 일이 아니었다. 특히 2001년 문화관광부 우수 학술도서로 선정되었을 때는 더더욱 감회가 깊었다.

그럼에도 불구하고 10여년의 세월은 이 저서의 많은 부분에 변화가 요구됨을 깨닫게 하였다. 스포츠에 대한 사회과학적 접근인 만큼 시대에 부합하는 새로운 이론의 소개 못지않게 계량적 측면에서의 자료가 보완되어야 함을 인지하게 된 것이다. 급변하고 있는 현대사회에서의 정치, 경제, 문화, 그리고 과학적 성장은 스포츠에 대한 탐구 또한 새로운 것이 되어야 함을 요구하고 있으며, 이 저서는 그러한 시대적 배경에 부합 하려고 증보판을 기획하게 되었다.

이와 함께 공저자였던 한광걸 교수님이 정년을 맞아 일선에서 은퇴하게 되면서 새로운 신진학자들의 참여도 당연시 되었다. 그리하여 이번에 기획하여 출간한 증보판은 일부 수정이 아닌 전면 개편이라는 대대적 작업이었다. 체육원리 저서들에서 보여 주고 있는 스포츠의 개념, 본질, 가치 등과 같은 인문학적 성격의 접근을 대폭 생략하는 대신, 스포츠의 사회과학적 배경과 현상, 그리고 실천문제

등에 초점이 맞추어졌다고 볼 수 있다. 또한 독자의 이해를 높일 목적으로 관련사진 등의 자료들이 첨부되었음도 이 증보판의 특징이라면 특징이다.

모든 일에 있어 항상 그러하듯이 이번의 증보판도 완성도 면에서 부족한 부분이 있을 것으로 본다. 그러나 젊은 학자들의 참여는 내용의 신선도를 높였으며, 최신 자료들의 소개는 스포츠현상의 이해는 물론 향후 스포츠세계가 어떠한 방향으로 실천되어야 할 것인가 하는 이정표로서의 역할도 있을 것이다. 이번에도 기꺼이 증보판의 출간을 허락해 주신 영남대학교출판부 측에 감사 드리며, 항상 우리와 함께 생활하고 공부하고 있는 스포츠사회철학회 회원들의 성원에도 고맙다는 말씀을 전하고자 한다.

2010년 8월

지은이

목차

01 스포츠와 현대사회

02 스포츠사회학의 이론과 개념

03 스포츠사회화

04

스포츠와 시장

05

스포츠와 정치

06

스포츠와 매스커뮤니케이션

07 스포츠와 환경

08 스포츠와 문화

09 스포츠와 계층

10 스포츠와 여성

11

스포츠와 인종

12

스포츠와 윤리

13

스포츠와 일탈행위

14

스포츠 실천의 진보

chapter 01 스포츠와 현대사회

스포츠와 현대사회

스포츠는 현대인이 가장 선호하는 여가활동 중의 하나이며, 현대사회에서 스포츠의 영역이 차지하는 비중은 확대되고 있다. 스포츠의 정의 또한 다양해지고 있으며 명확하게 정의하기란 쉽지 않은 과제이다. 기존의 미디어와 새로운 미디어의 출현은 스포츠 영역을 더욱 확대하고 있으며 의미를 재창출하고 있다. 스포츠에는 많은 의미가 함축되어 있다. 사회적, 정치적, 문화적, 교육적 등의 의미를 함축하고 있는 스포츠는 왜 대중들의 관심의 대상이 되었을까? 왜 현대인들은 스포츠에 열광하는가에 대한 답을 찾기 위한 토대를 이장에서 살펴보도록 한다.

스포츠의 본질은 스포츠의 어원과 발달과정을 통하여 예측이 가능하다. 전통적인 관점에서 스포츠 본질에 대한 연구는 사회문화적 관점, 유물론적 관점, 미학적 관점, 사회생물학적 관점으로 접근하고 있다. 특히 사회생물학적 관점은 최근의 주장이다. 스포츠 본질에 있어서 전통적인 관점이 간과하고 있는 인간의 내적 욕구, 충동, 그리고 본능에 대한 단서를 제공하는 사회생물학적 관점의 중요성이 확대되고 있는 것이다. 또한 현대 스포츠의 특성은 다양화, 과학화와 탈 과학화,

상품화, 평생 스포츠화, 그리고 국제화 현상으로 분류된다.

사회변동과 관련하여 스포츠는 사회의 다양한 문화와 제도를 반영하는 것으로써 사회구조의 변동에 따라 스포츠의 현상도 달라질 수 있다. 또한 스포츠 내에서의 인식에 있어서도 마찬가지로 사회체제는 스포츠의 환경으로써 존재함으로 스포츠와 관련된 활동, 과정, 의사결정 등은 사회문화적 영향 내에서 존재한다. Saeki는 현대사회의 변동을 산업화 이전의 단계, 산업화로 접어든 단계, 그리고 산업화 이후의 단계로 구분하여 산업화에 따른 가치관의 변화와 이에 따른 스포츠의 목표를 제시하였다.

스포츠문화의 다양성과 관련하여 포스트모더니즘이 현대 체육에 미친 영향은 두 가지의 양상이 도래될 것으로 예측되었다. 외형적 형태 및 구조의 변화와 스포츠가 자체적으로 수반하고 있는 내재적 가치의 변화가 이루어진다는 것이다. 스포츠의 비교 문화적 관점에서는 체육과 스포츠, 무도와 스포츠, 그리고 엘리트스포츠와 대중스포츠의 비교를 통하여 현대스포츠의 본질을 재조명할 수 있다. 결론적으로 스포츠와 관련한 체육, 무도, 그리고 여가는 급변하는 현대사회에서 용어의 차이를 부각시키기보다는 공통분모를 찾는 노력과 공생공존의 협조체계의 수립이 강하게 요구된다.

현대사회의 스포츠는 보편타당한 규범이 존재해야 함에도 불구하고 스포츠의 정신세계를 지배하는 아마추어리즘과 프로페셔널리즘, 스포츠맨십, 그리고 스포츠 휴머니티를 바탕으로 스포츠의 가치를 직시하고, 시대적 감각에 적합한 스포티즘의 창출에 관심과 정성을 기울여야 할 것이다. 이러한 통합적 가치의 실현을 통하여 스포츠의 역기능적 요소들이 극복될 수 있고 상호조화를 도모할 수 있을 것이다. 이러한 토대를 기반으로 현대인들이 스포츠에 열광할 수밖에 없는 이유와 현대사회에서 표출되고 있는 다양한 현상들을 알아보고자 한다.

스포츠의 발달과정과 분류

1. 스포츠의 어원과 발달과정

스포츠의 어원과 발달과정을 살펴보기 전에 체육의 역사적 출발점을 살펴보면 인류의 탄생으로 거슬러 올라간다. 인류의 탄생부터 4대문명 발생 이전까지의 체육을 체육의 출발점으로 볼 때 체육은 '생존을 위한 생활체육' 으로 정의할 수 있다. 원시시대의 체육활동은 생존을 위해 강건한 체력유지, 식량해결을 위한 정확한 신체기술과 도구를 다루는 기량, 체온유지와 주거장소의 이동능력, 공동체와의 단결을 위한 협동적 신체기술, 다른 촌락이나 맹수와의 대결을 위한 전투체력과 기술 등을 들 수 있다. 이처럼 원시시대의 체육활동은 교육이자 종교생활, 그리고 유희활동이며, 노동이자 예술로서 삶 자체로 볼 수 있다. 그러므로 원시시대의 체육을 교육, 종교, 노동, 유희, 예술로 구분 짓기보다는 총체적으로 이해해야 하며, 이는 생존을 위한 신체행위로 인식해야 한다. 오늘날의 스포츠 역시 같은 맥락으로 이해해야 한다.

스포츠(sport)의 어원은 중세 로만스(romance)어에서 나왔다고 하는 학설이 일반적으로 받아들여지고 있다. 그리고 스포츠는 라틴어의 disportare가 아닌 desportare에서 유래했다는 확증도 밝혀졌다. 이는 '운반한다', '들고 간다' 는 의미이며, 이에 다시 '기분전환' 의 뜻인 불어 동사 deporter나 desporter로 변해 남성명사 desport가 만들어졌다. 그 후 11세기경에 영국으로 들어가서 disport로 변형되었으며, 16세기경에 sport라는 영어가 되었다. 이와 같이 성립된 sport란 용어는 영국으로부터 프랑스로 역수입됨과 동시에 19세기 이후 독일에서도 외래어로서 유행을 하게 되었다.

스포츠의 원래 뜻은 위에서 밝혔듯이 '운반, 들고가다' 에서 기분전환, 장난, 위로, 유희 등으로의 변화되었음을 알 수 있다. 따라서 일상적인 삶에서부터 시작된 스포츠는 광범위한 놀이 전체를 포함한다고 볼 수 있는 것이다. 그리고 영어의 sport란 용어에는 play와 마찬가지로 지적인 것과 신체운동적인 것이 포함되어 있었으나 시대와 함께 변화되었다. 즉 스포츠란 용어는 상당히 오래 전부터 야외에서의 즐거운 '신체운동(身體運動)'의 의미로 사용되어 왔으며, 이러한 어의(語義)가 점점 사회적 환경과 결합되어 오늘에 이르렀다. 스포츠의 구성요소 및 의미는 play, game, sport 등을 비교함으로써 이해가 쉬워진다. play, game, sport의 개념은 공통점과 상이점을 동시에 소유하고 있다. 임번장(1979)은 이 세 요인의 개념과 특성을 다음과 같이 비교하고 있다.

◆ **허구성** (make-believe) : 놀이는 명백히 비현실이라는 특수한 의식을 수반. 일상생활과 구별 짓게 하는 기준, 사회적 안전판으로서의 역할, 스포츠현장의 비윤리적 상황은 사회의 법체계와 분리

◆ **비생산성** (economically unproductive) : 놀이는 그 자체로서 새로운 물질적 재화를 생산하지 않는다. 외적인 요소의 변화까지 확대할 경우 특성 변화

◆ **자유성** (free) : 놀이는 강요에 의해서 이루어지는 것이 아니라 자유 시간에 자발적으로 행해지며 시작과 끝이 자유롭다. 내적동기에 의해 자발적으로 참가하는 것이 놀이의 본질

'play' 는 체육 분야에서 우리말로 놀이, 유희 등으로 이해되며, 그 의미는 소박하고 단순하며 미발달된 수준에 놓여 있는 인간의 기본활동이다. 그러므로 play는 가장 원시적인 형태의 것으로서 game과 sport의 기초가 된다. 놀이의 특성으로 허구성(虛構性), 비생산성(非生産性), 자유성(自由性), 쾌락성(快樂性) 등이 있다.

'game' 은 우리말로서의 적당한 용어 선정이 어려워 통상적으로 게임으로 읽

는다. 이는 play가 발달해 좀 더 조직화되고 역할 분화가 이루어진 형태의 인간 활동이다. 즉 질서 개념이 뚜렷하지 못한 play에 규칙을 적용시켜 조직화하고, 쾌락의 욕구충족을 만족시키는 개별성의 속성을 소유한 play에 경쟁의 요소를 도입하여 복수의 개념이 확립된 것이 game이라고 할 수 있다. 또한 각각의 역할이 분화된 특성이 존재한다. 그러므로 game은 play가 sport로 이어지는 중간단계의 교량적 역할을 맡고 있는 활동이며, sport의 기초 단위가 된다. 게임의 특성은 play 요소에 규칙성(規則性)과 경쟁성(競爭性)이 첨가된 것을 의미한다.

◆ **규칙성**(governed by rules) : 놀이는 약속에 따르는 활동이다. 게임은 이러한 약속이 구체화된 것을 의미한다. 일상의 법규는 일시적으로 정지되고, 새로운 규칙을 확립하여 진행되며 성문화된 규칙이 존재

◆ **경쟁성**(competition) : 경쟁성은 놀이와 게임을 구분 짓는 설명력을 가진다. 경쟁의 상대는 인간과 인간, 자연, 생물, 무생물간의 경쟁까지도 포함

◆ **불확실성**(uncertain) : 놀이, 게임, 스포츠는 전개과정이 설정되어 있지 않다. 특히 게임과 스포츠의 경우 경쟁성에 대한 불확실성을 통해 몰입수준이 높아진다. 경기의 긴장과 긴박감을 제공하기 위해 핸디캡, 체급, 드래프트, 리그의 구분 등이 제도화

한편, sport는 game이 더욱 조직화되고 역할의 분화가 다양하며, 다종의 규범과 다양한 형식적 규범을 소유한 형태의 표현활동으로서, 세 형태의 인간활동 중에서 가장 근래에 발달된 것이다. 이러한 sport는 신체기량과 그 능력을 암시하는 측면이 강조되는 점에서 다른 두 유사 현상과 뚜렷이 구분된다. 즉 play나 game은 정신적, 그리고 확률적인 형태의 활동이 비교적 상당한 부분을 점유할 수 있으나, sport에는 주로 신체적 활동을 위주로 하여 신체적 기량을 중심 과제로 행해지

는 활동인 것이다. 따라서 스포츠의 특성은 제도화된 대근활동(大筋活動)이 동원되는 신체기량(身體技倆)을 들 수 있다. 그러므로 세 요인의 범위는 sport가 가장 크며, 그 다음 game, play의 순으로 볼 수 있다.

◆ 제도화 : 활동규칙의 표준화와 규칙의 시행은 공인된 규제기관에 의해서 대행되며, 활동의 조직적, 전문적 측면이 강조된다. 특히 경기 기능의 학습이 형식화, 표준화 되어있는 일련의 행동

◆ 탁월한 신체기량 : 스포츠와 게임을 구분하는 속성 중의 하나는 신체활동의 탁월성이다. 고도의 신체적 기술과 능력을 개발 한다는 것은 훈련과 학습을 의미하며, 복합적 신체기능(민첩성, 협응성 등)과 신체기량(근력, 지구력 등)의 발현은 스포츠의 중요한 기준

◆ 인위적 방해성 : 스포츠와 게임은 경쟁성을 기반으로 한다. 지속적인 경쟁을 공정하게 하기위한 방법으로 경쟁할 팀을 미리 정하지 않고 추첨하는 것이 필요 (추첨, 토너먼트, 리그전 등)

[그림 1-1] 놀이이자 게임인 길거리야구와 제도화된 스포츠인 리틀리그야구

2. 놀이, 스포츠의 분류

1) R. Caillois의 게임 분류

R. Caillois는 게임(game)을 agon, alea, mimicry, ilinx의 4범주로 분류하여 다음과 같이 특징을 설명하고 있다.

● agon(競爭) : 어느 일정 분야에서 자기 자신의 우월성을 나타내려는 욕구가 이의 원동력이며, 개인이나 집단으로 경기 또는 경쟁의 형태를 취한다. 승패가 명확하므로 이의를 제기하지 않도록 평등한 기회와 조건이 인위적으로 설정된다. 경쟁의 대상은 스피드, 지구력, 근력, 기억력, 기술, 정확성 등과 같은 능력적 자질, 즉 기능인데 일정 한계 내에서 자기 스스로 최고의 능력을 발휘함으로써 우열을 겨룬다. 따라서 승리에의 의욕은 공통된 규칙에 의해서 통제된다. 규칙에 따른 우열성의 증명은 끊임없는 노력, 적절한 훈련 및 강인한 의지를 전제로 한다. 능력 본위와 만인평등의 현대사회는 어느 사회보다도 agon의 사회라 할 수 있다. agon의 특성은 다음과 같다.

* 기회의 평등이 인위적으로 설정된 투쟁을 의미
* 자질(스피드, 지구력, 근력, 기억력, 기술 등)을 수반
* 평등은 경쟁의 본질적 요소(핸디캡, 체급 등)
* 스포츠에서 Agon의 완전한 형태를 보임

● alea(確率, 偶然) : 운(運)이나 우연(偶然)에 결과를 맡기는 확률적인 놀이로서 agon과 마찬가지로 평등하고 공통적인 규칙에 의하나, agon이 오로지 자신의 능력에 의존하여 승리를 추구하는데 반하여 alea는 활동자의 능력을 부정하고 운수(運數)나 재수(財數)와 같은 우연성에 일체를 맡긴다. alea의 특성은 다음과 같다.

* 라틴어로 주사위 놀이를 뜻하고, 결과를 운명에 맡기는 것을 의미
* 놀이하는 자는 완전히 수동적인 형태
* 선천적이거나 후천적인 우월성을 배제(경정, 경륜, 경마, 스포츠 토토 등)

● mimicry(擬態, 模倣) : 모의, 모방 또는 가장(假裝)의 놀이로서 자신의 인격을 일시적으로 망각하고 위장(僞裝)해서 개별의 인격으로 화(化)함으로써 타인이 되어 느끼는 해방의 기쁨이 활동의 원동력이 된다. 그러나 진정 타인으로 전화(轉化)되는 것이 아니라 일시적으로 타인의 행세를 취하는 것이고, 그것을 믿고 인정해 주는 허구(虛構)의 상황이 규칙을 대신한다. 영화나 연극은 이의 전형적인 형태이다. mimicry의 특성은 다음과 같다.

* 어떤 인물을 연기하는 것을 의미(의사놀이, 연극, 영화 등)
* 훌륭한 동작을 관중들이 모방하는 것(선수의 동작을 흉내 내거나 동일시 하는 것)

● ilinx(危險, 眩暈) : 감각이나 지각의 안정을 파괴하고 의식 상태를 혼란에 빠뜨려 어지러움이나 짜릿한 현기(眩氣)를 추구하는 놀이이다. 그네, 미끄럼, 맴돌기, 급속회전, 초고속의 추구 등에 의해 일시적으로 현실과 자신과의 관계를 통제하고 있는 지각이나 의식을 혼란시킴으로써 가벼운 공포를 즐기는 것이다.

* 현기증의 추구를 기초로하는 놀이(환각, 공포상태를 일으키려는 시도)
* 경련, 흥분, 놀라는 상태 등에 몰입하는 것(번지 점프, 급속한 회전 등)

이상 4가지의 범주 중에서 agon과 ilinx가 sport의 범주에 적용될 수 있다고 본다. sport의 범주에 alea와 mimicry의 요소가 발견된다하더라도 이를 sport 범주의 주 구성 성분으로 취급하기는 어렵다. 또한 Caillois는 놀이의 특성으로 사회성과 타락에 대해서 언급하고 있다. 즉 긍정적인 측면과 부정적인 측면을 동시에 포함하고 있다는 것이다. 위에서 제시한 4가지의 특성에서 긍정적인 측면을 제시하였다. 이와 반대로 놀이의 타락, 즉 Agon의 타락은 승리지상주의, 물질만능주의 등으로 나타나고 있는 것이다. Alea의 타락은 미신의 숭배, 굿을 하는 행위 등으로 나타나고, Mimicry의 타락은 마약중독, 알코올 중독, 자살 등으로 나타난다. Ilinx

의 타락은 약물복용, 음주, 마약 등과 같은 형태로 나타난다. 이러한 부분은 개인적인 문제는 물론 사회적인 문제로의 확대를 야기하기 때문에 긍정적인 형태의 사회화와 제도를 통해 보완해 나가야 할 것이다.

2) P. McIntosh의 스포츠 분류

스포츠의 분류는 여러 학자의 주장이 있으나 McIntosh의 분류가 보편적인 것으로 받아들여지고 있다. McIntosh는 스포츠의 범주를 우월성의 추구를 위한 욕구에 따라 세분하여 기능 스포츠, 투쟁 스포츠, 극복 스포츠 그리고 율동적 무용 체조 등의 4가지를 제시하였다. McIntosh의 분류는 스포츠를 활동 그 자체가 아닌 스포츠가 가져다 주는 만족의 동기나 특성에 의한 것으로서 타당성 있는 분류 방식으로 볼 수 있다.

- 기능 스포츠(skill sport) : 미리 동의한 한계 내에서 자신 또는 자기 팀이 상대방이나 상대 팀에 비하여 우월하다는 점을 증명하려는 것은 모든 경쟁 스포츠의 목적이며 목표이다. 활동의 주체자가 그 자신의 우월성을 증명하려는 기능 스포츠의 분야는 다양하고도 가변적이다. 이와 같은 활동은 육상경기, 각종의 구기운동 등 많은 부분을 점유하고 있다.
- 투쟁 스포츠(combat sport) : 제2의 범주는 투쟁 스포츠이다. 투쟁 스포츠 역시 경쟁자의 목적은 상대방에 대한 자신의 우월성을 증명하려는 활동이다. 수족(手足)이나 신체를 통한 상대방과의 직접적인 인격의 접촉이나 검(劍) 또는 봉(俸)을 통한 인격의 간접적인 접촉이 투쟁 스포츠가 독자적인 범주를 이루는 가장 두드러진 특징이다. 투쟁 스포츠는 자신과 상대가 밀접하게 상호 관련되어 있으며 기술의 단위는 이 양자의 활동 전체가 포함된다.
- 극복 스포츠(conquest sport) : 제3의 범주는 극복 스포츠이다. 극복 스포츠에서의 도전은 상대방의 개인이나 집단에 의해서 제공되는 것이 아니라 환경이나 상황에 의해서이다. 등산(登山)은 극복 스포츠의 한 예이다. 극복 스포츠를

택하는 대부분의 참가자는 단순히 비인격적인 자연에의 도전에 매료된다. 수영, 자전거 경주, 하이킹, 캠핑 등의 활동은 극복 스포츠에 참가할 기회를 주고 있다. 대개의 비경쟁적인 교육체조는 극복 스포츠로서의 매력을 부여한다.

● 율동적 무용체조(eurhythmics) : 율동적 무용체조는 경쟁성이 내포되어 있지 않음에 의해 제4의 스포츠 범주로 보기는 어려우나 이의 유사성에 의해 스포츠에 포함해서 고려할 필요가 있다. 율동적 무용체조의 목표는 탁월성이나 우월성의 추구가 아닌 신체운동이나 신체지각을 구사하는 과정을 통하여 자아개념이나 감정을 표출하고 전달하는 것이다. 무용, 무용극, 리듬체조 등이 이 범주에 귀속된다.

[그림 1-2] McIntosh의 스포츠 분류

3) 그 밖의 스포츠의 분류

P. McIntosh(1976)의 분류 이외에도 수적 특성에 따른 분류가 있는데, Osterhout(1978)은 스포츠를 크게 3가지 맥락으로 설명하고 있다. 스포츠 종목에 투입되는 선수의 수(數)적 특성에 따라 Team Sports, Individual Sports, Inter-personal Sports로 나누는가 하면, 스포츠의 전문성에 따라 전문 스포츠와 비전문 스포츠로 구분하였다. Team Sports는 3인 이상 경기로 축구, 농구, 핸드볼, 야구 등을 말하며, Individual Sports는 체조, 수영, 육상 등의 개

인의 기량에 의해 결과가 나타나는 경기, Inter-personal Sports는 1 vs 1 또는 2 vs 2 등의 경쟁 활동으로 권투, 레슬링, 탁구 등을 말한다.

또한 스포츠의 전문성에 따라 전문 스포츠(Elite Sports)와 비전문 스포츠(Mass Sports, Sport for all)로 분류하기도 하는데, 전문스포츠는 관리 · 조정하는 연맹을 갖추고 있으며, 타인의 지원 및 후원을 통해 운영되는 스포츠로서 정기적인 연습과 시합을 기본으로 하며, 기능과 기술의 향상을 통해 명예, 지위, 부, 계층의 상향 이동을 추구할 수 있는 스포츠를 의미하는 것이며 프로스포츠, 초/중/고/대학 운동부를 비롯하여, 실업스포츠 등을 말한다. 비전문 스포츠는 일반인들이 여가시간을 이용하여 개인의 체력, 경제적 능력, 선호하는 종목 등을 고려하여 자발적으로 참여하는 스포츠를 의미하는 것으로 대중체육, 생활체육 혹은 사회체육이라고도 불려진다.

이외에는 금전적 보상 여부와 참여 동기 등에 따라 Amateur Sport와 Professional Sport로 분류하기도 하는데, Amateur Sport는 프로 선수가 되기 위하여 초 · 중 · 고 · 대학에서 운동을 하는 특기생을 비롯하여 직장 조기회, 체육 향우회 등에서 여가활용과 취미활동을 위해 참여하는 스포츠를 의미하며, Professional Sport는 스포츠를 직업으로 하는 것으로 자신을 스포츠 상품으로 제공하여 그에 합당하는 보상을 추구하는 스포츠를 의미한다. 즉 프로 선수가 특정 팀에 자신을 제공하고 계약금과 연봉을 지급 받아 생계를 유지하는 형태의 스포츠로 실업팀 선수의 경우에도 기업의 이미지 및 광고 효과를 추구하기 위한 방편으로 운영되며, 더불어 특정 수준의 봉급을 보상으로 받기 때문에 Professional Sport라 할 수 있다. 초 · 중 · 고 · 대학 운동선수들은 실업팀이나 프로팀으로 스카우트 되는 동시에 Professional Sport의 일원이 된다.

현대스포츠의 본질과 특성

1. 스포츠의 본질

본질(本質)의 개념은 서양철학사에 있어서 중요한 논의의 대상으로서 '사물의 궁극이 무엇인가'를 규정하는 것이다. 문제는 그 '무엇'이 무엇으로 이루어져 있으며, 어디에 있고, 사유에 의해서 있는 것인가 실재(reality)로 있는 것인가, 그리고 현존하는 사물과 어떤 관계에 있는 것인가라는 점이다. 그리하여 스포츠의 본질에 대한 시각도 다양하다. 전통적인 관점에서의 스포츠 본질에 대한 연구는 사회문화적 접근, 유물론적 접근, 미학적 접근으로서 이루어져 왔으며, 이현옥(2000)은 그의 박사학위논문 "스포츠의 공격성에 대한 사회생물학적 고찰"에서 사회생물학적 접근을 시도하였다. 이를 요약하면 다음과 같다.

스포츠의 본질에 대한 사회문화적 관점은 스포츠가 '놀이'의 본질에서 시작되어 사회상황에 따라 제도화되어 가는 것으로, 결국 스포츠가 문화로 정착된다는 것으로 정의될 수 있다. 놀이는 스포츠본질을 사회문화적 관점으로 볼 수 있는 주요 관점의 하나인 것이다. 스포츠는 경쟁화된 놀이이며, 놀이는 결국 사회화를 통한 문화로의 발전을 이루고 있다.

스포츠본질의 유물론적 관점은 인간이 도구를 가지고 '노동'을 시작한 것에 기원을 두고 노동을 위한 연습의 필요에 따라 운동과 스포츠가 만들어졌다는 결론을 내리고 있다. 그리고 스포츠는 사회상황을 그대로 반영하므로 역사의 발전이 경쟁과 투쟁의 역사인 것처럼 스포츠도 '경쟁과 투쟁'으로 정의되고 있다. 스포츠본질을 경쟁과 투쟁으로 보는 학자들은 신체활동 속에 포함된 경쟁에 우선적인 가치를 두고 있다. 투쟁을 경쟁과 유사한 의미로 해석하고 인간의 싸움에서 유래되었다고 보는 것이다.

스포츠의 본질을 미학적으로 보는 관점은 결과를 중요시하는 것이 아니라 스포츠를 행하는 '과정' 에서 느끼는 경험을 중시하고 있다. 스포츠활동 중의 미적 체험(aesthetic experience)을 통하여 자아실현을 이룰 수 있으며, 각 개인에 따라 주관적인 체험이 다르고, 자유로운 선택에 의해 이루어져야 함을 주장하고 있다.

과정중심으로 스포츠의 본질을 주장하는 학자들은 스포츠를 행하는 과정을 통하여 인간이 자연적으로 습득할 수 있는 체험을 가치론적 입장에서 주장하고 있다. 승리와 목적을 통해 얻을 수 있는 가치가 아니라 스스로의 행위에 중점을 두고 자아실현 또는 수행의 도(道)를 추구하고자 하는 것에 가치를 두려는 것이다.

스포츠본질의 사회생물학적 관점은 기존의 스포츠본질에 대해 전통적인 관점이 간과하고 있는 인간의 내적 욕구, 충동 그리고 본능에 대한 단서를 제공하고 있다. 기존의 문화적 관점에서 규정한 인간행동의 범주를 탈피하여 사회생물학적 시각으로 스포츠를 바라봄으로써 포괄적인 인간상을 구현할 수 있는 시발점이 될 수 있다. 또 사회생물학적 접근은 인간 신체활동으로서의 스포츠본질을 이해하고, 나아가 기존의 인식을 수정 · 보완할 수 있다. 전통적인 관점에서 나타난 내적 욕구나 충동이 인간의 기본적 욕구로 간주되고, 스포츠도 인간본능의 사회화된 공격성의 형태로 표현된다고 보았다. 그러므로 사회생물학 연구에서의 '공격성'이 스포츠의 본질로 이해될 수 있는 것이다.

이상을 종합하면, 스포츠본질의 사회문화적 관점인 놀이, 유물론적 관점인 투쟁과 경쟁, 미학적 관점인 절대가치에서 공통적으로 발견되는 요소는 스포츠가 인간의 본능인 욕구에서 시작된다는 점이다. 이에 비해 사회생물학적 관점은 스포츠를 비교행동학적 관점에서 본능적 행위로, 진화론적 관점에서 종(種) 특유의 행동으로 간주하면서 스포츠의 본질이 동물과 인간의 공격성에 있음을 보여 주고 있다. 공격성이 스포츠의 역사적 발달에 중요한 요소로 등장한 것이다.

한편, 스포츠는 다양한 가치를 다양한 사람들에게 제시하는 것으로서의 의미가 있다. 다양한 관점은 그것이 생산적인가, 과정적인가의 가치체계에 달려 있다.

스포츠는 수단과 목표가 연결되어 있으므로 목표가 생산적이면 승리하는 것이 가장 중요하고, 과정적이면 게임 그 자체에 의의가 있는 것으로서 양자는 상호 배타적이라고 할 수 있다.

스포츠의 패러다임(paradigm)에 대해 Lawson과 Morford는 흥미나 직업, 승리에 강조를 둔 생산지향적 패러다임, 참여나 레크리에이션에 강조를 둔 과정지향적 패러다임, 양쪽의 긍정적인 부분이 적절히 조화된 생산과정지향적 패러다임으로 구분하여 제시하였다.

첫째, 생산지향적 패러다임에서는 승리가 성공의 기준으로서 가장 중요하다. 따라서 이는 자본주의적 윤리라고 불리어지는데 그 이유는 개인의 능력을 극대화하는 것을 중요시하는 사회적 분위기를 그대로 반영하기 때문이다. '승리는 가장 중요한 것이 아니라 유일한 가치인 것이다' 라는 관념 하에서 선수, 구단주, 코치 등 모든 집단은 자신의 관심을 극대화하고, 운동경기라는 시장에서 자신의 상품가치를 높이려고 한다.

둘째, 과정지향적 패러다임은 승리가 중요한 것이 아니라 어떻게 게임에 임하느냐가 중요한 것이다. 경쟁이 협동으로 대치되고, 통치는 권위로, 승리는 즐김이나 자기표현의 성취로 나타난다. 따라서 그 동기는 자기 수용적이고, 지도력은 일반적으로 자원봉사이며 민주적이다. 모든 스포츠가 남녀 똑같이 이러한 과정을 체득한다면 매우 고무적인 교육과정이 될 것이다.

셋째, 생산과정지향적 패러다임은 스포츠가 생산과 과정지향을 동시에 수행할 수 있으며, 수단은 목표에 의하여 정당화되지 않는다는 것이다. 경쟁과 협동은 공동적인 관계를 가지고 있으며, 강조점이 과정에 있다 하더라도 승리는 중요한 것이다. 이런 개념은 항상 과정의 범위 내에서 진행되며, 인간적이고 윤리적인 측면이 있다. 따라서 행위의 목표는 실천, 자기성취, 자기실현을 통하여 뛰어 날 수 있다. 항상 개인의 헌신과 자유와 규율, 협동, 경쟁사이의 균형이 있으며, 경쟁과정은 온화한 스포츠맨십으로 수행된다.

2. 스포츠의 특성

스포츠는 흔히 사회를 반영하는 소사회 혹은 사회의 축소판이라고 한다. 사회가 첨단과학 기술문명하에서 다원화되고 경쟁적이며 경제 지향적인 가치를 강조함으로써 현대 스포츠의 특성 또한 그러한 맥락에서 파악될 수 있다.

첫째, 스포츠의 다양화 현상을 들 수 있다. 현대 스포츠는 '피라미드 형태'의 조직을 통해 저변확대를 꾀하고, 대중화를 지탱하면서 정점을 높여나가는 일정한 사명을 끝내고 스포츠의 다양화라고 하는 단계에 이르렀다고 볼 수 있다. 이는 지금까지 행하여 온 것처럼 소수 정예선수를 목표로 하는 경기스포츠, 비만의 예방이나 특정의 건강회복을 목표로 하는 건강 · 의료스포츠, 스포츠를 각각의 생활규범 속에 편성시켜 가고자 하는 평생스포츠, 여가의 일환으로서 스포츠를 적극적으로 받아들이고자 하는 레저스포츠, 대자연 속에 자신을 파묻고 능력에 따른 모험을 즐기고자 하는 모험 스포츠 등에서 그 성향을 찾아 볼 수 있다. 그리고 이러한 것은 특정의 가치관에 의해 상하관계로 이어지는 것이 아니라 모두가 대등한 관계에서 개인의 기호나 필요에 따라 선택하는 형태이다.

둘째, 스포츠의 과학화와 탈 과학화 현상이다. 스포츠과학을 종합과학의 하나로 인식하여 체계적으로 구축하고자 하는 움직임은 제2차 세계대전 이후 활발하게 전개되어 오늘날에는 스포츠 고유의 전문과학의 지류로서 발전하게 되었다.

따라서 대학에 있어서 학문분야의 호칭이 '체육학' 에서 '스포츠과학' 으로 변경되기도 하였으며, 새로운 과학영역으로서 스포츠과학이 확실한 기반을 다지게 되었다. 이와 같은 움직임의 배경에는 단순히 경기에 이기기 위한 방법을 찾는다고 하는 목적뿐만 아니라 스포츠가 개인의 삶을 구성하는 중요한 요소로서 무시할 수 없다는 사실이 널리 인식된 데에 기인한다. 그러나 이러한 흐름 속에서도 일부 탈과학화의 징조가 나타나고 있다. 탈과학화를 주장하는 입장은 과학만능주의에 반기를 드는 것이며, 서구 합리주의에서 비롯된 과학기술 이성주의에 의한 인간소외 현상, 비인간화 현상 등의 문제에 관심을 기울이는 신인문주의의 성향을 띠고 있다.

셋째, 스포츠의 상품화 현상을 들 수 있다. 정보의 상품화로서 인공위성 시대의 도래와 함께 정보통신 시스템은 경이적인 변혁을 거두어 스포츠정보 역시 현대인의 상식이 되었다. 그리하여 상세한 스포츠정보는 특별한 가치를 지니게 되었다. 신문, 잡지, 텔레비전은 그러한 요구에 따라 자료를 모아 스포츠정보를 제공하고 있다. 특히, 스포츠정보가 극치에 이른 것은 1984년 제23회 LA 올림픽대회였다. 이 대회에서 스포츠정보는 올림픽 사상 최초로 상품으로서 본격적으로 대두되었다. 이와 함께 스포츠 이벤트의 상품화 현상은 다국적 기업에 의한 스폰서 대회로서 마라톤이나 테니스경기에 세계적인 선수를 초빙하여 '세기의 대결' 이라는 명분을 내세워 수십억 인구의 관심을 집중시키는 것과 같은 형태를 말한다.

넷째, 평생 스포츠화 현상이다. 현대 사회의 세계 각 국은 고령화를 비롯하여 기술혁신에 의한 급격한 사회변동, 인간소외, 과식과 운동부족, 환경파괴 등의 문제에 대응할 수 있는 평생교육이 요구되고 있다. 이의 해결방안으로서 '평생 스포츠' 의 형태가 요구되고, 그러한 맥락에서 스포츠수요가 증가하고 있다. 이러한 단서는 1968년 유네스코(UNESCO)의 스포츠선언(declaration on sport)이다. 이어

[그림 1-3] 평생 스포츠로서의 아쿠아로빅스

1975년에는 유럽회의에서 '모든 사람을 위한 스포츠헌장' 이 채택되었으며, 1978년에는 유네스코 총회에서 스포츠국제헌장이 채택되어 '모든 사람을 위한 스포츠(sport for all)' 는 전 세계의 주요 과제가 되었다. 평생을 통한 스포츠의 기반을 확고하게 하였던 것이다.

다섯째, 스포츠의 국제화 현상이 있다. 스포츠의 국제화란 모든 스포츠문화를 단일논리로서 재편하고 통합하여 그것을 국제적으로 조직하고 관리하는 것을 의미한다. 따라서 지구상에 살아가는 모든 사람들이 스포츠문화의 존재를 특정의 가치관이나 이데올로기에 입각하여 상하 · 우열의 차별을 두지 않고 모두 동등하게 인정하는 것이다.

사회변동과 스포츠

1. 사회변동과 스포츠의 목표

사회변동이란 가족제도, 선거형태, 종교적 태도, 경제활동 등과 같은 사회조직이나 구조의 특정 측면에서 이전 사회와 현재의 상태가 다름을 말한다. 이러한 변동의 개념은 기본적으로 시간의 요소가 전제되어 있음을 뜻한다. 또한 이전과 달라진 정도가 어느 정도의 폭과 깊이를 가지며, 나아가 그러한 변동의 흔적과 영향은 어떠했는지는 변동에 있어 매우 중요한 요소가 된다. 따라서 변동을 규정하기 위해서는 시간적 간격, 변동의 폭과 깊이를 뜻하는 규모, 그리고 흔적과 영향을 의미하는 변동의 성격이 동시에 고려되어야 한다.

스포츠는 그 사회의 다양한 문화나 제도를 반영하고 있다. 따라서 사회구조의 변동에 따라 스포츠의 현상도 달라질 수 있다. T. Saeki(1991)는 현대사회의 변동을 3단계로 구분하여 산업화에 따른 가치관의 변화와 이에 따른 스포츠의 목표를

[표 1-1] 사회변동에 따른 스포츠의 목표

단계	사회	삶의 방식	욕구 수준	스포츠의 목표
Ⅰ	산업화 이전	to survive	생리적 수준	신체적인 면 : 신체적성(physical fitness)을 위한 스포츠
Ⅱ	산업화 단계	to have	사회적 수준	사회적인 면 : 경쟁(competition) 을 위한 스포츠
Ⅲ	산업화 이후	to be	문화적 수준	문화적인 면 : 인간성(humanity) 을 위한 스포츠

〈표 1-1〉과 같이 제시하고 있다. 즉 첫 번째 단계인 산업화 이전의 후진사회에서는 삶의 방식과 수준을 생리적 차원에 두고 있으며, 스포츠의 목표 또한 건강을 위한 신체적성(physical fitness)의 육성이라는 신체적인 면에 국한되었다. 이는 동물적 차원에서 크게 벗어나지 못한 단계를 의미하는 것이다.

산업화로 접어든 두 번째 단계(개발도상국, 중진국 등으로 불림)에서는 소유욕이 삶의 목표가 되어 사회적 욕구 수준이 증가된다. 스포츠의 목표 또한 사회적인 면에 관심이 고조되어 타인과의 경쟁(competition)이 가장 중요한 문제로 부각된다. 스포츠의 목표가 승리를 추구하는 것으로 되었다. 동물적인 저차원과 인간적인 고차원의 중간 단계, 즉 과도기적 차원으로 해석할 수 있을 것 같다.

마지막 단계인 선진 사회에서의 삶의 방식은 많은 것을 소유하고 상대와 경쟁하여 이기겠다는 의식에서 보다 높은 단계의 차원으로 격상하게 된다. 즉 인생이 무엇인가라는 철학적 의문도 던지게 되고, 문화적 생활의 영위가 소유추구의 삶보다 얼마나 가치 있고 인간다운 삶인가를 느끼게 된다. 그리하여 스포츠의 목표도 건강추구나 경쟁에서 승리하겠다고 하는 하층욕구에서 타인과 나눈다는 상층욕구, 즉 휴머니티가 발현되는 것이다. 스포츠에서의 승리 추구를 위해 학생선수들에게 수업결손이라는 비교육적 행위를 자행한다든가 금전거래로서 인간을 거래하는 행위가 자취를 감추게 된다. 스포츠 현장에서 발현되는 휴머니티의 출현

이야말로 미래 사회가 추구해야 할 선진 스포츠의 목표인 것이다. 한국사회의 스포츠가 위 3단계 중 어느 단계에 와 있는가를 되돌아보게 하는 제안이라 하지 않을 수 없다.

2. 포스트모더니즘과 스포츠

스포츠문화의 다양성과 관련하여 포스트모더니즘(post-modernism)이 현대 체육에 미친 영향을 생각할 수 있다. 이는 국내는 물론 국외에서도 아직은 이슈의 대상으로 활발하게 논의되고 있지 않지만 현재 이론적이든 실제적이든 간에 영향을 받고 있음은 분명하기 때문에 본 장에서 개념적 차원에서나마 다루어 보고자 한다. 다음 내용은 신현군의 논단(한국체육학회보, 제63호, 1995)을 요약한 것이다.

20세기 후반부에 등장하게 된 포스트모더니즘(post-modernism, 탈현대주의) 혹은 포스트모던(post-modern, 탈현대)의 개념은 현재 우리의 문화, 사상, 정치, 예술, 문학, 사회과학, 교육 등에서 과거 지속적으로 유지되어 왔던 논리의 틀과 사고의 방법을 보수적 혹은 혁신적이라는 양대 틀 속에서 여과시키고 있다. 포스트모더니즘은 비록 많은 사상적 논의와 쟁점이 있음에도 불구하고 후기 산업사회 혹은 정보사회로 일컫는 이 시대 우리 삶의 방법과 문화의 구도를 반영시켜 주는 하나의 시대사조이다. 다시 말해서 21세기에 있어서 우리의 문화, 학문, 사회현상을 지향하는 하나의 시각이라고 볼 수 있다. 거의 4반세기를 지배하여 왔고 서양의 문화적 및 사상적 틀인 현대주의를 벗어난 20세기 후반부 이후의 시대적 정신을 총칭하는 용어라고 볼 수 있다.

포스트모더니즘이 안고 있는 기본 이념은 현대주의에 대한 긍정과 부정을 동시적으로 수반하고 있음이다. 즉 그것은 근대화 혹은 합리화를 표방하고 있는 고정화된 현대성(modernization)에 대한 거부와 이탈, 그리고 수용과 계승을 동시에 담고 있는 문화적 이념이자 틀인 것이다. 이러한 포스트모더니즘의 이념은 스포츠에 어떠한 형태로든지 그 영향을 미치고 있다. 두 가지의 상반된 양상이 영향의 범주로서 포괄될 수 있다.

긍정적인 시각으로서 포스트모더니즘은 기존의 현대 스포츠가 수반하고 있는 이념과 특성을 초월하여 보다 개방적이고 미래지향적인 스포츠의 가치와 구조의 장을 형성, 촉진하고 있다. 반면 부정적 시각으로서 포스트모더니즘은 그것은 해체적이고 상대주의적인 경향으로 인하여 기존의 현대 스포츠의 구조와 가치를 방향성 없이 떨어뜨릴 수 있다. 그러나 분명한 것은 현 시대의 스포츠 발전에 있어서 포스트모던의 양상으로 나타날 수 있는 현상은 위의 두 현상이 동시다발적이라는 점이다. 스포츠에 있어 포스트모더니즘의 영향은 다음과 같은 두 가지의 양상이 도래될 것으로 예측된다.

첫째, 외형적 형태 및 구조의 변화이다.

기존 스포츠의 형태 변경이 이루어지고 구조적인 면에서 스포츠의 수행 규정과 규칙이 변화된다. 또한 신종 경기의 출현, '환경관련 스포츠(eco-sport)'와 '기술관련 스포츠(techno-sport)' 의 부각, 그리고 고도의 멀티미디어와 위성 TV에서 간헐적으로 반영되는 전자 기술 의존 형태의 신체 게임 등이 바로 포스트모던 양상으로서의 스포츠를 대변한다고 할 수 있다. 특히 '환경관련 스포츠' 는 기존의 경쟁적 및 신체우위성, 전략성 및 상업성을 수반하는 현대 스포츠와는 달리 그것에의 참여는 자연적, 자발적, 놀이 형태의 행위 등의 특성을 내포하고 있다. 산악자전거 경주(mountain biking), 하이킹(hiking), 오리엔티어링(orienteering), 수상관련 스포츠 등이 바로 그러한 형태의 스포츠이다.

현대 스포츠와 과학문명과의 결합은 고도의 과학 기술들이 스포츠의 구조와 특별히 경기 수행력의 차원에서 기능적 우월성을 향상시키는데 지대한 역할을 하고 있다. 그러나 포스트모더니즘의 시각에서 볼 때 '기술관련 스포츠' 는 스포츠 자체의 외형적 발전과 함께 전통적 스포츠의 가치체계를 흔들어 놓았다. 과학 기술과 스포츠의 결합은 인간의 스포츠 경험의 가치체계를 파괴시킬 위험성을 내포하고 있는 것이다. 과학 기술과 스포츠에의 결합은 스포츠 경기의 승부에 대한 예측을 보다 확실하게 해 줄 수 있다는 점에서 스포츠의 비예측성, 경쟁성에 대한 속성들을 감소시킬 수 있다. 보다 심각하게 예견되는 점은 아마 인간 행위에 대한 과학 기술의 대체화에 대한 위험성이다. 스포츠는 근본적으로 인간의 심신 활동의 통합적 잠재성에 대한 작용에 의해서 행해진다. 진보된 과학 기술들이 인간의 이러한 역할을 대체할 때 인간의 주체성은 대상화되고 만다. 스포츠 내에서 이루어지는 인간의 창의적, 예측불허적 및 우연적 행위들이 감소되기 때문이다.

둘째, 스포츠가 자체적으로 수반하고 있는 내재적 가치의 변화이다.

이는 기존의 현대 스포츠에 대한 비판으로부터 야기되는 현상이다. 현대 스포츠의 고도의 상업성 및 전문성으로 인하여 비약적으로 발전되어온 '관람으로서의 스포츠(sport as spectation)' 가 '참가로서의 스포츠(sport as participation)' 로서 그 양상과 인식이 전환점을 의미한다. 이는 '엘리트스포츠(elite sport)' 로 부터 '대중스포츠(sport for all)' 로의 의식 전환을 의미하기도 한다.

20세기 후반의 제도화된 스포츠에 대한 비판의 초점은 현대 스포츠가 지향하는 극단적이고 무모한 경쟁들의 강조에 의한 '승리지상주의(win at all cost)' 라는 이데올로기의 추구와 계량화(quantification)의 가치 수용에 있어 왔다. 인간의 '신체성에 대한 타락과 부정' 이라고 까지 지적되는 현대 스포츠에서의 이러한 양상들은 포스트모더니즘 시대에 있어서 스포츠의 가치체계에 대한 회복 운동으로 나타나고 있으며, 이는 포스트모던의 특성을 반영하는 것이라 할 수 있다. 다시 말해서 스포츠를 포함한 우리 인간 경험의 가치는 우리 신체에의 복귀를 통하여 '재인간화됨(re-humanization)' 을 추구하는 것이라 할 수 있다.

3. 현대 스포츠현상과 진화과정

강준호(1997)는 지난 20세기 스포츠현상의 진화과정을 크게 3단계로 구분하였다. 먼저 스포츠는 교육적 가치와 결합하며 근대사회에 자리를 잡기 시작하였다. 19세기 말 공교육의 확산 가운데 스포츠의 교육적 정당성이 확보되면서 스포츠는 '체육'이라는 학교 교과목으로 자리잡게 되었다. 이 당시 근대교육의 세계적 확산을 통해 현대인의 스포츠 활동에 대한 튼튼한 문화적 기반을 쌓을 수 있었다.

그 이후, 2차 세계대전 후 냉전시대가 도래와 함께 스포츠의 정치적 가치가 부각되면서 정부가 직접 스포츠분야에 개입하게 되었다. 정부의 지원 아래 스포츠가 과학적으로 연구되고 엘리트 또는 전문체육이 발전하게 되었다. 뿐만 아니라 정부는 스포츠의 복지적 가치를 인식하고 일반 국민의 생활스포츠 활성화에도 관심을 갖게 되었다. 주로 유럽 국가에서 시작된 생활스포츠 진흥은 오늘날 전 세계의 많은 정부들이 국민복지정책의 일환으로 시도하고 있다. 이와 같이 민족국가주의와 냉전이데올로기, 그리고 복지주의를 배경으로 스포츠와 정치 분야는 서로 밀접한 관계를 형성하게 되었다.

20세기 후반부터는 냉전의 해체, 다양한 미디어의 출현, 세계화와 정보화의 물결을 타고 스포츠의 산업화가 빠르게 진행되었다. 이로 인해 시장원리가 스포츠현상을 주도하는 동인(動因)으로 부상하였다. 스포츠의 컨텐츠 가치를 원하는 미

[그림 1-4] 스포츠의 진화과정

디어, 스포츠의 미디어가치를 원하는 기업, 스포츠의 경제적 사회문화적 가치를 원하는 정부 또는 지자체, 스포츠의 복지적 가치(건강증진, 여가선용)를 원하는 일반 대중, 그리고 이러한 이해관계의 중심에 서있는 스포츠가 거대한 가치네트워크(value network)를 형성하고 자본과 결합하며 산업화를 촉진시키고 있는 것이다(강준호, 2004).

오늘날 대중매체 스포츠섹션의 기사들은 거의 모두 스포츠 산업화의 결과물이다. 타이거 우즈의 우승신화는 PGA의 산업화와 상호 순환적 관계를 맺고 있으며, 박찬호, 최경주, 신지애 선수의 뉴스 역시 프로스포츠라고 하는 관람스포츠 산업의 관점에서 이해할 수 있다. 스포츠의 산업화는 20세기 후반 그리고 향후 21세기 스포츠현상을 이해하는 가장 중요한 키워드인 것이다(강준호 2005). 이처럼 20세기 스포츠의 진화 과정은 핵심적 이데올로기와 결합하면서 성장하였다. 결국 사회문화적 현상과 맥락성을 가지면서 스포츠는 진화 하였다고 볼 수 있는 것이다.

스포츠의 비교문화적 관점

1. 체육과 스포츠

'체육' 과 '스포츠' 의 개념에 차이가 있다는 주장은 타당하다. 체육과 스포츠 모두 인간의 신체활동을 매개체로 한다는 공통점이 있지만 체육은 인간행동의 변화를 추구하는 교육적 행위인 반면 스포츠는 활동 그 자체에 목적이 있는 놀이인 것이다. 개념형성의 근본이 다름에도 불구하고 두 용어가 혼용되고 있어 일반인으로서는 구분이 되지 않는다. 스포츠단체를 '체육회' 라고 칭하면서도 영어로는 스포츠로 표기하는 오류를 범하고 있으며, 대학에서조차 운동부 관리부서를 체육부, 체육실 등으로 불러 체육교육을 하는 '체육학과' 와 혼돈케 하고 있다.

그럼에도 불구하고 사회의 급속한 발달은 이 두 용어의 차이를 부각시키기보다 공통분모를 찾는 노력과 공생공존의 협조체제의 수립이 보다 강하게 요구된다. 체육분야의 교육자가 스포츠분야의 경기지도자를 배타적인 태도로서 대하려 하거나, 스포츠분야의 경기지도자가 체육분야의 교육자를 탁상공론(卓上空論)이나 하는 현실성 없는 집단으로 매도하는 태도는 타 분야의 전문인들에게 체육 · 스포츠의 자리를 양보해야 할 위기에 처하게 할 수 있다. 그 동안 체육 · 스포츠계에서는 체육과 스포츠의 관계가 보다 긴밀하게 협조할 수 있도록 하는 노력이 상대적으로 부족하였던 것이다.

이와 병행하여 자주 거론되어 온 또 하나의 주장이 있다. 다름 아닌 체육과 스포츠의 범위와 폭에 대한 논의이다. 일부에서는 스포츠는 체육의 목표달성을 위한 수단이므로 체육의 범위 내에서 스포츠가 성립된다고 주장하고, 다른 일부에서는 스포츠의 범위가 체육의 범주보다 훨씬 포괄적이기 때문에 스포츠 내에서 체육활동이 논의되어야 한다고 하였다. 그러나 이러한 소모적인 논의는 중단되어야 한다. 어느 영역이 넓고, 어느 영역이 어디에 포함된다는 주장은 타당한 것이 아닐 뿐 아니라 그러한 극단적인 논리는 체육 · 스포츠분야의 발전에 아무런 기여를 할 수 없다. 타당성이 검증될 수 있는 차원도 아니기 때문이다.

2. 무도와 스포츠

무(武)는 문(文)의 반대 개념으로 인식되어 왔다. 무의 이념은 도(道)로서 상대적 입장에서는 침략이나 정복을 위해 무력행사를 하는 것으로 생각 할 수 있으나 절대적 입장에서 본다면 스스로의 깨달음에 근거를 두고 있다. 따라서 무도는 인간이 스스로 깨달음을 얻을 수 있는 능력을 개발하는 동시에 인간의 생명을 살리는 활인의 도로서 심신

수련을 통한 인간교육이라고 할 수 있다. 그러므로 무의 발단은 남과의 투쟁에서 이겨 낼 수 있는 정신과 기법을 단련시키는데 있다. 남에게 이길 수 있는 용감성, 투쟁성과 신체적 기법이 우수함으로써 타인을 정화와 화합으로 이끌어 들일 수 있기 때문에 무도의 현실적 출발은 자신의 정신과 신체적인 힘을 단련시키는 것이다. 그리하여 자신을 넘어선 초개의 상태, 즉 우리를 모두 이익 되게 하는 융화의 경지에 도달케 함으로써 무도적 자각을 성취했다고 볼 수 있으며, 이를 위해서는 무의 정신과 기법이 최고의 합리성과 능률성을 갖출 수 있도록 단련해야 한다. 이와 같이 무도는 동양에서 종교적 근원을 갖고 발달해 온 인간교육의 방법으로서 단련을 통해 심신의 능력을 개발하는 데에 그 특징이 있다.

반면, 스포츠는 의무와 책임을 수반하는 주 업무로부터 얻은 스트레스나 신체적 피로로부터 벗어나기 위한 행위로서 자유로운 시간에 취미나 기호에 맡는 운동종목을 선택해서 즐기는 활동이다. 그리하여 Fredrich Schiller(1759~1805)는 '완전한 의미의 인간은 유희를 할 때 진실된 인간이 된다.' 라는 본능적 욕구 가운데 행하는 유희의 원리를 밝혔다. 인간은 유희를 하는 가운데 자기보존, 성장번식 등의 생명력을 확보할 수 있다는 유희의 본능적 생활현상을 바탕으로 선택의 자유, 활동의 자유를 내재하고 있는 것이 스포츠의 본질이라고 할 수 있다.

따라서 스포츠는 하나의 생명현상으로서 적극적인 가치를 유발시키는 신체활동이라고 하겠다. 또 자기창조로서 유희가 경기적 요소를 강화하고, 자기강제를 높임으로써 스포츠가 되며, 품성의 도치나 의지의 훈련과 관련하여 스포츠맨십으로 발전했다. 스포츠는 물질이나 금전의 이익을 목표로 한 노동과 달리 활동 자체가 가져다 준 즐거움, 기분전환, 휴식 등에서 그 의의를 찾을 수 있다. 한편 G. S. Kenyon(1974)은 스포츠를 '조직화되고 경쟁적인 총체로서의 신체활동' 이라고 정의하였다. 즉 스포츠는 놀이나 게임보다 한층 체계화된 고도의 조직성을 띤 경쟁적인 활동이며, 특히 신체의 일부분만을 구사하는 동작이나 운동에 그치는 것이 아닌 인간의 전 행위가 동원된 신체활동이라는 것이다.

무도와 스포츠는 인간이 유기체로서 생명을 유지시키고 자아실현을 위한 심리적 동기를 나타낸다고 하는 점에서는 같으나 행하는 과정의 설정된 목적과 단련방법은 다르다. 따라서 무도는 동양적인 수도(修道)의 방법으로서 시간과 공간에 구애됨 없이 인간의 마음자세와 행위가 계속된다. 반면에 스포츠는 특정한 시간과 장소, 운동기구, 상대가 필요하며, 인위적인 규정과 규약에 따라 반드시 경쟁함으로써 성립될 수 있다. 그리하여 무도와 스포츠의 관계는 동일시될 수 없다.

그리고 무도는 인간의 근본적인 문제를 자기 내에서 해결해 나가는 과정이다. 스포츠보다 적극적인 심신단련을 통한 체험의 결과로서 자각을 전제로 하고 있으며, 자기확립을 통하여 사람과 국가를 이익 되게 하는 이타(利他)의 이념을 현실화시키는 인간교육이라 하겠다.

3. 엘리트스포츠와 대중스포츠

스포츠는 유희성을 바탕으로 하면서 경쟁성이 부여된 신체활동이다. 엘리트스포츠가 소수 정예를 중심으로 경쟁을 강조하는 반면, 대중스포츠는 일반대중을 대상으로 놀이를 강조한다는 차이는 있으나 두 영역 모두 스포츠라고 하는 틀 내에서 성립된다. 어떻게 해서 한쪽은 '엘리트스포츠' 라는 용어를 사용하면서 한쪽은 체육이라는 용어를 사용하는 '사회체육' 혹은 '생활체육' 으로 불리게 되었는지 이해할 수가 없다. 그리하여 사회체육 혹은 생활체육이라는 말은 '대중스포츠' 로 부르는 것이 합당하다. 스포츠는 놀이와 경쟁의 조화가 요구되는 행위로서 어느 한 요소가 강하거나 약해지면 스포츠 본래의 의미가 퇴색되어 버린다. 최근 스포츠현장에 유희성에 비해 경쟁성이 지나치게 강조되는 경향이 있어 참가에 의한 즐거움보다 승부에 집착하는 장면이 자주 목격되곤 한다.

이러한 현상은 다음의 문제점들이 야기될 수 있다. 하나는 아마추어 스포츠가 위축되고 프로 스포츠는 상대적으로 번성하여 참가보다 관람위주로 전락할 위험이 있다는 점이다. 현대사회의 경제발전은 프로 스포츠가 번성하는 밑거름이 되었다. 사회의 복잡화에 의한 정신적 긴장을 운동경기장에서 스포츠관람을 통해 적당히 해소할 수 있다면 정신 건강적 측면에서 매우 유익하다고 볼 수 있다. 그러나 경쟁이 지나치게 강조되어 유희성이 위축되면 오히려 정신건강에 유해할 수 있다. 또한 강한 경쟁에의 욕구는 스포츠활동에 직접 참가하기보다도 관람을 선호하게 되어 스포츠는 신체활동에의 참여에 의해 성립된다는 본래의 의미가 퇴색되어 버린다.

이와 함께 엘리트스포츠만의 선호는 일반인을 대상으로 하는 대중스포츠가 위축되고, 학원스포츠의 교육적 기반이 붕괴되어질 수 있다는 문제점이다. 스포츠는 소수 엘리트선수의 멋진 묘기도 값진 것이지만 일반대중들이 참여하는 대중스포츠(sport for all)의 영역도 매우 소중한 것이다. 이는 일반인을 관람위주의 스포츠에서 직접 참여하는 스포츠로 유도할 수 있기 때문이다. 그러나 스포츠장면에서 경쟁을 강하게 요구하면 일반인이 이루어내는 신체기량으로서는 욕구충족이 이루어질 수 없게 된다.

이러한 현상은 학원스포츠에도 그대로 적용되어 학교당국 및 일반학생들은 스포츠에서의 만족도를 소수 운동선수들에게 의존해 버린다. 또한 학교당국 및 경영자 입장에서는 편법을 동원해서라도 대외경기의 출전에서 우수한 성적을 거두려 한다. 이렇게 되면 학원스포츠는 타락의 길을 걷게 되고 학생운동선수들은 희생자가 될 수밖에 없다. 또 엘리트스포츠에의 지나친 관심과 투자는 일반학생의 체육교육이 상대적으로 위축되어 버린다는 문제점도 있다.

그 동안 우리나라의 스포츠정책은 대외 경쟁력이 강한 엘리트스포츠만이 국민통합의 기능을 완수할 수 있다고 보아 그에 치중하였던 게 사실이다. 나폴레옹군에게 패한 국민의 사기를 회복시키려는 의도로서 체조운동을 권장했던 19세기 독일의 경우와는 완전히 다른 길을 택했던 것이다. 이에 편승하여 국내에서도 경쟁이라고 하는 요소가 극대화된 프로스포츠가 성행하게 되었다. 일반대중의 입장

[그림 1-5] 성공적인 대학스포츠 경험을 거쳐 세계 최정상 프로스포츠선수로 성장한 엘리트스포츠선수Tiger Woods

에서 보면 참여가 아닌 구경거리만의 스포츠가 성행하였던 것이다.

그럼에도 불구하고 엘리트스포츠는 현대사회에 있어서 소중한 것이다. 스포츠에 내재되어 있는 사회통합의 기능을 간과할 수 없는 것이다. 이에 '80년대부터 우리나라에서도 대중스포츠에도 관심을 기울이면서 관련 단체를 설립하여 외형적인 틀을 갖추려 하였다. 그러나 미흡한 투자와 관변 단체로서의 접근은 그 성과를 내실화하지 못하였다. 투자와 운영을 선명하게 하라는 주장의 대두는 당연한 것이었다.

그리하여 최근에는 대중스포츠의 진흥을 위해서 엘리트스포츠에 대한 투자를 줄여야 한다는 무분별한 주장이 있어 오히려 문제해결을 어렵게 한다는 견해도 있다. 이는 엘리트스포츠와 대중스포츠는 대립이 아닌 공존의 관계임을 미처 깨닫지 못한 발상이다. 엘리트스포츠와 대중스포츠는 둘 중 하나만이 선택되어야 하는 양극론이 아닌 공존의 개념으로 접근되어야 할 사안이다.

⁚ 스포츠 가치론

1. 아마추어리즘과 프로페셔널리즘

현대사회의 스포츠는 기로에 서 있다는 시각이 있다. 스포츠 참가자들에게 제시되고 있는 이념과 규범, 그리고 가치의 실상들이 현대적 관점에 비추어 볼 때 시대착오적이거나 인간의 주체성 상실을 가속화하는 인간소외의 전형으로 비판되어지기 때문이다. 스포츠는 참가자들이 준수해야 할 가치와 행동의 기저를 이루는 정신세계가 존재해야 하고, 보편타당한 규범이 존재해야 함에도 불구하고 스포츠의 정신세계를 지배하는 두 이념, 즉 아마추어리즘(amateurism)과 프로페셔널리즘(professionalism)의 대립적 요소에 의해 혼란과 대치, 그리고 모순으로 표출되고 있다.

현대 스포츠에 있어서의 아마추어리즘은 신사도를 추구하는 영국에서 형성된 사상으로서 스포츠의 행위규범이라고 할 수 있다. 본래 아마추어리즘은 교회의 엄격한 교리와 관련된 운동가의 순수한 정신을 뜻하는 것이었으므로 아마추어리즘의 본질은 기사도 정신과 경쟁자에 대한 존중, 페어플레이와 스포츠맨십이라고 하는 정신적 가치에 있다. 반면에 프로페셔널리즘은 스포츠에 있어서 상업주의와 결코 분리될 수 없는 자본주의 스포츠의 이데올로기로서 19세기 후반 영국의 일부 상류계층에 의해 놀이적이고 오락적인 형태로 발전하였다. 따라서 부르주아지(bourgeoisie) 계급의 스포츠가 신사도를 추구한 아마추어리즘이라면 상업주의와 연관된 스포츠이념은 프로페셔널리즘이라고 할 수 있다.

현대사회의 아마추어리즘과 프로페셔널리즘은 위기상황에 봉착해 있다. 아마추어리즘은 지나친 경쟁의식으로 인하여 스포츠의 내재적 가치를 와해시키고 있다. 영국의 퍼블릭 스쿨(public school)의 학생들이 아마추어 스포츠의 정신을 '분노 없는 경쟁과 적의 없는 기술(strife without anger, art without malice)' 이라고 표현하였다. 그러나 실제로 현대 스포츠가 직면한 병리현상의 근원은 스포츠에 참가하여 승리를 위하여 전개되는 불건전한 주변상황에 기인한다고 볼 수 있으며, 불건전한 상황이라는 것은 지나친 경쟁의식의 체계가 조성되고 고무되는 것을 말한다.

또한 국가, 인종, 계급 등을 근간으로 하는 스포츠에 있어서의 국가주의(nationalism)는 아마추어리즘의 위기 및 붕괴로까지 이어지는 결과를 초래하였다. 대규모화한 스포츠경기에서 국가주의는 스포츠의 과열경쟁을 더욱 가속화시켜 국가를 대표하는 선수들이 경기에의 참가동기보다는 경쟁의식에 더 큰 목표를 갖도록 했다. 그 결과 스포츠에 있어서 아마추어리즘은 불가피하게 변질되었다.

그리고 국가주의에 입각하여 각국 정부는 선수들에게 막대한 재정적, 행정적 지원을 하여 정치적인 목적을 달성하려 하고 있다. 이러한 과정을 통하여 스포츠가 정치의 도구로 전락하고 있다. 그러한 대표적인 경우는 국제간 스포츠경기에 있어서의 경기거부(Olympic boycott), 이데올로기에 의한 동서간의 정치적 경쟁, IOC의 정치성 등을 거론할 수 있다.

한편, 현대사회에 있어서 프로 스포츠는 스포츠의 본래 의미에서 이탈하여 많은 문제점 노출시키고 있다. 고도의 경쟁적 산업체계의 특성과 같이 승리지상주의를 강조함으로써 상대에 대해 우호감보다는 배타주의적 태도, 과정보다는 결과를 우선적 가치로 생각하는 반휴머니즘적 상황을 연출하고 있다. 그리고 프로 스포츠의 고도화와 전문화는 스포츠의 수행결과에 대한 평가에서 특정한 개인, 즉 스타플레이어에게 지나치게 공적을 돌리게 함으로써 스포츠에 있어서 영웅주의 혹은 우상주의 현상을 조성하였다. 결국 현대의 프로 스포츠는 기계적, 업적주의적, 권위주의적, 상업주의적 특징으로 인하여 인간 자신의 자유와 능력, 잠재적이고 내재적인 특성을 발휘할 수 있는 기회를 박탈해 인간의 주체성과 본성을 상실케 하는 문제점을 지니고 있다. 프로 스포츠에 있어서 여성에 대한 편견과 차별문제도 심각한 사회현상이다. 남성의 전유물로 여겨져 온 스포츠에 있어서 여성에 참여기회가 확대되고, 참여형태가 다양화된 변화를 경험함으로써 스포츠에 있어서 여성의 지위는 새로운 형국을 맞게 되었다.

인간사회에 있어서의 가치관과 철학적 기준은 영속적이며 불변적인 것이라기보다는 시대상황과 구성원 다수의 요구에 의해 합리적인 입장을 지향하는 노력이 요구된다. 그리하여 스포츠는 새로운 변용과 재해석을 통하여 시대상황에 조화로이 융합될 수 있는 스포츠이념을 창출해야 할 것이다. 이러한 차원에서 보면 아마추어리즘의 원칙에 위배되어 비판되어져야 할 현상이지만 21세기 사회에 있어서는 이에 대해 유연성 있는 접근이 이루어지지 않을 수 없게 되었다. 즉 현대사회의 스포츠는 아마추어리즘과 프로페셔널리즘의 구분이 불명확한 특징이 있으며, 더 이상 계급적인 구분에 의해서 파생된 스포츠이념을 논하지 않고, 상호의존적인 관계로서 공유해야 하는 것이다. 그러므로 프로페셔널리즘이 기초하고 있는 대중사회와 자본주의 사회의 스포츠는 인간과 인류사회에 공헌할 수 있는 스포츠이념을 창출해야 하며, 아마추어리즘도 가치의 재창출을 통하여 현실을 직시하고 시대적 감각에 적합한 스포티즘의 창출에 관심과 정성을 기울여야 할 것이다. 이러한 통합적 과제의 실현을 통하여 아마추어리즘과 프로페셔널리즘은 역기능적 요소들이 극복될 수 있고 상호 조화를 도모할 수 있다.

이의 실현을 위해서 우리나라 스포츠계에서는 우선 아마추어리즘의 본산이라 할 수 있는 학원스포츠가 학생 운동선수들에게 교육적 규범과 역할의 한계점을 명확히 해야 한다. 현대사회에 있어서 아마추어리즘과 프로페셔널리즘의 구분이 불분명하고 운동선수들에게 금전거래를 병행한 불법 스카웃이 성행하더라도 학원스포츠는 이를 과감히 추방하여 아마추어리즘의 표준적 준거를 사수하겠다는 사명감이 전제되어야 한다. 그리하여 학원스포츠의 경기지도자, 선수, 교육자 등은 아마추어리즘 본연의 가치 및 규범을 실천하고 준수할 수 있는 기본 철학을 갖추어야 한다. 그리고 학원스포츠 정책을 수립하고 지휘 · 감독하는 기관에서도 학생 운동선수들의 규범적 한계와 필연성을 주입시켜야 하는 사명감이 성숙되어 있어야 한다.

따라서 현대사회의 스포츠는 순기능적 가치만을 극대화하여 부각시키기보다 인류에게 해악과 갈등을 조성하는 부정적 요인을 최소화하는 노력을 경주해야 한다. 고도로 조직화된 스포츠 세계에서 일어나는 승리지상주의적 경쟁의식과 인간 소외와 불평등을 조장하는 획일적 구조주의, 지나친 상업주의, 영웅주의 혹은 우상화 현상, 도박, 여성의 성 상품화, 그리고 인종차별주의 정책 등에 대하여 대안을 모색해야 할 단계에 이른 것이다. 그리고 프로 스포츠에 있어서도 아마추어리즘이 추구하는 보편적 스포츠이념과 유기적이고 조화로운 관계를 형성하려는 최소한의 노력은 있어야 할 것이다. 프로 스포츠는 특성상 경기에서의 성취와 상업주의적 요소에 의한 역학관계를 무시 할 수 없으나 프로 스포츠에 있어서도 스포츠윤리 및 도덕, 그리고 행위적 규범의 준수는 최소한 갖추어야 한다. 그리고 프로 스포츠는 아마추어 스포츠와 공조를 존중해야 한다. 프로스포츠는 아마추어 선수를 기초로 하고 있으며, 아마추어 스포츠의 협력 없이 프로 스포츠는 성립될 수 없기 때문이다. 그리하여 아마추어리즘과 프로페셔널리즘은 동시대에 공유하게 되는 것이다.

2. 스포츠맨십

현대사회의 스포츠는 경기규칙 위반에 따르는 윤리 · 도덕적 문제가 빈번하게 발생하고 있다. 전통적으로 윤리 · 도덕적인 문제를 해결하기 위해 페어 플레이, 정직성, 예의 등을 강조하고 있으나 스포츠에서 과도한 경쟁으로 인해 인간이 마땅히 지켜야 할 행위규범을 필요로 하게 될지 모른다. 이러한 행위규범이 스포츠맨십인데, 이는 스포츠참가를 통해 획득할 수 있는 잠재적인 미덕으로서 그 가능성은 여전히 확보될 수 있다.

비록 19세기에는 스포츠맨십을 스포츠에 대한 기술이나 실천이라는 의미로 정의하였으나 경쟁상황이나 유형에 따라 그 의미가 달라질 수 있다. 왜냐하면 스포츠맨십이 기술뿐 아니라 행동과 말을 통해 스포츠 참가자의 태도와 행위를 의미하기 때문이다. 특히 1926년 미국에서는 스포츠맨십을 생활의 모든 면에 보급시키기 위하여 스포츠맨십 친목회(Sportsmanship Brotherhood)를 조직하고, "문제는 승패가 아니라 어떻게 경기를 하느냐에 달려 있다."라는 슬로건을 내걸었으며, 이는 태도가 결과보다 중요함을 의미하고 있다. 이렇듯 오늘날 스포츠맨십의 개념과 적용은 스포츠 윤리범주에 이르기까지 확대되어 왔음을 알 수 있다. 따라서 스포츠맨십은 스포츠에 대한 비성문화된 윤리적 규범과 관계하여 특히, 개인의 인격과 개성을 바탕으로 하고 있다. 즉 윤리적 대리인으로서 스포츠맨십은 상대와 협동하여 규칙을 준수하고 정직한 경쟁과 결과의 승복으로 그것은 단순한 악수 이상의 의미를 갖는다. 또한 자신과 경쟁자를 존중하는 능력과 진정한 스포츠인이 되기 위한 능력을 표현하는 데 있어서 중요하며, 이때 승리는 공정한 경기에 따르는 부수적 결과를 반영하는 것으로 이해되어야 한다는 것이다.

Bryson은 스포츠맨십은 사랑의 교훈 다음으로 중요한 것이며, 스포츠맨십 없이는 민주주의가 불가능하고 자유가 불확실하다고 했다. 그럼에도 불구하고 이러한 미덕이 아직 교육에서 진지하게 다루어지고 않고 있어 교육적 측면에서 연구되어야 한다고 했다. 또한 김동진은 스포츠맨십을 첫째, 윤리 · 도덕적 가치를 추구할 수 있는 기준, 둘째, 경기장 내의 선수들에게만 국한된 것이 아니라 선수를 비롯한 지도자, 심판, 관중, 나아가서는 실제 사회생활의 전 영역에 해당되는 정신교육, 셋째, 교육적 측면에서 스포츠맨십은 인간의 이성적 사고에 의한 실행만이 이론적 가치가 있다라고 정의했다. 이렇듯 스포츠는 공정한 규칙에 의해 이루어지지만 그러한 규칙을 받아들이고 지키는 선수의 태도와 스포츠 행위자의 가치 및 협력, 그리고 성숙된 기쁨을 얻고자 하는 생활방식을 내포하고 있다. 또한 스포츠맨십은 스포츠 행위자들이 행해야 할 당위성을 함축하고 있다. 이는 스포츠맨십이 사실에 관계하는 것이 아닌 당위의 문제와 관계하고 있기 때문이다.

이상과 같이 스포츠맨십은 스포츠의 규칙에 대한 엄격한 준수를 요구한다. 그러나 그것은 단순히 규칙 준수만으로 보장되는 것은 아니며, 그렇다고 단순히 규칙 위반만으로 나타나는 것도 아니다. 결국 스포츠맨십이라는 의미는 성문화된 규칙준수를 요구하지만 보이지 않는 규칙을 따라야 하는 윤리적 행위의 당위적 성격을 함의하고 있는 것이다. 하나의 스포츠맨십은 스포츠 행위 규범의 규칙성과 그 명하는 바를 의무로 받아들이고 그것에 따를 때 의무의 도덕으로 자리하게 된다. 이는 일정한 스포츠상황에서 행위자는 우선 그에 알맞은 행위를 규칙적으로 실천할 줄 알아야 한다는 것이다.

[그림 1-6] 스포츠맨십은 스포츠를 스포츠로 존재하게 한다.

3. 스포츠휴머니티

스포츠휴머니티(sport humanity)는 현대 철학의 대표적 사조라 할 수 있는 실존주의와 실용주의, 그리고 마르크스주의 철학에서도 발현되어 나타난다. 실존주의적 휴머니즘 입장에서 스포츠는 인간이 창의적이며 자발적으로 스포츠에 참가를 하게끔 하여 자신의 소외를 극복하게 하고 주체성을 함양하게 한다는 점을 중시하고 있다. H. S. Slusher(1967)는 스포츠가 바로 이러한 점에서 인간철학의 기본점이 된다고 하였다. 이러한 면에서 볼 때 오늘날의 스포츠는 현대인이 주체성의 상실로 인해 갖게 되는 정치적 무관심과 니힐리즘(nihilism)을 예방케 하고, 실존적 저항력을 길러 주어 자기 중심의 폐쇄된 존재의식에 매몰되지 않도록 도와주는데 중점을 두고 있다 하겠다. 또한 스포츠는 사회 · 역사적 조건과 연계되어 인간이 객관적 현실을 과학적으로 포착하기 위한 주체적 노력을 할 수 있게 함으로써 현대사회에서 상실된 인간의 주체성 회복과 이를 통한 자아실현의 기회포착을 돕는 역할을 수행하는 것이라고 할 수 있다. 그러나 이러한 순기능적인 측면에도 불구하고, 현대사회의 스포츠는 그러한 본질적 의미 및 가치가 퇴색되고 왜곡되어 병리적이고 부정적인 소외현상이 만연되고 있음을 발견할 수 있다. 따라서 이러한 인간소외현상을 예방하고 극복하기 위해서 스포츠는 자신이 지향하는 실존적 철학의 방향을 현대적 맥락에서 새롭게 재조정하고 정립하여야만 할 것이다.

실존주의자들이 주장하는 개인의 주체성 확립이란 문제를 단순히 개인의 고독과 소외라는 개인적 차원에만 한정할 것이 아니라, 좀 더 거시적인 수준인 인류의 진정한 사랑과 우호 정신에 대한 소외의 입장이라는 점에서 파악하여야만 한다. 인간이 스포츠 활동에 자율성과 창의성을 가지고 주체적으로 참가하여 만듦으로써 그의 내면에서 발생하는 소외현상을 예방케 하는 것이다. 스포츠가 휴머니즘적 실천과제를 효율적으로 수행하기 위해서는 그 과정에서 발현되는 타인에 대한 애정과 신뢰, 그리고 존중이라는 개별적 인간애의 맥락에서 한 차원 승화된 보편적 인간애의 정신으로 끌어올리려는 실천적 의지가 요구된다 하겠다.

한편, 인간주의자들의 주장에 따르면, 스포츠는 다음의 근거에 의해서 휴머니즘 사상을 발현시킬 수 있는 주요 매체가 될 수 있다고 한다. 즉 인간은 스포츠에 의해 주체적 존재로서 자신을 구별할 수 있는 지성을 갖출 수 있게 된다고 한다. 이러한 사고는 실용주의적 휴머니즘의 사상과 철학적 배경에 일치하는 것이 된다. 스포츠는 일차적으로 개인의 자유보존과 신장에 관심을 가진다. 따라서 스포츠는 참가자가 자신의 흥미 및 욕구 등에 입각해 자신의 자유를 신장케 함으로써 그의 잠재의식 내에 억압된 충동과 갈등을 배출하게 하고, 또 선택적 의지에 의해 자신을 창조적으로 표현케 함으로써 전일체로서의 인간구현에 절대적으로 기여하게 되는 것이다. 그러므로 인간의 지성은 전인적인 인간상을 구현하는 과정에서 일어날 수 있는 관습이나 충동 사이에서 빚어지는 마찰이나 갈등을 해소하고, 또 환경부적응 상태를 적응상태로 바꾸어 놓을 수 있는 합리적 방향을 제시하는 실천적 좌표로 가능하다고 볼 수 있을 것이다. 따라서 스포츠를 통해 함양된 분별적 환원능력으로 인해 인간은 양식과 덕성을 골고루 갖춘 사회적 존재로 성장하게 되는 것이다.

스포츠를 통해 함양된 인간의 자유의지와 지적 능력은 개인의 자율성, 자기표현 등과 같은 자아실현의 밑바탕으로 작용한다. 이러한 능력은 결국 실용주의 철학자들이 주장하는 개인의 종합적성 함양과 합치되는 것이다. 따라서 실용주의적 입장에서 스포츠를 통해 인간의 휴머니즘적인 이상을 실현한다는 것은, 더 나아가서는 이를 통해 전인적 인간상을 구현하는 것이라고 단정지을 수 있을 것이다. 스포츠가 행위표출을 통해 자유에 대한 절정감 및 세속적 현실로부터의 자유감을 느끼게 함으로써 순수한 인간성 실현에 도달케 하려는 노력 그 자체이기 때문이다. 스포츠는 참가자가 종합적성을 갖추는 것을 최고의 이상으로 삼지만, 실용주의적 휴머니즘의 입장으로 확대시켜서 본다면 스포츠는 현대사회가 절실히 요구하는 인간성 회복, 혹은 인간구원의 종합적 적성을 함양시키는 방향으로 발전할 수 있도록 그 이념을 재정립하여야 한다고 본다.

한편, 마르크스주의는 자기상실, 자기소외에 빠진 인간들을 원래의 상태로 복귀시키고자 대두된 사상적, 실천적 흐름이다. 즉 마르크스주의는 인륜의 회복, 인간성 회복, 자기소외에 빠진 인간의 자아회복이며, 인간 자기 자신의 잃어버린 본성에로의 복귀를 중시하는 사조라 할 것이다. 그러므로 이는 자기상실을 경험한 인간이 자기회복을 주장하는 하나의 휴머니즘이다. 마르크스주의는 완전한 자기회귀요, 완성된 자연주의로서의 휴머니즘이고, 완성된 휴머니즘으로서 자연주의이다. 인간의 비인간화 현상을 치유하고 극복하기 위한 수단으로 대두된 마르크스주의적 스포츠의 이상은 앞서 고찰한 스포츠의 실존주의 휴머니즘과 같은 맥락에서 논의될 수 있다.

인간소외의 근본원인을 실존주의자들이 인간 내적인 문제에 있다고 본 반면, 마르크스주의자들은 인간 외적인 문제에 있다고 파악한다. 즉 그들은 그 원인이 기계적 획일성, 관료성으로 인한 자유와 창의성의 상실, 지나친 상업화와 상품화, 스포츠의 향락화, 그리고 스포츠의 불평등적 향유현상에 있다고 파악하였다. 따라서 그들은 기본적으로는 이러한 원인에서 야기되는 인간소외를 극복하고 참다운 인간화의 방향을 모색한다는 전제를 바탕으로 비인간화의 요소들을 예방하고 치유할 수 있는 스포츠의 목표를 제시하고 있다. 그러기 위해서는 무엇보다도 스포츠 제도의 운영 및 실천과정에서 나타나는 기계적인 관료성을 배제하고, 그것이 본래 지닌 자율적, 창의성 함의를 최대로 구현함으로써 휴머니즘적 이상실현을 위한 자주적인 자각능력을 개인에게 길러 주어야 한다.

따라서 이러한 병리적 현상을 극복하기 위해서 스포츠는 자신이 추구하는 순수 아마추어리즘의 내재적 가치를 고양시킬 필요가 있다. 스포츠는 또한 노동은 신성하다는 의식에 기초하여 이해관계에 유혹됨이 없는 높은 가치의식을 인간에게 배양케 하고, 소수 우수경기자의 다수에 대한 착취와 힘없는 다수의 사회적 소외를 배제할 수 있는 공리적 양심을 배양하도록 노력하여야 한다. 스포츠는 인간의 정신세계에 잔재하는 오랜 부정적 습관과 편견, 그리고 제도상의 관료성에 기인하는 불평등과 구속, 억압을 일소하고 인류평화와 평등주의의 스포츠이념을 지고한 정신문화의 원형으로 발전시켜야 할 것이다.

현대사회는 왜 스포츠에 열광하는가?

현대사회는 스포츠의 홍수이다. 월드컵, 올림픽, 아시안 게임, 세계육상선수권대회 등 스포츠이벤트와 프로야구, 프로축구, 프로농구, 프로골프 등의 프로스포츠, 그리고 사회적으로 스포츠영역으로 진입한 바둑, e-스포츠 등 너무나 많은 스포츠문화가 미디어와 결합하여 확대되고 있다. 이제 스포츠는 현대인의 일상생활에서 일정한 부분으로 등장하였다. 관람스포츠의 영역은 물론 스포츠에 참여하는 사람들도 점차 확대되고 있다. 마라톤, 배드민턴, 축구, 야구 등에 참여하는 인구도 증가하고 있다. 참여하는 목적도 다양해지고 있다. 그렇다면 이러한 이유는 어디에 있을까? 이에 대해 영국의 스포츠학자 Ellis Cashmore의 주장을 정리하여 정준영(2003)은 세 가지의 이유로 설명하고 있다. 이를 여기서 소개하고자 한다.

1. 현대인의 삶이 너무 뻔하다.

현대 사회는 고도로 조직화되고 관료화됨으로써 고도로 예측 가능한 사회가 되었다. 스포츠의 인기가 높은 안정된 선진 사회에서는 일상의 리듬을 파괴하는 갑작스러운 사건이나 사고가 거의 일어나지 않는다. 행여 그런 일들이 벌어진다 하더라도 이미 완벽하게 준비되어있는 처리 조직이 금방 일상을 회복시킨다. 이런 예측 가능성은 사람들에게 편안함을 주기도 하지만 흥분을 경험할 기회를 박탈해 일상생활을 지루하고 재미없게 만들기도 한다.

스포츠의 일차적 매력은 예측 불가능성에 잇다. 지난 2002년 월드컵에서 실감나게 확인한 바 있듯이 객관적 전력이 곧바로 승부의 결과로 이어지는 것은 아니다. 그렇다면 굳이 경기를 애써 벌일 필요 없이 그냥 양 팀의 전력을 분석하여 승자와 패자를 결정할 수 있을 것이다. 그러나 공은 둥글고 경기의 과정에는 항상

이변의 여지가 존재한다. 예측 불가능성은 너무 뻔하게 예측 가능한 현대 사회의 삶에 신선한 청량제가 되어줄 수 있다.

2. 현대사회의 삶이 지나치게 예의 바르다.

문명화된 사회는 폭력의 사용을 국가가 독점하고 사적 개인의 폭력을 철저히 억압하는 사회이기도 하다. 공격성이 동물로서의 인간이 지니고 있는 본능 중 하나라 하더라도 문명화된 사회에서 개인의 동물적 기질을 표출할 기회는 최소한으로 억제된다. 일상생활에서 이른바 매너가 정착됨으로써 사람들 사이의 일상적인 상호 관계는 부드럽게 진행되지만 그 과정에서 사람들은 미처 발산하지 못하는 동물적 본성 때문에 스트레스를 받는다. 마음에 맞지 않는 일이 생겨 화가 나더라도 드러내놓고 풀 기회는 마련되지 않는다. 일부 심리학자들은 이런 상황이 정신병의 증가를 가져오기도 한다고 설명한다.

[그림 1-7] 잉글랜드는 1970년대부터 Hooligan들로 인한 피해가 크나큰 국가적 손실로 이어지고 있다.

3. 현대사회의 일상생활이 너무 안전하다.

환경 문제나 핵 위협 또는 대량 살상 무기의 등장 등 과거에 존재하지 않던 전 지구적 위험이 증가한 것은 사실이다. 하지만 대부분의 일상생활은 과거에 비해 월등히 안전해졌다. 인간이 통제할 수 없는 천재지변은 많이 줄어들었으며 통제 가능한 질병의 종류는 훨씬 늘어났다. 밤길을 가다가 무서운 동물과 맞닥뜨려 목숨을 잃을 가능성의 거의 사라졌다. 현대 도시의 밤거리에서 가장 두려운 존재는 바로 인간이지만 잘 조직된 경찰 조직이 그런 위험성을 완화한다. 교통사고와 같은 새로운 위험이 발생하고 있지만 곧 위험을 제거할 안전한 수단이 개발된다.

안전성의 증가는 거꾸로 모험에 대한 인간의 욕망을 부추긴다. 그러나 이미 안전에 길들어 있는 현대인들의 모험이 과거의 순수한 위험과 동일할 수는 없다. 대다수의 현대인은 모험을 즐기면서도 위험의 양을 일정한 한계 안으로 묶어놓고 싶어 한다. 즉 현대인들이 추구하는 위험은 순수한 위험이라기보다는 관리된 위험이라고 할 수 있다. 산악 자전거나 스카이보드처럼 많은 젊은이들이 열광하는 극한 스포츠나 번지 점프 같은 오락이 대표적인 예이다. 극한 스포츠와 같은 위험한 스포츠에 몰입하는 사람들도 그런 활동이 목숨을 잃을 만큼 위험하지 않다는 것을 잘 알고 있다. 말하자면 그들은 최소한 자살의 한 방법으로 극한 스포츠를 택하는 것이 아니다. 이들 활동은 기본적으로 모험의 욕망을 충족시키도록 마련된 것이지만 극단적인 위험은 피할 수 있도록 다양한 장비들이 개발되어 있고, 참여자들은 그 장비의 안전성을 신뢰하기 때문이다.

현대 스포츠는 모험에 대한 욕망을 충족시키면서 좀 더 안전한 활동의 다양한 형태를 제공해준다. 모든 스포츠 활동에는 항상 어느 정도 위험한 상황이 발생할 소지가 있으며 이 위험성 덕분에 참여자들은 짜릿한 스릴을 느낄 수 있다. 엘리아스가 현대 스포츠는 흥분의 추구에 기반하고 있다고 얘기할 때 그 흥분 속에는 바로 이러한 스릴의 요소가 포함되어 있다. 하지만 동시에 스포츠 활동에서 이 위험성은 최소화되며 더욱더 안전한 형태로 변형되고 있기도 하다. 각종 스포츠에서는 경기 중 발생할 수 있는 부상을 예방하기 위해 좀 더 안전한 용구들을 개발하고 있다. 부상을 줄이기 위해 경기의 규칙까지 바꾸기도 한다. 선수의 부상을 최소화하기 위해 마련된 축구의 백 태클 금지 조항과 같은 규정이 스포츠의 안전화를 보여주는 대표적인 사례다. 19세기 중반까지 축구 규칙에서는 해킹hacking 이라고 하여 상대 선수의 정강이를 걷어차는 것까지 정상적인 기술의 하나로 인정했다는 점을 생각해본다면 현대 스포츠가 얼마나 안전성을 증진시켜 왔는지를 확인할 수 있다. 이런 의미에서 현대 스포츠는 안전성과 모험 욕구 충족이라는 양면을 동시에 채우는 훌륭한 수단이 된다.

결국 현대인들은 스포츠가 제공하는 예측 불가능성, 공격성을 발산할 기회, 모험 욕구의 충족 기회 등을 얻기 위해 스포츠에 몰입한다고 할 수 있다. 물론 스포츠를 좋아하는 사람들 개개인에게는 훨씬 다양하고 복잡한 이유가 있을 수 있지만 현대 사회에서 스포츠가 각광을 받는 전반적인 맥락으로는 이런 요인들을 제시해볼 수 있다는 것이다. 따라서 예측 가능성이 좀 더 높고, 좀 더 문명화되고, 좀 더 안전한 사회일수록 스포츠의 인기가 높아질 것이라고 쉽게 짐작해볼 수 있다.

남미의 축구 열기와 같은 몇몇 예외적인 사례를 제외하면 대부분의 선진국일수록 스포츠의 인기가 높고 다양한 스포츠를 즐기고 있는 것은 이런 배경에서 이해될 수 있다. 마찬가지로 선진화된 사회일수록 스포츠의 안전성에 대해 더욱 세심하게 배려한다. 권투의 야만성을 비판하면서 권투를 스포츠의 범주에서 제외하여 불법화하려는 운동이 광범위하게 벌어지는 있는 것은 안전성에 대한 집착을 보여주는 대표적 사례라고 할 수 있다.

chapter 02

스포츠사회학의 이론과 개념

스포츠를 보는 사회학의 눈

스포츠를 사회학적으로 이해하는데 필수적인 주요 이론적 근거는 매우 다양하게 제시되고 있다. 그것은 스포츠와 사회의 관계는 보는 사람의 입장에 따라서 매우 다양하게 해석될 수가 있음을 의미한다. 대표적 이론은 구조기능주의 이론과 갈등이론, 그리고 비판이론이 있는데 구조기능주의 이론은 스포츠를 사회체계의 유지와 통합에 기여하는 것으로서, 갈등이론은 스포츠를 지배계급의 전유물로 갈등과 착취의 수단으로 작용하는 것으로서 보고 있다. 비판이론은 스포츠를 자본주의적 헤게모니를 재생산하는 것으로 인정하고 이를 비판하는 이론이다. 그러나 각각의 이론에는 합리성과 제한점이 공존하고 있어 이에 대한 보편적 이론 정립이 요구되고 있다.

이러한 이론적 근거에 입각하여 볼 때, 스포츠는 제반 순기능과 역기능을 동시에 가지고 있는데, 그것은 사회통합 및 통제, 상승적 사회이동 등의 순기능을 초래하는가 하면 다른 한편으로는 인간의 소외현상을 초래하거나 구속과 강제를 유발하며, 상업주의와 지나친 국수주의를 야기하는 역기능도 가지고 있다.

그러나 현실적으로 정치적, 경제적, 사회·문화적, 교육적 가치가 다양하다는 사실이 널리 공유되고 있다. 이러한 가치는 스포츠에로의 사회화와 스포츠를 통한 사회화로 개념 지어지는 스포츠 사회화에 의하여 촉진되는데, 그 근거는 사회학습이론과 역할이론, 준거학습이론으로 설명되고 있다. 특히 이러한 스포츠 사회화를 더욱 용이하게 하는 주관자는 가족, 동료집단, 학교, 지역사회, 대중매체가 있는데 이러한 주관자의 역할이 스포츠 사회화에 참여하는 신참자들에게 어떻게 작용하느냐에 따라서 스포츠 참여와 관련한 그들의 가치와 태도가 크게 영향을 받게 된다는 점에서 이러한 변인에 대한 통제 및 연구가 중요한 의의를 지니게 될 것이다.

스포츠사회학의 주요 이론

스포츠와 사회의 관계는 이론적 관점에 따라 다양한 시각에서 해석될 수 있다. 혹자는 스포츠를 사회의 존속·발전을 위해 필수불가결한 사회제도로 파악하는 반면, 일부 학자는 특정 사회계층 및 지배집단의 이익추구를 위한 산물로 간주한다. 이러한 이론적 관점의 차이는 상이한 지적 관심에 기인하는 것이지만 스포츠와 사회관계의 본질에 대한 독자적인 이론적 영역을 구축하면서 스포츠사회학의 발전에 기여하고 있다. 스포츠와 사회의 관계에 대한 주요 이론을 계략적으로 고찰하면 다음과 같다.

1. 구조기능주의

구조기능주의 이론은 사회를 상호 관련된 부분의 조직화된 체계로서 파악하고 있다. 따라서 사회 구성원들은 기본적으로 동일한 가치관을 공유하고 있고, 사회제도(가족, 교육, 경제, 정치, 종교, 스포츠 등)는 모두 상호의존적이고 건설적인 방법으로 상호 존속한다는 것을 가정하여 사회 또는 사회체계가 생물학적인 유기체와 같이 작동한다는 개념에 입각하고 있다. 다시 말하면 사회체계는 그 자체를 균형의 상태로 존속시키려는 강한 성향이 있기 때문에 유효하게 작동한다고 본다. 그리하여 생물학적 세계에서와 같이 점진적인 변동이 아니거나 체계 내에 존재하는 자연적인 질서에 부정적인 영향을 미치는 것을 역기능이라고 간주한다.

구조기능주의자들은 사회, 학교, 가정 혹은 다른 사회체계가 어떻게 작동하고 있는지를 고찰하기 위해서 기본적으로 체계의 각 부분들이 총체적인 작동에 어떻게 기여하는지에 관하여 관심이 있다. 사회체계의 원활한 작동은 다음 4가지 사실에 달려 있다고 한다(Coakley, 1986).

- 구성원이 기본적인 가치나 규칙을 습득하여 체계를 효과적으로 유지하도록 교육시켜야 하며, 개인의 감정, 사고, 활동의 형성과정에서 생성되는 좌절감과 긴장을 무해한 방법으로 표현하도록 하는 방법이 있어야 한다.
- 사회체계를 원만하고 효과적으로 작동하게 하는 데에 필요한 결속, 단합, 사회적 통합의 메커니즘이 있어야 한다.
- 구성원이 삶에 있어서 어떠한 목표가 중요한지, 또한 이러한 목적을 달성하기 위하여 사회적으로 용인된 방법을 배울 수 있는 장치는 무엇인지를 학습하게 한다.
- 사회체계는 외부의 사회적, 물질적 환경의 변화가 사회질서의 결속력 및 여론을 해치지 않고도 다루어 질 수 있는 메커니즘을 가져야 한다.

이러한 4가지 사실을 체계요구라고 하는데 이러한 요구의 충족은 사회체계, 기업조직체, 클럽, 소집단 등의 원활한 작동에 필수적이다. 그리고 구조기능주의 이론에 따르면 이러한 4가지 체계요구를 체제의 유지와 긴장조절의 요구, 사회통합의 요구, 목표달성의 요구, 적응의 요구로 요약 · 정리 할 수 있으며, 스포츠는 이 4가지 요구체계를 만족시키는 데에 도움이 되는 것으로서 이해하고 있다.

[그림 2-1] Michael은 수영을 통해 ADHD를 극복한 구조기능주의의 좋은 사례이다.

구조기능주의적 스포츠이론은 스포츠사회학의 지배적인 이론적 패러다임으로서 그 위치를 공고히 하고 있으나 다음의 몇 가지 측면에서 제한점이 있다(임번장, 1999).

첫째, 구조기능주의자들은 스포츠의 긍정적인 측면을 지나치게 과장하고 있다. 이는 스포츠의 역기능적인 면을 간과하고 무시함으로써 스포츠의 규범과 가치를 변질 · 왜곡하거나 나아가 동기유발을 저해하여 좌절과 긴장을 생성해 낼 가능성을 간과하는 경향이 있다.

둘째, 방법론상의 문제로서 구조기능주의자들이 주장하고 있는 체계의 한 부분이 전체 체계에 기여하는 바를 연구할 수 있는 적절한 방법이 존재하지 않는다. 예컨대, 스포츠가 전체사회의 존속 및 유지에 기여하는 바를 경험적으로 규명할 수 있는 체계적인 연구도구나 방법을 어떻게 제공할 것인가 하는 문제에 대한 의문이 제기된다.

셋째, 어떤 사회에서든 스포츠는 사람들 간의 상호작용에 의하여 창출된다는 사실을 간과하고 있다. 즉 구조기능주의 이론은 스포츠가 사회의 기본적인 체계

요소를 만족시키는데 기여하는 과정의 규명에만 지나친 관심을 보임으로써 사회의 성원이 자신과 소속집단의 이익을 증진시키기 위하여 스스로 스포츠를 창출하고 규정한다는 가능성을 도외시하는 것이다. 이는 구조기능주의가 다양한 사회에서 생성되어 온 스포츠의 역사적 발전과정과 특정 경제적 조건을 간과하고 있음을 의미한다.

2. 갈등이론

갈등이론은 사회를 공통적인 가치관이나 여론에 의해 유지되고 상호작용하는 안정된 체계로 보기보다는 본질적으로 상호 다른 관심에 의해 특징지어져 끊임없이 변화하는 것으로 보고 있다. 따라서 사회질서는 특정집단이 소유한 재원을 세상에 대한 이해가 적절한 것으로 수락하도록 다른 집단에게 강요하고 억압하는데 사용하는 과정에서 나타날 수 있다고 보고 있다. 또한 전체사회에 대한 관점은 사회를 원만하게 이끌어 나가는 데에 무엇이 필요한지 보다는 사회의 변동과정에 있다고 볼 수 있다.

갈등이론은 Karl Marx의 이념을 새롭게 재구성한 것으로서 일반적으로 자본주의 국가를 분석하는 데에 사용된다. 이에 의하면 사회와 스포츠간의 관련성은 자본주의 경제의 구조에 의하여 유형 지어진다. 따라서 자본주의 사회의 스포츠는 궁극적으로 지배계급의 이익을 증대하는 수단으로 이용됨으로써 노동자들이 개혁지향적인 변동에 관심을 갖지 못하게 저지한다는 것이다. 다시 말하면 스포츠는 자본주의 체제에 있어서 권력과 경제적 자원을 지닌 소수의 이익집단에 의해서 형성된 왜곡된 형태의 신체활동이라는 것이다(현승일, 1990). 갈등론자는 스포츠를 연구할 때 역사적인 접근방법을 이용하여 스포츠와 다음과 같은 내용간의 관련성에 관심을 갖는다.

- 자본주의 사회에서의 인간소외.
- 경제적인 자원과 권력을 지닌 자에 의한 대중의 강압과 통제.

● 상업주의의 발달.
● 국수주의와 군국주의의 발달.
● 인종 차별주의와 여성 차별주의의 만연.

갈등이론도 구조기능주의 이론과 같이 몇 가지 주목할 만한 제한점을 내포하고 있는데 이를 4가지로 나누어 제시하자면 다음과 같다(임번장, 1999).

● 갈등이론은 스포츠와 사회의 관계를 설명함에 있어서 경제적 요인 이외의 다른 가능성을 전적으로 배제하고 있다. 스포츠 그 자체는 상호작용하는 성원과 스포츠를 흥미표출의 대상으로 만들기 위하여 자원을 이용하는 사람에 의하여 창출되는 문화적 산물인 것이다.
● 스포츠가 자본주의사회에 있어서 권력을 가진 사람에 의하여 통제되는 정도를 지나치게 강조하고 있다.
● 자본주의 사회라 할지라도 스포츠참가가 개인적으로 창조적이고, 표현적이며, 해방감의 경험을 제공할 수 있는 가능성이 잠재한다는 사실을 간과하고 있다.
● 스포츠가 일종의 마약과 같은 중독물이라는 갈등이론의 주장이 연구결과에서

[그림 2-2] 스포츠로 인하여 사회의 중요한 이슈들이 지나치기도 한다.

지지되지 않고 있다. 이와 같은 사실은 스포츠에 참가하고자 하는 사람의 대부분은 경제적으로 성공한 사람이라는 점에서 증명된다.

3. 비판이론

비판이론은 사회학의 영역에 상당히 오랫동안 존재하여 왔으나 이해하고 사용하기 어렵기 때문에 이 이론을 지지하는 사람이 한정되어 왔다. 비판이론은 자본주의 체제 하에서 산업기술발달 및 경제적 증진은 창출된 사회적 자유시간과 자유의 영역이 인간계발을 위한 여가시간으로서가 아니라, 자본의 이윤축적을 위한 상품소비의 터전으로 전환되는 경향이 있다고 비판한다(Tar, 1977). 특히 자본주의적 헤게모니의 재생산을 위한 주요 메커니즘으로서 소비주의가 도입 되면서부터 현대 자본주의 하에서 스포츠는 개인의 성공을 표출하는 과시적 소비의 형태로 나타난다고 비판한다.

따라서 현대 자본주의사회에서의 스포츠는 더 이상 개인의 창조적이고 자유로운 여가생활의 영역이 되지 못하고, 사회적으로 조종되는 영역으로 변질되어 가고 있다고 주장한다. 그 결과, 노동계급의 전통적인 자생적 스포츠활동이 쇠퇴하고 그 대신 독점 자본주의의 활로로서 새로이 개척되고 있는 각종 스포츠산업이 매개하는 상품화된 스포츠가 보편화된다. 나아가 이러한 스포츠활동은 소시민적 사생활주의를 체계적으로 조장시키고, 개별 가족단위의 사적 스포츠소비와 스포츠활동에서 오는 만족감을 통하여 공적 이슈 및 사회적 갈등의 존재를 은폐한다고 비판한다.

사회의 비판적 규명을 위한 이론적 틀로서 비판이론이 지향하는 궁극적인 목적은 변화에 있다. 따라서 스포츠의 사회학적 관점에서 볼 때 비판이론은 다음의 4가지 측면을 규명하는 데에 관심을 가진다.

- 사회에 있어서 스포츠의 이상적 모습.
- 스포츠와 관련된 기회 및 선택이 사회집단에 따라 상이한 정도.

- 스포츠가 관련된 개인이나 집단의 이익을 반영하여 변화하는 방법.
- 스포츠가 전체사회의 변화를 위한 촉매제로 작용하는 측면 및 방법.

예컨대, 어떤 운동선수가 창조적이고 표출적인 스포츠경험보다는 공격적이고 비인간적인 스포츠 참가경험을 지니고 있을 때 비판론자들은 그와 같은 경험과 스포츠활동의 특징 및 조건의 관계를 규명하는 데에 연구의 초점을 맞춘다. 그러나 비판이론 역시 객관적 입장에서 몇 가지 문제점을 안고 있다고 볼 수 있다.

첫째, 비판이론에 대한 상이한 해석적 관점이 있다. 즉 비판이론을 주장하는 학자마다 스포츠의 사회적 현상에 대하여 각기 상이한 분석방법을 강조하고 있다.

둘째, 스포츠가 현행 체제의 유지를 강화하는 경우와 현행 체제를 변혁시키는 경우의 상반된 작용에 대하여 구체적인 지침을 제공하지 못한다. 이와 같은 문제로 인하여 비판이론이 설명하고 있는 스포츠와 사회의 관계에 대한 많은 부분이 갈등이론의 시각에서 크게 벗어나지 못하고 있다(Morgan, 1985).

셋째, 사회가 성원 간에 합의된 일상생활에 대한 정의와 의미에 기초하여 존속하고 있음에도 불구하고 일상생활 환경에서 사회성원이 실제로 경험하고 있는 현실을 무시하고 있다. 즉 사회제도로서의 스포츠는 특정 이익집단이나 권력집단의 이해에 의하여 결정되고 정의되는 사회적 구성체가 아니며, 전체 사회성원의 합의와 동의에 의하여 규정되고 이끌어져 가는 사회적 실제임을 비판이론은 간과하고 있다(Messner, 1984).

스포츠의 사회적 기능

1. 스포츠의 사회적 순기능

1) 사회통합

스포츠의 사회통합 기능이란 각기 다른 개성을 가지고 있는 사회 구성원을 집단 속으로 조화롭게 흡수하고, 그 집단성으로서 개인을 규명하는 것이다. 스포츠는 실제적으로 참가자에게뿐만 아니라 그 제도 내에 있는 구성원 모두에게 통합의 수단으로 작용한다(Luschen, 1976). 이처럼 스포츠는 사회 구성원을 결집시키고 조직의 일체감을 조성한다. 그리하여 스포츠는 주로 사회 구성원이 지속적이고 건설적으로 업무에 종사하도록 유도할 수 있는 사회관계의 창출 및 강화에 기여한다.

이와 같은 특성으로 인하여 스포츠는 관중으로 하여금 동일 팀을 성원함으로써 자신이 속해있는 학교 · 시 · 도 · 국가와 일체감을 갖게 하여 사회통합과 국민화합을 이루게 한다. 사회를 이루는 개인은 용모, 출신성분, 성, 교육 정도, 사회 · 경제적 지위가 각기 상이한 이질적 존재이나 스포츠를 통하여 동질화되고 통합을 이루게 된다는 것이다. 즉 스포츠는 개인적으로 상이한 사회성원에게 출신성분에 관계없이 공통적인 감정을 유발시킴으로써 사회의 통합 및 일체감을 형성시킨다. 스포츠활동의 참가에 있어 한 팀의 구성원이 되거나 클럽의 성원이 되도록 하는 것은 개인을 그 팀이나 클럽 속으로 통합하기에 충분한 대인결속을 필요로 하기 때문이다. 또한 스포츠참가는 동료 사이에서뿐만 아니라 적대관계에 놓여 있는 상대와의 사이에서도 강한 연대의식과 우애감을 생성하며 서로 우호적 인간관계를 형성하고 강화시키기 때문에 원만한 사회생활을 영위하는데 기여한다. 결국 스포츠는 사회계층, 출신성분, 성, 교육수준, 종교가 서로 상이한 이질적인 개인으로 구성된 사회를 결속시켜 사회적 에너지를 분출하는 기능을 담당한다.

H. Edwards(1973)는 미국의 '스포츠 신조'로 건강, 인격형성, 극기심, 경쟁심,

신앙심, 애국심을 들었는데 이러한 가치들은 전통적인 미국사회의 원리와 일치함으로써 미국의 사회통합에 기여하고 있는 것이다. 이러한 사실로 미루어 보아 현대사회에 있어서 고도록 조직화되고 대표적인 스포츠 부류로 지칭되고 있는 엘리트스포츠는 사회집단의 집합적 표상으로 작용하며, 그 도시의 거주자들을 상징적으로 통합하는 기능을 실행하고 있다고 할 수 있다. 이러한 과정에서 집단적 일체감, 충성심, 자부심을 표출시켜 준다.

2) 사회통제

스포츠는 사회학적으로 중요시되는 문화적 가치, 신분체계, 기타 문화적 제 측면을 조망해 줄 수 있는 매체를 제공함으로써 전체사회 구성원에게 사회 · 문화적 가치를 전달해 주는 중요한 사회체제로서 일반대중에게 사회의 기본적 가치와 규범을 가르친다. 그리하여 스포츠는 사회성원이 가지고 있는 관심, 활동, 여가추구를 용의주도하게 국가가 추구하는 목표에 맞추는데 가교역할을 수행한다. 따라서 스포츠의 사회통제적 기능이란 스포츠참여가 일반대중의 사고감정 및 행동양식에 미치는 영향에 주로 관심을 둔다. 먼저, 그에 대한 근거로서 경쟁적 스포츠는 참가자에게 높은 성취욕구를 고취시킴으로써 현대사회의 생산성을 제고시키는 역할을 수행한다.

Ferdinand(1966)는 힘, 기술, 스피드와 같이 경쟁이 일정한 규칙에 의해 제도화된 스포츠는 남성의 용기와 능력을 과시할 수 있는 수단임과 동시에 중상계급의 가치를 실제화시키는 수단이 된다고 하였으며, 스포츠에 간접적으로 참여하는 팬들도 스포츠에 참여함으로써 기존의 규범을 준수할 수 있게 된다고 하였다. 따라서 스포츠에 있어서 엄격한 훈련과 금욕, 그리고 작전수행에 따른 승리는 칭찬, 보상, 출세와 같은 성공에 대한 보수가 부여되는데 이와 같은 경쟁을 통한 능력본위의 스포츠체계는 현대사회의 주요 가치인 생산성을 제고하는데 기여한다. 이는 스포츠가 도덕적 결단이나 사회규범의 기능과 구조에 대한 통찰력을 제시하는 가치전달 체계로서의 기능뿐만 아니라 사회적 지위와 부의 축적 욕구를 자극하는 역할도 함께 지니고 있기 때문이다.

한편, 스포츠는 청소년의 성인역할을 학습시켜 적자생존의 경쟁적인 사회에서 살아남도록 잠재력을 제고해 준다. 따라서 대표적인 경우로서 엘리트스포츠와 같이 스포츠경험의 조직화 정도가 높을수록 그 구조화 과정이 비조직적 스포츠에 비하여 복잡할 뿐 아니라 고도의 경쟁성도 요구하게 된다는 것이다(Coakley, 1980). 이는 문화주입 이론의 관점에서 볼 때 스포츠가 성장기의 청소년들에게 일반 성취사회에서 경험하는 심리적 갈등을 해소하여 주는 작용을 할 뿐만 아니라 장차 사회에 적응할 수 있는 잠재능력을 훈련시켜 주는 기능을 수행한다는 것이다(Sutton-Smith & Robert, 1962).

또한 스포츠활동은 일반적으로 긴장, 공격성, 좌절과 같은 파괴본능의 안전하면서도 효과적인 방출을 위한 통로가 된다. 만일 긴장이나 갈등의 감정을 무해한 방향으로 분출시키지 않는다면 자신과 집단, 그리고 사회에 해악이 될 수 있는데 스포츠는 바로 이와 같은 극단적 감정인 희열, 미움, 슬픔 등과 같은 정서적 앙금을 발산함으로써 개인과 사회를 보호하는 통제장치를 제공하는 것이다.

3) 사회이동

스포츠의 바람직한 기능중의 하나는 그것이 상승적 사회이동의 원천이라는 것이다. 상승적 사회이동이란 한 개인이 새로운 사회부류에 속하게 되는 것으로서 개인이 사회적 위계서열에서 전보다 높은 지위를 전유하는 것을 의미한다. R. S. Gruneau(1983)는 스포츠에서의 업적은 지위창출의 수단이며, 스포츠활동은 사회이동의 한 방법이 된다고 하였다. 경제적 보상과 비물질적 가치의 통제와 같은 더 안정된 기반에 기초한 지위를 얻을 수 있다.

많은 나라에서 스포츠가 보다 적은 혜택 속에 있는 사회구성원, 즉 가난하고 인종적, 민족적으로 열세한 집단에서 사회적 신분이동을 가장 효과적으로 도모할

[그림 2-3] 미국 NFL과 NBA의 수퍼스타들인 Heinz Ward와 Dwayne Wade는 극도로 어려운 환경에서 스포츠를 통하여 자신과 가족의 수직적 사회이동을 이루어냈다.

수 있는 수단이라는 사실이 널리 입증되고 있다. 스포츠를 통해서 달성된 사회이동은 계급을 넘는 이동(특히 능력이 경제적인 맥락에서 보상받는 경우), 사회적 수준의 위계서열을 넘는 이동, 사회적 위광을 높이는 이동 중의 어느 하나에 속할 수 있다(임번장, 1986b).

이처럼 현대 스포츠문화에 내재되어 있는 제반 가치는 전체사회와 일치되어 서로 중복되고 강화시켜 주는 관계에 있으며, 특히 스포츠와 경제제도 양자는 모두 실적주의와 사회적 다윈주의에 기초하고 있다. 따라서 스포츠의 게임규칙은 공정하고 개방되어 있어서 의욕과 능력이 있으면 반드시 성공할 수 있다. 즉 누구나 규칙에 복종하여 열심히 노력하면 성공할 수 있는 것이다. 이상에서 보듯이 스포츠에는 사회적 능력주의가 엄연히 존재하며, 이 능력주의에 의거하여 다른 수단과 통로를 통해서는 보장받을 수 없는 사회이동이 보다 가시적이고 효과적으로 구현되는 것이다.

한편, 스포츠를 통한 사회이동의 효율성에 있어서는 어느 정도 한계성이 있는 것도 사실이다. 스포츠가 달성할 수 있는 제도적인 경직성의 수준을 넘지 못한다는 것이다. 가령 어느 사회가 전적으로 귀속적이라면 개인이 아무리 능력이 뛰어나다 하더라도 스포츠를 통한 사회이동이 보장될 수 없다. 대부분의 현대 산업국가가 본질적으로 성취지향적이만 아직도 귀속성을 유지하는 나라도 있다. 가장 성취지향적인 사회에서도 그 주민 중 어느 집단 혹은 계층은 수직적 사회이동을 보장받을 수 없거나 또는 적어도 동등하게 접근할 수가 없다. 이것이 자본주의 사회에 존재하는 사회적 불평등 현상인 것이다(Harris, 1970).

2. 스포츠의 사회적 역기능

스포츠는 순기능적 기능과 함께 스포츠가 일부 지배집단에 의하여 조작되고 그들의 이익을 증진시키는데 이용되고 있다는 역기능이 주장되기도 한다. 권력과 자원을 소유한 이익집단은 스포츠영웅의 창출, 스포츠 프로그램의 제공, 그리고 상품의 개발 및 판매를 통하여 대중을 교묘하게 스포츠소비자로 전락시킬 뿐만 아니라, 운동선수의 재능과 능력의 착취를 통하여 자신의 권력과 이익을 보존하는 수단으로 활용한다는 점에서 비판을 받고 있는 것이다.

1) 인간 소외현상

스포츠에 있어서 인간 소외현상은 신체적인 측면과 정신적인 측면으로 나누어 설명할 수 있다. 스포츠가 인간에 있어서 신체의 소외를 조장한다는 주장을 지지하는 좋은 예는 현대 스포츠에서 심각한 문제로 제기되고 있는 약물복용이다.

조직적인 스포츠경기에 참가하는 선수들은 자신의 신체를 기록갱신 및 승리를 위한 도구로 간주함으로써 신체에 해로운 약물을 남용하고 있음이 국내 및 국제 스포츠장면에서 종종 발견된다. 많은 운동선수들이 자신의 운동수행을 개선시키기 위하여 부작용을 일으키는 약물을 무분별하게 복용함으로써 자신의 신체를 소외시키고 있는데 이는 스포츠가 소외의 원인이 된다는 사실을 명료하게 입증하여 준다 하겠다.

정신적인 소외현상은 현대 스포츠가 세속적, 실력주의적 경향이 강하고, 고도의 합리성과 관료적 조직에 예속되어, 스포츠행위의 의미에 대해서 기록 수립적이고 양적인 평가를 지향함으로써 발생한다. A. Guttmann(1978)은 스포츠가 전문화, 대량화됨으로써 스포츠의 낭만이 추상적인 숫자나 기록으로 타락되었고, 품위를 생각할 겨를이 없어 페어플레이를 할 여지가 없어졌으며, 신체적인 운동감각에 능동적으로 반응할 기회가 상실되었다고 주장하였다. 스포츠의 조직적인 문제점에 의하여 발생한 가장 큰 희생자는 학교의 운동선수들이다.

2) 구속과 강제

스포츠는 대체로 지배계급의 성원들에 의해 통제되고 있으며, 스포츠의 제도적, 이데올로기적 특징들은 계급권력이 기초하고 있는 조건들에 상응하고, 또 그 조건들을 재생산하는데 도움이 되기도 한다(Hoch, 1972). 그리하여 오늘날의 엘리트스포츠는 운동선수에게 신체의 자유, 창조적 자발성, 본질적인 놀이충동을 제거해 버림으로써 그 자체가 구속이며 억압적 기능을 수행하는 것이라고 할 수 있다. J. M. Brohm(1978)은 마치 인간이 능률성과 생산성이라는 목표를 달성하기 위하여 사용되는 기계인 것처럼 운동선수들이 묘사된다고 하였다. 현대사회에서 고도로 발달된 엘리트스포츠를 중심으로 하는 공식적 스포츠는 경쟁을 지나치게 강조함으로써 착취적이고 비인간적인 병리적 가치를 표출하고 있는데, 이러한 문제는 스포츠의 엘리트적인 체제 때문에 발생된 소외의 결과라고 할 수 있다.

스포츠를 통해서 열심히 훈련하고 인내하면 승리를 쟁취할 수 있다는 가치관을 강조함으로써 사회를 지배하려 한다. 즉 열심히 운동하면 기량이 향상되고 그렇게 되면 필연적으로 반드시 이긴다는 스포츠의 성공신화를 청소년에게 심어줌으로써 장차 성인이 되어 성실하게 노동에 종사하도록 독려하는데, 이는 결국 자본가 집단이 노동자 집단의 노동의욕을 고취하여 노동력을 착취하기 위한 교묘한 수단과 방법이라는 것이다.

3) 상업성과 왜곡된 물질문명

스포츠는 현대사회에서 지나치게 상업화됨으로써 스포츠 자체를 삶의 수단적 가치를 추구하는 매개체로 전락시켰다. 특히 소수 엘리트스포츠는 그들의 우수한 성적과 기록을 토대로 급속한 사회적 수직이동과 풍부한 경제적 보상을 받게 됨으로써 스포츠에서 궁극적인 목표는 승리와 그를 통한 금전과 부의 축적이라는 가치를 사회전반에 투영시킴으로써 절대다수에게 부정적인 경제학적 이데올로기를 형성하게 되었다. 이러한 현상은 스포츠에 대한 국민다수의 투기심 및 모험주의적 발상을 일으키게 되었고, 성실과 근면보다는 운동선수의 외면적인 화려함을 모방하거나 소비성향을 유발함으로써 개발도상국으로서 든든하고 확고한 선진공업국을 지향하는 국가경제정책에 오락 및 서비스 산업의 호황이라는 내적인 장애요인으로 작용하기도 하였다. 또한 우수 엘리트스포츠 선수에 대한 이른바 상업성이 높이 평가되어 학생 운동선수의 금전수수 현상과 상품으로서의 가치왜곡 혹은 변질현상은 우리 사회에 물질문화의 강조와 더불어 스포츠윤리의 부재현상과 정신문화의 빈곤현상을 초래하기도 하였다.

4) 지나친 민족주의

민족주의는 국가를 위한 충성과 헌신을 뜻하며 자국을 타 국가보다 찬양하고 타 국가 및 타 민족 집단에 대항하여 자 민족의 문화와 이익을 도모하는데 역점을 두는 민족의식을 말한다(Segrave & Chu, 1981). 갈등이론은 스포츠가 추상적이고 비이성적이며, 유해한 맹목적 국가 자존심을 육성시킬 잠재 가능성이 있다고 주장한다. 즉 스포츠에 대한 비판적 이론은 올림픽과 같은 국제 스포츠경쟁이 국수주의적 고립정책 및 군국주의적인 성향을 유발할 수 있는 우월감이나 잔인성 및 정치적 불안을 창출하는지의 여부를 규명하는 관심을 갖는다. 또한 국제 스포츠경기에 참가하는 운동선수는 참가의 과정 및 경험보다는 경쟁적 성공의 결과를 강조하고 있으며, 참가국의 정치지도자를 포함한 대부분의 국민이 스포츠경기에서의 승리를 자국의 국력 및 정치력의 척도로 평가함으로써 애국심 및 국수주의적 국민의식을 조장한다고 비판한다.

Levin(1976)은 스포츠에 있어서의 민족주의에 영향을 미치는 요인을 조국애, 국가 주체성, 국가적 유일성, 국가위신, 국가적 사명, 국가안전, 통신, 보도, 정치 및 국제관계 등 9가지 요소로 구분하였다. 올림픽 경기에서 민족주의가 대두된 직접적인 요인은 국기게양, 국가연주, 메달성적 발표, 팀 스포츠의 존재 등이다.

스포츠의 사회적 가치

1. 정치적 가치

스포츠는 단순히 개인적인 차원에 그치지 않고 시대와 이데올로기를 초월하여 국민체력 증진, 국민화합, 전투력 향상, 국력과시, 외교적 수단 등의 정치적 가치를 함유하고 있다. 이 중에서 대표적인 것으로서 국민화합의 가치를 들 수 있는데 정치가들은 자국민의 단결과 애국심을 고취하기 위해서 각종 국제대회에 참가하는 선수를 국가적이고 민족적인 상징물로 동일화시킴으로써 국민들로 하여금 민족주의적 감정을 불러일으키게 한다. 특히 스포츠를 통한 국위선양을 위하여 대표선수의 경기력 향상과 국교단절, 국가와의 스포츠 교류에 의한 관계개선에 전력을 기울이고 있다. 그것은 스포츠에서의 국제경쟁력을 제고시키기 위한 엘리트스포츠 양성정책의 표현으로 나타났다.

한국의 경우, 우선 '88 서울올림픽을 유치하여 개최하는 과정에서 우리나라와 교류가 없었던 미 수교국 인사의 한국방문이 300여 회에 이르러 외교개척에 획기적인 전기를 마련하였으며, 공산권 국가들과의 북방 외교에서만도 중국, 헝가리, 유고슬라비아 등과 수교를 맺는데 결정적인 기여를 하였다(민관식, 1993). 그리고 정치 행정적 측면에서도 한국의 분단국 상황과 정치적 불안에 대한 세계 각국의 우려를 불식시키는 계기가 되었으며, 전 국민적인 질서를 회복하고 인권의 신장과 민주화를 촉진시키는 역할을 하였다. 특히 한국의 스포츠가 정치적인 측면에 미친 영향 중 가장 큰 성과는 남북한의 스포츠교류에서 찾아볼 수 있다. 한국정부는 그 동안 통일을 위한 초기단계라 할 수 있는 남북대화 및 교류를 증진하기 위해 여러 부문에서 다각적인 접촉을 시도하여 왔다. 특히 스포츠분야에 있어서의 교류는 다른 어떤 분야보다도 남북관계에 긍정적인 영향을 미친 것으로 평가되고 있다.

2. 경제적 가치

스포츠와 경제 이 두 가지 요소는 자본주의적 특성을 가장 적절하게 함축하고 있는 것으로서 두 요소 중 어느 한가지 요소가 거시적인 규모로 활성화되고 부양되면 그 가시적인 관련성이 생성된다. 최근 들어 경제수준의 향상과 더불어 스포츠활동과 관련된 경제활동은 더욱 다양화하고 전문화되어 가는 추세에 있다. 현대 스포츠와 관련된 경제현상은 거대 스포츠기업, 스포츠용품 생산업체, 각종 체육시설 건축기술자, 스포츠행사 관련 임대업, 흥행사업, 대중매체의 상업광고 등 경제전반에서 발견되고 있다. 이러한 스포츠에 대한 관심의 증가는 스포츠산업이라는 새로운 단어를 창출하게 되었으며, 스포츠산업은 종래의 일부 애호하는 사람의 지원산업으로서 국민 지원산업으로 발전하여 스포츠와 주변을 전부 포함한 일대의 문화산업으로서의 융합화가 진행되고 있는 것이다.

역사적으로 스포츠와 경제성장의 역학적 관계는 이를 선진화의 계기로 활용한 동경올림픽대회에서 발견할 수 있는데, 1964년 일본 동경에서 개최된 제18회 올림픽대회는 구미 선진국이 아닌 아시아 지역에서 처음 열린 대회로서 올림픽의 무대가 범 국제화된 시발점이기도 하며, 올림픽을 경제사회의 선진화를 앞당기는 계기로 적절히 활용한 범국가적 행사로서 평가된다. 실제 동경대회는 일본에 대한 국제적 인식을 쇄신하였을 뿐만 아니라 동경의 도시문제를 해결하고 생활환경을 개선하였으며, 장기 고도성장을 측면 지원하는 등 국가 경제발전에 기여하였다.

한국의 스포츠는 사회구조적으로 형성된 스포츠경제학의 원리에 입각하여 1970년대를 기점으로 많은 발전을 하게 되었으며, 한국의 스포츠가 경제에 미치는 파급효과는 대표적으로 1988년 서울올림픽대회라는 국제 스포츠제전을 통하여 그 정점에 이르렀다고 할 수 있다. 결국 서울올림픽은 국민경제에 생산 및 채용의 유발, 외화획득, 수출상품 개발, 사회간접자본 형성 등 여러 가지 긍정적인 파급효과를 가져왔다. 즉 건설, 기계, 전자, 섬유, 서비스 등 제반 분야에서 내수증가를 유발하고 성장 및 고용증대에 기여하였으며, 기술향상, 품질개선을 촉진하여 세계시장에서 신뢰도를 제고함으로써 산업발전 및 수출신장에도 기여하였다(김영환, 1988).

3. 사회문화적 가치

사회문화적 측면에서 건전한 시민, 즉 스포츠는 건강한 신체에 문화적 소양을 체득한 시민을 양성함으로써 전체국민의 삶의 질을 향상시킨다. 또한 스포츠는 다수의 국민들에게 간접적인 소득증대의 효과를 가져다 준다. 즉 우리 사회는 아직까지 국민의 다수에게 있어서 스포츠와 문화에 대한 접근을 이용 면에서나 접근의 용이성을 고려할 때 대다수 국민의 보편적 욕구가 제대로 충족된다고 볼 수 없는 것이 사실이다. 스포츠활동이나 문화적 활동에 참가하는 데에는 어느 정도 비용부담이 필수적인 경우가 많다고 보았을 때 이는 결국 가계소득에 대한 압박요인이 될 수 있다. 그러나 이때에 스포츠나 문화정책이 최저기준의 기회균등이라는 복지적 차원에서 접근된다면 이는 가계소득을 간접적으로 증대시키는 효과를 가져다 주는 것이다. 이러한 효과는 구체적으로 각종 스포츠에 대한 직·간접 참여나 각종 사회

스포츠시설을 국민 다수에게 개방시키고 부담 없이 이용하게 하는 생활체육의 차원에서 접근했을 때 나타나게 되는 것이다.

따라서 전국규모의 체육행사에서는 개 · 폐회식이나 행사 기간 동안 각종 문화프로그램과 문화행사를 포함하고 운영함으로써 문화적 측면을 간과하지 않고 있다. 특히 전국체육대회와 전국소년체육대회의 경우 초기에는 개 · 폐회식의 식전 및 식후행사에 일부 문화 · 예술프로그램을 단발적으로 포함해 진행하여 왔으나 최근에 이르러서는 해당지역의 다양한 문화예술행사 및 청소년 문화활동과 연계하여 개최함으로써 문화 · 스포츠행사의 접목을 시도하고 있다(임번장, 1994).

4. 교육적 가치

서구에서는 스포츠가 이미 오래 전에 교육현장에 정착되었다. 스포츠가 초기 학교교육에 도입되었던 가장 큰 이유는 교육목표 성취에 가치 있는 역할을 담당할 수 있을 것이라는 기대 때문이었으나 심각한 여러 문제들이 학원스포츠 현장에서 제기됨에 따라 이러한 기대는 점차 감소되어 왔다. 그러나 현대 산업사회의 합리성에 비추어 볼 때 스포츠가 아직도 학부모나 학교 당국자에 의하여 장려되는 데에는 그럴만한 이유가 있는 것이다. 동 · 서양을 막론하고 학교 당국자나 학생의 공통적 관심사는 학업과 교육기대이다.

기능주의 이론에서는 학원스포츠에 대하여 교육체계를 개인의 신분상승에 필요한 기제로 이해하는 반면, 갈등이론에서는 교육체계가 사회체제의 현상유지를 위해 창출되었다고 인식한다. 스포츠참가와 교육 혹은 직업기대 간의 관계는 교육현장의 주요 관심사로서 스포츠참가가 상급학교 진학과 같은 교육기대감을 자극할 뿐만 아니라 직업기대감을 높인다는 경험적 자료가 제시되고 있으며, 학업성취 측면에서 매우 바람직한 수단이 된다고 주장하기도 한다(임번장, 1999).

운동선수든 일반학생이든 이러한 교육기대감은 거의 비슷하나 사회 계층적

[그림 2-4] Tiger Woods의 불륜사건은 어떠한 사회적 가치를 가질까?

배경, 지적 능력, 학업수행, 부모의 격려 등과 같은 변인을 통제한 다수의 연구결과는 운동선수가 일반학생에 비해 좀 더 높은 기대감을 가지고 있다는 것이 밝혀졌다. 예컨대 미국의 여러 학자들은 고등학교 남자 운동선수가 일반학생에 비해 대학진학을 보다 많이 희망하고 있는 것으로 보고한 바 있다. 특히 스포츠참가가 직업기대와 성취, 그리고 수업에 대해 긍정적 효과를 지니고 있다고 주장하였다.

또한 스포츠참가와 학업성취 간의 관계는 그 동안 여러 나라에서 수없이 많은 연구를 거듭하여 나름대로의 연구결과를 축적하여 왔다. 운동선수가 일반학생에 비해 학업성적의 평점(grade point average)이 더 높은 '똑똑한 학생들'이라는 사실을 주장하였다. 결국 스포츠참가가 더 높은 학업성취를 유발한다는 사실을 시사한 셈이며, 그 이후 미국에서 계속된 연구들은 이와 유사한 결과를 보고하고 있다. 영국의 경우도 스포츠참가와 학업성취 간의 정(+)적인 관계를 밝힌 바 있다.

chapter 03

스포츠사회화

스포츠와 사회화

사람들은 사회 안에서 살아가며 사회를 통하여 연결되어 있다. 그런 사람들을 한자표기로 '사람사이' 를 뜻하는 '인간(인간)' 이라 칭하기도 한다. 세상에 태어나서 사회 안에서 살아가는 방식, 문화, 자의식과 사회구조, 역할 등을 이해하고 깨우치는 사회화라는 과정을 사람들은 경험하게 된다. 특히 어린이나 청소년들은 이 사회화 과정을 통하여 미리 구축된 사회, 기성세대의 가치, 규범, 사회적 관행 등을 학습하게 된다. 동시에 성인들 역시 부모의 역할 또는 조부모의 역할, 직장 후배, 직장 선배 등의 역할 변경을 통해 지속적인 사회화를 경험하게 된다. 이렇듯 사회화는 여러 세대에 걸친 사회적 학습과정이자 적응과정이다. 여기에 많은 사회적 관습과 제도들이 사회화 과정에 영향을 주게 되며, 스포츠는 그 중에서도 아주 대표적인 것이다.

스포츠를 통하여 아이들은 많은 사회적인 것들을 학습한다. 누가 힘을 가진 사람인지, 누가 규칙을 따르는 사람인지를 간단한 동네 축구나 야구를 통해서도 경험하게 되며, 이러한 것들은 기성세대들의 사회와 거의 유사한 모습을 띄고 있다.

태권도장에서는 사범에게 지도를 받으면서 존경을 표해야 하며, 규범을 지켜야 하는 것을 태권도 수련 이외에도 학습하게 된다. 야구를 할 때는 감독의 지시를 따라야 하며, 또는 주장이 되면 무언가를 말하거나 행동하게 되는 것도 아이들이 인지하게 되며 적극적으로 구사하기도 한다. 또한 어린이클럽 야구에서는 흔히 경험하듯, 투수와 포수의 역할과 외야수의 역할의 차이는 다분히 기능의 차이를 넘어서는 사회적이라는 것도 경험하게 된다.

스포츠는 정치적, 경제적, 사회문화적, 교육적 가치가 다양하다는 사실이 널리 공유되고 있다. 이러한 가치는 스포츠에로의 사회화와 스포츠를 통한 사회화로 개념 지어지는 스포츠사회화에 의하여 촉진되는데, 그 근거는 사회학습이론과 역할이론, 준거학습이론으로 설명되고 있다. 특히 이러한 스포츠 사회화를 더욱 용이하게 하는 주관자는 가족, 동료집단, 학교, 지역사회, 대중매체가 있는데 이러한 주관자의 역할이 스포츠 사회화에 참여하는 신참자들에게 어떻게 작용하느냐에 따라서 스포츠 참여와 관련한 그들의 가치와 태도가 크게 영향을 받게 된다는 점에서 이러한 변인에 대한 통제 및 연구가 중요한 의의를 지니게 될 것이다.

[그림 3-1] 제도화된 리틀리그야구를 통해 어린이들은 사회화를 경험한다.

사회화에 관한 다양한 학문적 접근

사회화라는 개념을 어떠한 학문적 시각을 가지고 어떻게 이해하는 것이 가장 타당할까? 일반적으로, 사회화는 사회학적 입장에서 보면 집단규범을 내재화하는 것이며, 심리학적 입장에서는 자아를 형성시키면서 인간의 기본적인 욕구를 길들이는 과정이라고 할 수 있다. 또한 인류학적 관점에서는 문화를 전달하고 특정 생활방식에 적응하게 하는 과정이라고 볼 수 있다. 이 중에서도 사회학과 심리학에서 보는 사회화가 특별한 관심의 대상이다. 동일한 사회화 과정을 바라보는 시각과 과정에서 큰 차이를 보이며 시작되었기 때문이다. 1920년대 후로 사회화는 사회학자와 심리학자 모두에게서 연구가 되기 시작했다. 이 시기에는 사회화가 개인과 사회의 관계를 가지는 경험적인 것인지, 인간의 자연발생적인 것인지에 관해 각기 다른 시각으로 연구가 시작되었다(이창섭, 남상우, 2009). 임번장(1986)은 일반적으로 사회화는 가치, 태도, 규범의 전달 측면과 인성발달 측면의 두 관점에서 이해되며, 이는 일생을 통한 전 과정에 걸쳐서 일어나는 것이 특징이라고 하였다. 이 주장에도 사회화는 사회학적인 시각과 동시에 심리학적 시각이 같이 조명되고 있음을 알 수 있다.

이창섭과 남상우(2009)에 의하면, 심리학 분야에서도 특히 발달심리학, 사회심리학(심리학적사회심리학) 분야에서 사회화라는 개념에 많은 관심이 1960년대 후반까지 집중되었다. 심리학자들은 대체적으로 성장단계 아이들의 심리적 기제, 동일시, 양심의 발달, 인지구조의 단계, 동기성향의 형성 등의 관계와 그 성격들의 체계화에 관심을 가졌다(Clausen, 1968). 그들은 개인의 성숙과 사회적 경험이 조합되어 서로 연계된 후 드러나는 '발달단계' 의 시각에서 사회화를 정의하였다. 그렇지만, 이러한 시각은 심리학이라는 일반적 성향과 일치하여, 사회화를 전체적인 과정에서 바라보는지 못한 것으로 평가되었다. 여기서 말하는 심리학의 일반적 성향이라 함은 사회라는 큰 집단을 비교적 거시적인 시각으로 연구하는 사회학과 비교하여 심리학은 개인적 또는 작은 집단을 비교적 미시적인 시각을 말한다. 그러나, 이 후의 심리학 연구들은 '개인' 을 대상으로 한 연구가 아닌 '관계' 를 대상으로 한 연구로 사회 또는 환경 안에서의 행동을 이해하려는 방향으로 변화되었다.

사회학에서의 사회화는 심리학에서의 사회화와 어떤 차이를 보일까? 사회학에서는 앞서 이야기했듯 더욱 거시적이며 광범위한 시각으로 사회화를 바라보았다. 그래서, 사회학자들은 사회화와 사회통제 체제와의 관계, 사회화와 정체성 및 자아발달과의 관계, 사회화와 생애주기에 따른 역할선택 및 역할수행과의 관계, 그리고 사회구조요인과의 관계 등을 주 관심 분야로 여기고 있다(Clausen, 1968, 이창섭, 남상우, 2009).

사회학에서도 사회화에 관한 과거와 현재가 상이한 접근을 최근에 보이고 있다. 과거 사회학에서의 사회화는 한 개인이 사회적 영향에 의해 사회인으로 형성되는 과정에 집중하는 것이며, 이러한 사회화는 "내면화과정(internalization process)" 으로 이해되어 왔다(Wentworth, 1980). 개인이 사회 또는 환경으로부터 어떤 사회적 영향을 받고 사회성이 긍정적으로나 부정적으로 바뀌었다는 점에 과거의 사회학이 치중하였다. 즉 사회가 개인에게 영향을 끼치는 다분히 일방향적(unilateral)이며 결과 중심의 연구가 중심이 되었다. 특히 사회학의 구조기능주의가 주된 연구의 시각이었다.

그렇지만, 최근에는 '내면화로서의 사회화' 보다는 개인과 사회 또는 개인과 환경이 어떠한 상호작용을 이루는가에 더욱 집중하기 시작하였다. 과거의 일방향적이고 결과 중심의 연구는 사회화 과정을 규명하는 데는 한계를 보였다(이창섭, 남상우, 2009). 또한, 개인이 사회를 경험하여 어떻게 받아들이는지에 관한 연구는 부족하였다. 이에 '상호작용으로서의 사회화' 가 중심이 되고 있다(Musgrave, 1987). 그래서, 최근에는 여러 가지 역학관계나 권력관계에 관련되어 개인과 사회가 어떤 상호적(mutual)인 관계를 가지는 '과정' 을 이해하려는 방향으로 바뀌고 있다.

[그림 3-2] 심리학은 개인을 중심단위로, 사회학은 집단을 중심단위로 이해한다.

스포츠사회화의 정의

스포츠사회화는 사회화의 한 과정이다. 다시 말하면, 사회화는 스포츠사회화를 비롯한 다양한 사회화를 통하여 이루어지는 것이다. 따라서 스포츠사회화를 이해하는 데에는 사회화란 무엇인가를 이해하는 것이 앞서야 할 것 이다.

사회화는 다양한 학자들에 의해서 정의되고 있다. Brim(1966)은 개인이 집단이나 사회에 보다 능률적인 구성원으로 참여하기 위해 지식, 기능, 성격 등을 습득하는 과정이라 하였다. Sage(1974)는 사람이 속해 있는 집단의 문화적 태도, 가치, 역할 등을 학습함으로써 인격을 형성하고 사회의 구성원으로 성장하는 과정이라 하였으며, Leonard(1980)는 사회구성원으로서 사회생활에 참여하는 일반적 과정이며, 사회적 환경 안에서 학습한 경험을 바탕으로 이루어지는 사회적 변화라 하였으며, Calhaun(1981)은 인격 형성을 통해 사회의 구성원이 되어가는 과정이라 정의 하였다. 최근에는 Hughes와 Kroehler(2005)가 모든 삶의 과정을 통해 계속되는 과정이자 사회적 존재가 되어가는 과정이라고 사회화를 설명하였다. 또한, Giddens(2006)는 사회화는 신생아가 자신이 소속하게 된 곳의 문화가 제공하는 방식으로 자의식을 개발하고 더불어 살아가는 방식을 점차적으로 인지하며 깨우치는 과정이라고 정의하였으며, 특히 젊은이들에게 사회화는 특정 사회가 장기간에 걸쳐 구조적으로 구사해 온 사회적 재생산을 좀 더 포괄적으로 수행하는 과정으로 해석하였다. 김영식(2010)은 사회화란 생애 전체를 통해 계속적으로 이루어지는 상호작용적 과정으로 개인적 측면과 동시에 사회적 측면을 통해 긍정적으로 또는 부정적으로 사회의 유지와 존속에 기여한다고 하였다. 이러한 사회화의 다양한 정의를 바탕으로 스포츠사회화에 관한 정의가 생겨나게 되었다.

스포츠사회화에 대한 개념정의 중 대표적으로, Kenyon과 McPherson(1981)에 의하면 스포츠사회화란 “스포츠라는 소사회에서 개인이 스포츠를 통하여 집단성원이 공통으로 가지고 있는 가치관, 신념, 태도 등을 집단 내의 다른 성원과의 상호작용을 통하여 자신의 지위에 상응하도록 습득하는 과정”이라고 정의하고 있다. Leonard(1980)은 “스포츠 활동에 참여하여 특정 스포츠 집단이 가지는 문화를 체득하는 과정”이라 하였다. 따라서 스포츠사회화란 개인이 스포츠 활동에 참여함으로써 사회집단의 한 성원이 되어 집단에 잘 적응하고 특정사회가 지니고 있는 문화를 체득하며, 그 자신의 개성적 특성을 발휘할 수 있는 과정이라고 할 수 있다. 결국 사회화란 생물학적인 유기체에 지나지 않는 인간이 소속집단에 상응하기 위해 사회적 제도, 지식, 규범 등을 타인과의 상호작용을 통하여 취득하는 과정이라고 정의할 수 있다.

스포츠사회화의 이론적 배경

사회화는 다양한 사회적 심리적 과정을 수반하는 복잡한 사회학습과정이다. 많은 연구가 이루어져 왔으며, 그러한 연구들을 바탕으로 지식의 집합인 이론이 다양하게 정립되어져 왔다. 그렇지만, 사회학에서 가장 중요한 이론적 틀로 일컬어지는 구조기능주의이론, 갈등주의이론, 그리고 상징적상호작용론을 바탕으로 스포츠 사회화를 읽어보는 것이 필요하겠다.

사회화를 이해하는데 있어, 구조기능주의자들이 가장 중요시 생각되는 점은 '내면화 과정' 과 그 사회화로 인한 결과이다(이창섭, 남상우, 2009). 내면화 과정에 있어 개인은 중요타자를 통해 역할인식을 하게 된다. 그래서, 역할을 바르게 인식시켜주며, 사회를 순기능적으로 유지하기 위함으로 스포츠 참여가 연구된다. 그렇지만, 구조기능주의자들이 바라본 스포츠사회화는 지나치게 스포츠 참여의 긍정적인 면만 부각시켰다는 비판이 있다. 또한, 이러한 구조기능주의의 목소리만이 높다는 점도 문제로써 제기된다.

갈등주의자들은 구조기능주의와 마찬가지로 '내면화 과정' 과 결과를 중요시 여긴다. 하지만, 갈등주의자들은 부정적 결과에 더욱 집중하고 있으며, 그러함을 경제적 요인에 기인하고 있다. 예를 들어, 부자의 부모를 둔 어린이들은 골프, 아이스하키와 같은 많은 돈이 드는 스포츠에 참여할 수 있지만, 가난한 부모를 둔 어린이들은 그 기회가 박탈당하는 것과 같은 것이 대표적인 사례이다. 또한, 갈등주의자들은 승리지상주의 운동부 문화, 체벌 등의 다양한 부정적 스포츠현상과 그를 통한 사회화에 관심을 기울이고 있다.

상징적상호작용론은 '내면화모델' 이 아닌 '상호작용모델(interaction model)' 을 그 근간으로 삼고 있다. 상호작용모델은 사람들이 문화적 생산이나 재생산, 변화라는 보다 광범위한 과정을 바탕으로 참가를 통한 학습에 그 기반을 두고 있다

(이창섭, 남상우, 2009). 내면화모델에선 개인이 수동적으로 학습되는 것이라고 한다면, 상호작용모델은 개인이 적극적으로 학습의 과정에 참여하는 것에 큰 차이가 있다. 이는 앞서 이야기한 바와 같이 최근의 사회화를 분석하는 것이 결과를 중심이 아니라 과정이 중심이 되어가는 연구동향과도 일치한다고 볼 수 있다. 이러한 관점은 미시적인 분석을 가능케 하여 최근의 다수의 연구들이 상징적상호작용론을 바탕으로 연구가 이루어지고 있다.

[그림 3-3] 개인이 속한 환경과 상호작용에 따라 상이한 경험을 하게 된다.

사회화는 다양한 심리적 과정을 수반하는 복잡한 사회학습과정으로서 1960년대를 전후하여 많은 연구가 시도되었다. 이러한 접근방법 중에서 학습이론, 특히 사회학습이론이 가장 잘 정립되었다고 볼 수 있으며, 역할이론과 준거집단이론 역시 비교적 자주 인용되는 이론체계라 할 수 있다.

사회학습이론은 개인이 어떻게 사회적 행동을 습득하고 수행하는가를 밝히려는 것으로서 스포츠역할의 학습을 이해하는데 사용되는 접근방법은 강화(reinforcement), 코칭(coaching), 관찰학습(observational learning)의 3가지 개념이다(Leonard, 1980). 강화는 사회적 역할의 습득과 수행에 있어서 상과 벌의 역할을 강조한다. 즉 직접적인 상과 벌은 행동의 학습과 수행에 영향을 미치게 된다는 관점으로서 행동이 벌에 의하여 부정적으로 강화되면 행동이 억제되고 행동이 상에 의하여 긍정적으로 강화되면 그 행동이 유발되려는 경향이 강하다는 것이다.

코칭은 피사회화자(socializee)가 사회화 주관자(socializer)에 노출되거나 가르침을 받는 것을 말한다. 운동을 좋아하는 부모는 자주 자녀들에게 운동기능을 수행하는데 필요한 운동기술을 가르쳐 주게 되는데 이러한 직접적인 지도는 피사회화자에게 많은 직접적 영향을 주게 된다.

관찰학습은 개인의 과제학습과 다른 사람의 행동을 관찰한 결과와 유사하게 행동한다는 견해이다. 이러한 사회학습의 접근방법에는 많은 변인이 존재하게 되는데 Kenyon과 McPherson(1981)은 스포츠수요자(sport consumer)의 역할학습에 관련된 사회화 과정의 3가지 요소를 개인적 특성, 중요타자(significant others), 그리고 사회화 과정으로 제시하였다. 여기에서 개인적 특성은 성별, 연령, 출생서열, 사회경제적 지위 등에 관한 것으로 스포츠참여 및 역할학습에 영향을 미치게 되며, 중요타자는 가족, 동료, 코치, 교사 등으로 이들의 태도, 가치관 및 행동이 개인에게 절대적인 역할을 하게 된다. 또한 사회화 상황은 스포츠 집단의 구조, 개인의 지위, 참여의 자발성과 사회화 관계의 본질성 등으로 스포츠 역할학습에 의미 있는 변인으로 존재한다고 볼 수 있다.

[그림 3-4] 중요타자(동료그룹, 부모)의 영향에 따라 각기 다른 스포츠사회화를 경험할 수 있다.

역할이론은 사회를 하나의 무대로 보고 개인을 무대 속의 배우로 비유하여 사회 속에서 각 개인은 자신이 처해 있는 정확한 상황을 스스로 배우게 되며, 상호작용을 통하여 자신의 연기를 완전하게 하려고 함으로써 사회화 과정이 진행된다고 설명한다. 즉 한 개인이 하나의 사회구조 속에서 사회적 지위를 위한 역할기대 또는 행동양식을 획득하는 과정을 설명하려는 것이다(Sarbin & Allen, 1968). 이와 같은 역할이론의 관점에서 볼 때 학습과정이란 사회체계 내에서 확립된 성원들에 의해 수행되는 사회화 주관자의 역할과 피사회화자의 역할간의 상호작용 및 모방의 과정을 의미한다고 볼 수 있다.

준거집단이론은 사회화 과정을 이해하는데 도움이 되는 제3의 영역으로서 역할이론과 같이 과정을 중요시하고 있다. 이 이론에 따르면 인간은 스스로 어떤 집단이나 타인에게 적응하고 이들 행동, 태도, 감정 등을 자신의 행동이나 태도 감정을 위한 중요한 준거의 수단으로 삼는다는 것이다(임번장, 1986).

이상과 같은 이론을 종합하여 보면, 대부분의 사회학습(사회화)은 관찰, 모방, 역할수행, 중요타자와의 상호작용에 의하여 이루어진다고 볼 수 있다. 또한 개인의 사회화 학습형태는 성별, 사회계층, 생활형태, 인종적 특성, 지역사회의 특성, 사회화 주관자에의 노출 시기에 따라 매우 다양하다고 볼 수 있다.

스포츠사회화 과정

앞서 사회화는 타인들 또는 사회, 환경과의 상호작용과정이라 하였다. 이러한 사회화의 과정을 Hess(1971)는 7가지 요소를 통해 설명하였다. 이 7가지 요소들이 모두 사회화를 이루는데 있어 중요한 요소들로 지정되었으며, 각 요소들은 개인이 사회체계로 사회화되고 통합되는데 필요한 기능을 수행한다. 이러한 Hess의 모형을 이상구, 강효민, 한광령(2007)은 스포츠에 도입하여 스포츠에서의 사회화를 설명하였다. 예를 들면, '제도 또는 기관' 은 스포츠에서 올림픽스포츠, 여가스포츠, 학교스포츠, 프로스포츠 등이 있으며 '사회적 중재자' 는 코치, 심판, 팀 동료 등이 있으며 '초심자로 참여' 는 새로 트레이드 된 선수가 팀에서 새로운 마음으로 참여하거나 새로 시작하는 유소년 선수가 속한다. '문화전달의 과정' 은 역할모델링과 같이 유명선수의 모습을 따라 하거나, 보상처벌이 그 예가 되겠다.

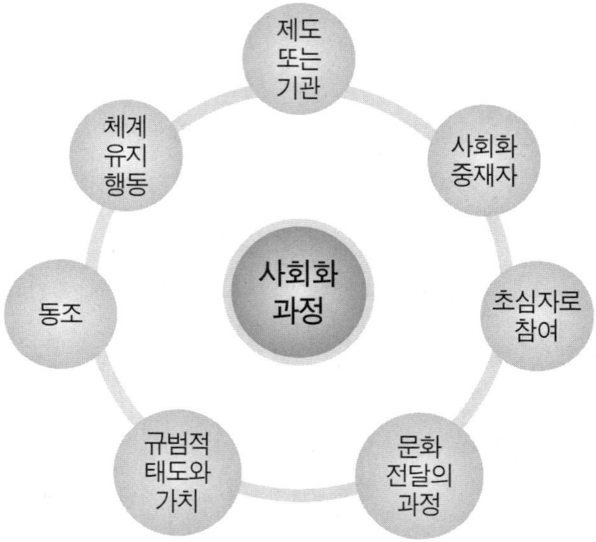

[그림 3-5] Hess의 사회화과정 모형

'규범적 태도와 가치' 는 운동경기에서 교가나 국가를 부르거나, 등급제도를 통한 리그의 강화 등이 포함되며 '동조' 는 특정 팀의 특이한 문화나 전체행동에 동화되는 과정이다. 마지막으로, '체계유지행동' 은 학습과정을 통해 초보자가 숙련자가 되며, 그 과정에서 다음 세대의 사회화에 기여한다는 것이다. 하지만,

Hess의 관점은 앞서 이야기한 상호작용으로서의 사회화라기보다는 내면화로의 사회화이자 구조기능주의에만 그 중심을 두고 있다고 할 수 있다.

한완상과 한균자(2008)는 사회화의 내용을 채택하고, 학습되고 전달되기 위해서는 수단과 주관자 또는 중재자를 필요로 한다고 하였다. 즉, 계속적인 상호작용이라는 수단과 가족, 동료집단, 학교, 대중매체를 비롯한 사회화 대행자에 의해 전달되는 것이 사회화과정이라고 설명하고 있다. 또한, 한완상과 한균자의 사회화과정 모형에서는 사회화의 결과가 부정적이거나 새로운 상황에 적응할 필요가 있을 경우인 탈사회화(desocialization)와 재사회화(resocialization)가 포함되어져 있다. 탈사회화란 특정한 활동을 지속하던 개인이 여러 가지 요인에 의해 그 활동을 중단하거나 탈락하는 경우를 말하고, 재사회화란 지금까지 배웠던 사회화의 내용을 모두 버리고 새로운 가치와 규범을 다시 습득하는 것을 말한다(김영식, 2010).

스포츠사회화는 두 가지로 구분할 수 있다. 크게 '스포츠로의 사회화(socialization into sport)' 와 '스포츠를 통한 사회화(socialization via sport)' 로 구분할 수 있다. 스포츠로의 사회화란 스포츠에 참가하는 그 자체를 말한다. 스포츠는 사회

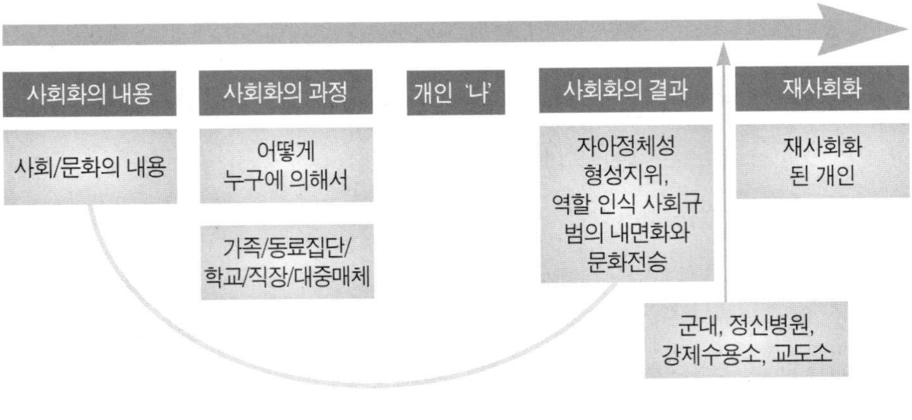

[그림 3-6] 사회화과정 모형 (한완상, 한균자, 2008)

구성원 모두가 균등하게 경험하는 것이 아니기 때문에 일차적으로 스포츠에의 참여가 전제되어야 한다(Leonard, 1980; 임번장, 2006). 즉, 사회내의 개인은 수많은 사회화 자극 가운데 개인의 특성이나 시대의 변화에 따라 선별적인 경험을 하게 된다는 것이다. 개인에게 가장 큰 영향력을 미치는 객체를 '중요타자(significant others)' 혹은 '준거집단(reference group)' 이라고 하는데 이들의 태도, 가치관, 행동은 개인의 태도, 가치관 행동의 형성에 결정적인 영향을 미친다.

그리고 스포츠를 통한 사회화란 하나의 사회체계인 스포츠 장면에서 학습된 기능, 특성, 가치, 태도, 지식 및 성향 등이 다른 사회현상으로 전이 또는 일반화되는 과정이라고 할 수 있다. 스포츠에 참가함으로써 페어플레이, 스포츠맨십, 용기, 성취, 공정성, 바람직한 시민의식 등과 같은 인성특성 또는 도덕적 성향이 함양된다는 것이 전통적이고 일반적인 관념이다(Leonard, 1980).

다시 말해, 스포츠사회화 중 스포츠로의 사회화는 특정 개인이 수많은 자극 가운데 자신에게 가장 큰 영향력을 행사하는 주요 타자나 준거집단의 영향을 수용하여 스포츠에 참가하게 되는 과정이다. 그리고 스포츠를 통한 사회화는 스포츠로의 사회화를 전제로 하여 계기가 되는 2차적인 사회화의 과정으로서 각 개인은 스포츠참가를 통하여 스포츠가 내포하고 있는 특정가치, 태도, 규범 및 행동을 학습하게 됨으로써 그 결과 개인의 인성과 가치관에 변화를 일으키게 되는 것을 말한다.

위의 두 가지 스포츠로의 사회화와 스포츠를 통한 사회화과정 중에는 다양한 사회적 요인과 부정적 사회화 결과로 인하여 개인이 그 사회에서 이탈하게 되는 탈사회화와 끊임없는 재사회화가 이루어지기도 한다. 이와 같은 스포츠에서의 사회화, 탈사회화는 Leonard(1980), 오일영, 채재성(2004), 임번장(2006), 이상구, 강효민, 한광령 (2007) 등이 개념적 모형을 제시하여 왔으나, 최근 김영식(2010)이 재사회화를 포함하여 재구성하였다.

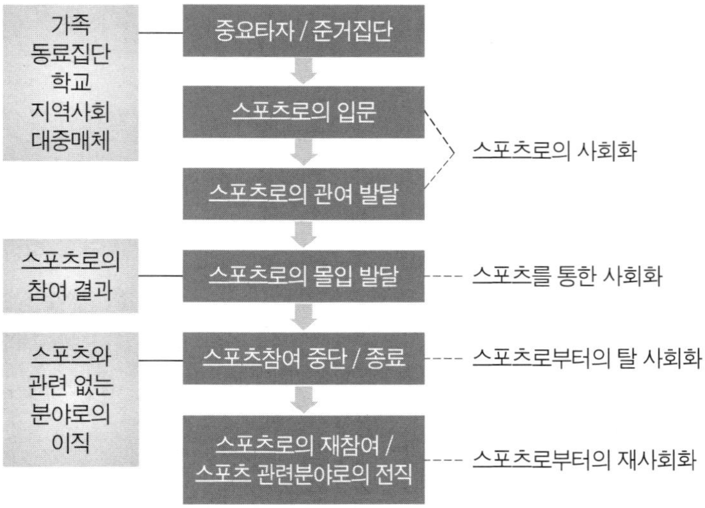

[그림 3-7] 스포츠사회화과정 모형

스포츠사회화는 스포츠사회화과정 모형이 보여주듯 개인이 스포츠참여 전부터 여러 상호작용을 통해 실제적 입문과 관여를 통해 몰입하는 과정이다. 이러한 과정은 스포츠로의 사회화와 스포츠를 통한 사회화로 설명된다. 그러나 스포츠 사회화 과정 중에 부정적 경험, 역할갈등, 역할긴장 등의 다양한 이유에서의 참여 중단을 경험하면 스포츠로부터의 탈사회화 가 발생할 수 있으며, 이 후에는 다시 재사회화를 통한 재참여가 일어나기도 한다.

탈사회화와 재사회화 모두 이질적인 사회화의 필요성에 따라 생겨난다는 점에서 공통점이 있지만, 탈사회화가 지금까지의 스포츠사회를 부정하는 반면 재사회화는 기존의 스포츠사회화를 인정한다는 점에서 중요한 차이가 있다(김영식, 2010). 즉, 스포츠사회화를 부정하고 스포츠와 분리된 또 다른 삶의 어떤 부분으로 이동해 가는 것은 탈사회화이지만, 스포츠의 중단이나 종료가 스포츠와 연관된 어떤 삶의 부분으로 전이된다거나 스포츠로 복귀할 경우 그것은 재사회화에 해당한다.

스포츠로의 사회화

스포츠로의 사회화는 개인의 스포츠로의 참여가 발생하기 전부터 여러 가지 상호 작용을 통해서 스포츠로 참여하게 되는 과정을 지칭한다. 이 때 중요타자 또는 준거집단이 중요한 역할을 수행하게 된다. 개인은 이러한 중요타자를 롤모델로 삼아 스포츠에 참여하기도 하며, 다른 중요타자들과의 상호작용에 의해 스포츠 참여에 결정적인 영향을 미친다. 스포츠로의 사회화는 유년시절부터 노년에 이르기까지 생애의 모든 과정에서 생겨날 수 있다.

이러한 사회화 과정은 중요타자들의 부정적 또는 긍정적 스포츠 참여경험에 영향을 받게 된다. Snyder와 Spreitzer(1983)는 스포츠 활동을 시작하는데 대한 긍정적인 증진요소를 5가지로 밝혔다. 첫째, 스포츠 활동을 통해서는 획득하는 신체활동의 본질적인 즐거움이다. 둘째, 승리, 금전적 이득, 건강 등의 외적인 보상에 대한 기대이다. 셋째, 중요타자로부터 인정을 받을 수 있는 만족감이다. 넷째, 스포츠를 통해 개인의 정체감을 위협당하는 상황으로부터 회피할 수 있다.

마지막으로, 스포츠에 존재하는 정체의식은 타인들과 상호작용이 더욱 활발하게 이끌어준다.

스포츠에 참여하게 되는 개인의 결정은 자기 성찰, 사회적 인정, 지원, 문화적 요인에 영향을 받는다. 개인은 상호작용에 의해 스포츠로의 참여를 고민하여 결정하게 된다. 이러한 결정은 개인이 처해진 다양한 사회문화적 환경에 의해 영향을 받는다. 예를 들어, 사회적 계층, 계급, 성, 나이 등에 부여된 다양한 의미에 영향을 받아 스포츠 참여를 결정을 하게 된다. 따라서 스포츠로의 사회화 과정을 매우 복합적이라고 할 수 있다(Coakley, 2009; 김영식, 2010).

스포츠참가와 스포츠역할 학습의 과정에서 각 개인에게 지대한 영향을 미치는 객체를 중요타자(significant others) 혹은 준거집단(reference group)이라고 한다. 이들의 사고, 태도 및 행동은 개인의 태도, 가치관의 형성 등에 중요한 영향을 미친다.

가족은 원초적인 사회화와 더불어 일생을 통하여 가장 중요한 영향력을 행사하는 주관자(agents)이다. 스포츠역할과 기능의 습득은 부모, 형제의 직접적인 지도와 그들의 역할모형에 대한 모방의 결과이다. 가족은 상호간에 경제적, 정서적 지원을 제공해 줄뿐만 아니라 가치, 지식, 행동유형의 내면화에 관한 역할모형 및 스포츠참가의 기회도 제공해 준다. 그리하여 교육, 종교, 정치, 경제, 대중매체와 같은 요소들이 가족의 전통적인 기능을 약화시키고 있음에도 불구하고 가족은 어린이에게 있어 아직도 가장 중요한 사회화 주관자로서 이해되고 있다(Loy, McPherson & Kenyon, 1978).

[그림 3-8] 가족은 큰 영향을 끼치는 중요타자이다. 영화 Blindside의 실제 주인공인 Michael Oher와 그에게 성공할 수 있는 영향을 끼친 양부모, 왼쪽은 영화 Blindside의 한 장면

특히 스포츠참가에 대한 부모의 영향력은 부모가 역할모형으로서 직접 스포츠에 참가하거나 관심과 격려를 수반할 때에 발생한다. 많은 관련 연구결과 스포츠에 대한 최초의 관심은 가족에 의해서이며, 그 중 부모의 격려가 가장 큰 영향

을 미친다는 사실과 스포츠에 대한 부모의 긍정적인 평가가 자녀의 스포츠에 대한 관심을 유발한다는 점, 그리고 스포츠에 대한 부모의 관심과 배우자의 관심은 스포츠참가와 긍정적인 관계가 있음이 발견되었다. 또한 형제자매간의 영향력도 스포츠참가에 중요한 변인으로 인식되고 있다. 예를 들어, 지속적으로 스포츠에 참가하고 있는 형이나 누나는 동생의 스포츠참여 동기로 작용될 수 있다. 이와 같이 형제자매의 관계가 스포츠사회화에 영향을 주는 주된 원인은 그들의 근접한 연령차이다. 즉 이들은 유년기의 놀이상대로서 상호 밀접하게 작용하고 관계함으로써 부모와는 별개의 변인으로 작용한다.

동료집단은 특히 어린이들에게 아주 중요타자이다. 어린이는 성장해감에 따라 가족 외의 친구들과 더욱 많은 접촉을 하게 된다. 동료집단이란 같은 관심을 가지는 동년배의 집단을 의미한다. 이는 주로 사회성을 위해 존재하며, 행동과 관용, 분담과 참여 등의 특성이 중요해지고, 우정과 성실의 자연발생적인 발달의 기회를 제공해준다(고영복, 1973). 즉 동료집단은 취학 전 아동에 있어 빈번히 사회화의 주관자가 되며, 가족 또는 학교에서 학습한 가치 또는 행동양식, 기능, 개념 등을 강화하거나 거부한다. 아동기의 동료집단은 평등한 관계, 혈연관계에 대한 경험을 제공하며, 어린이들이 부모나 다른 권위적인 인물들로부터 독립할 수 있도록 도와주고 핵가족 내에서는 경험할 수 없는 태도, 가치의 경험을 접할 수 있게 한다. 청소년기에 있어서 동료집단은 사회화 과정에 있어서 가끔 가족의 역할을 상실하게 하며, 리더십에 대한 능력을 시험해 볼 수 있는 기회를 제공한다. 장년기의 동료집단은 주로 직장의 동료들로 구성되며 이때에는 스포츠에 대한 흥미와 가치가 다소 떨어지는 경향이 있다.

학교는 가족이나 동료집단과 함께 영향력 있는 스포츠사회화의 주관자이다. 다른 사회제도와 마찬가지로 교육제도의 과정은 스포츠 내에서의 역할, 성, 생활양식 등의 관계에 따라 변화하게 된다(Loy, McPherson & Kenyon, 1978). 학교체육은 지식과 기능, 도덕적 규범이나 가치체계를 함양시킬 뿐만 아니라 정규체육과 교내 · 외의 경기 프로그램을 통해 많은 청소년들에게 스포츠사회화의 경험을 제공해 주고 있다. 이러한 경험은 초등학교 수준에서는 비교적 약하게 작용하나 중등학교 수준에서는 스포츠가 청소년의 하위문화의 일부분으로서 높게 인식된다. 그리하여 청소년들은 학교의 다양한 프로그램으로부터 체력과 건강의 증진, 스포츠기능의 습득, 사회가 요구하는 가치관, 그리고 성격특성을 지속적으로 수용하게 된다.

또 다른 중요타자는 지역사회이다. 지역사회의 스포츠 프로그램을 제공해 주는 공식적인 자원단체(Voluntary association)는 참여의 정도와 목적이 다를 뿐 이미 생활전반에 걸쳐 폭넓게 친숙해져 있다. 이러한 자원단체의 참여는 사회로부터 인정, 예언력, 통찰력, 행복, 안정추구 등의 만족감과 관련이 되기도 하는데, 특히 아동에게 자원단체는 중요한 스포츠의 사회제도이다. 왜냐하면 이를 통해 첫째, 스포츠역할을 학습할 수 있는 기회가 제공되며, 둘째, 자원단체는 역할모형으로서 코치를 제공한다. 즉 코치는 아동의 잠재능력 개발과 스포츠참가를 직접적으로 격려한다. 셋째, 대부분의 부모는 지역사회의 스포츠 프로그램에 하나 이상 참가하도록 강력하게 권장하고 있기 때문이다.

최근 가장 중요한 사회적주관자이자 중요타자로 인식되는 것은 매스미디어이다. 현대사회에 있어 과학기술의 발달로 인한 TV, 라디오, 신문, 잡지 등의 대중매체는 이미 스포츠에로의 사회화 과정에서도 중요한 역할을 담당하고 있다.

즉 매체를 접하는 아동, 청소년, 더욱이 성인에게까지 스포츠와 친숙해질 수 있는 기회를 제공하며, 행동적 경쟁에 대한 역할모델로서 스포츠영웅을 탄생시킨다(Loy, McPherson & Kenyon, 1978). 영국의 성인들 중 남성들은 하루 평균 2.41시간, 여성들은 2.17시간을 TV 또는 DVD를 시청하며(Office of National Statistics, 2005), 한국에서는 4.4시간을 인터넷에 사용한다고 한다(파이낸셜뉴스, 11-17-2008). 이처럼 많은 매스미디어를 통해 유명한 프로 야구선수와 축구, 농구, 배구 선수들은 이미 남녀노소 사이에 가장 인기 있는 슈퍼스타가 되었다. 그러나 매스미디어의 편중된 보도경향과 그것을 통해서 전달되는 지식과 태도가 거의 무비판적으로 수용되고 있는 것은 비판할 만한 것이다. 그럼에도 불구하고 스포츠에로의 사회화를 촉진하는 대중매체의 역할은 점차 주관자나 주관기관에 비해 증가될 것으로 예상된다.

스포츠를 통한 사회화

스포츠를 통한 사회화는 스포츠 참여를 통하여 학습된 기능, 특성, 가치관, 태도, 지식 등이 다른 일반 사회에서의 발현되는 과정을 지칭한다. Stevenson(1999)은 '몰입(commitment)' 로서 이것을 설명하였으며, 김영식(2010)은 몰입을 스포츠사회화의 모형에 포함시켰다. 예를 들어, 대인관계에서 늘 자신감이 없던 대학생이 볼룸댄스를 일정기간 수강한 후에 대인관계에 있어 자신감이 생겼다든지, 대구에서 평생을 살던 사람이 어느 날 부산으로 이직이 되어 부산지역에서 적응을 못하다가 롯데자이언츠의 팬이 되어 그 지역에 잘 적응하며 지낼 수 있게 되는 것이 스포츠를 통한 사회화의 예가 될 수 있겠다. 하지만, 많은 연구들이 스포츠 참여자들에 대한 사회화가 유의미한 것들로 발견하였지만, 그 연구들 간에 일관성은 부족하다.

Coakley(2009)는 두 가지의 잘못된 가정으로 인해 스포츠에 참여한 사람들의 사회화가 참여하지 않은 사람들에 비해 특성이나 태도에서 차이점이 있다는 다수의 연구결과에 전적인 신뢰를 할 수 없다고 하였다. 첫째는 모든 스포츠에 참여하는 사람들은 유사한 경험을 하며; 둘째, 스포츠는 다른 활동에서는 찾을 수 없는 독특한 경험을 제공한다는 것이다. 이러한 두 가지 잘못된 가정은 스포츠를 통한 사회화와 관련된 연구들에게서 혼란스러운 결과들을 가져오게 하였으며, 정의나 측정에도 일관성이 없다는 것을 Stoll과 Beller(1998)는 확인하였다. 이러한 점들을 바탕으로 Coakley는 스포츠를 통한 사회화 연구에서 간과하지 말아야할 몇 가지 중요한 점들을 제시하였다.

- 첫째, 스포츠 참여는 긍정적이기도 하지만 부정적인 경험도 제공한다.
- 둘째, 대체적으로 스포츠 선수들은 이미 스포츠에 관련된 특성들을 소유하고 있다.
- 셋째, 같은 스포츠 프로그램을 경험하더라도 사람마다 부여되는 의미는 차이가 날 수 있다.
- 넷째, 나이가 들어감에 따라 같은 스포츠 경험도 다른 의미를 가질 수 있다.
- 다섯째, 사회화는 스포츠 참여뿐만 아니라 참여의 사회적 상호작용을 통해 이루어진다.
- 여섯째, 스포츠에서 일어나는 사회화는 다른 유사 활동에서도 일어날 수 있다.

간혹 스포츠의 매력에 아주 강하게 빠진 연구자들은 스포츠를 통한 사회화의 긍정적 경험을 밝히기 위해 위의 것들을 쉽게 간과하기도 한다. 그러나, 부정적인 결과도 스포츠에서 충분히 나올 수 있는 결과이며, 스포츠의 경험은 시간과 공간, 그리고 타자와의 관계 속에서 다르게 의미 지어질 수 있기 때문에(Hartmann, 2008), 위의 중요한 점들을 쉬 간과해선 안 된다.

스포츠 참여와 교육적 효과에 관한 많은 연구들 역시 긍정적인 결과들을 보이고 있으며, 이는 곧 긍정적 스포츠를 통한 사회화로 귀결되어 왔다. 그렇지만, Coakley(1993)는 두 가지의 이유로 인해 연구결과가 정확하지 않을 수 있다고 경고하였다. 첫째, 변수 중심의 결과만을 보면 되므로, 연구가 용이하였으며; 둘째, 교육에 관련된 연구펀딩이 용이했기 때문이라고 하였다. 실제 연구의 결과로, Schafer와 Armer(1968)은 선발 출장하는 선수는 평균학점 및 포부가 후보 선수들보다 높았다고 보고하였다. 그리고, 다른 학문과 관련된 활동에 연결되어 있는 학생들이 스포츠에도 많이 참여한다고 Hanks와 Eckland(1976)은 보고하였다. 이와 유사한 결과의 연구들은 해외뿐만 아니라 국내에도 다수의 연구들이 보고되고 있다. 이러한 연구들은 모두 앞서 Coakley(2009)가 지적한 간과하지 말아야 할 점들을 위반한 사례들이다.

스포츠를 통한 사회화에서는 교육과 관련된 것뿐만 아니라 사회적 지위에 관련된 내용들도 연구되고 있다. 이 또한 다수의 연구를 통해, 스포츠의 참여 경험은 다른 직장에서의 성공에 기인하며, 사회적 지위를 상승시키는데 도움을 준다는 결과가 많이 발견된다. 하지만, 그것이 스포츠가 원인이 정확하게 된 것인지는 Hartmann(2008)의 지적과 함께 확실하지가 않다. 이러한 점들은 스포츠가 분명 다른 사회적 현상과는 독특한 면들이 존재하긴 하지만, 그것을 규명하는데 있어 객관적이고 논리적으로 밝혀내지 못했다는데 큰 문제가 있다.

[그림 3-9] 2010 남아공월드컵 직전에 미성년 성매매 혐의로 수사를 받고 있는
프랑스 축구대표선수 프랑크 리베리와 카림 벤제마

반대급부로, 스포츠의 역기능에 관해서도 동일한 논리를 이야기할 수 있다. 많은 연구들이 스포츠를 통해 청소년들의 일탈행동을 방지하거나 상쇄시킬 수 있다는 결과를 내놓고 있다. 동시에 스포츠 참여가 일탈행위와 유의한 관련성이 있음도 이야기하는 연구(Thorlindsson, 1999)도 있다. 최근 국내 모 대학의 축구부 선수 2명이 부녀자 성폭행 등의 혐의로 구속되면서 축구부 해체가 결정되었다(중부일보, 2010, 3, 22). 또한, Tiger Woods의 불륜과 이혼, 정수근 선수의 폭행 사건, 프랑스 축구대표팀 선수들의 미성년 성매매 사건 등은 과연 스포츠 참여가 일탈행위를 낳는 것인지에 관한 실제적 예인지 확실치 않다. 앞선 순기능의 예들과 마찬가지로 개인적인 사회화 과정에서의 문제가 스포츠가 일탈행위를 이끄는 것인 듯 해석되어선 안 될 것이다.

chapter 04

스포츠와 시장

스포츠와 시장

최근까지 스포츠마케팅, 산업, 경영 등의 용어들이 무분별하게 사용되고 있음은 안타까운 일이다. 더욱이 스포츠학 또는 체육학을 공부하는 학생들, 심지어는 몇몇 대학원생들과 교수들도 스포츠경영에 관련된 것들은 모조리 스포츠마케팅으로 부르는 안타까운 광경을 보곤 한다. 이러한 점은 스포츠산업의 선진국이라 불리는 미국에서도 심심치 않게 발견된다. 물론, 이 분야의 학문이 이제 막 정착단계에 접어들었고 비교적 신생학문이기 때문에, 아직 용어의 정리가 채 되지 않은 상태이기 때문일 것이라 생각한다. 비교적 새롭기 때문에, 또는 현대 사회가 이데올로기 중심을 벗어나 가장 중요시 생각하는 자본을 직접적으로 다루는 학문이므로 많은 관심과 인력이 집중되고 있는 분야이다.

1960년대 처음 스포츠 관리 또는 경영에 관련된 학과의 명칭은 Sport Administration이었다. 스포츠행정학으로 소개가 되기도 하는데, 과거에는 Administration은 공공분야의 행정 및 관리를 지칭하였으며, 사설기관 또는 민간기업은 경영의 의미로 Management라고 하였다. 1980년대로 넘어오면서 공공기관에서도 민간기업의 경영기법을 도입하면서 Administration 과 Management의 영역은 점차 통합이 되기 시작하였다. 특히 스포츠에서의 공공분야와 민간분야는 다른 일반 산업분야들 보다 더욱 유사성이 강하기 때문에, Sport Administration과 Sport Management가 다루는 분야는 같다고 할 수 있겠다. 다만 최근의 트랜드는 Sport Management를 선호하고 있다(Comfort, 2005).

가장 포괄적이고 전반적인 현장을 지칭할 때 스포츠산업이라고 지칭하며, 다양한 스포츠산업에 관련된 학문을 포괄적인 용어로서 스포츠경영학이라 부른다. 그 중에서 가장 많이 다뤄지는 것이 스포츠마케팅일 것이다. 그 외에도 스포츠회계, 스포츠재무, 스포츠법률, 스포츠사회문화이슈, 스포츠정책, 스포츠커뮤니케이션, 스포츠경제, 스포츠 조직관리, 스포츠시설관리 등의 다양한 분야를 포함하는 것이 스포츠경영학이다(NASPE, 2006).

주로 사회학적 관점으로 스포츠 바라보는 이 책에서 스포츠산업을 이해하는 것은 아주 중요한 것은 좁은 의미의 사회학을 중심으로만 하는 것이 아닌 사회과학 또는 더 큰 시각으로 인문학과 사회과학의 시각으로 스포츠를 다각적으로 해석하고자 하는 것이 이 책의 목표이므로 경영학 또는 스포츠경영학에 관련된 것을 이해하는 것은 당연하다고 하겠다. 북미스포츠경영학회의 다양한 연구 주제 카테고리들 가운데 사회적 이슈를 다루는 분야는 세 번째로 많이 연구되고 발표되는 주제이다(한준영, Kane, 2008). 저명한 스포츠사회학자인 Andrew Yiannakis(1989)는 스포츠 경영학분야는 스포츠사회학과의 연계를 통해 더욱 강화된다고 하였으며, 스포츠 사회학은 스포츠산업의 다양한 사회적 의미를 해석하기 위한 개념, 디자인, 도구, 해석의 잣대를 제공할 수 있다고 하였다. 특히 그는 응용스포츠사회학을 늘 강조하였는데, 그러한 점은 스포츠경영학과의 긴밀한 학문적 융합을 이루는 방향을 제시하고 있다. 유사하게, Allen Sack(1986)은 사회학적 원리를 스포츠경영학에 응용하여 소비자의 이해와 마케팅에 영향을 끼치는 요인을 설명하는데 필요하다고 하였으며, Snyder(1990) 역시 사회과학의 테두리 안에서 사회학과 경영학 간 융합의 필요성을 제기하였다. 이 외에도 Pitts와 Stotlar와 같은 학자들은 스포츠경영학을 위해 다양한 학문분야가 융합적으로 이해되어야 된다고 했다(2007).

1980년대 초 한국에서 프로스포츠가 출범했음에도 불구하고 스포츠마케팅은 큰 관심을 끌지 못하다가 1990년대에 접어들면서 본격화되었다. 우리나라에서 스포츠산업이 주목을 받기 시작한 것은 '86년 아시안게임과 '88년 서울올림픽이 개최되면서라고 볼 수 있다. '64년 동경올림픽에서 소니, 아식스, 미즈노 등이 세계적인 상표로 급부상하고, '72년 뮌헨올림픽에서 아디다스 등의 기업이 스포츠의

[그림 4-1] 한국 프로야구는 최근 다양한 마케팅을 통해 시장성이 대폭 증가하였다.

공식 후원업체로 상표와 기업 이미지를 전 세계인에게 알리게 되어 상품의 매출과 이익을 증대시켰다. 그러나 진정한 의미의 스포츠 마케팅의 세계화 효시는 '84년 LA올림픽 이후라고 할 수 있다. 우리나라의 경우는 서울올림픽 이후 기업들이 스포츠 마케팅의 중요성을 인식하고 투자하기 시작하면서부터이다.

스포츠 마케팅은 스포츠의 오락적 역할에 주목하여 발달된 분야라고 할 수 있다. 스포츠 마케팅을 단순한 기업광고 정도로 생각하면 별 것 아닌 것 같지만, 그것이 지니고 있는 시장성은 엄청난 것이어서 현재 세계의 각 나라들은 그 분야에 대한 연구와 개발, 그리고 투자가 지속되고 있는 상태이다. 우리나라와 같이 자원이 부족한 경우 이러한 시장은 더 없는 보고(寶庫)라 할 수 있다. 적은 투자로도 엄청난 효과를 창출해 낼 수 있는 이 분야야말로 우리에게 더 없이 좋은 조건을 지니고 있다고 하다.

스포츠마케팅

1. 스포츠마케팅의 개념

스포츠 마케팅이란 스포츠를 스포츠 소비자들에게 유통하고 프로모션(promotion)하는 모든 활동과 일반제품을 소비자들에게 스포츠를 이용하여 유통하고 프로모션 하는 모든 활동을 의미한다(Mullin, 1983). 스포츠 마케팅의 개념은 '스포츠 자체의 상품화' 와 '스포츠를 매개로 한 모든 상품의 마케팅 과정' 이라는 두 요소를 함의하고 있다. 이는 사업영역의 측면에서 볼 때 '스포츠의 마케팅(marketing of sports)' 과 '스포츠를 이용한 마케팅(marketing through sports)' 으로 구분할 수 있다. 전자는 스포츠가 마케팅의 대상이 되는 개념이지만, 후자는 스포츠가 마케

[그림 4-2] 스포츠마케팅은 스포츠의 마케팅과 스포츠를 통한 마케팅으로 나뉜다.

팅의 수단이 되고 기업의 상품이나 기업자체의 이미지(CI : Coperate Image)가 마케팅의 대상이 된다. 스포츠의 마케팅은 스포츠 자체를 사업화 하는 것으로서 스포츠 제품이나 서비스에 대한 마케팅을 의미한다. 스포츠 회원 모집, 스포츠 팀의 팬 확보, 스포츠시설, 용품, 의류, 프로그램 판매 등이 여기에 해당한다. 따라서 일반대중은 스포츠 소비자(sport consumer)가 되며, 상품화된 스포츠를 어떻게 소비자에게 판매할 것인가가 스포츠 마케팅 활동의 목적이 된다(김종 외, 1998).

스포츠를 이용한 마케팅은 스포츠를 상품판매의 촉진 수단으로 하는 마케팅을 말한다. 즉 올림픽이나 월드컵 등과 같은 대형 국제 스포츠의 방송 중계권, 삼성이나 FILA와 같은 기업의 스폰서십, 그리고 박찬호나 박세리 등과 같은 유명선수의 광고모델 기용이 여기에 속한다. 따라서 스포츠를 이용한 마케팅의 소비자는 스포츠를 상품판매에 활용하려는 기업이 된다. 다시 말하여 스포츠를 이용한 마케팅은 스포츠상품뿐만 아니라 다른 일반상품을 스포츠와 연계하여 판매하는 마케팅으로서 스포츠를 하나의 판촉 수단으로 이용하는 것을 말한다.

또한 스포츠 마케팅은 좁은 의미와 넓은 의미로 이해될 수 있다. 협의의 스포츠 마케팅은 스포츠대회의 효과적인 운영과 관련된 모든 활동을 말한다. 스포츠대회는 마케팅의 대상이자 동시에 수단이다. 즉 스포츠 이벤트 주최측에게는 마케팅의 대상이고, 후원자(sponsor)에게는 마케팅의 수단이 된다. 활동 영역을 중심으로 하여 이를 이해하면 좁은 의미의 스포츠 마케팅은 크게 다음과 같은 활동, 즉 행사관리(event management), TV 중계, 스폰서십(sponsorship), 선수관리, 상표사용 인허사업(licensing) 및 상품공급 사업(merchandizing) 등으로 구성되어 있다. 행사관리란 시설, 인사, 입장권 판매, 일정관리 등 스포츠행사 동안의 모든 관리활동이며, TV 중계는 스포츠 이벤트를 대중에게 널리 보급시키는데 있어서 가장 중요한 공급활동이다.

스폰서십은 주로 기업으로부터의 재정 및 서비스 지원을 말하며, 스포츠대회를 치르기 위한 중요한 재정조달 활동이다. 선수관리란 선수들의 효과적인 스포츠대회 참여를 위하여 선수들의 일정, 상금, 세금 등을 관리하는 것이며, 상표사용 및 상품공급 사업은 선수, 단체, 리그, 스포츠관련 상품 및 회사 등의 이름, 로고(logo)를 상표화하고 상품화하는 일로서 재정을 조달하는 또 다른 방법 중의 하나이다. 이러한 일들을 주최측을 대신하여 전문적으로 대행하여 주는 회사를 스포츠 마케팅 회사라고 하며, 개인은 스포츠대회를 주최하는 조직, 스포츠 마케팅 회사, 언론 혹은 기업(후원자)에 속하여 스포츠 마케팅 활동에 참여할 수 있다. 광의의 스포츠 마케팅 개념은 훨씬 폭 넓게 적용된다(박진경, 2000).

스포츠 마케팅에 대한 가장 흔한 오해 중의 하나는 스포츠 마케팅을 스포츠사업이나 관련 사업의 한 분야로 잘못 이해하고 있다는 사실이다. 그러나 엄밀한 의미에서 스포츠 마케팅은 스포츠의 비즈니스적 가치와 잠재적 부가가치를 극대화하고자 하는 스포츠 경영기법의 하나라고 할 수 있다. 즉 스포츠 마케팅은 스포츠 관련 사업이나 산업에서 다양한 마케팅 기법을 개발하고 이용함으로써 '스포츠'라는 제품이 지니고 있는 시장가치를 최대한으로 활용하여 기업의 생산성과 이윤을 극대화하려는 경영의 한 방법이라고 할 수 있다.

2. 스포츠시장의 특성과 규모

1) 스포츠 시장과 상품

스포츠는 경기인의 노동력, 경기운영 서비스, 그리고 규칙, 심판, 경기장, 장비 및 용품 등과 같은 부가 요소들이 어우러져 생산되는 상품이다. 그리고 이러한 스포츠상품은 경기장, TV, 라디오, 신문 및 잡지, 인터넷 및 PC 통신, 전화 등의 유통수단을 통하여 소비자들의 눈과, 귀, 그리고 마음으로 전달되며, 그 과정에서 다양한 형태의 스포츠 관련 상품의 수요, 공급, 매매가 이루어지는 시장을 형성하게 된다.

스포츠 시장은 1차 시장과 2차 시장으로 구분할 수 있다. 1차 시장은 스포츠를 직접 생산하는 집단이 형성하는 시장으로서 경기인 시장과 관람객 시장, 자원봉사자 시장, 그리고 용품과 장비, 설비 시장으로 구분된다. 2차 시장은 스포츠를 이용하여 이익을 추구하는 집단들이 형성하는 시장으로 광고시장, 스폰서십 시장, 관련 상품 시장 등이 이에 속한다. 스포츠 시장의 두르러진 특성으로는 첫째, 경쟁만이 존재하는 일반적 시장과는 달리 스포츠 시장에서는 경쟁과 협력이 동시에 이루어진다. 대회나 리그에서 선수나 팀은 상대를 이겨야 하지만 상대가 없는 대회는 대회자체가 성립되지 않는다. 둘째, 스포츠의 1차 소비자(관람객)는 자기 자신을 선수와 동일시하는 경향이 매우 강하다. 셋째, 수요와 변동이 심하다. 팬들은 시즌 초반 기대에 부풀어 물밀듯이 구장을 찾았다가 시즌 중반 이후, 팀이 슬럼프에 빠지게 되면 즉시 발길을 끊어 버리게 된다. 일반제품 소비자와는 상이한 스포츠 소비자의 이러한 특성은 스폰서나 광고주의 표적이 되기도 한다.

한편, 스포츠상품 역시 연극이나 영화관람, 여행 등의 여가상품이 일반상품과는 틀린 특성을 지니고 있다. 첫째, 스포츠의 불확정성 및 의외성으로 인하여 승부에 대한 예측이 어렵고, 동일한 규격제품을 계속 생산할 수 없다는 점이다. 둘째, 스포츠는 소비재와 생산재의 양면성을 지니고 있다. 스포츠를 하는 사람에게나 보는 사람에게는 스포츠가 최종 소비재이지만 방송이나 광고, 스폰서십 업계에는 스포츠가 도구로 활용되기 때문에 생산재의 역할을 한다. 셋째, 스포츠는 '하는 사람' 이나 '보는 사람' 의 국경을 초월하는 범세계적 상품이다. 올림픽은 전 세계의 모든 인종이 출전하며, 월드컵 대회는 전 대륙의 인류에게 중계방송이 된다(박진경, 2000).

[그림4-3] Michael Jordan이 어린시절 선호하던 Converse와 계약을 했다면 지금의 Nike는 존재했을까?

2) 스포츠 시장 규모

스포츠 선진국인 미국의 경우 스포츠산업 규모(2005년 기준)는 2130억 달러였다. 2006년 한국에 비해 10배에 달한다. 일본의 경우 2002년 현재 805억 달러(를 기록했고, EU는 2006년 기준 4070억 유로인 것으로 조사됐다. 해외에서는 실로 어마어마한 규모의 스포츠산업 시장이 형성되고 있는 것이다. 미국 스포츠용품 생산자협회(SGMA)의 분석에 따르면 2000년 483억 달러였던 매출액이 2004년 528억 달러, 2005년 617억 달러, 2006년 653억 달러로 증가했다. 인근 캐나다도 68억 달러(2004년), 70억 달러(2005년), 74억 달러(2006년)로 매년 성장세다. 스포츠비즈니스의 세계시장은 2006년부터 2011년까지 평균 5.5%의 성장을 할 것으로 나타났다.

한국의 경우, 2010년 현재는 스포츠용품시장만 대략 4조원에 육박하고 있다. 2007 체육백서' 에 따르면 2006년 국내 스포츠산업의 규모는 22조3632억 원이었다. 이는 2005년(19조6507억 원)에 비해 14% 가량 증가한 수치다. 1999년만 해도 10조5055억 원 수준이었던 시장규모가 꾸준한 성장세를 보인 것이다. 스포츠산업(2006년)이 국내총생산(GDP)에서 차지하는 비중은 2.64%. 건설업 (5.6%)보다는 작지만 농림어업(1.4%), 광공업(1.7%)보다 훨씬 크다. 스포츠산업 현황을 부문(용품업, 시설업, 서비스업)별로 살펴보면 서비스업이 9조6417억 원으로 가장 큰 비중(43.1%)을 차지했다. 시설업(9조1230억 원 · 40.8%)과 용품업 (3조5985억 원 · 16.1%)이 각각 뒤를 이었다(최만식, 2009).

2002년까지만 해도 스포츠산업 구조는 시설업(5조6670억 원), 용품업(4조1185억 원), 서비스업(4조257억 원) 순이었다. 하지만 2002년 한 · 일 월드컵을 거친 뒤 2003년에 서비스업(9조9231억 원), 시설업(5조7415억 원), 용품업(2조2176억 원)순으로 역전되더니 지금까지 계속되고 있다. 그러나 서비스업에는 경마, 경륜, 경정의 매출이 80% 이상을 차지하고 있다.

영국의 스폰서십 전문 조사기관인 SRI(Sponsorship Research International)에 따르면, 전 세계 스포츠 스폰서십 시장은 1994년 130억 달러(한화 약 13조원)의 규모로 나타나고 있다. 지역별로는 유럽 32.9%, 아메리카 39.7%, 아시아 20.4%로 이 세 지역이 세계 전체 시장의 93%를 점유하고 있다. 또한 전 세계 스포츠 스폰서십 시장은 1990년 77억 달러에서 1994년 130억 달러로 4년 동안 69%라는 빠른 성장률을 보이고 있다. 하지만 이러한 스폰서십의 규모는 스포츠 후원을 위한 기업의 직접적인 후원 금액만을 측정한 것이므로 스폰서십을 통해 발생하는 추가비용(미디어 광고, 프로모션 등)을 감안한 실질인 스폰서십의 규모는 측정치의 2~3배에 이를 것으로 추정된다.

선진국들이 스포츠 마케팅의 시장 규모를 연간 총 광고비의 8~30% 정도로 잡고 있는 것을 고려하여 국내 스포츠 마케팅 시장 규모를 유추할 수 있다. 국내 1996년도 총 광고비가 약 5조 6,000억원이므로 국내 스포츠 마케팅의 시장 규모는 대략 4,500억원에서 1조 7,000억원 사이라고 추산해 볼 수 있다. 국내에서는 1990년대 중반 이후 기업의 스포츠 마케팅 및 스폰서십 활동이 큰 폭으로 증가하기 시작하였다. 국내 기업들은 스포츠 스폰서십을 통한 마케팅의 중요성을 인식하여 단순한 지원이나 협찬 등 과거의 소극적인 운영 스타일에서 벗어나 대회 전체를 스폰서하는 등 적극적이고 주도적인 운영 스타일을 보이고 있는 추세이다.

특히 세계적인 기업 이미지와 브랜드 이미지 구축을 위한 일환으로 전 세계 소비자들을 타깃으로 한 글로벌 스포츠 스폰서십에도 적극적인 자세를 보이고 있다(박현종 외, 1998).

3. 마케팅믹스

스포츠 마케팅에서 중요한 구성요소는 다양하게 제시되고 있으나 대체적으로 제품(product), 프로모션(promotion), 장소(place), 그리고 가격(price)의 4Ps로 구분하는 것이 일반적이다. 따라서 성공적인 스포츠 마케팅은 이와 같은 네 가지 마케팅 구성요소를 얼마나 적절하고 효율적으로 혼합하여 사용하는가 하는 마케팅 믹스(marketing mix)에 의하여 결정된다(박진경, 2000).

1) 제품

제품(product)은 유형적인 재화나 무형적인 서비스를 총칭하는 개념으로서 스포츠 마케팅의 핵심적 요소라고 할 수 있다. 스포츠제품은 스포츠를 통하여 생산되는 상품이나 서비스로서 축구나 농구, 야구, 골프 등과 같이 각각의 스포츠종목이 지니고 있는 경기특성 및 형식 그 자체에서부터 각종 이벤트와 스타선수, 팀이나 리그, 시설 및 장비와 의류, 그리고 관람스포츠와 참여스포츠 등 서비스 상품에 이르기까지 스포츠와 관련된 유형, 무형의 상품이 모두 포함된다. 각종 스포츠 경기는 경기장에서 관중들에게 직접 팔리기도 하고, TV 방송 프로그램의 형태로 가공되어 시청자에게 팔리기도 한다. 올림픽이나 월드컵과 같은 세계적인 스포츠 이벤트는 천문학적인 수입이 보장되며, 스타플레이어는 거액의 이적료나 임대료를 받고 해외로 트레이드 되기도 한다. 각종 스포츠경기의 입장권은 관련 단체나 조직의 중요한 수입원이며, 수영장이나 골프장의 회원권은 일반서민이 꿈도 꿀 수 없는 가격에 팔리기도 한다. 돈을 받고 제공하는 스포츠센터의 운동 프로그램도 역시 스포츠제품 중의 하나이다.

스포츠제품이 마케팅 상품으로서 다른 산업분야의 제품과 경쟁력을 가지는 이유는 기본적으로 스포츠상품이 일반시장에서 판매되는 제품과는 다른 독특한 특성을 지니고 있기 때문이다. 스포츠가 지닌 여러 특성 중에서도 예측이 어렵고 표준화된 규격제품을 생산할 수 없다는 점이 가장 큰 매력이다. 날씨, 선수의 컨디션, 관중의 반응, 경기 당시 두 팀의 기록과 순위 등과 같이 실체가 없는 요소가 경기결과와 팬들이 경험하는 흥분과 만족도에 영향을 준다. 큰 경기일수록 평범한 땅볼의 에러나 자유투 실패, 패널티 킥의 실축 등에 의하여 승부가 갈리는 경우가 많고, 이러한 돌발변수가 팬들의 감정을 극도로 자극한다.

또한 스포츠 제품은 생산과 소비가 동시에 이루어진다. 스포츠경기는 생산되는 순간 팬들에 의하여 소비가 이루어지기 때문에 재고가 없다. 물론 TV 녹화방송이나 신문기사 혹은 비디오 테이프 등과 같이 제품의 수명이 다른 형태로 연장되기도 하지만 기본적으로는 어제 경기의 입장권이나 어제의 스키 리프트 이용권을 팔 수 있는 마케터(marketer)는 존재하지 않는다. 스포츠제품이 지니고 있는 또 다른 특징은 스포츠가 생산재이자 소비재의 양면성을 지니고 있다는 사실이다.

스포츠를 하는 사람에게나 보는 사람에게는 스포츠가 최종 소비재이지만 방송이나 광고, 스폰서업계에서는 스포츠가 도구로 활동되기 때문에 생산재의 역할을 하게 된다. 이외에도 스포츠제품은 통제가 불가능하다.

2) 프로모션

프로모션(promotion)은 잠재 고객에게 제품이나 서비스에 관한 메시지를 전달하기 위한 홍보방법 및 기타 의사소통 수단을 의미한다. 스포츠 마케팅에서의 프로모션은 생산하고자 하는 스포츠 제품에 대한 소비자의 관심과 인지, 그리고 구매를 자극하도록 계획된 수많은 의사사통 과정을 포괄하는 개념으로 사용하고 있다. 스포츠 마케팅에서 프로모션은 흔히 광고(advertising), 대인판매(personal selling), PR(public relation), 그리고 판매촉진(sales promotion) 등과 같은 유형의 마케팅 행위를 포함하고 있다.

광고는 특정 광고주가 자신의 아이디어, 재화 또는 서비스를 대가로 지불하면서 매체를 통하여 메시지를 전달하고 촉진시키는 수단을 말한다. 스포츠 마케팅에서 광고는 스포츠조직, 특정 스포츠 혹은 시설에 대한 장기적인 이미지를 수립하거나 즉각적인 회원모집과 관중동원을 유도하기 위하여 사용된다. 광고의 종류에는 매체 종류에 따라 인쇄매체, 전파매체, 기타매체로 나누어지며, 다시 신문광고, 잡지광고, 방송광고, 옥외광고, 우편광고 및 교통광고 등으로 나눌 수 있다. 광고의 효과는 노출빈도뿐만 아니라 도달범위(시청률) 및 효과강도(노출에 대한 양적 효과강도)에 의하여 평가된다. 대인판매는 촉진이나 구매과정의 일정 단계를 거친 다음에 소비자로 하여금 제품에 대한 선호 · 확신 및 구매행동을 통하여 그들의 스포츠제품을 직접적으로 판매하고 있다. 대인판매는 스포츠용품을 소매할 때 가장 확실한 방법이 되며, 팀 스포츠관련 단체나 스포츠센터에서도 중요한 판매수단으로 활용하고 있다. 특히 관람 및 참여 스포츠의 마케팅에 있어서 대인판매는 후원자 클럽의 조직, 방송 중계권 판매, 후원사 확보 등에 효과적으로 활용될 수 있다. 대인판매의 방법으로는 1:1 직접판매나 전화판매가 있으며, 어떤 방법을 이용하든 간에 스포츠 비지니스 조직과 그 조직의 제품, 그리고 소비자들을 가장 직접적으로 연결시킬 수 있다는 장점이 있다.

PR은 언론 관계(media relation)와 지역사회 유대(community relation)를 포함

하는 개념으로서 '해당 조직과 지역사회의 관계를 좋게 하기 위한 모든 노력' 이라고 정의할 수 있다. 스포츠 마케팅에 있어서 PR은 뉴스형식으로 소비자에게 전달되기 때문에 소비자에게 높은 신뢰감을 줄뿐만 아니라 광고나 판매원을 회피하는 많은 고객들에게 접근할 수 있다는 점에서 중요한 마케팅 프로모션 활동으로 평가된다. 특히, 관람스포츠의 경우 언론매체의 노출을 통한 무료 광고효과 때문에 대부분의 프로모션 활동을 PR을 중심으로 실시하고 있다. 판매촉진은 제품 또는 서비스의 구매나 판매를 촉진시키기 위한 단기적이고 자극적인 프로모션 활동으로서 신속한 효과, 부진한 관중동원의 증대, 회원증대 등과 같이 단기적 판매효과를 얻는데는 효과적이나 장기적으로 조직이나 제품, 시설 등의 이미지를 고취시키기 위한 방안으로는 적합하지 않다.

3) 장소

스포츠 마케팅에 있어서 장소(place)는 스포츠제품의 생산과 소비가 이루어지는 지리적 공간으로서 경기장이나 스포츠센터와 같이 스포츠상품이나 서비스의 실질적인 유통이 이루어지거나 일정 지역에 스포츠상품이나 서비스를 제공하는 곳을 의미한다. 스포츠산업에서 장소나 유통기능은 다른 산업과 차이가 있다. 즉 스포츠용품 산업을 제외하면 스포츠제품은 기본적으로 스포츠활동을 통하여 생산과 소비가 이루어지기 때문에 스포츠활동이 행해질 수 있는 장소가 없으면 스포츠제품의 판매와 구매가 불가능해져 마케팅 행위 자체가 성립되지 않는다.

일반적으로 스포츠 마케팅에 있어서 장소에 영향을 미치는 요인으로서 접근성, 매력성, 실용성 등 세 가지가 있다. 접근성은 스포츠 소비자가 스포츠제품을 얼마나 편리하고 용이하게 구매할 수 있는가 하는 지리적 위치와 관련된 요인이다. 지하철, 버스 등과 같은 대중교통 이용의 편리성, 교통요금과 소요시간, 자가용 고객을 위한 충분한 주차공간의 확보 여부, 그리고 쾌적하고 안전한 주변환경의 조성 여부 등은 스포츠 소비자의 제품 및 서비스의 구매결정에 결정적인 요인

[그림 4-4] 스포츠 시설은 장소로도 사용되지만, 그 자체가 제품으로도 판매된다. New York Yankee Stadium에서 경기를 할 때도 사용되고 관광객들이 경기장을 둘러보는 관광상품이기도 하다.

이 된다. 매력성은 경기장의 규모나 시설의 현대화와 건축미를 의미한다. 실용성은 스포츠제품의 생산과 소비가 이루어지는 장소를 생산자(선수나 참가자)나 소비자(관중)가 얼마나 효율적으로 활용할 수 있는가를 의미한다. 예컨대 잠실종합운동장 메인 스타디움의 경우 시설의 외양은 뛰어나나 축구경기를 관람하기에는 효과적이지 못하다.

4) 가격

가격(price)은 소비자들이 제품이나 서비스를 구매하고 지급하는 화폐가치를 의미하는 것으로서 단순히 유형적 제품뿐만 아니라 이에 부가되는 여러 서비스나 제품을 구매함으로써 얻을 수 있는 효용과 가치를 포함시켜 결정된다. 가격은 수요가 탄력적인 시장에서는 구매에 큰 영향을 미치도록 가장 쉽게 조작이 가능한 가변 요소일 뿐만 아니라 대부분의 영리조직이 추구하는 이익의 계량적 표현으로서 입장료, 시설 이용료, 강습료, 임금, 수수료, 이자 등도 모두 가격의 한 형태이다. 스포츠산업에서 입장료나 회비의 형태를 띤 가격은 스포츠 소비자들이 스포츠제품이나 서비스에 대해 지각하는 가치의 표현일 뿐만 아니라 그들이 구매함으로써 충족할 수 있다고 생각하는 욕구의 표현이다. 따라서 제품의 무형적인 속성을 중시하는 스포츠제품의 가격은 다른 여러 소비용품이나 산업용품과는 달리 소비자의 생활수준에 의하여 큰 영향을 받기 때문에 신중히 결정되어야 할 필요가 있다.

스포츠 마케팅에 있어서 가격은 여러 가지 요인에 의하여 영향을 받는다. 입장권 판매의 경우 할인제도, 쿠폰제도, 각종 판매촉진 요소들에 의하여 가격이 통제되고 변동될 수 있다. 또한 TV 중계권이나 스폰서십 패키지의 가격 책정도 동원 관중수나 매체 노출량 등에 따라 좌우되기 때문에 여러 가지 요소를 감안한 가격 전략이 수립되어야 한다.

4. 스포츠를 마케팅 도구로 이용하는 이유

기업이 스포츠에 깊이 개입하는 이유는 무엇보다도 현대 스포츠가 기업에 유·무형의 경제적 파급효과를 안겨 주기 때문이다. 즉 오늘날 기업 소속의 운동선수 및 기업 운영·지원의 스포츠 팀은 장기적 마케팅 전략의 중요한 수단이 되고 있는데, 특히 경제가 다원화되고 다국적 기업활동이 점차 활발해지면서 기업의 스포츠참여는 매우 다양화되어 가고 있다. 이처럼 기업들이 적지 않은 비용을 들여가면서 스포츠를 마케팅 도구로 이용하는 이유는 다음과 같은 여러 가지 긍정적인 효과를 얻을 수 있기 때문이다(김종, 1998).

첫째, 스포츠는 독특한 광고 노출효과를 갖는다. 즉 경기대회의 이름에 스폰서 이름을 넣는 타이틀 스폰서(2009 CJ마구마구 프로야구 등)나 선수 유니폼이나 의상에 스폰서 광고를 넣는 경우(SK 로고가 부착된 의상을 입은 최나연), 그리고 경기장에 광고판을 설치함으로써 스폰서에게 방송망을 통한 노출이라는 이중의 가치를 제공한다.

둘째, 스포츠는 소비자들에게 파고드는 능력이 뛰어나다. 일반 소비자들은 매일 5,000여 가지의 광고를 의식 또는 무의식적으로 접하게 된다. 이러한 광고홍수 속에서 현대인들은 광고 불감증이나 광고 기피증을 나타낼 정도로 광고에 식상해져 있다. 그러나 이승엽 선수의 홈런 신기록을 기대하고 경기장을 찾는 대구구장 관중들은 이승엽의 헬멧에서 빛나는 삼성 애니콜을 무의식중에 수십 번씩 반복해서 보게 된다. 또한 TV 시청 중 광고가 나오면 채널을 돌리는 시청자들도 경기 중에 방송되는 광고판이나 선수들 유니폼과 용품에 새겨진 광고를 피할 수가 없다. 바로 이와 같은 이유 때문에 스포츠를 이용한 광고는 더욱 수용적이 된다.

셋째, 스포츠는 기업에게 여타의 다른 홍보수단에 비하여 대중과의 자연스러운 밀착기회를 보다 많이 제공해 준다. 이러한 측면에서 기업은 소속 운동선수 및 스포츠 팀이 스포츠경기를 통해 방송전파를 타고 대중들에게 노출됨으로써 자사 홍보효과를 극대화하고 제품 판매를 증대시킬 수 있다. 또한 기업은 소속 선수 및 팀이 국제대회에서 우승함으로써 국위선양에 앞장서고 있다는 사실을 부각시키고, 지역사회 스포츠 단체 및 경기를 후원함으로써 기업이익을 지역사회에 다시 환원시키는 노력을 지역사회 주민에게 보여 자연스럽게 홍보 효과를 얻을 수 있다. 실제로 박세리의 맥도널드 LPGA 우승 이전 삼성은 77%의 기업인지도 지수를

[그림 4-5] 여러 기업들이 김연아를 통한 마케팅을 한다.

얻고 있었으나, 박세리 선수의 우승으로 인해 6%가 상승한 83%에 이른 것으로 추정(리서치 인터내셔널사 조사자료)되어 위의 사실을 입증해 주고 있다.

넷째, 스포츠는 종업원의 사기진작 및 생산성 향상을 가져올 수 있다. 기업의 스포츠 팀 운영은 다각적인 측면에서 종업원의 사기를 앙양시켜줌과 동시에 기업의 효율성을 향상시키는 중요한 수단이 되고 있다. 즉 기업은 스포츠 팀 운영을 통해 자사의 제품 매출과 관련된 직접 효과를 겨냥할 뿐만 아니라 종업원의 사기를 드높여 주는 간접 효과마저 이룩한다는 것이다. 특히 과거 경제발전 시대에 있어서 스포츠가 국민의 사기진작과 대통합을 이루는데 크게 공헌하였듯이 오늘날 각 기업이 육성하는 운동선수 및 스포츠 팀의 활동은 경제위기의 여파로 저하되어 있는 직원의 사기, 애사심, 그리고 응집력 제고는 물론 나아가 근로현장의 노동력 제고 및 생산성 향상의 중요한 기능을 수행함으로써 국난극복의 전기를 마련하는데도 크게 기여하게 된다.

다섯째, 스포츠 후원은 기업의 제품 이미지를 제고시킬 수 있다. 기업은 소유구단 및 소속 선수의 활약상과 자사 제품의 우수성을 동일화시킴으로써 상품 이미지를 제고시켜 소비자들의 구매욕구를 자극하여 소비를 촉진시킬 수 있다. 이와 관련하여 스포츠 마케팅 전문가들은 스포츠 마케팅을 통한 제품 이미지 제고가 저가의 상품 이미지를 고급 브랜드로 도약시킬 수 있는 지름길이라고 주장한다.

여섯째, 각종 스포츠행사 협찬 비용에 대한 세제 혜택을 받을 수 있다. 기업은 올림픽 및 월드컵 등의 대회에 제공하는 재화와 용역의 소요비용에 대해 세금공제 혜택을 받을 수 있다. 특히 우리나라의 프로스포츠가 발전할 수 있었던 이유는 프로구단의 적자를 보전해 주는 모 기업의 지원금에 대한 세금혜택 법규가 프로스포츠의 출범과 함께 제정되어 있었기 때문이다.

스포츠를 이용한 마케팅의 유형

일반기업에서 스포츠를 이용하여 마케팅을 하는 방법은 직접사업과 간접사업의 두 유형이 있다. 직접사업은 크게 방송후원(broadcasting sponsorship), 행사후원(event sponsorship), 스포츠 단체, 팀 및 선수후원, 그리고 매체상품화(media merchandising)등 네 가지가 있으며, 간접사업에는 광고이서(advertising endorsement)와 제품이서(product endorsement)가 있다(박현종, 1998).

방송후원은 특정 후원회사가 방송사와 계약체결을 통하여 특정경기 전체(면

[그림 4-6] Sponsorship과 Endorsement의 예

도날 회사 질레트의 미국 메이저리그 야구 전 방송중계 후원)나, 특정경기 또는 특정 팀이나 선수의 경기(삼성의 박세리 LPGA 출전 경기중계 후원)와 관련된 방송중계의 모든 광고 혹은 그 상당 부분을 독점 지불하는 계약의 형태이다. 행사후원은 후원회사가 특정경기의 전체 비용 또는 상당 비용을 지불하는 형태이다. 여기에는 대회명칭 후원(title sponsorship), 공식 후원(official sponsorship), 공식 공급(official supply) 및 공식 상품화권(official license) 등이 포함된다.

스포츠 팀이나 선수후원은 특정 선수가 자사의 제품을 경기에 활용하거나 후원업체임을 명시하는 대가로 상당 비용을 후원하는 형태이다. 삼성의 박세리, 나이키사의 Tiger Woods와 Michael Jordan이 그 좋은 예이다. 삼성은 박세리 선수에게 연봉, 교습비, 훈련비, 포상금 등으로 약 30억원을 지불하고, 1조 4,000억원에 달하는 경영 시너지 효과를 얻었으며, Nike는 무명의 Woods에게 5년 간 4,000만 달러라는 도박과도 같은 후원계약을 하였으나 그의 PGA Masters 대회우승으로 세계 골프용품 시장을 석권하는 실리를 취하기도 하였다. 매체 상품화는 스포츠단체나 대회의 경기장 안에 광고판, 스코어 보드, 인쇄물, 비행선이나 대형풍선 등에 특정 기업이 광고를 하는 대가로 상당 비용을 후원하는 형태이다.

스포츠를 이용한 마케팅 중 간접사업은 보통 이서(endorsement)라고 한다. 이서는 스포츠계의 스타 플레이어를 특정 제품의 판촉요원이나 이벤트의 홍보요원으로 활용하는 대가로 현금이나 주식지분 또는 매출액에 따른 로열티(loyalty)를 선수에게 지불하는 것으로서 광고 이서와 제품 이서가 있다. 광고 이서는 특정 선수나 팀, 단체를 자사 제품의 광고에 등장시켜 적절한 효과를 얻는 방법이다.

스포츠마케팅 대행사 유형

스포츠 마케팅 대행사의 유형은 다음과 같다(스포츠비지니스, 2000).

1) International Sports Marketing Agency

이러한 유형의 대행사는 올림픽이나 월드컵 축구대회 같이 전 세계적인 관심을 끄는 스포츠 이벤트의 마케팅을 대행하는 등 스포츠 마케팅 분야에서 국제적으로 활동하고 있는 대행사이다. 스위스의 ISL (International Sports, Culture & Leisure Marketing AG), 미국의 IMG(International Management Group) 등이 이에 속한다.

2) Sports Marketing Agency for Sport Player(선수관리 대행사)

스포츠 단체, 특정 대회의 조직위원회 또는 주최측, 스폰서, 세무담당 관청을 포함한 각종 기관 등에 대해 주요 고객인 운동선수의 이익을 위해 선수를 대신해서 활동하는 대행사들이다. 이들은 선수들에게 재정적, 법적 분야에서 자문하고 돌봐주는 역할을 한다. 스폰서는 이 경우에 선수가 아닌 대행사를 상대로 협상을 해야 한다. 이 분야에서 가장 크고 전 세계적으로 큰 영향력을 가진 대행사로는 미국의 IMG를 들 수 있다. 이 유형은 국내에서도 앞으로 성장 가능성이 매우 높은 분야이기 때문에 많은 연구가 필요하다고 할 수 있다.

3) Special Sports Marketing Agency for Board and Venue Advertising

경기장 내 입간판 광고 및 펜스광고, 옥외광고의 판매 또는 매매알선을 전문으로 하는 대행사로서 국내에서는 프로야구 경기장의 펜스 광고권을 매입하여 재판매하는 전홍, 서울스포츠기획 등과 일반 광고대행사의 SP(sales promotion)매체 담당 부서를 꼽을 수 있다.

4) Special Sports Marketing Agency for Licensing / Merchandising

스포츠 단체 또는 대회의 로고, 마스코트, 엠블렘 등을 사용하고 상품화할 수 있는 권리를 전문적으로 다루는 대행사들이다. 기업은 로고, 마스코트, 엠블렘 등을 특정제품 광고에 효과적으로 사용할 수 있다.

5) Sport Marketing Full-Service Agency

이러한 대행사는 위에 언급한 네 가지 스포츠 마케팅 업무는 물론 스포츠 마케팅에 참여하려는 기업 및 스포츠단체에게 스포츠 마케팅의 기획, 조직, 실행, 통제에 관한 포괄적 자문을 제공하며, 전략 컨셉트를 개발해 주기도 하는 등 스포츠 마케팅의 모든 서비스를 대행해주는 업무를 수행한다. 궁극적으로 모든 스포츠 마케팅 대행사들이 추구하는 형태로서 전 세계적으로 볼 때도 이러한 유형의 대행사는 그리 많지 않다.

스포츠스폰서십

스폰서십(sponsorship)은 최근 국내에서 매우 빠르게 성장한 마케팅 커뮤니케이션의 한 분야이다. 특히 스포츠 스폰서십은 사회, 문화, 환경 스폰서십에 비해 상당히 발전된 분야로서 스폰서십이라고 하면 보통 스포츠 스폰서십을 지칭하는 것으로 이해될 정도이다. 우리나라에서도 많은 국민들이 건강 및 체력증진을 위해 직접 스포츠활동에 참여하고 있으며, 올림픽이나 월드컵 축구대회나 프로스포츠경기의 중계방송이 있을 경우에는 TV 앞에 모여 시청하는 등 스포츠의 사회적인 비중이 높아졌다. 기업의 입장에서 이러한 사실은 새로운 기회라고 볼 수 있다. 현대적이면서도 효과적인 커뮤니케이션 수단을 찾고 있는 기업에게 스포츠는 아주 매력적인 활동 공간을 제공해 주기 때문이다. 국내외의 규모가 큰 스포츠행사를 주최하는 스포츠단체들은 보다 수준 높은 조직능력을 갖추도록 요청 받고 있으며, 재정력의 확충을 위해서라도 기업과의 협조는 피할 수 없는 상황이 되었다. 기업과 스포츠 모두 스폰서십을 통해 혜택을 볼 수 있는 것이다.

스포츠 스폰서십은 그 동안 주로 야구, 축구, 농구, 배구 등과 같은 인기종목이나 몇몇 인기 프로선수들 또는 많은 관심을 끄는 대형 스포츠행사에만 집중적으로 실시되어 온 것이 사실이다. 그러나 최근부터 점차 생활체육이나 레저 스포츠에도 확산되고 있다. 생활체육이나 레저 스포츠는 인기 스포츠종목에 비해 언론매체의 관심도는 낮은 편이나 동호인 및 실제 참여인구 면에서는 결코 적지 않은 비중을 차지하고 있기 때문이다. 이러한 관점에서 보면 이 분야 역시 기업의 마케팅 커뮤니케이션 활동을 위해 많은 기회를 제공해 준다고 볼 수 있다(박현종, 1996).

1. 스포츠스폰서십의 개념

문화, 스포츠, 사회, 환경분야에 대한 기업 혹은 기업가의 후원은 오랜 전통을 갖고 있다. 예술과 문화활동에 대한 후원의 효시로 꼽을 수 있는 사람은 Augustus 황제의 친구이자 상담역이었던 로마인Gaius Clinius Maaecenas로서 그는 당대의 유명한 시인이었던 Horaz, Vergil, Properz 등에게 예술애호 차원에서 대가없이 후원해 주었다. 외교관이자 대지주였던 Maaecenas는 세 시인이 작품활동에 전념할 수 있도록 재정지원을 아끼지 않았던 것이다. 따라서 현재의 스폰서십은 Maaecenas의 조건 없는 후원(Patronage)에서 출발한 것이라고 볼 수 있다.

후원은 이타주의적인 목적으로 문화 및 사회의 여러 분야를 지원하는 것으로서 좋은 일을 하고 만족하는 것 이외에 어떠한 구체적인 반대급부의 기대 없이 수행되는 활동이다. 후원활동은 개인 또는 단체를 대상으로 하고 있으며, 그 특성상 규모를 파악하기 매우 어렵다. 이는 많은 경우 후원자나 후원기업이 자신의 이름을 후원활동과 연관되어 알려지지 않는 조건으로서 수행하고 있기 때문이다. 로마시대 예술 후원가 Maaecenas의 역할을 오늘날에는 대학, 병원 등의 재단이나 자선 · 연구기금이라는 제도가 상당 부분을 맡고 있다. 이 경우 재단이나 기금은 그들의 재산을 운영하여 얻는 수익으로서 설립 목적을 충족시키는데 사용하게된다. 후원의 발달된 형태로 기부금 또는 성금을 들 수 있는데, 이는 개인이나 기업의 사회적 책임의식의 표출이다. 기업의 입장에서 기부금(donation) 또는 성금(corporate giving)의 제공은 사회적 책임의식 이외에 세금 감면의 목적으로 수행되고 있는 것도 사실이다(박현종, 1997).

스폰서십은 후원이나 성금 또는 기부금과 달리 기업 마케팅 커뮤니케이션의 한 도구로써 그 역할을 수행하고 있다고 보아야 한다. 즉 스폰서(기업)는 경제적으로 중요한 반대급부를 얻기 위하여 피스폰서(스포츠, 문화, 사회, 환경분야의 개인이나 단체)에게 현금, 물품 또는 서비스를 제공하는 것이다. 스폰서십은 이타적인 의도로 이루어지기보다는 대부분의 경우 스폰서의 특정한 목표와 연관되어 수행되는 것이다. 위에 언급한 개념상의 차이점을 고려하면 스폰서십은 두 가지 관점으로 구별해서 이해해야 한다. 현재까지 우리나라에서 스폰서십이라는 개념은 기업, 피스폰서, 언론 등은 물론 국민 대다수에게도 불분명하게 이해되고 사용되어 왔다. 개인과 그룹 또는 조직간에 성사된 거의 모든 형태의 거래관계나 지원, 후원 등을 일반적인 용어로 '스폰서 한다.' 라고 지칭해 왔다. 그러나 이는 본래적인 의미의 스폰서십과는 별로 관계가 없다. 물론 스폰서십에도 로마시대의 Maaecenas가 했던 것과 같은 후원의 의도가 전혀 없다고 볼 수는 없으나 수행 목적을 놓고 볼 때, 명확하게 구분하는데 그리 큰 어려움은 없다. 〈표 4-1〉에서는 후원과 기부금 및 스폰서십의 특성을 이해하기 쉽도록 비교하였다.

스폰서십의 개념을 명쾌하게 정의한다는 것은 쉽지 않다. 그러나 스폰서십을 광고나 PR과 같은 기업 마케팅 커뮤니케이션 도구의 하나로 이해한다면 다음과 같이 정의할 수 있다. 스폰서십은 기업이 현금이나 물품 또는 노하우나 서비스를 제공함으로써 스포츠, 문화, 사회, 환경분야와 관련 있는 사람, 단체, 행사를 지원하여 마케팅 커뮤니케이션 정책상의 여러 가지 목표를 달성하기 위해 기획, 조직, 통제하는 모든 활동을 말한다.

위의 정의에서 보는 바와 같이 스폰서십은 스폰서와 피스폰서가 서로의 도움

[표 4-1] 후원, 기부금(성금), 스폰서십의 구분

특성	유형		
	후원(Patronage)	기부금/성금	스폰서십
재정지원자 형태	개인, 재단, 기금	개인, 기업	기업
후원동기	대가없는 지원 (이타주의적)	대가없는 지원우선 세금감면 장점	마케팅 커뮤니케이션 목표달성
피후원자와의 협력관계	부분적	없음	있음
미디어 효과	없음	거의 없음	있음
스포츠 분야	매우 드물다	드물다	주종을 이룬다
문화 분야	주종을 이룬다	자주 있다	매우 드물다
사회 분야	자주 있다	주종을 이룬다	매우 드물다
환경 분야	매우 드물다	드물다	매우 드물다

박현종 외(1998). 스포츠마케팅의 활용을 통한 전략연구. 체육과학연구원.

[그림 4-7] Michael Jordan과 Tiger Woods 는 Gatorade와 각별한 후원관계를 유지해왔다.

으로 각자의 목적을 달성할 수 있도록 서로 이용하는 독특한 형태의 파트너 관계를 지칭하는 것이다. 여기서 중요한 것은 스폰서를 받는, 즉 피스폰서의 좋은 성과가 스폰서(기업)의 성과로 연결되어야 한다는 점이다. 피스폰서는 자신의 임무를 지금보다 훨씬 잘 수행할 수 있도록 스폰서의 스폰서십 활동을 통하여 더 많은 물질적, 재정적 수단을 확보하려고 노력한다. 다시 말해 스폰서십은 기업(스폰서)의 입장에서는 스포츠를 이용한 마케팅(marketing through sports)활동이 되는 것이고, 피스폰서의 입장에서는 자체적 마케팅활동인 스포츠, 문화, 사회 및 환경마케팅(Marketing of Sports, Culture, Society and Environment)이 되는 것이다.

2. 스포츠스폰서십의 유형과 형태

1) 스폰서십의 유형

스포츠 스폰서십은 인기선수나 팀을 스폰서 하는 것에서부터 스포츠 이벤트 또는 경기단체를 스폰서 하는 등 매우 다양한 형태가 있다. 스포츠 스폰서십은 스폰서의 유형으로 볼 때 세 가지로 구분된다. 먼저 스폰서의 숫자를 기준으로 보면, 독점 스폰서십과 공동 스폰서십으로 구별할 수 있다. 독점 스폰서십은 한 스포츠 이벤트의 모든 권리가 하나의 스폰서에 집중되는 것을 말하고, 공동 스폰서십은 한 스포츠 이벤트에 여러 스폰서가 참여하는 것을 말한다. 스폰서의 종류에 따라 구분하면, 제품이나 서비스가 스포츠와 밀접한 관련이 있는 기업과 스포츠와 특별한 연관이 없음에도 스포츠를 마케팅 커뮤니케이션의 도구로 이용하려는 기업으로 나눠진다. 스포츠 스폰서십은 이 분야에 참여하는 스폰서의 활동범위에 따라 분류하기도 하는데, 어떤 기업은 한 종목이나 한 팀 또는 한 경기단체를 스폰서 하는가 하면, 어떤 기업은 여러 분야에서 다양한 활동을 펼치기도 한다(박현종, 박영옥, 1998).

스폰서의 종류에 따른 구분은 이해를 돕기 위해 좀 더 자세히 살펴볼 필요가 있다. 스포츠분야에 스폰서로 참여하는 기업은 그 업종으로 볼 때 매우 다양하다. 스포츠 스폰서에는 국제적으로 활동하고 있는 다국적 기업이 있고, 주로 국내를 대상으로 하는 국내기업이 있는가 하면, 지방에서만 활동하고 있는 기업 또는 지역기업도 있다. 그러나 스포츠 스폰서로 참여하고 있거나 이 분야에 참여하려는 기업에게 참고가 되고 스폰서십 전략을 세울 때 기준이 될 수 있는 것은 스포츠 일반 또는 스포츠종목과의 관련도에 따른 분류라고 할 수 있다. 스포츠와의 관련도는 사회과학 조사방법론에서 흔히 사용하는 4등급의 척도에 따라 분류하면 명료해진다.

① 제1제품군 : 스포츠 용품.

② 제2제품군 : 스포츠와 관련이 있는 제품.

③ 제3제품군 : 스포츠와 거의 관련이 없는 제품.

④ 제4제품군 : 스포츠와 전혀 무관한 제품.

제1제품군에 속하는 상품은 스포츠용품으로서 각 종목의 선수들이 경기할 때 직접 사용하거나 소비하는 제품이다. 야구의 공, 글러브, 배트, 축구의 공, 축구화, 테니스의 라켓 등 이루 헤아릴 수 없이 많다. 특히 스포츠에서 가장 넓은 시장을 갖고 있는 제품으로는 각 종목별로 반드시 필요로 하는 유니폼과 신발을 들 수 있다. 이 제품군에 속하는 대표적 해외상표로는 나이키(Nike), 아디다스(Adidas), 노스페이스(The Northface), 언더아모(Underarmour) 등을 들 수 있고, 국내 상표로는 프로스펙스(Pro-Specs), 르까프(Lecaf), 액티브(Active), 라피도(Rapido) 등을 들 수 있다.

제2제품군은 스포츠에 부수적으로 필요한 상품들로서 트레이닝이나 경기 전후에 선수들이 공식석상에 참석할 때 착용하거나 이용하는 제품들을 말한다. 여기에 속하는 상품들로는 우선 트레이닝 기구, 트레이닝복, 스포츠 가방 및 배낭, 스포츠 캐쥬얼 의상 등을 들 수 있다. 그러나 제품이나 청량음료(코카콜라, 게토레이, 포카리스웨트 등등), 샤워 젤 및 샴푸까지도 포함시켜야 할 것이다.

제3제품군은 스포츠와 직접적인 관련은 없으나 제품 및 기업의 이름이나 이미지가 스포츠를 간접적으로 연상시켜 주는 경우이다. 예를 들어 항공사, 컴퓨터 제조업체, 신용카드사인 American Express 또는 자동차 회사 등이 여기에 속한다 하겠다.

제4제품군은 스포츠와 무관한 상품으로서 스포츠와 관련시켜 신뢰성을 확보하기는 어렵게 여겨지는 제품들이다. 그러나 이 유형의 기업(제품)이 스폰서로 스포츠분야에 참여하고 있는 사례는 엄청나게 많다. 제품 이름을 일일이 열거하기는 힘들지만 업종으로 보면 난방용품, 가구, 화학제품, 금융 등이 이에 속한다. 제4제품군의 경우를 보면 스포츠분야에 참여하는 유일한 기준이 아님을 알 수 있다.

왜냐하면 이 유형의 스폰서들도 비록 그들의 제품을 자신 있게 스포츠와 연관지어 표적집단(소비자)에게 전달하기는 매우 어렵지만 상당한 효과를 거두고 있는 것은 사실이기 때문이다.

위에서 언급한 4개의 카테고리 중 스포츠 스폰서십은 제1제품군에 속하는 상품을 생산하는 기업의 커뮤니케이션 믹스에서 매우 중요한 역할을 담당하고 있다. 국내에서도 스포츠 스폰서십은 나이키, 휠라, 프로스펙스, 르까프 등의 스포츠의류 및 신발 제조업체들의 케뮤니케이션 전략에서 가장 중요한 위치를 차지하고 있다. 스포츠 스폰서십은 제2제품군의 기업들에게도 커뮤니케이션 전략상 상당한 비중을 차지하고 있음은 쉽게 알 수 있다. 그러나 기업들에게 있어서 스포츠 스폰서십은 광고, PR, 판매촉진 등 전통적 기업 커뮤니케이션 활동을 보완하는 보충적 도구로서의 의미가 강하다. 3, 4제품군의 기업들은 스폰서십에 흥미를 갖고 실제로 많이 이용하기도 하지만 상대적인 중요도는 매우 떨어진다. 전체적으로 보면 생산 품목이 어떤 형태로든 스포츠와 관련이 있는 기업은 그렇지 않은 기업보다 스폰서로 참여하는 비율이 상대적으로 높다(박현종, 박영옥, 1998).

[그림 4-8] Bud Light(맥주)는 지난 10년 이상 가장 효과적이고 인지도 높은 NFL Super Bowl Sponsor로 자리 잡았다.

2) 스포츠스폰서십의 형태

스포츠 스폰서십이 실제로 나타나는 형태를 살펴보면 매우 다채롭다. 주요 형태를 살펴보면 다음과 같다(Mullin, 1983).

① 타이틀 스폰서십(대회명칭에 스폰서 이름이 들어가는 경우)

② 공식명칭 사용권(용품, 공급업체, 지정사, 후원사, 스폰서, 파트너 등)

③ 방송후원

④ 입간판 광고(board advertisement) 및 펜스 광고

⑤ 유니폼 공고(가슴이나 등에 크게 들어간 광고문안)

⑥ 스포츠용품 광고

⑦ 출발번호(Bib), 출발 또는 결승점 테이프 광고)

⑧ 라이센싱/머천다이징(마스코트, 엠블램, 로고 등을 활용)

⑨ 경기장 바닥 광고 (아이스하키, 농구, 배구 경기장 등)

⑩ 경기장 전광판 또는 대형 스크린 광고

⑪ 제품배치(product placement)

⑫ 자막 광고 (경기 중계 시 화면에 특정 기업의 이름이나 상표가 자막으로 나오는 경우)

⑬ 안내 프로그램 및 입장권, 깃발 광고, 스포츠스타를 이용한 관촉 행사(싸인회 등)

⑭ 기자회견장의 백드롭 광고 (뒷 벽면에 광고물 부착)

⑮ 스포츠스타를 등장시키는 매체광고(media advertising)

기업의 입장에서 본 스포츠 스폰서십

1. 스포츠스폰서십의 이해

기업의 입장에서 본 스포츠 스폰서십에 대한 이해는 피스폰서에게는 절대적인 것이라고 할 수 있다. 기업이 스포츠 마케팅에 대해 어떻게 생각하고, 어떻게 실행하는지를 반드시 알아야만 스포츠와 기업 모두 만족할만한 결과를 얻을 수 있기 때문이다. 기업은 마케팅 활동의 일환으로 스포츠 스폰서십을 실행하는 만큼 과연 기업이 어떤 목적으로, 어떤 생각을 갖고 참여하는지에 대한 이해는 중요한 것이다.

2. 스포츠스폰서십의 장점

기업이 스포츠스폰서십에 참여하는 이유는 기본적으로 미디어 노출을 통한 높은 광고효과에 관심이 있기 때문이다. 이런 관점에서 보면 스포츠스폰서십은 국민의 여가활동 분야에서 기업 또는 제품의 이름이나 상표를 노출시켜 주는 매우 중요한 마케팅 커뮤니케이션의 도구라고 할 수 있다. 스포츠스폰서십은 기업이 소비자 집단에게 상대적으로 저렴한 비용으로 접근할 수 있는 가능성을 제공해 주는 유용한 도구인 것이다. 기업이 스포츠스폰서십에 관심을 갖게 된 배경을 살펴보면 다음과 같다(김종 외, 1998).

첫째, 기존 광고매체의 가격상승으로 인해 매체광고를 제작하는 비용은 별도로 하더라도 제작된 광고물을 실을 수 있는 매체비용이 상승하여 비용대비 효과에 대한 문제점이 나타나기 시작했는데, 스포츠는 광고매체로서 상대적으로 낮은 가격으로 활용할 수 있고, 그 효과도 상당히 높아 기업에게는 매력적인 투자대상으로 떠오르게 된 것이다.

둘째, 기업이 4대 매체(TV, 라디오, 신문, 잡지 등)에 광고를 하더라도 그 광고가 실제로 의도한 만큼 소비자들에게 노출되지 못한다는 문제점이 점차 커지고 있다. 즉 기존 광고의 손실률이 너무 높아 의도한 효과를 내기 어려운 상황이 되었다. 소비자들은 매일 쏟아지는 광고물의 홍수 속에서 살기 때문에 지극히 적은 일부분만 수용할 수 있고, 또 많은 소비자들은 광고에 대한 기본적인 거부감도 갖고 있어 광고를 의식적으로 회피하기도 한다. 그러나 스포츠스폰서십은 광고와 달리 인위적으로 창조된 환경에서 실시되는 것이 아니라 소비자들의 마음속에 이미 긍정적으로 자리잡고 있는 스포츠라는 정서적 환경 아래에서 실시되기 때문에 광고를 기피하는 대중에게도 거부감 없이 자연스럽게 받아들여질 수 있는 것이다. 그리하여 기업은 스포츠스폰서십을 통해 비상업적 상황에서 소비자에게 접근해 광고의 효과를 극대화시킬 수 있다는 점에서 큰 흥미를 갖고 있다.

셋째, 특정 업종의 기업이 스포츠스폰서십을 활용할 경우 커뮤니케이션 장애물을 피할 수 있다. 스포츠의 경우 아직도 담배나 술 등의 광고가 허용되어 있는 경우가 많다.

넷째, 기업이 특정 스포츠종목이나 스포츠 이벤트에 스폰서로 참여할 경우, 특수 소비자 집단에게 접근하기가 용이하다는 점이다. 즉 골프나 테니스 또는 요트와 같은 종목은 상대적으로 소득수준이 높은 계층이 즐기는 종목이고, 축구나 야구와 같은 종목은 대중성이 높은 종목이기 때문에 기업이 어떤 소비자를 주요 목표로 설정하는가에 따라 선택의 폭이 매우 높다.

다섯째, 여가활동이나 삶의 질에 대한 국민적 관심이 지속적으로 높아져 스포츠를 활용할 경우 큰 효과를 볼 수 있다는 점을 기업이 인식하기 시작했다.

여섯째, 스포츠의 이미지 및 스포츠에 대한 관심을 스폰서십을 통해 기업 커뮤니케이션의 목적에 유용하게 이용할 수 있다는 점이다.

스포츠스폰서십은 위에서 논의된 것과 같이 기업에게 매우 다양한 기회를 제공해 준다. 그러나 마케팅 커뮤니케이션의 도구로서 스포츠스폰서십이 성공을 거두려면 전문적인 스포츠스폰서십의 전략이 마련되어야 한다. 성공적인 스포츠스폰서십 전략이 세워지려면 우선 기업 또는 제품의 표적집단이 스폰서십과 어울리는가를 파악해야한다. 그 다음으로 체계적인 전략을 수립해야 하는데, 이는 기업이 스폰서십 분야의 참여를 결정할 때 기획, 조직, 실행 및 통제할 수 있는 전문성을 갖고 있어야 한다는 의미이다. 마지막으로 스포츠스폰서십은 기업 마케팅커뮤니케이션의 한 도구로서 다른 도구들과 연계시켜 보완적이고 통합적으로 사용되어야 하기 때문에 광고, PR, 판매촉진 등과 일관성을 갖고 있어야 한다.

3. 스포츠스폰서십 참여목적

기업이 마케팅 도구들을 사용하는 목적은 매출증대와 이익확대이다. 예를 들어 기업 커뮤니케이션 정책의 목적은 인지도를 향상시키거나 이미지를 제고하고, 기업에게 중요한 사람들과의 관계를 원활하게 유지하기 위해 사용된다. 이러한 심리적인 목적을 위해 사용되는 것이 바로 커뮤니케이션 도구들이며, 스포츠스폰서십은 대체로 이 도구들을 보조해 주는 역할을 하게 된다. 기업이 생산한 제품은 광고나 판매촉진, PR과 같은 적극적이고 다양한 마케팅 활동을 통하여 소비자의 마음을 점유할 수 있다. 기업이 효과적으로 소비자의 마음을 점유하기 위해서는 우선 소비자를 이해하고 그들의 공동 관심사를 통해 친밀감이나 유대감을 유발하고, 이를 토대로 의도하는 메시지를 전달할 수 있어야 하는데 이때 주요한 수단이 되는 것이 스포츠 스폰서십이다. 스포츠스폰서십의 목적을 자세히 살펴보면 다음과 같다(박현종 외, 1998).

첫째, 기업 또는 제품에 대한 인지도의 향상과 유지가 스포츠스폰서십의 가장 큰 목적이다. 스포츠스폰서십 활동을 통해 노출된 기업 및 상품의 이름은 소비자들의 기억 속에 자리잡게 되고 언젠가는 제품의 구매로 이어지게 되는 것이다.

둘째, 이미지의 강화 또는 개선으로서 기업은 제품을 스포츠와 관련된 특정 이미지와 결부시킴으로써 원하는 기업 혹은 제품의 메시지를 자연스럽게 소비자에게 전달할 수 있다. 그 예로서 코카콜라사는 소비자 조사를 실시한 결과, 시카고의 소비자들이 코카콜라보다 시카고 불스(Chicago Bulls) 농구팀이 그들의 생활에 더욱 중요하다고 하는 점을 파악하여 즉시 불스 팀을 공식후원 함으로써 불스의 긍정적인 이미지를 코카콜라에 성공적으로 전이(transfer)시킬 수 있었다. 그러나 여기서 유의해야할 점은 이미지의 변화는 단기간에 이룩되지 않는다는 것이다.

셋째, 기업은 스포츠스폰서십을 통해 사회적 책임의식과 참여의식을 부각시킬 수도 있으며, 임직원의 사기를 진작하거나 애사심을 고취시킬 수 있다.

다섯째, 기업은 스포츠스폰서십 활동을 고객 또는 거래 업체들과의 관계를 강화하는데 사용하기도 한다.

chapter 05

스포츠와 정치

스포츠와 정치

현대 스포츠는 돈뿐만 아니라 정치와도 거리를 두려 애써왔다. 하지만 이 부분에서도 스포츠의 시도는 그다지 성공을 거두지 못했다. 스포츠를 이용하고자 하는 정치의 유혹이 워낙 컸기 때문이다(정준영, 2004). 스포츠가 정치에 종속되거나 상호관련성은 점차 확대되고 있다. 특히 올림픽의 정치적 이용은 각종 사례에서도 볼 수 있듯이 다양하게 표출되고 있다. 이러한 현상이 왜 발생하고 있는가에 대한 답을 찾는 것이 이 장의 목적이다.

현대사회에서 스포츠는 정치 · 경제 · 문화 · 교육 등과 함께 핵심적인 사회영역으로 부각되고 있다. 이러한 현상은 스포츠 활동의 가치와 기능이 개인의 신체나 심리적 차원을 넘어 사회의 차원으로 확산되고 있음을 보여주는 것이다. 스포츠를 단순히 인간의 건강과 오락적 기능을 담당하는 신체활동으로 보는 일반화된 가정은 스포츠와 정치의 상호분리성을 전제로 하고 있다. 그러나 현대사회에서 스포츠와 정치의 결합은 상호발전을 위해 필요로 하고 있다. 스포츠는 국가 간의 친선과 국제평화를 도모할 수도 있으며, 국가의 입장에서 볼 때 소위 민간외교라는 측면의 국위선양에도 지대한 역할을 담당한다고 볼 수 있다.

스포츠의 본래 의미로 본다면 스포츠와 정치는 완전히 분리돼야 하며, 스포츠에 대한 정치의 개입은 스포츠의 발전을 저해하는 것이다. 그러나 현실적으로 스포츠는 정치와 불가분의 관계를 갖고 있으며, 정치적 배려에 의해서 스포츠가 발전하고 있음도 배제할 수 없다. 그러므로 스포츠와 정치관계에 있어서 정부는 국가 간의 이견을 조정하고 우호를 증진시키는 방향으로 스포츠 정책을 수립하고 이를 시행해야 하며, 국제경기에 참가하는 모든 사람들은 공명정대하고 상호 협력적인 경쟁을 통해서 국가 간의 친선과 세계평화에 이바지할 수 있도록 해야 할 것이다.

올림픽은 월드컵과 달리 국가 간의 경쟁을 지양하는 국제스포츠이벤트이다. 올림픽 명칭에 도시명을 붙이는 것도 같은 맥락이다. 하지만 이러한 본래의 취지와는 달리 각종 올림픽에서 다양한 정치적 이슈들이 등장하고 있다. 베를린 올림픽에서 북경올림픽까지 각종 정치적 이슈들이 미디어에 보도되었다. 이러한 부분은 올림픽에 내재되어 있는 민족주의, 국가주의 등이 언론을 통해 표출되고, 표출된 이데올로기가 국민들을 자극하기 때문에 정치적 이용 수단으로 올림픽이 이용되고 있는 것이다.

자본주의의 전개 과정에서 스포츠의 제도적 발전이 지배 계급의 이해관계와 연관되어 있다는 사실은 부정될 수 없음이 분명하다. 하지만 국가권력과 계급지배의 견지에서 스포츠의 역사적 위상을 반추해 본다면, 스포츠의 제도적 변화는 계급갈등의 과정에서 이루어져 왔음을 알 필요가 있다. 우리는 다시금 스포츠가 사회적 실천으로서 전체사회의 구성적 요소로서 역동적 면모를 지니고 있음을 상기해야 할 것이다. 스포츠와 정치의 관계에서 서로의 필요에 의해 이용되는 것은 긍정적 측면과 부정적 측면이 상존하며, 견해에 따라 해석이 달라질 수 있는 요소이다. 가장 중요한 것은 서로에 의한 악용이 있어서는 안 된다는 것이다. 악용만 근절된다면 이 둘의 관계는 상호의존을 통한 양립이 가능하리라 생각된다.

스포츠와 정치의 연관성

스포츠경기는 상대방 선수와의 경기일 뿐만 아니라 정치적 경쟁으로도 인식된다. 그 결과 스포츠경기의 승리는 한 나라의 정치 · 경제체제의 승리로 해석될 수 있다. 이런 면에서 스포츠는 체제선전과 이데올로기 목적으로도 사용된다(안민석 등, 2002). 이와 함께 스포츠는 국가의 위상을 높이는 수단으로, 국제정치관계의 수단으로, 때론 저항의 수단으로 이용되며 무기 없는 전쟁으로 표현되기도 한다. 이러한 스포츠는 어떠한 문화보다 정치와 연관성을 내포하고 있는 것이다.

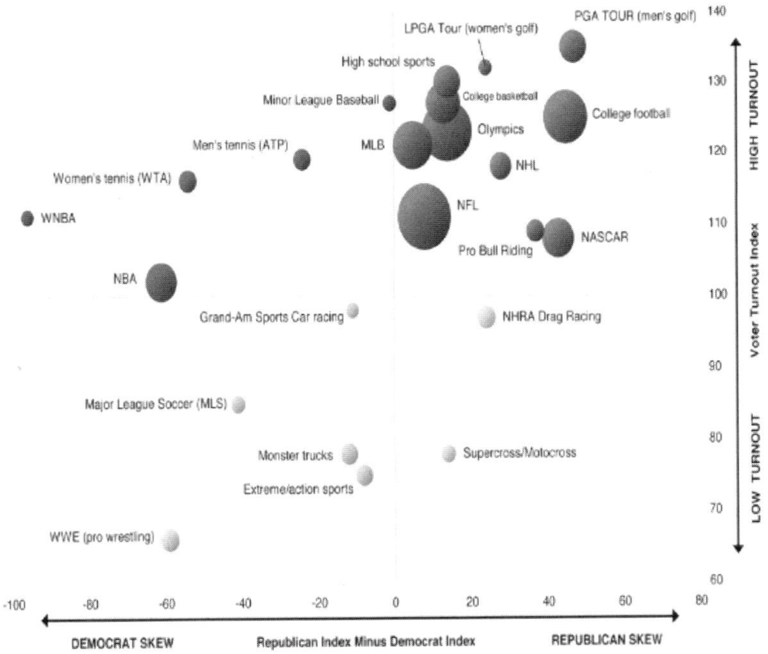

Source: NMRPP analysis of Scarborough USA+ survey Aug. 2008 - Sept. 2009. N = 218,313 adults.

[그림 5-1] 미국의 각종 스포츠단체들은 보수 또는 진보의 정치성향/친밀도를 가지고 있다.

1. 정치의 개념

정치학 대사전에 의하면 권력의 획득 · 유지를 둘러싼 항쟁 및 권력을 행사하는 활동을 정치활동이라 하며 그 행동양상을 정치현상이라 한다. 정치활동이 전개되고 있는 환경이나 정치적 활동을 전개토록 하는 조건이 정치적 상황이다. 정치적 상황에 있어서 정치적 가치를 추구하고 있는 것이 정치적 인간이며 정치가 일상화하는 것이 정치조직이다.' 라고 정치의 개념을 정의하고 있다(한국정치학회, 1975). 그러나 이러한 정의에도 불구하고, 연구의 관점에서 견해 차이는 나타날 수 있다. 즉 연구자의 주관적 개입을 배제할 수 없기 때문에 정치에 대한 정의는 다양한 관점에서 설명할 수 있는 것이다.

국가현상설의 관점에서 볼 때 정치는 국가의 목적, 기능, 존재 양식과 관련된 모든 현상으로 규정할 수 있고 정치현상은 권력현상이며 정치는 권력의 획득과 유지 및 확대와 관계를 갖는 모든 인간 활동을 의미하게 된다. 그러나 정치를 단순한 권력현상 또는 지배현상으로 보는 것에는 많은 제한이 따른다. 첫째, 지배, 피지배 현상은 정도의 차이는 있지만 인간의 모든 사회집단에 존재하고 있기 때문이다. 둘째, 민주사회에서는 지배자와 피지배자와의 구별이 없음을 원칙으로 하고 있다. 셋째, 인간은 특정 개인이나 집단에 복종하는 경우보다는 오랜 전통이나 관습에 복종하는 경우가 많다. 넷째, 사회질서는 권력질서만으로 유지되지는 않는다(구영록 등, 1992).

2. 스포츠와 정치의 관계

인간은 다른 인간과의 상호관계 속에서 살아가는 사회적 존재이다. 그런데 인간은 공동체 혹은 사회생활을 영위하는 가운데 그가 소유한 가치나 능력의 차이에 따라 일정한 형태의 지배와 피지배의 정치적 관계를 형성하게 되며, 이것이 기본적으로 인간사회에서 정치 현상을 도출시키는 근원이 된다(신정현, 1993). 인간의 모든 사회적 행위는 정치현상과 불가분의 관계를 맺게 마련이고, 스포츠 활동 역시 예외일 수 없다. 스포츠를 단순히 인간의 건강과 오락적 기능을 담당하는 신체 활동으로 보는 일반화된 가정은 스포츠와 정치의 상호 분리성을 전제로 하고 있다. 이는 스포츠가 정치의 압력이나 간섭을 받지 아니하고 순수성과 독립성을 지켜나가야 함을 의미한다. 그러나 사회 · 경제적 요인이 크게 영향을 미치고 있는 현대사회에서는 스포츠의 이상주의에 대한 허구성이 명백하게 드러남에 따라 스포츠와 정치의 결합은 좋은 의미이든 나쁜 의미이든 상호 발전을 위해 필요로 하고 있다(임번장, 1993).

스포츠와 정치의 결합은 궁극적으로 스포츠가 목적으로 하고 있는 체력향상, 인격형성, 오락적 활동과 정치가 지향하고자 하는 사회발전과 복지국가 실현이라는 국가 목적을 동시에 달성하기 위해 가정, 학교, 사회단체, 지역사회, 국가기관 등의 수준에서 상징화, 동일화 조작 등의 수법을 통해 발생하게 된다. 스포츠는 정치 · 사회 조직에 관한 철학, 역사, 전통성, 관습 등과 밀접하게 연관되어 있다.

[그림 5-2] 정치와 스포츠는 늘 가까운 관계에 있다.

따라서 세계의 각 국에서는 국가체제, 민족 특유의 문화와 전통, 역사와 경험에 따라 정치에 스포츠를 다양하게 이용해 오고 있다.

스포츠는 경쟁성, 공개성, 협동성, 비언어적 전달성과 같은 내재적 특성을 갖는다. 이와 같은 스포츠의 내재적 특성은 국가적 목적을 달성하는데 있어 훌륭한 매개 역할을 수행하는 잠재력을 가지고 있다. 따라서 스포츠는 단순히 개인적인 차원에 그치지 아니하고 시대와 이데올로기를 초월하여 정치적, 사회적, 군사적 목적에 따라 국민체력 증진, 국민화합, 전투력 향상, 국력과시, 외교적 수단 등의 국가적, 국제적 차원까지 이용되는 다기능적 역할을 수행하고 있다(이상철, 1990).

일반적으로 스포츠와 정치의 관계를 파악할 때 두 가지 접근이 가능하다. 정치가 주체적인 역할을 담당하면서 스포츠를 움직이는 경우와 스포츠 단체나 관련 인간이 중심이 되어 정치를 움직이는 경우가 있다. 전자는 정치의 권력 작용으로써 스포츠를 지배하고 통제하려는 목적과 정치적인 지지기반 획득을 위하여 스포츠를 지원하는 경우이다. 후자는 스포츠의 존재가치를 사회적으로 보장받기 위해서 또는 스포츠의 발전과 스포츠 세력의 확대를 위하여 정치적인 원조를 바라는 형태라고 할 수 있다. 정치와 스포츠 관계에 있어서 어느 쪽이 주도권을 잡는가는 중요한 문제이다. 우리나라의 월드컵 개최와 이에 따른 경기장 건설에 정치적·재정적 원조는 스포츠 발전을 위하여 정치적 요구가 구체화된 현상이라 할 수 있지만 여기에는 정치적으로 스포츠를 이용하거나 스포츠의 정치이용이라는 양면성이 존재하고 있다. 현대사회에서 스포츠와 정치의 관계는 이러한 양면성이 혼재되어 나타나는 것이 일반적인 경향이다.

3. 스포츠 정치개입의 기원

고대 올림픽의 기원은 노예제 사회였던 그리스에서 시작되었다. 고대 올림픽 경기 초기의 성격은 당시 지배적 위치에 있던 그리스인들의 세계관과 종교관이 잘 스며든 것이었다. 전체인구의 3/4인 노예들의 노동력 위에서, 그 희생의 수혜자인 시민 및 자유민 중심의 경기였다는 점이 이를 증명해 준다. 또 이들 지배계층의 종교관이 강력하게 투영되었음은 경기 자체가 신을 찬미하고 기복을 드리는 내용과 형식, 즉 제례경기였다는 점에서 알 수 있다. 제례경기는 그리스 각 지역에서 무수하게 많이 열렸으며, 그것은 로마에 의한 속주통치시대까지 계속되었다. 특히 수많은 제례경기 중에서도 가장 길게 이어졌으며 그 규모가 화려했던 것들은 우리가 잘 아는 Olympia, Isthomia, Pythia, Nemea 등 4대 제례경기였다. 이 중에서도 기원전 776년부터 열린 올림피아 경기는 가장 늦게까지 이어져, 4년마다 빠짐없이 개최되어 기원 393년까지 293회나 열렸다.

고대 올림픽에서 스포츠의 정치화는 강력한 도시국가였던 스파르타에 의해 노골적으로 자행되었다. 이것이 스포츠 정치화의 효시라 할 수 있는데, 올림픽은 특정 정치집단의 정책이 발표되거나 심지어 예술가들까지도 자신의 작품을 인정받으려는 장소가 되기도 하였다. 또한 선수의 우승이나 영광이 국가의 명예로 우선시 되고 이들에게는 거액의 상금이나 상품(노예)을 주기도 하였다. 이는 스포츠를 통한 계급의 탄생과 고착화를 의미하는 것으로 정치현상과 밀접한 관계를 형성하게 된 중요한 근거로 볼 수 있다.

마케도니아의 지배자였던 알렉산더도 올림픽을 정치적으로 이용하였다. 그는 자신의 정치적 반대자들을 올림픽에서 몰아냈다. 또 시리아의 황제는 제례경기의 개·폐회식에 자신의 정치적 이미지를 부각시키는 그림과 휘장을 내걸어 그 힘을 과시하기도 했다. 로마의 황제였던 네로는 가장 반올림픽적인 스포츠맨이었다. 그는 올림픽 자체를 사유화했다. 그가 출전한 모든 종목의 경기 우승자는 바로 네로 자신이었다. 다른 선수의 우승은 곧 그 선수의 죽음과 바꿔야 했기 때문이다. 물리적 힘을 바탕으로 한 정치적 강자가 올림픽을 지배해 온 것이다. 과거나 현대의 올림픽이 미·소 등 구미 강대국들의 정치적 이해관계 속에서 상당 부분 자유롭지 못한 처지에 있음을 볼 때 시사하는 바가 크다 하겠다. 결국 올림픽은 정치 · 경제 · 군사 등 스포츠 외적 강제로부터 크게 자유로울 수 없음을 보여주고 있다.

[그림 5-3] 마케도니아의 알렉산더 대왕

올림픽이 부활되고 제1회 아테네 올림픽경기가 열리면서 아마추어리즘 고수, 정치성 배제, 상업주의 배제 등의 제도적 장치가 이루어졌다. 그러나 아이러니컬하게도 근대올림픽 부활의 산파였던 쿠베르탱에 의해 정치적 입김이 불어넣어 졌다. 그는 제1회 대회에 보불전쟁의 승전국인 독일의 참가를 어떻게든 저지하려고 했으니, 스포츠에 대한 정치오염을 배제한다는 원칙이 얼마나 어렵고 이상적인 것인가를 알 수 있다. 또한 현대스포츠는 자본주의적 발전과 무관할 수 없다. 세계 자본주의의 지배질서에 따라 제국주의적 논리와 강변(强辯)이 지배하고 있다.

그것은 현대 스포츠와 제국주의 기원이 동시적인 것에서 증명된다. 따라서 올림픽경기와 국제 스포츠조직 등은 제국주의적 패권주의의 요구를 대변하는 것이라고 볼 수도 있다. 그것의 경제적 발현이 스포츠 상업주의로 나타났기 때문이다.

4. 스포츠의 정치적 속성

스포츠는 문화상품이면서 동시에 일종의 권력자원이다. 정치적인 측면에서 볼 때, 스포츠는 대내적으로 정치적 상징조작의 수단을 제공함으로써 다양한 정치적 목적에 기여하며, 대외적으로는 다양한 외교적 목적에 활용될 수 있는 비정치적 형식의 정치적 수단을 제공한다. 경제적인 측면에서 볼 때. 스포츠는 후기산업사회의 발달한 생산력 수준 하에서 새로운 자본축적의 장을 제공하고 있다(양순창, 2003). 스포츠 그 자체는 특정한 정치적 목적에 대해 중립적인 존재이지만 스포츠는 정치적으로 활용하기 쉬운 수단이 되고 있는 것이다. 이러한 이유는 스포츠의 정치적 속성에 기인한다고 볼 수 있는데 Eitzen과 Sage(1982)는 스포츠의 정치화 현상과 관련하여 스포츠의 정치적 속성을 다음과 같이 제시하고 있다.

첫째, 스포츠경기에서 거행되는 의식은 후원 기관에 대한 충성심을 상징적으로 재확인시키는 기능을 지니고 있다는 점에서 스포츠 참여자는 전형적으로 특정 사회조직(학교, 직장, 지역사회, 국가 등)을 대표하며, 그 조직에 대한 강한 충성심을 지니고 있다. 특히 올림픽 경기나 국제 경기에 있어서 승리는 많은 국가와 시민들에게 자국의 우월성을 가늠할 수 있는 척도가 된다. 따라서 국제경기의 결과는 상당한 정치적 의미를 지니고 있으며, 이는 궁극적으로 한 나라의 군사력이나 정치 · 경제체제 및 문화적 우월성을 표출하여 주는 수단이 된다.

둘째, 스포츠와 정치의 밀접한 관계는 본질적으로 조직의 과정 자체에 존재한다. 스포츠가 점진적으로 조직화됨에 따라 많은 스포츠 팀, 리그, 선수, 결사단체 및 행정기구가 출현하게 되며, 이들 집단은 각각의 특성에 따라서 불평등하게 배분된 권력을 획득한다(Dahrendorf, 1959). 따라서 선수와 구단주 간(1981년 미국의 메이저리그 선수 파업), 경쟁리그 간(미국 프로농구의 ABA 대 NBA), 혹은 다양한 행정기구 간(아마추어 스포츠조직 대 프로 스포츠조직, 농구협회와 대학농구연맹)의 권력투쟁이 존재하게 된다.

셋째, 스포츠와 정치의 결합은 정부기관이 개입되었을 때 명백하게 발생한다.

[그림 5-4] 마우이족의 전쟁의식인 Haka는 뉴질랜드 럭비 대표팀인 All Blacks의 시합 전 의식으로 재현되고 있다.

일례로 일반 기업가의 스포츠기구 참여시 조세감면 혜택이나 프로스포츠 구단의 조세감면 혜택을 들 수 있다. 또한 대부분의 체육단체는 정부의 지원을 받고 있다. 따라서 정책의 목적을 달성하는데 있어 정부의 간섭이 배제될 수 없는 구조적인 문제를 가지고 있는 것이다.

넷째, 스포츠경기와 정치적 상황이 상호작용 효과를 지니고 있다는 점에서 스포츠와 정치의 밀접한 관계가 성립한다. 스포츠가 정치에 영향을 미친 예로는 1971년 미국의 탁구팀이 중공을 방문함으로써 두 국가 간의 외교적 관계가 정상화된 사실을 들 수 있으며, 정치가 스포츠에 영향을 미친 예는 엘살바도르와 온두라스 사이의 축구전쟁을 들 수 있다. 이외에도 남아프리카의 인종차별 정책으로 말미암아 이에 반대하는 많은 국가들의 올림픽 불참사태와 구 소련의 아프가니스탄 침공에 항의한 미국 주도의 모스크바 올림픽 불참은 소련 및 공산진영 국가의 LA올림픽 불참 사태를 가져오는 결과를 초래하였다.

다섯째, 스포츠와 정치의 밀접한 관계를 성립시켜 주는 마지막 요인은 스포츠의 제도적 특성에서 기인한다. 일반적으로 스포츠는 보수적인 성향을 지니고 있기 때문에 현존하는 질서를 지지하고 유지하려는 경향이 있다. 뿐만 아니라 스포츠경기에 수반되는 애국적인 의식은 정치체계를 강화시키는 역할을 수행한다.

5. 스포츠와 정치의 결합

스포츠의 정치적 상징조작 가능성과 가능한 상징의 형태에 대해서는 지금까지 주로 사회학분야에서 많이 논의되었고, 스포츠의 경제적 측면에 대해서는 주로 경제학 및 경영학 분야에서 연구되어 왔다. 하지만 스포츠를 통한 정치적 상징조작의 구체적인 메커니즘에 대해서는 뚜렷한 논리를 찾아보기 어렵다. 그러한 메커니즘을 분석하는 것은 현대 자본주의 사회에서 두드러진 문화영역으로 자리잡고 있는 스포츠의 정치경제학적 본질을 규명하고 나아가 현대자본주의 사회의 새로운 정당화 메커니즘을 규명하는데 유용한 이론을 제공할 수 있다(양순창, 2003). 한이석(1999)은 "정치가 스포츠를 이용하는 방법은 단순 혹은 복합적 형태로 활용되는데 이에는 상징, 동일화, 조작 등" 으로 설명하고 있다.

첫째, 상징(象徵): 상징은 대체적으로 다른 어떤 무엇을 대리하고 지칭한다. 특히 정치적 상징은 감정적 수단으로, 이용에 상징된 사물이나 상태보다는 그 상징이 조성하는 감정이나 행동으로 표출되는데 상징에 대한 공감을 국민적 지지로 감성화시켜 나가므로 국가와 사회의 체제 유지에 기여한다. 스포츠에 있어 상징적 측면은 과시와 의식의 요소를 포함하는데 이를 정치가 이용할 경우 국가와 국가, 지역과 지역, 학교간의 운동경기는 단순히 개인이나 팀간의 경쟁이 아니라 국가, 지역사회, 학교의 명예나 역량의 총체적 우월로 표현된다. 따라서 운동선수나 팀은 국가주의, 민족주의, 지역주의, 인종주의 등의 성격을 띠고 국가, 민족, 지역사회, 조직 등으로 상징화되는 것이다.

둘째, 동일화(同一化): 동일화란 자아가 그 역할을 수행하기 원하는 타자에게 감정을 이입시키거나 타자와 일체가 되어 동화하는 것으로 타자와 자아가 혼동된 상태이다. 따라서 동일화는 사회적 동의성(同意性)을 갖는 근거이기도 하지만 불특정 일반인의 사고를 강제나 명령 없이 '우리' 의 사고 · 감정을 형성함으로써 관념을 행동으로 나타내도록 하는 상징의 제 2과정이라 할 수 있다. 스포츠의 세계에서 정치는 스포츠라는 허구의 세계를 국민들로 하여금 실제 경험하는 사회 환경으로 착각하게 함으로써 스포츠에서의 승리를 국가 발전과 민족의 명예를 드높이는 애국적 행동으로 동일화시키는 것이다. 또한 스포츠가 어떤 특정인이나 팀을 영웅시 함으로써 팬들로 하여금 스포츠 영웅이나 스포츠 기업, 팀, 국가와 동일화시켜 자기가 소속한 집단이나 사회 속에서 자신의 존재의의를 인식하는 것처럼 착각하게 한다.

셋째, 조작(造作) : 조작이란 행동하고자 하는 욕구가 큰 상황에서 반응을 통제하고 계속 압력을 증대시키고자 하는 목적에서 행해지는 상징 조정이다. 대개는 목적을 달성하기 위하여 수단과 방법을 가리지 않고 시도되기 때문에 윤리성과 합리성이 효율성과 수단 지향성에 매몰되기 쉽다. 특히 정치권력이 단시간 내에 어떤 효과를 얻고자 할 때는 상징, 동일화의 방법보다는 선동적 조작을 이용한다.

오늘날 스포츠는 고도화, 조직화, 대중화됨에 따라 정치적 측면에서 국가 역량의 동원, 정부에 대한 지지 또는 국가정책이나 정치가의 실정, 비리, 부정 등을 은폐하는 수단으로 조작된다. 따라서 정치는 가정, 학교, 사회단체, 매스컴, 국가기관 등을 통하여 공식적, 비공식적, 명시적, 묵시적으로 국가 목적을 실현하기 위한 수단으로 스포츠를 이용하게 된다.

스포츠의 정치적 상징성

스포츠가 정치화하는 현상과 관련하여 스포츠의 정치적 속성은 다음과 같은 점에서 두드러진다. 먼저 스포츠경기에서 거행되는 의식은 후원기관에 대한 충성심을 상징적으로 재확인시키는 기능을 지니고 있다는 점에서 참여자는 전형적으로 특정 사회조직을 대표하며, 그 조직에 강한 충성심을 지니게 된다. 올림픽경기나 국제경기에서의 승리는 많은 국민과 시민들에게 자국의 우월성을 가늠할 수 있는 척도가 된다. 따라서 국제경기의 결과는 상당한 정치적 의미를 지니고 있으며, 이는 궁극적으로 한 나라의 군사력이나 정치, 경제체제 및 문화적 우월성을 표출하는 수단이 된다. 그리하여 현대사회에서 스포츠는 일반적으로 개인적 수준, 지역 사회적 수준, 국가적 수준, 그리고 국제적 수준에서 사회적, 정치적 함의를 내포하고 있다. 그리고 이와 같은 스포츠의 역할은 필연적으로 정치와 연계를 맺을 수밖에 없다. 이러한 현상은 상징성으로 표출되는데 구강본, 김동규(2008)와 양순창(2003)이 제시한 스포츠의 정치적 상징성을 요약하여 제시하고자 한다.

1. 보수적 상징성

스포츠의 보수적 상징성은 체계의 수준에서든 또는 개별행위자들의 수준에서든 스포츠에 내재된 사회화 기능에 의존하고 있다. 구조적인 측면에서 볼 때, 스포츠는 기존 사회의 제도적 틀을 답습하며, 기능적인 측면에서 볼 때 스포츠 활동은 관련 행위자들에게 보수적 태도를 주입시킨다. 이를 통해 통제에 잘 따르는 신체를 지닌 사회성원을 길러낼 수 있다는 것이다. 즉 순응적인 사회성원을 길러내어 사회통합을 달성하는데도 기여할 수 있기 때문이다. 이를 통해 동일한 가치관을 공유하고 상호의존적인 형태로 작동하여 사회체제 자체를 균형의 상태로 존속하려는 성향을 표출하게 되는 것이다.

이처럼 스포츠현상에서는 자의적인 규칙이라 하더라도 스포츠 활동에 참여하려면 먼저 규칙에 절대 복종해야 한다. 규칙 지배적 활동인 스포츠는 공통의 규칙에 대한 복종이 전제되지 않는다면 처음부터 성립 자체가 불가능하기 때문이다. 마찬가지로 스포츠 활동을 통해 형성된 이러한 습관은 스포츠와 유사하게 비합리적인 요소를 지니고 있는 사회적 규율에도 효과적으로 확대될 수 있다. 스포츠 활동에 참여하면서 규칙의 합리성에 대해 의문을 제기하지 않듯이 사회를 지배하고 있는 규칙에 대해서도 합리성에 대한 의문을 제기하지 않고 맹종하는 태도가 자연스럽게 배양될 수 있다는 말이다. 지금까지의 정치권력은 이러한 사실을 너무나 잘 알고 있었기에 스포츠를 정치에 악용해 온 것이다. 이는 가상의 공간과 현실의 공간이 구분되지 않았기 때문일 것이다.

2. 외교적 상징성

스포츠는 외형상 비정치적이며 대중문화라고 하는 형태를 띠고 있으므로 스포츠를 통한 외교적 접촉은 당사국들을 정치적으로 구속하지 않는다는 점에서 매우 편리한 외교수단이 된다. 하지만 현실적으로 스포츠는 일정한 정치적 메시지를 전달하고 있다. 이처럼 스포츠를 통한 외교적 해결노력에 대한 정치적 파장은 작지만 국가 간의 민감한 문제이다. 원인은 정치적이었으나 스포츠를 통해 해결하고자 하는 국가들이 있기에 스포츠의 외교적 상징이 확대되는 것이다. 결국 정치와 스포츠는 엄연히 구분되어야 한다는 지배적 인식이 작용하지 않게 되는 근본적인 이유는 가장 손쉽게 할 수 있는 외교적 수단의 하나이기 때문일 것이다. 스포츠가 국가를 넘어서 국제적 권력관계를 규정할 수 있는 도구로 활용될 수 있다는 것은 스포츠가 미치는 범위가 크다는 것을 확증하는 것이다. 권력의 관계는 각 국가마다 다르지만 스포츠의 외교적 역할은 고정되어 있기 때문에 더욱 상징화 되는 것이다.

남북한의 외교적 문제도 스포츠를 통한 극복사례가 빈번하게 발생하였다. 특히 북한과의 스포츠교류가 정치적 사건과 연계되어 나타남으로 인한 우리의 혼란은 북한의 스포츠이념과 정책이 정치 · 사상적인 내용을 떠나서는 생각하기 쉽지 않음을 보여주는 것이다(김미숙, 2004). 따라서 긍정적이든 부정적이든 스포츠의 외교적 상징은 더욱 확대될 것이다. 냉전시대의 종식이 이를 더욱 강화하게 되었다. 정치적 갈등을 해결할 수 있는 긍정적 기능과 국가 간 갈등의 원인이 되는 스포츠는 외교적 상징성이 일정한 기준과 지켜야 할 외교적 용인 하에서 작용되어야 할 것이다.

3. 경제적 상징성

스포츠와 관련된 현상 또는 그 과정들은 상업주의의 대량소비로 상징되는 현대자본주의의 틀 안에서 벌어지고 있다는 것을 간과해서는 안 된다. 스포츠의 세계화를 주장하는 대부분의 연구들은 모든 것이 동등한 파트너들 간에 이루어진다는 가정 하에 그들의 논리를 전개시켜 왔는데 실제로 그들의 연구대상은 서구의 산업화된 국가들 사이의 교류라 해야 할 것이다(정희준, 이광용, 2000). 결국 국가 간의 교류라는 측면에서 각국의 이익이 배제될 수 없을 것이다. 국가 간의 이익을 위해서 무엇보다도 경제적인 논리가 우선되겠지만 그 이면에는 정치적인 상황이 내재되어 있을 수밖에 없다. 다시 말해서 스포츠에서도 선진국과 개발도상국, 그리고 후진국이라는 국제적 지위에 따라 변화할 수 있는 국제적 질서가 잠재되어 있다고 볼 수 있다.

경제적 상징에 있어서 중요한 관점은 스포츠종목의 불균형적 발전과 투자의 불균형이라는 것이다. 즉 국가는 대체로 의도된 정치적 상징조작에 유용한 팀 경기나 자국이 상대적으로 우세한 종목의 경기를 유치하거나 참가하도록 유도할 것이며, 또한 그런 종목의 경기를 위한 시설투자에 주력할 것이다. 결국 특정 스포츠의 인기는 국가의 주도에 의해 조장되고, 그런 스포츠분야에서의 상대적인 성공이 대체로 집권세력에 대한 정치적 지지도 상승으로 이어지며, 나아가 국가의 스포츠정책의 정당성을 뒷받침하는 근거가 되기도 한다. 또한 스포츠분야에서의 성공은 공로가 있는 정치세력이 경쟁적 정치세력에 비해 우세한 정치적 입지를 확보하는데 유력한 수단이 되기도 한다. 정치개입에 따라 경제적 우월성이 결정되고, 그를 바탕으로 상업화의 기반을 구축할 수 있게 되는 것이다.

무엇보다 이러한 부분으로 국가는 국민정서에 호소하는 각종 비합리적 상징조작과 함께 경제적 수익성에 대한 합리적 상징조작도 강화할 것이다. 최근 여러 지방자치 단체에서 경쟁적으로 국가적 스포츠이벤트를 개최하고, 이를 정치 수단화하는 것 또한 같은 맥락이다. 정치적 평가의 수단으로 경제적 수익성이 활용되는 것은 스포츠의 정치화에 대한 부정적 결과인 것이다. 스포츠조직이 정치적 종속을 벗어나지 못하는 이유로 스포츠의 본질적 차원을 점검하는 것부터 개선해가야 할 것이다.

4. 수단적 상징성

특정 국가가 정책수단으로서 스포츠를 활용하는 것은 스포츠를 정치화하는 전형적인 경우이다. 더욱이 정부가 스포츠의 정치적 이용을 의도하고, 정부가 스포츠 활동을 지지하거나 저지하려고 정치적인 선전(campaign)을 전개할 때 정치와 스포츠는 '정치적 스포츠'로 일체화되어 동일한 목표를 수행하게 된다(박호성, 2002). 즉 스포츠는 수용자들을 즐겁게 해줌으로써 사회비판의 칼날을 무디게 하는데 효과적이다. 스포츠의 재미에 빠져 일희일비하다 보면 정작 중요한 사회문제에 관심을 제대로 쏟지 못하게 된다. 스포츠가 흔히 정치적 무관심을 조장하는 수단으로 이용된다는 비판을 받는 것도 이 때문이다(정준영, 2003).

스포츠가 정치적 상직조작의 대상이 되기 위해서는 스포츠만이 제공할 수 있는 고유한 정치적 이해관계가 존재하지 않으면 안 된다. 정치엘리트의 입장에서 볼 때, 스포츠는 비합리적 상징으로서 현존 질서를 유지 및 정당화하는데 유용한 이데올로기적 수단들을 제공하며, 이를 통해 사회통합, 갈등해소, 갈등의 은폐 및 전환 등 다양한 정치적 목적을 달성하게 된다. 스포츠의 상업화가 심화됨에 따라 정치적 상징조작의 효과와 시장의 상업주의적 동기간의 상호의존적인 관계는 확대되며(양순창, 2003), 스포츠가 수단적 가치를 지니게 되는 것이다. 이러한 가치는 정치적 효용성을 높여주는 계기가 되는 것이다.

수단적 상징의 또 다른 한 가지는 계급성이다. 특히 스포츠의 이미지를 이용해 자신과 다른 사람을 구별하는 수단으로 스포츠를 이용하는 수용자도 집단에 따라 스포츠에 대한 선호가 달라지도록 만드는데 기여한다. 우리사회에서 일정한 사회적 지위를 성취한 사람들에게 골프는 거의 필수적으로 즐겨야 하는 스포츠다. 골프를 칠 수밖에 없게 만드는 사회적 분위기와 함께 자기 스스로도 골프를 함으로써 자신의 지위를 확인하고 싶어 하기 때문이다(정준영, 2003). 마찬가지로 최근 부각되고 있는 이종격투기도 젊은이들의 트렌드로 위치하고 있다. 이 또한 기성세대와의 차이를 부각시켜 그들만의 문화를 창조해나가는 과정으로 볼 수 있다. 단순히 스포츠의 내적동기로서 뿐만 아니라 세대별, 경제수준별, 성별에 따른 문화 트렌드의 형성은 하나의 계급문화로 이해할 수 있을 것이다.

스포츠의 정치적 기능

1. 스포츠의 정치적 순기능

스포츠의 가치는 단순히 개인적인 차원에 그치지 않고 시대와 이데올로기를 초월한 정치적인 측면이 있다. 스포츠를 통해 국민적 일체감을 조성하거나 국제경기를 통하여 국위를 선양하고, 나아가 외교수단의 하나로 중요한 역할을 수행하는 사실은 스포츠가 사회제도의 하나로서 정치적으로도 상당한 기능을 수행하고 있음을 보여주는 것이다. 이를 구체적으로 살펴보면 다음과 같다.

첫째, 국민화합의 수단으로서 스포츠의 정치적 가치를 논할 수 있다. 스포츠에 대한 국민적 관심은 전 국민의 상징적 동일체인 자국의 선수나 팀을 통하여 국민적 일체감으로 발전하기 때문이다. 따라서 정치가들은 각종 국제대회에 참가하는 선수를 국가적이고 민족적인 상징물로 동일화시킴으로써 국민들로 하여금 민족주의적 감정을 불러일으키게 하여 자국민의 단결과 애국심을 고취하려 한다. 과거 사회주의 국가나 개발도상국가에서 정치가들이 스포츠를 국민화합의 적극적인 수단으로 이용한 전례가 허다한 것이다. 특히 국내에서는 2002년 월드컵을 계기로 나타난 길거리 응원문화와 이를 이어 나타난 WBC, 최근 남아공 월드컵까지 스포츠이벤트의 응원문화를 통해 더욱 확대될 수 있는 계기를 마련하였다.

둘째, 스포츠에서의 탁월성이 국위선양에 더욱 기여한다. 사회를 구성하는 다양한 제도들은 사회체계 내에 밀접히 관련되어 있다. 스포츠 역시 사회제도의 하나로서 정치 · 경제뿐만 아니라 교육 · 문화 · 과학 · 기술 등 다양한 사회제도와 밀접히 관련되어 있다. 따라서 국제 스포츠 무대에서 한 국가가 보여주는 탁월성은 스포츠뿐만 아니라 그 국가의 국력을 평가하는 척도로 인식되고 있다. 결국 한 국가가 성취하는 스포츠에서의 탁월성은 스포츠를 넘어서는 정치적 의미를 가지는 것이라 할 수 있다. 그리하여 각 국은 스포츠의 국제 경쟁력을 강화시키기 위하여 엘리트스포츠의 육성을 위한 정책적 보완을 지속적으로 강구하고 있다. 이러한 현상은 친선과 화합을 도모하는 국제 스포츠 교류의 이념과 무관하게 전 세계적으로 확산되고 있다.

셋째, 스포츠는 외교수단으로서의 기능을 가진다. 한국의 경우 서울 올림픽을 유치하여 개최하는 과정에서 교류가 없었던 미수교국 인사의 한국방문이 300여 회에 이르러 외교개척에 획기적인 전기를 마련하였다. 뿐만 아니라 중국, 헝가리, 유고슬라비아 등의 공산권 국가들과 수교를 맺는 데에도 결정적인 기여를 하였다. 그 결과 서울 올림픽은 한국의 분단국 상황과 정치적 불안에 대한 세계 각 국의 우려를 불식시키는 계기가 되었다. 이러한 사실은 스포츠가 국가 간의 이해를 도모하고 협력을 증진하는 외교적 수단으로서 기여하고 있음을 입증하는 사례라고 할 수 있다.

한국의 스포츠가 정치적인 측면에 미친 영향 중 가장 큰 성과는 남북한의 스포츠 교류에서 찾아볼 수 있다. 우리 정부는 그 동안 통일을 위한 초기 단계라 할 수 있는 남북대화 및 교류를 증진하기 위해 여러 부문에서 다각적인 접촉을 시도하여 왔다. 특히 스포츠 분야에 있어서의 교류는 다른 어떤 분야보다도 남북관계에 긍정적인 영향을 미친 것으로 평가되고 있다. 결국 스포츠는 국민화합, 국위선양 그리고 외교적 수단으로서 정치적 가치와 기능을 수행하고 있음을 알 수 있다.

[그림 5-5] 스포츠는 사회통합,
외교적 안정, 국위선양 등의 순기능을 가진다.

넷째, 스포츠는 사회통합, 사회통제, 사회화, 사회이동과 관련이 있다. 스포츠는 사회구성원을 결집시키고 조직의 일체감을 조성한다. 즉 스포츠는 주로 사회구성원이 지속적이고 건설적으로 업무에 종사하도록 유도할 수 있는 긍정적 사회관계의 창출 및 강화에 기여한다. 이와 같은 특성으로 인하여 스포츠는 관중으로 하여금 동일 팀을 성원함으로써 자신이 속해 있는 학교, 시, 도, 국가와 일체감을 갖게 하여 사회통합과 국민화합을 이루게 한다. 또한 스포츠는 일반 대중에게 사회의 기본적 가치와 규범을 가르친다. 따라서 스포츠의 사회통제 기능이란 스포츠 참여가 일반 대중의 사고감정 및 행동양식에 미치는 영향에 주로 관심을 둔다.

다섯째, 경쟁적 스포츠는 참가자에게 높은 성취욕구를 고취시킴으로써 현대사회의 생산성을 제고시키는 역할을 수행한다.스포츠에 있어서 엄격한 훈련과 금욕, 그리고 작전수행에 따른 승리는 칭찬, 보상, 출세 등과 같은 성공에 대한 보상이 주어지는데, 이와 같은 경쟁을 통한 능력 본위의 스포츠 체계는 현대사회의 주요 가치인 생산성을 제고하는데 기여한다. 이는 스포츠가 도덕적 결단이나 사회규범의 기능과 구조에 대한 통찰력을 제시하는 가치전달 체계로서의 기능뿐만 아니라 사회적 지위와 부의 축적 욕구를 자극하는 역할도 함께 지니고 있기 때문이다.

2. 스포츠의 정치적 역기능

1) 정치적 무관심 초래

현대사회가 복잡하고 전문화됨으로써 정치 전반에 대한 이해가 난해하고, 또 알고자 하는 경향이 낮기 대문에 일반 대중은 정치보다는 음악 · 영화 · 스포츠 등에 더욱 관심을 갖게 됨으로써 정치적 무관심을 초래하게 된다. 보통 권위주의적 정권들은 국민들의 정치 참여 배제를 시도하며 이를 위해 국민들을 스포츠(sport) · 스크린(screen) · 섹스(sex) 등 소위 '3S' 분야에 관심을 갖도록 인위적으로 조장한다.

[그림 5-6] 국제적으로도 집중되던 혼란한 시기에 스포츠의 활성화는 국민들의 관심을 온통 스포츠 현장 또는 스포츠를 방영하는 TV 앞으로 몰았다.

이는 결국 국민들의 합리적이고 시민적인 비판의식을 저해하며 권력독점과 부패현상을 조장하게 된다. 즉 현대사회에서 불안, 고독, 궁핍에 허덕이는 대중은 이성을 잃고 현실정치에 대한 좌절, 무력감, 절망감을 느끼게 되는데, 이를 극복하는 방법으로 정치는 스포츠를 이용하기도 하는 것이다. 각종 국제대회 참가나 유치 등을 통해 국수주의적 국민의식을 조장하거나 이데올로기와 체제를 옹호하는 선전은 국민의 정치적 무관심을 활용하여 정치가 원하는 방향으로 국민의 관심을 돌리고자 하는 것이다.

2) 국가 간 갈등의 원인과 결과

스포츠는 적대 국가 간 대결의 장으로 이용되어 국제 갈등의 원인과 결과가 되기도 한다. 그 대표적인 예가 1969년 엘살바도르와 온두라스간의 축구경기가 과열되어 양국의 해묵은 갈등에 불을 지펴 전쟁으로까지 발전한 사례이다. 정치적 관계는 상대방의 반응을 전제하기 마련이다. 정치권력은 그 자체를 유지하기 위한 수단으로 피치자(被治者)의 반응으로 동의를 구하지 않으면 안 된다. 권력의 형성과 유지를 정당화하기 위해 피치자가 권력을 받아들이는 상황을 조성하지 않으면 안 되는 것이다. 권력을 피치자의 감정에 호소하여 신비롭고 장엄한 것으로 치장함으로써 지배의 정당성을 구하고자 한다.

3) 배타적 국수주의

국민들은 자기 국가의 스포츠 팀과 국가를 동일시하는 까닭에 스포츠를 통해 국민적 통합이 이루어지며, 승패에 따라 국가의 지위가 변화하게 된다. 그 결과 스포츠의 정치적 기능은 때에 따라 배타적인 국수주의를 낳기도 한다. 즉 스포츠는 무기 없는 전쟁으로서 공격과 적대감의 표출수단이 될 수 있다. 한 국가가 적대 국가 간의 정치적 갈등은 스포츠로 대체되기도 한다. 이러한 결과 극단주의자나 저항단체들이 그들의 주장을 적극적으로 표출하고자 할 때 정치적 긴장은 실제 스포츠경기장에서 폭력으로 표출된다.

국제 사회에서의 스포츠

1. 정치 현상으로서의 국제 스포츠

일반적으로 국제사회에서 스포츠 교류는 평화와 적대라는 두 가지 상반된 정치적 결과를 초래한다. 오늘날 국제정치에서 스포츠의 교류는 동맹국간의 선린을 강화하는 수단으로 또는 적대국가간의 관계 정상화를 위한 수단으로 활용되고 있다. 반면에 스포츠는 국제사회에서 자국의 이데올로기 선전이나 이익을 추구하여 적대적 관계를 초래하기도 한다.

스포츠와 정치의 상관관계는 지역사회와 국가, 그리고 국제사회 수준으로 발전될수록 정치적으로 상호 관련성의 정도와 범주가 확대 · 심화되며, 영향력의 주체가 스포츠에서 정치로 전환되는 경향이 있다. 특히 국제화, 개방화를 지향하고 국가 간 정치의 영향력은 보다 조직적이고 민족주의적인 성향을 띠면서 상호 보완적이며 상대적 우위의 점유를 동시에 추구하는 양면성의 관점에서 이해되어야 할 것이다. 국제 수준의 스포츠는 정치와 관련하여 다음과 같은 기능이 있다.

첫째, 국제 수준의 스포츠는 정치 도구로서의 기능이 있다. 탁구 및 야구경기의 국가 간 교류, 제3세계 국가의 국제 스포츠대회 참가기회의 제공 등이 외교 관계 수립의 기틀을 마련하는 계기로 작용한 경우가 있다.

둘째, 국제 수준의 스포츠는 국내문제를 반영하는 사회 · 정치적 반사경이다. 1970년대에서 1980년대에 이르러 국제스포츠 무대를 중심으로 자주 발생하는 선수 및 스포츠 관계자의 정치 망명과 올림픽 및 국제 스포츠대회의 개최는 자국의 국내문제를 반전시킨 경우가 있다.

셋째, 국제 수준의 스포츠는 국가 선전의 장이 되기도 한다. 국제경기는 한 국가를 세계에 노출시키는데, 이는 다른 수단으로는 이룰 수 없는 기회를 제공한다. 즉 케냐, 나이지리아, 에티오피아와 같은 아프리카국가들은 국제스포츠 무대가 아니면 국제적으로 관심을 받을 기회가 많지 않았을 것이다.

넷째, 국제 수준의 스포츠는 국가를 침략하는 공격성의 배출구가 되기도 한다. 뮌헨 올림픽 경기에서 발생한 아랍 게릴라 집단의 이스라엘 선수단 테러, 1969년 체코에서의 반 소련 폭동, 남아프리카 공화국의 인종차별 정책에 대한 국제 스포츠계의 반발, 그리고 1970년 온두라스와 엘살바도르의 축구전쟁 등이 이에 해당된다.

다섯째, 국제 수준의 스포츠는 국가 경쟁력을 공개하는 터전이 되고 있다. 국제 스포츠가 경제력 과시의 장으로 이용된 사례는 올림픽 경기에서 두드러진다. 올림픽 경기의 비대화에 따라 올림픽 개최국은 경제력의 여력을 과시하기 위해 엄청난 재정을 투입하고 있다. 그러나 1976년 몬트리올 올림픽, 1980년 모스크바 올림픽처럼 재정을 과다하게 투입한 경우는 경제적 부작용을 일으키기도 한다.

여섯째, 국제 수준의 스포츠는 민족주의의 진원이다. 1970년대에 세계 리틀야구선수권대회에서 대만은 월등한 기량을 과시하였지만 이 대회에서 비판적 태도를 보인 일부 국가에 의하여 대만 리틀야구팀의 국제대회 참가가 금지되었던 적이 있다. 그럼에도 불구하고 대만을 비롯한 극동 아시아 국가의 리틀야구팀은 대부분의 세계선수권을 석권하였다. 또한 올림픽 경기 및 여타 종목의 세계대회에서도 이러한 현상은 쉽게 발견된다. 국제사회에서 정치적 위상이 비교적 우월한 국가가 올림픽 경기종목을 선택하거나 특정 종목의 경기규칙을 개정하는 과정에서 정치적 약소국가에게 상대적 불이익을 강요하는 경우는 흔히 있다. 이와 같은 사례의 이면에는 스포츠를 통하여 약소국가의 민족주의를 의도적으로 약화시키는 반면에, 강대국가의 패권주의는 암묵적으로 강화시키려는 국제사회의 정략적 획책이 내재하여 있음을 시사한다.

이상과 같은 국제 수준의 스포츠와 정치에 대한 여섯 가지 관련 사건들은 각기 개별적이고 독단적인 것이 아닌 상호 유기적이고 중복적인 성격을 지니면서 스포츠에 대한 국제정치의 일방적인 영향력을 대변하고 있다.

2. 국제 스포츠경기가 정치적 결과에 영향을 미치는 요인

국제 스포츠는 평화와 적대라는 두 가지 상반된 정치적 결과를 초래한다. 국제 스포츠경기는 국가 간의 격차를 감소시키는데 기여하기도 하나 국제 공동체의 양극화 현상을 강화시키는 원인이 되기도 한다. 다시 말해 국제 스포츠경기는 국제 이해 및 우호적 관계를 창출하는데 기여하지만 한편으로는 참가국간의 불화를 야기하거나 적대감을 증대시키는 역할을 한다.

국제 스포츠경기에서 보여진 그 동안의 정치적 결과는 우호적 관계보다는 적대적 관계를 창출하는 경우가 적지 않았음이 주지의 사실이다. 즉 국제 스포츠경기에 참가하는 대부분의 국가들은 경기를 통한 국제친선 및 우호증진에 목표를 두기보다 이데올로기의 선전 및 자국의 이익추구의 견지에서 스포츠를 의도적으로 이용해 오고 있다. 하지만 최근에 와서는 적대적인 관계를 형성하기보다는 긍정적 역할이 더욱 확대되고 있다. 이는 과거의 정치적이고 이데올로기적인 스포츠의 현장이 상업화 세계화를 추구하는 성향으로 변화되고 있기 때문이다. 즉 이념의 전쟁이라기보다는 공존을 통한 보다 많은 수익을 창출하는데 초점이 있기 때문일 것이다.

이처럼 스포츠에 대한 정치적 개입이나 이용이 부작용만 일으키는 것은 아니다. 1970년대 초에 미국과 중국의 핑퐁외교, 국제 스포츠대회에서의 남북한 단일팀 구성(축구, 탁구), 2000년 시드니 올림픽의 남북한 동시입장, 1999년 미국과 쿠바의 친선 야구경기 등은 국가간에 존재하고 있는 정치적 불화 및 적대감을 해소하고, 긴밀한 정치적 유대관계를 확립하는데 스포츠가 매개역할을 담당하였다.

올림픽과 정치

근대 올림픽 경기는 단순히 힘이나 기능을 겨루는 장이 아니라, 스포츠를 통하여 온 세계의 젊은이들이 상호이해와 우정을 돈독히 쌓음으로써 국제친선을 증진하고 보다 평화로운 세계를 건설하는 데 그 이념이 있다. 그러나 근대올림픽 부활 배경에는 독일에 대항하기 위한 프랑스 청소년의 자질 향상이라는 애국적 동기 및 의도가 내재되어 있었다. 즉 스포츠 활동을 통하여 패전으로 저하된 프랑스 국민의 기상을 고취시키고, 국제적인 스포츠경쟁을 통하여 조국에 대한 충성심과 긍지를 지니도록 고취시킴으로써 프랑스 주권회복을 추구하였다. 이 같은 민족주의적 자각과 의도에서 근대 올림픽 경기의 정치적 속성이 잘 표현되고 있고, 이러한 정치화 현상으로 인하여 국가간의 경쟁을 초래하였다. 국가 권력이 개입됨에 따라 올림픽 대회의 정치성 내포는 심화되어 갔다. 특히 20세기에 접어들면서 국제사회가 점차 복잡해지고 다원화됨에 따라 개최 초기 상호이해 및 국제친선 등의 이상을 강조하던 올림픽 경기도 국제사회에서의 지위획득과 세계 열강의 이데올로기 투쟁을 반영하면서 정치와 상호 불가분의 관계를 유지할 수밖에 없는 극한 상황에 이르렀다.

1. 민족주의의 심화

민족주의(nationalism)는 국가를 위한 충성과 헌신을 뜻하며, 자국을 타 국가보다 찬양하고 타 국가 및 타민족 집단에 대항하여 자기 민족의 이익을 도모하는데 역점을 두는 민족의식을 말한다. 오늘날 민족주의의 강화는 국가 수준의 정치적 결속과 세력 확장을 야기하여 국가를 구성하는 모든 제도와 이념을 국가적 수준의 제한적 틀 속에 두게 하였다. 특히 올림픽경기에서 민족주의는 올림픽의 정치 도구화 문제를 발생시키는 원인 중의 하나이다.

이러한 민족주의는 역사적으로 인종, 종교, 언어, 거주지역, 문화 등과 같은 사회적 조건의 결합으로 발생한 것이다. 올림픽 경기에서 민족주의가 대두된 직접적인 원인은 국가별 입장, 국기표시의 선수복 착용, 국기게양, 국가연주, 메달성적 발표, 팀 스포츠의 존재 등이다. 이는 올림픽 경기에서 선수의 승리와 우승이 국가의 정치적, 이데올로기적 승리와 동일시되는 현상을 나타낸다. 그리하여 민족주의는 국가간의 경쟁을 심화시키고, 올림픽 경기에서의 정치화 현상을 유발하는 요인으로 간주되고 있다. 민족주의적 성향의 부산물이 곧 정치개입임을 알 수 있다.

[그림 5-7] 나치의 선전장이었던 1936 베를린올림픽

2. 상업주의의 팽창

올림픽 경기는 회를 거듭할수록 경제적 가치 창출의 수단으로 활용되어 오고 있으며, 상업적 이익 추구를 위한 도구로 이용되어 왔다. 고도의 상업적 이익을 위해서 스포츠를 독점하고 이를 광고 대상물로 간주하려는 성향은 올림픽 경기와 관련한 기업가들에 의해 현실화되었다. 이러한 현실은 올림픽 경기의 순수성을 저해하고, 올림픽 경기의 타락과 상업주의를 유혹하는 근본적인 원인이 되고 있다.

상업주의가 급속하게 팽창하는 요인 중의 하나가 다양한 대중매체의 출현 및 그 영향력이다. 또 최근에는 개최 도시마다 이전의 개최지보다 더 성대하게 올림픽을 개최해 나가는 것이 관례화 되어 있고, 각 국가는 이를 통해 주최 국가의 정치, 경제, 사회의 우월성과 동일시하여 왔다. 이는 올림픽 경기에서의 상업주의가 확대 팽창되는 계기가 되었을 뿐만 아니라 상업주의 자체가 올림픽 경기의 정치화를 야기하는 요인으로 작용하고 있음을 보여준다. 그러나 올림픽의 창시자 쿠베르탱이 생각한 아마추어리즘이나 경제적인 측면과 거리를 두려고 애썼던 모습은 아닐 것이다.

3. 정치권력의 강화 및 보상

오늘날 세계 각 국에서는 자국의 국가정책의 수단으로 스포츠를 이용하고 있다. 스포츠를 정치화하고 있는 것은 정치적 차원에서 스포츠가 외교적 도구로서 큰 효용성을 지니고 있기 때문이다. 특히 스포츠가 정치적 차원에서 정치체제의 강화나 국력 과시, 외교수단 등의 목적달성을 가능케 하는 잠재력이 크게 때문이다. 무력충돌을 통해 정치적 강화와 보상을 받던 국제정치의 양상이 스포츠 전쟁의 무대를 통해 스포츠 및 비 스포츠 분야에서 국제적 지위 향상을 추구하는 대리전적 양상으로 동시에 변모되었다. 올림픽 경기의 결과가 정치적으로 해석되어 정치적 권위를 대변하게 됨으로써 세계 각 국의 정치권력의 강화 및 보상을 위한 수단으로 올림픽을 이용하게 되었고, 그 결과 올림픽 경기의 정치화를 초래하였다. 이는 올림픽 경기에 자국의 정책을 반영시켜 자국의 이데올로기 및 정치적 이익을 추구하려는 노력 때문에 발생하는 것으로서 올림픽 경기의 정치화를 초래하고 가속화시키는 요인이 되고 있다.

4. 올림픽의 정치도구화

1896년에 쿠베르탱이 근대 올림픽 대회를 부활시킨 이래로 정치가 개입하지 않는 시대, 또는 정치가 올림픽의 이념과 이상을 파괴하지 않는 시대는 거의 없었다. 정치가 국가의 범세계적인 세력 증대를 목적으로 스포츠를 이용하기 때문에 국가나 정부는 선수들에게 막대한 행정적, 재정적 지원을 제공함으로써 정치적 목적을 달성하려고 기도하였다. 현대 올림픽 경기에 있어서 정치는 스포츠의 일부분이 됨으로써 올림픽 경기에서 정치성을 배제하기란 거의 불가능한 사실이 되어버렸다.

현대사회에서 국가간의 상호 의존적이고 대립적인 관계는 국제사회의 일반적인 추세라고 할 수 있으며, 국제적 접촉의 범주는 세계질서를 구축하는 모든 제도, 즉 정치, 경제, 문화, 종교, 교육 등은 물론 스포츠 영역까지 점진적으로 확대되어가고 있다. 국제사회에 있어서 급속히 신장된 문화현상 중의 하나는 조직화된 스포츠이다. 국제수준에서 조직화된 스포츠는 스포츠와 정치의 관계를 확대·재생산하게 되므로 스포츠에 대한 정치개입의 정도와 범위를 확대시키는 결과를 초래하고 있다.

이러한 결과로 올림픽 경기에서 발생한 대부분의 정치적 사건들은 스포츠와 무관한 국내외 정치적 상황에 대한 영향력을 조성하기 위하여 스포츠를 수단으로 이용한 데에 기인하고 있다. 올림픽 경기의 정치적, 이데올로기적 이용 및 정치화 현상은 올림픽의 역사와 함께 심화되었다. 강대국은 자국에 유리하도록 올림픽 경기를 유도하려는 반면, 약소국은 자국의 정치적 목적의 부합성 여부에 따라 올림픽 경기 참가여부를 결정짓는 등 올림픽과 정치는 상호 불가분의 관계를 형성하게 된다(한이석, 1999).

1) 1936년 베를린 올림픽 경기

1933년 Adolf Hitler에 의해 지배된 독일은 국가 사회 당원들이 주도권을 갖게 되었을 때 1936년의 올림픽은 이미 베를린으로 예정되어 있었다. 히틀러는 올림픽 경기의 무대가 베를린으로 되어 있는 것을 마땅하게 생각하지 않았으나 그의 선전장관에게 촉구하여 선전의 목적으로 대회를 이용토록 사주했다. 전쟁 준비에 있어서 그는 이 기회에 아리아인(Aryan)의 특징과 우위성을 올림픽 경기장 내외에서 보여주려 하였다. 베를린 시는 페인트칠을 하는 등 하나의 개조된 면모를 보이면서 일련의 스포츠 행사를 준비했다. 경기장은 105,000석으로 만들어졌고, 올림픽 마을은 건축에 있어서 하나의 극치였다. 리포터들은 올림픽의 위치와 베를린의 인상적인 면들을 보도하였다. 금, 은, 동메달의 패는 그들 스포츠 조직과 독일 체육인들의 우위성에 있어서 불공평한 증거였다. 그러나 진정한 영웅은 Owens라는 이름의 금메달을 4개 딴 미국의 흑인이었는데 그는 오하이오주립대학생으로서 100~200미터 경주와 멀리뛰기에서 우승하고 계주 팀의 일원으로서 400미터서 우승했다. 흑인을 좋아하지 않는 히틀러는 Owens가 단상에 등장할 때 특별석에서 떠났다

2) 1948년 런던올림픽

1948년 7월29일에 개최된 제 14회 런던올림픽은 제2차 세계대전이후 12년 만에 열린 올림픽이며, 대한민국이 처음으로 출전한 하계올림픽 대회이다. 1940년 12회 대회는 도쿄에서 1944년 13회 대회는 런던에서 개최될 예정이었으나 1939년 발발된 제2차 세계대전으로 물거품이 되었다. 당시 한국을 비롯하여 15개 신생국이 참여하였으나 전범국인 일본, 독일, 이탈리아는 초청받지 못하였다. 아직 우리나라는 정부가 수립되지 않은 상태에서 출전하였다. 제 14회 런던 올림픽은 메달이나 순위에 관계없이 대한민국을 세계에 독자적으로 알릴 수 있는 계기가 되었으며, 런던 올림픽은 전쟁의 종식과 새로운 시작을 세계에 알리는 계기가 되었던 중요한 스포츠이벤트로 볼 수 있다.

3) 1952년 헬싱키 올림픽 경기

소련은 정치이념에 따라 선수촌을 따로 쓸 수 있도록 요구하였다. IOC는 이를 받아들임으로써 올림픽 역사상 처음으로 선수들이 자신의 국가가 표방하는 정치이념에 따라서 선수촌을 양분해 수용하는 올림픽 헌장을 위배하는 기현상이 나타났다. 소련의 올림픽 참가는 세계인이 함께 하는 올림픽이 된다는 점에서는 고무적인 결과였지만, 올림픽의 새로운 국면을 도래케 하는 많은 문제점을 일으키는 도화선이 되었다. 소련은 헬싱키 올림픽 경기를 위한 성화 봉송에도 비협조적인 자세를 보였다. 아테네에서 채화된 성화 봉송로에 소련의 영토가 포함되었으나 소련은 세계 여론의 비난을 자초하면서까지 성화 통과를 불허하였다. 대회가 진행되면서 미국과 소련의 치열한 경쟁은 예상대로 올림픽의 이상을 오염시키는 동·서간의 양극화 현상을 뚜렷하게 나타내었다. 즉 국가주의에 입각한 내셔널리즘이 치열한 메달경쟁의 올림픽으로 본격적으로 나타나게 되었다.

4) 1956년 멜버른 올림픽 경기

멜버른 대회는 올림픽 개최에 악영향을 미치는 정치적 사건이 세계 도처에서 발생하였다. 수에즈 운하를 둘러싼 이집트와 이스라엘의 분쟁은 중동국가들은 물론 수에즈 운하의 소유권과 관계된 영국과 프랑스 등이 관여함으로써 심각한 분쟁을 일으키기에 이르렀다. 결국 이집트, 이라크, 레바논 등의 중동국가들은 이스라엘의 가자(Gaza) 지구 점령은 침략이라고 규정하고 철수하지 않는 이상 올림픽 참가를 철회한다고 발표하였다.

국가의 분쟁에 올림픽을 연결시키는 또 하나의 사태가 발생하였는데 이는 소련의 위성국가인 헝가리에서 일어난 자유화운동이다. 이 사건도 올림픽에 심각한 영향을 미치게 된다. 자유와 독립을 주장하는 헝가리 국민들을 무력으로 제압한 소련의 폭거를 제어하려는 수단으로 올림픽이 이용되었다. 즉 스페인, 스위스, 네덜란드 등이 소련의 무력진압에 항의하여 멜버른 올림픽 참가 선수단을 철수시켰다.

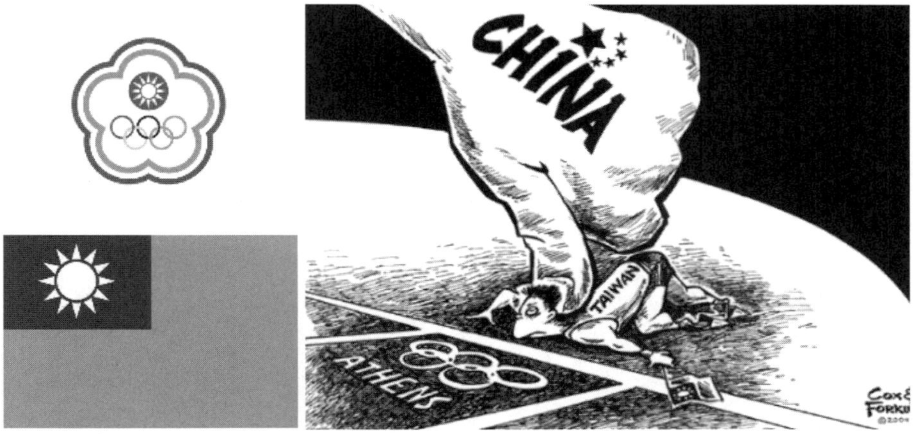

[그림 5-8] 중국의 압력으로 올림픽에서 자국국기를 사용할 수 없는 타이완

중국은 1952년 15회 헬싱키 올림픽에서 IOC가 대만과 함께 독립된 두 개의 국가로 취급하여 초청하자 이에 반대하여 불참하였다. 이어 16회 멜버른 대회에서도 대만을 독립된 국가로 올림픽에 참여시키는 것은 중국을 고의적으로 분할하려는 술책으로서 중공인민과 선수들은 이를 용납할 수 없다고 하여 대만 국기의 게양을 두고 중국이 항의하면서 선수단을 철수시켰다. 반면에 IOC는 1국 1위원회의 규정을 들어 동 · 서독에 단일 팀 파견을 조정해 단일 팀 구성에 성공하였다.

5) 1964년 동경올림픽

1964년 개최된 동경올림픽은 처음으로 아시아에서 개최된 대회였다. 대회는 정지궤도 통신위성을 통해 미국에 중계되었으며, TV 방송이 태평양을 건너 중계된 것이 처음이다. 성화 봉송주자인 사카이 요시노리는 원자탄이 떨어진 1945년 8월 6일 히로시마에서 태어났다. 이는 원자폭탄 투하의 불법성에 대한 저항의 표현이기도 했으며, 일본에서 인기 있는 유도와 배구가 올림픽 정식종목으로 채택되었다. 아베베 비킬라가 마라톤에서 올림픽 사상 처음으로 2연패를 달성했으며,

남아프리카공화국은 인종차별정책을 편다는 이유로 이 대회부터 초대받지 못하였으며, 1992년 하계올림픽부터 다시 참가하게 되었다. 특히 일본은 전쟁의 상처를 극복하고, 새로운 국가로 거듭날 수 있는 모습을 대외적으로 알리면서 국가 선전의 도구로 올림픽을 이용하기도 하였다.

[그림 5-9] 인종차별이 큰 이슈화된 1968 멕시코시티 올림픽

6) 1968년 멕시코시티 올림픽

1964년 대회에서 단일팀이었던 동독과 서독이 다른 팀으로 출전하였으며, 미국의 흑인 육상 선수들이 인종차별에 대항하며 블랙파워 시위를 벌이기도 했다. 200m에서 1위와 3위로 들어온 토미 스미스와 존 카롤로스는 메달 시상식에서 검은 장갑, 검은 양말 등으로 인종차별에 대하여 저항의 표현을 했다는 이유로 선수촌에서 추방당해야 했다. 도핑테스트가 도입되었으며, IOC 8대(현) 위원장인 자크 로게(Jacques Rogge)가 요트 종목에서 처음으로 출전한 대회였다.

7) 1972년 뮌헨 올림픽

근대 올림픽은 1972년 뮌헨 경기 동안 침체기를 맞았다. 이 대회는 중동국가들이 끊임없이 다른 정치적 목소리를 낸 대회로 유명하다. 대회 11일째에는 8명의 팔레스타인 무장단체(검은구월단) 대원들이 이스라엘 선수단을 습격하여 11명의 이스라엘 운동선수를 죽이는 사건이 발생했다. 진압과정에서 독일 경찰은 8명중 5명을 사살하였다. 이 사건으로 경찰관 1명, 헬기조종사 1명 등 총 18명을 희생시켰다. 이 사건으로 인해 이집트, 쿠웨이트, 시리아의 운동선수들은 경기에 참석하지 않았고, 곧 보복이 두려워 고국으로 돌아갔다. 뮌헨 올림픽은 아랍과 이스라엘 간의 민족주의적 대립이 폭발되어 얼룩진 대회로 기록되어 있다.

[그림 5-10] 1972 뮌헨 올림픽의 검은구월단 사건은 최근에 영화로도 만들어 졌다.

8) 1976년 몬트리올 올림픽

많은 다른 올림픽과 같이 1976년 몬트리올 경기대회는 정치적 싸움에 의해 파행적으로 끝이 났다. 대만은 IOC가 중국을 승인함에 의해 기타 국가들에 의해 축출되었다. 또한 24~30개의 아프리카 국가들도 IOC가 뉴질랜드를 승인했기 때문에 참가를 거절했다. 이는 초창기의 뉴질랜드가 국가 권력의 통제 아래 엄격히 인종분리 정책을 시행하고 있는 데에 대한 반발이었다. 게다가 민족격리 정책을 쓰고 있는 남아프리카에 럭비 팀을 파견한데 대한 항의의 표시이기도 하였다. 무엇보다 이 대회는 대한민국이 올림픽 참가 28년 만에 양정모 선수(레슬링 자유형)가 올림픽 첫 금메달을 획득한 대회이기도 하다.

9) 1980년 모스크바 올림픽

구(舊) 소련 체제를 선전하려는 목적으로 개최된 모스크바 올림픽은 사회주의 국가에서의 최초 올림픽 대회였으므로 참가국과 참가 인원이 사상 최고를 기록할 것으로 예상되었다. 그러나 1979년 12월 소련의 아프카니스탄 침공으로 미국을 위시한 서방세계의 보이콧이 있었기 때문에 대회규모가 기대에 미치지 못하였고, 신흥국의 참가가 두드러진 대회였다. 미국의 지미 카터 대통령은 아프카니스탄에서 구 소련 군대를 철수시키기 위한 정치적 압력수단으로서 올림픽을 보이콧하였던 것이다. 미국 국내경기연맹 중 일부는 정부의 정책에도 불구하고 대회에 참가하려 시도했으나 정부의 강력한 제지에 굴복하고 말았다(임번장, 1998). 1980년 올림픽 보이콧에 대한 미국과 소련의 역할은 모든 국가에게 스포츠가 동서 양대 진영의 국가정책을 위한 정치적 도구로 유용하다는 점을 확실히 인식시킨 중요한 사건이었다.

10) 1984년 로스앤젤레스 올림픽

1984년 LA 올림픽은 소련과 소련의 보이콧 주장에 동조한 공산진영 국가가 불참함으로써 모스크바 올림픽에 이어 올림픽 경기의 정치도구화를 극명하게 표출되었다. 개회 직전 5월 8일에 소련이 선수의 안전 확보를 이유로 불참을 표명하였지만 그 이면에는 두 가지 정치적 요인이 내재되어 있었다. 첫째, 서구진영의 모스크바 올림픽에 대한 보복, 둘째, LA 올림픽 조직위원회가 상업적 이득을 도모하기 위하여 대회를 이용함으로써 올림픽 정신을 위반하고 있다는 사실을 공개하기 위한 목적 등이다(Coakley, 1986).

11) 1988년 서울 올림픽

전세계 160개국이 참가하여 올림픽 사상 최대의 규모를 기록했다. 16년 만에 동서양 진영 선수단이 모두 참가하여 동서의 이념분쟁, 인종차별로 인한 갈등과 불화를 해소시킨 대회로 평가 받고 있다. 스포츠 교류를 통한 세계 평화의 새로운 계기를 마련하였으며, 한국의 저력과 문화적 우수성을 대외적으로 알린 대회이기도 하다. 하지만 쿠바와 북한은 남북 공동개최 문제로 불참하였다. 또한 전두환 정권에 의해 88올림픽은 정치적으로 이용되기도 하였다.

[그림 5-11] 1980, 1984 두 올림픽은 이데올로기의 분쟁으로 반쪽으로 개최되었다.

12) 2008년 베이징 올림픽

베이징 올림픽은 아시아에서 도쿄와 서울에 이어 세 번째로 개최된 올림픽이다. 2008년 8월 8일 오후 8시에 개최된 베이징 올림픽은 '8' 이라는 숫자를 행운의 상징으로 여기는 중국인들의 전통에서 비롯되었다.

베이징 올림픽은 경제적 성장과 정치적 성장을 이룬 중국의 힘을 국제적으로 홍보하려는 의도가 있었으나, 국내적으로는 환경오염, 교통, 위생시설 등의 문제가 크게 야기되었다. 특히 중국 내의 티벳 사태와 같은 문제가 제기되기도 하였다. 무엇보다 베이징 대회는 천안문사태에서 비롯된 중국의 부정적 이미지를 전환시키고자 노력하였다. 대회 규모를 확대하고, 성공적 개최를 위한 노력은 사회주의 국가의 경제적 성장을 과시하는 대회로 인식되기도 하였다.

[그림 5-12] 베이징 올림픽은 환경문제, 인권문제, 국제문제 등의 다양한 문제들이 얽힌 올림픽이었다.

스포츠와 민족주의

내셔널리즘(nationalism)이란 일반적으로 한 국가가 다른 국가에 대해 스스로의 일체성이나 자립성 혹은 우월성을 주장 과시하는 감정, 사상, 이데올로기 운동 등의 총체라고 할 수 있다(藏原健古, 1983). 또 스포츠 내셔널리즘, 즉 민족주의란 스포츠경기에서 우승을 통해서 국민의 자부심을 높이고 그 나라의 명예를 높임으로써 일국(一國)의 명예를 더욱 높이고자 하는 것으로 설명될 수 있다(Lieper, 1981). 올림픽이나 국제 스포츠경기에서의 승리는 국민의 자부심을 불러일으키며, 아울러 선수나 코치, 정치가, 언론, 그리고 팬들 사이에서 '우리 대 그들' 이라는 감정을 촉진시킨다(Eitzen & Sage, 1997). 스포츠와 민족주의의 통합적인 상호관계는 스포츠경기를 둘러싼 노골적인 군국주의의 겉치레 의식에서 쉽게 볼 수 있다. 국가의 연주, 국기게양, 제트 비행기의 공중분열 비행, 그리고 국기나 자유의 종 모양을 만드는 밴드 등은 모두 현 정치체제를 지지하는 정치적인 행위들이다(Eitzen & Sage, 1997).

[그림 5-13] 베이징 올림픽 성화봉송기간 동안 성화가 지나간 많은 국가의 국민들과 중국인들 간에 충돌이 있었다. 미국은 많은 국내 스포츠 경기에서 군악대퍼레이드, 공중분열 등의 정치적 행위들을 보여준다.

1. 민족주의 정치 패러다임과 스포츠

근대 스포츠의 형성과 세계적 확산은 산업세계의 형성 및 민족국가의 성립과정과 연관되어있다. 즉 근대 스포츠는 산업화 및 민족주의의 영향을 받으면서 발전해 왔다. 산업화가 근대 스포츠의 성격에 큰 영향을 미쳤다면, 민족국가의 성립은 스포츠의 사회적 기능에 결정적인 영향을 주었다. 근대 스포츠가 성취중심의 스포츠가 된 것은 산업세계의 주된 원리가 스포츠의 특성에 스며들었기 때문이다. 산업화는 Weber적 의미에서 목적 합리성의 증대 과정이다. 관료제의 일반화, 테크놀로지 생산에의 사용, 2차 공동체의 편재, 합리적으로 계산 가능한 화폐관계의 공고화는 산업사회의 주요 특성이다. 따라서 철저한 측정을 바탕으로 더 높이, 더 빨리, 더 멀리를 목표로 하는 경쟁 스포츠가 출현했다.

스포츠의 이러한 성격이 더욱 성취 중심적 활동으로 변화된 것은 민족국가 체계의 등장과 관련되어 있다. 민족국가는 근대 세계에서 가장 보편적인 국가형태이며, 민족국가는 민족주의에 의해 역사에 등장하고 유지되고 있다. 민족주의는 혈연, 피부색깔과 같은 실물적(實物的) 공통성보다 언어, 문화 등 상징적 공통성을 매개로 국가 정체성을 만들어야 했다. 민족주의 국가가 일종의 '상상된 공동체'이기 때문에 민족국가에서 정치적 상징이 갖는 의미는 매우 크다. 스포츠는 내재적으로 정치 지향성을 갖고 있는 것은 아니지만 스포츠가 운반할 수 있는 상징의 힘이 매우 강하기 때문에 민족국가들은 스포츠에 관심을 갖지 않을 수 없었던 것이다. 이 점이 바로 스포츠가 민족주의 정치와 깊은 연관을 맺게 된 근본적인 원인이다.

근대 스포츠는 형성 초기부터 민족국가가 공교육을 확보해나가는 과정과도 깊게 연관되어 발전해 왔다. 영국의 Arnold나 독일의 Jahn, Spiess 등은 공교육 프로그램 내에서 민족주의를 고양시키는 체육교육이 갖는 중요성에 주목했었다. 그러나 스포츠와 민족주의간의 연결 고리는 민족국가가 경제발전의 단위이자 세계정치질서 구축의 하부 단위로 유감없이 제 역할을 하기 시작한 2차 세계대전 이후 전 세계적으로 확산되었다. 민족국가들은 국가정체성을 유지하고 국민을 통합하기 위해서 스포츠를 경쟁적으로 이용하였다. 또한 신생 독립국들의 경우는 국가 형성 과정에서 민족주의를 고양시키는데 스포츠를 이용하는 경우가 많았다. 그리하여 많은 연구들이 민족주의 정치와 스포츠간의 연관성을 일반적으로 인정하게 되었다. 하지만 이러한 민족주의 지형 또한 무의미한 것으로 간주되기도 한다. 즉 다민족, 다문화 국가의 확대와 교통의 발달로 인한 세계화와 신자유주의적 시장 경제가 민족주의 패러다임을 약화시키기도 하기 때문이다.

[그림 5-14] 베를린 올림픽 마라톤의 시상식에서 금메달을 수상한 손기정 선수와 동메달을 수상한 남승룡 선수. 이것을 보도하던 동아일보는 일장기를 지우고 보도하여 민족의식을 일깨웠다.

2. 민족주의와 한국 스포츠

한국의 스포츠역사를 추적해 보면 그 이데올로기가 민족주의였다는 것을 알 수 있다. 한 국가가 외세로부터 침략을 당하여 위기에 처할 경우 민족주의적 정서가 팽배하게 되는 것은 지극히 자연스러운 일이다. 한국 역사에서 스포츠문화와 민족주의 사상이 결합된 과정은 2단계로 나타난다. 제1단계는 1876-1910년 사이이다. 1880년대부터 유럽 및 일본의 제국주의적 팽창은 한국인의 민족주의 의식을 자극함으로써 1895년 교육조서에도 체육활동의 중요성이 강조되었다. 당시 서구의 스포츠문화와 민족주의 사상의 결합에는 강한 자만 살아남을 수 있다는 사회진화론(Social-Darwinism)적인 인식이 바탕을 이루고 있었다. 유교적 관습 속에서 신체활동을 천시하던 한국사회에서 학교교육이 체육을 강조하고, 스포츠문화를 수용하려고 한 것은 하나의 혁신이었다. 그것은 곧 자주적이고 강력한 독립국가를 유지하기 위해서는 국민의 기질을 살리고 체력을 강화해야 한다는 인식의 전환을 의미했다.

제2단계는 1910-1945년 사이이다. 한국은 36년 동안 일본의 식민 통치하에 들어갔으며, 이 시대는 독립을 위한 저항의 시대로 기록된다. 일본의 제국주의(imperialism) 정책은 한국인의 자존심을 자극했고, 그것은 민족주의 사상의 팽배로 이어졌다. 이 시대 모든 국민의 관심은 독립에 집중되었고, 문화, 음악, 예술 등 모든 문화도 민족적 저항의 성격을 띠고 발달했으며, 스포츠 또한 예외가 아니었다(하남길 등, 2000). 특히 광복 전 일본의 구기운동 금지와 단체 종목 금지 정책은 역설적이게도 스포츠와 민족주의 관계를 잘 보여주고 있는 것이다. 이러한 것이 우리나라에서 스포츠에 민족주의 개념이 내포될 수밖에 없음을 보여주는 것이다. 이러한 의식은 이승만 정권이 국가를 세운 1948년 이후에도 스포츠 정치적 현상과 분리되지 못하고, 상호 연관성을 가지면서 지속되었다.

특히 이후의 상황에서도 스포츠와 민족주의 관계는 떨어지지 않았다. 본격적인 산업화가 이루어진 60년대 이후, 스포츠는 민족국가(nation-state) 패러다임하의 스포츠가 갖는 전형적인 모습을 보여 왔기 때문이다. 한국사회에서 스포츠와 민족주의 정치 간의 연결이 강할 수밖에 없었던 조건은 다음과 같다.

첫째, Bairner의 사례연구에 따르면 민족성이 쟁점의 대상이 되지 않고 있는 확실한 사회일수록 민족주의적 정치와 민족주의 스포츠간의 연관이 강한 것으로 나타났다. 우리사회는 인종적, 지리적, 언어적, 정치적, 그리고 경제적으로 유구한 공동체 역사를 꾸려옴으로써 세계에 유례가 없을 정도로 견고한 민족 국가적 조건을 갖추고 있다. 그러므로 우리사회에서 스포츠와 민족주의적 정치와의 밀접한 관계는 매우 강력할 수밖에 없다.

둘째, 분단 이후 현재까지 한국 정치는 분단국가라는 특성으로 인해 냉전체제의 갈등적 요소를 매우 강하게 나타냈다. 따라서 남북간의 체제경쟁에서 -특히 남한체제의 우월성이 확보되지 않던 시기- 스포츠는 매우 중요한 남북대결의 장으로 이용되었다. 북한과의 경기가 이루어질 때마다 경기의 승부가 체제경쟁의 일부라는 점을 강조하는 담론이 지속적으로 만들어지고 유통되었음은 널리 알려진 사실이다. 결국 스포츠는 국민들이 양 체제를 대립적으로 인식하는 상징으로 기능했고 그 결과 분단 이데올로기의 강화에 영향을 미쳤다.

셋째, 후발(後發) 산업화 과정을 '국가 주도적으로 이루어내는 과정'에서 우리사회는 권위주의 정치체제를 유지해 왔었다. 많은 경우 권위주의적 정권의 지도자들은 스포츠를 자신들의 체제의 정당성을 위한 도구로 활용하였고, 한국의 권위주의적 정권도 예외는 아니다. 또한 권위주의적 정치체제는 어떠한 형태의 권력분산 요구에도 저항하며, 이를 억제하기 위해 국가 전체를 하나로 묶어낼 상징을 끊임없이 추구했다. 그 과정에서 민족주의적 스포츠는 매우 유용한 도구로 활용될 수밖에 없었다.

3. 세계 정치환경의 변화 : 민족국가 패러다임의 약화

민족국가를 골간으로 하는 세계정치 질서는 변화하는 중이라고 볼 수 있다. 기존의 민족주의적 정치 패러다임이 크게 동요되고 있는 것이다. 변화는 여러 흐름이 복합되어 나타난 결과로 분석된다. 그 중 하나는 미소 양국을 중심으로 하는 냉전적 질서의 급격한 해체에 근원을 두고 있다. 또 다른 흐름은 민족국가의 상향 통합인데 이를 상징하는 것은 유럽연합(EU)이라는 지역공동체의 등장이다. 이러한 세계정치 질서의 변화는 한국사회에도 영향을 미치지 않을 수 없다. 냉전적 대결 구도의 완화는 과거 사회주의 국가들과의 수교와 교류를 가능케 함으로써 냉전적 이데올로기를 약화시키는데 기여했다. '세계화'의 추세에서 한국 사회는 매우 적극적인 대응을 보였다.

민족주의나 민족국가의 쇠퇴는 곧 민족주의 정치의 약화를 의미하며, 이는 결과적으로 민족주의 정치와 스포츠간의 연관성이 퇴조할 것임으로 뜻한다. 냉전적 체제 대결의식은 민족 국가단위의 스포츠 경쟁을 더욱 격화시킨 한 요소였음은 널리 인정되었다. 특히 공산주의 국가들이 스포츠를 통해 자기 체제의 우월성을 대내외적으로 과시하려 했기 때문에 이에 대응하는 과정에서 자유 자본주의 국가들도 스포츠 경쟁에 보다 많은 관심을 기울여 왔던 것은 사실이다. 그러나 구 소련의 해체와 동구 사회주의 국가들의 체제 변화로 이들 국가들에서 국가차원의 아마추어 엘리트스포츠에의 지원이 급격히 감소하고, 그 결과 국가 간 스포츠 경쟁은 다소 시들해졌다. 그러나 세계적인 민족주의의 퇴조 추세에도 불구하고 한국사회에서는 민족주의의 영향력이 어느 정도 지속될 개연성이 있다. 한국은 혈연적, 지연적 단일성이 강하고, 여기에 더하여 역사적으로 정치적 공동체가 일찍이 형성됨으로써 서구와 다른 민족 국가적 특성이 있다. 민족적 정체성이 매우 강한 것이다. 그러나 한국 역시 세계화 흐름 속에서 폐쇄적 민족 국가적 틀을 유연화 시킬 압력을 받을 것이다. 이러한 변화는 정치와 스포츠간의 관계를 변화시킬 가능성이 있다.

4. 국내 정치환경의 변화 : 민주화와 분권화

스포츠의 정치적 호용이 기대되는 상황이라면 스포츠의 정치적 이용은 당연히 활발해질 것이다. 1960년대 이후 국가 주도적인 산업화가 진행됨으로써 한국의 정치는 매우 기형적인 틀을 갖춰왔다. 이러한 정치체제에서 정부는 정당성 결여를 보상하기 위해 경제성장이란 성과를 과시해냄과 동시에 상징을 정치에 이용하고자 했다. 따라서 경제성장과 민족중흥이란 상징적 목표가 결합되었듯이 스포츠 역시 민족적 우월성, 더 나아가 민족국가로서 한국의 힘을 과시하는 수단으로 정치와 결합되었다.

그러나 1980년대 후반부터 국내정치의 변화가 나타났다. 문민정부의 출범은 현대 한국 정치의 가장 큰 과제인 민주화란 기준에서 커다란 전환점이 되었다. 이러한 국내정치의 변화는 직접적 또는 간접적으로 스포츠에 영향을 미칠 것이다.

2000년 시드니 올림픽에서의 국민적 관심이 예전보다 못하다는 것이 단적인 예이다. 또한 스포츠의 주체가 국가의 개념에서 도시의 개념으로의 전환도 가속화되고 있다. 각 지방 자치단체는 하계올림픽, 동계올림픽을 유치하기 위해 노력하거나 아시안게임, 세계육상선수권대회의 유치결과가 이를 증명하고 있다.

5. 스포츠의 정치적 기능변화 가능성

민족국가 체계 속에서 스포츠는 국가 단위의 경쟁을 겨루는 장이 되었음은 이미 언급하였다. 국제 경기의 시상식에 소속국가의 국기가 게양되고 국가가 연주되는 형식이야말로 스포츠가 민족국가 체계 속에 존재하고 있음을 확인시켜주는 것이다. 민족국가가 국가 정체성(identity)을 지속적으로 환기시켜 가는데 있어서 스포츠는 어떠한 상징보다도 효과가 크다. 올림픽을 위시한 국제 대회는 국민들이 자신을 민족국가의 일원으로 재확인하고, 국가적 정체성을 확인하는데 크게 기여해왔다. 따라서 스포츠는 국가적 통합을 이뤄내고 더 나아가 특정 정권에의 반대를 막고 통합을 유지시키는데 유효한 기능을 할 수 있었다.

한국사회에서 정치와 민족주의 스포츠간의 강한 연관성은 이미 언급하였다. 따라서 정부나 정치지배층은 스포츠에의 자원 지원은 물론 엘리트선수의 육성 및 전문스포츠 조직체의 조직과 성장과정에 어떤 나라들보다 강한 관심을 보여 왔다. 1962년에 제정된 국민체육진흥법이 안보와 생산에 필수적인 건강한 국민의 재생산을 강조했다면, 전면 재개정된 1982년의 국민체육진흥법은 엘리트스포츠의 국가 지원을 체계화시키는데 기여했다.

제5공화국 시기는 당시 정치환경에 의해 영향을 받아 스포츠와 정치간의 관계가 보다 강화된 시기이다. 1981년에 결정된 '88 서울올림픽의 유치과정에서 당시 집권층의 정치적 의지는 매우 중요한 변수였다. 그리고 1980년대 지속적으로 이루어진 스포츠에의 국가지원은 정치적 성격이 강한 것으로 비춰졌다. 대한체육회 조직이나 전문경기 단체들에 대한 지원의 규모와 지원 메커니즘을 보더라도 당시 엘리트스포츠에 대한 정치권의 의도를 읽을 수 있다.

1990년대가 시작되기 전까지 정부의 스포츠에의 개입은 최종적으로 스포츠 강국임을 과시하는 것이 주요 목표라는 점은 정부의 간행물에서도 지적된 바 있다. 그러나 1990년대 들어 정치환경 변화가 한국 스포츠의 기능에 일대 변화를 요구했다. 세계정치에서 민족주의 패러다임이 약화되면서 정치가 스포츠를 상징으로 활용하는 정도는 과거와 달라졌다. 그리고 부분적인 민주화의 진전, 지방자치 제도의 도입 등 정치 환경도 이러한 변화를 촉진시켰다. 김대중 정부가 '생활체육 활성화'를 국정의 100대 목표로 선정한 데에서 알 수 있듯이 스포츠에 대한 정부의 적극적 개입은 월드컵 등과 같은 세계적 규모의 스포츠 행사를 제외하고는 줄어들 것이다. 스포츠가 정치를 이용하든 정치가 스포츠를 이용하든 중요한 것은 악용해서는 안 된다는 것이다.

과거 권위주의시대와 같이 스포츠행사와 참가를 통해 정부의 업적을 홍보하고 위장하려는 시도는 정치의 민주화와 함께 감소될 것이다. 일방적인 정부의 정책은 오히려 많은 부작용을 초래할 수 있기 때문이다. 쌍방향의 의사소통사회에서는 더욱 그러하다. 따라서 경기인의 인권을 강제로 억압하고, 생활체육인들을 정치도구화 하는 시대의 종식은 더욱 빠르게 진행될 것이다. 하지만 이를 보완할 장치 없이 이루어지는 민주화의 영향은 스포츠계의 자립을 위해서 바람직하지 않다. 자생력을 갖추기 위한 준비를 위해 많은 시간을 투자해야 할 것이다.

스포츠와 정치는 전혀 다른 분야이면서도 일정한 가치를 공유하고 있다. 스포츠 활동에서 정정당당하게 싸우고 승패를 받아들일 줄 아는 태도를 중시하는 스포츠정신(sportsmanship)과 단체경기에서 구성원 간에 조화와 협력을 중시하는 가치인 팀워크 등은 정치의 영역에서도 이상적인 덕목으로 받아들여지고 있는 가치들이다(박호성, 2002). 그러나 스포츠가 갖는 정서적 통합기능을 지나치게 강조하면 오히려 문제의 본질을 왜곡시킬 우려가 있다. 스포츠의 정치적인 기능을 통한 인위적인 통합보다는 지속적인 효과를 유지할 수 있는 이념적 토대와 장치가 충족되어야 한다. 스포츠에 대한 정치개입과 정치개입에 따른 스포츠현상은 상호보완적인 효과가 표출될 수 있는 방향으로의 전환이 필요하다. 즉 개인의 내면화된 의식과 사회적 신념체계의 확립을 통한 이념적 통합이 전제될 때 부작용이 최소화되고, 긍정적인 역할이 증대될 수 있을 것이다.

chapter 06

스포츠와 매스커뮤니케이션

스포츠와 매스커뮤니케이션

일반적으로 많이 알려진 대중매체 또는 매스미디어는 커뮤니케이션의 일부분임에도 불구하고, 최근 스포츠와 관련해서는 매스미디어가 커뮤니케이션과 같은 의미로 혼용될 만큼 그 의미가 어지러워졌다. 스포츠와 관련해서는 일반적으로 매스커뮤니케이션, 저널리즘, 매스미디어와 미디어스포츠 등의 다양한 용어들이 존재하고 있다.

스포츠 저널리즘은 특정 사회의 스포츠 문화를 반영하고 있는 새로운 문화 표현양식이며, 오락과 서비스로서 문화 복합체적인 특성을 가져야 한다. 우리나라에서 스포츠 저널리즘에 대한 관점은 단순한 여가 또는 오락행위를 각색하는 행위로만 간주하는 단순 차원에 머무르고 있다. 따라서 스포츠가 다양한 사회영역들이 복잡하게 얽히는 사회현상이라는 측면에서의 이해는 미약하였다고 볼 수 있다. 스포츠기사가 어떠한 특징이 있는지를 살펴보고 새로운 관점에서 조명해 보는 것은 앞으로 우리나라 스포츠 저널리즘의 과제라고 할 수 있다.

매스미디어는 매체(媒體) · 수단(手段)이란 뜻으로서 불특정 대중에게 공적 ·

간접적 · 일방적으로 많은 사회정보와 사상(事象)을 전달하는 과정이다. 오늘날 매스미디어의 형태는 TV · 신문 · 라디오 · 영화 · 잡지 등으로 구성된다. 현대사회에 있어서 매스미디어는 감시 기능, 사회 각 영역의 연결 기능, 사회 유산의 전승 기능, 오락적 기능, 교육적 기능, 문화적 기능, 정보 기능, 사회통합과 사회변동의 기능, 그리고 현실도피의 기능을 담당하고 있다.

매스미디어에 대한 이론에는 매스미디어가 관람자(viewers)의 펄스낼리티(Personality) 특성에 호소하는 메시지를 제공한다고 주장하는 개인차 이론, 매스미디어에 대하여 상이하게 반응하는 하위집단이 널리 존재하고 있다는 보는 사회범주 이론, 비공식적인 사회관계는 개인이 매스미디어가 제공하는 메시지에 대해 반응하는 태도를 수정하게 하는 중요한 역할을 담당한다고 하는 사회관계 이론, 그리고 매스미디어가 현존의 사상이나 가치를 선택적으로 제시하고 강조한다고 주장하는 문화규범 이론이 있다.

스포츠와 매스미디어는 서로 공생적인 관계를 유지하고 있다. 매스미디어는 스포츠에 의존하여 광고 수익 등의 긍정적인 효과 증대를 도모하고 있고, 스포츠는 매스미디어의 영향력을 통한 스포츠의 우월성을 과시하기 위한 홍보 및 스포츠 인구의 저변확대 측면에서 상호 의존적인 관계를 형성하고 있다.

또한, 최근에 많이 일컬어지고 있는 미디어스포츠는 미디어와 스포츠가 상호 지향적이며 의존적으로 발전한 구조로서, 상호의존적인 네트워크로 개념화할 수 있겠다. 이러한 미디어스포츠는 Mediated-Sports를 뜻하는 것으로 미디어를 통해 구성된 스포츠를 의미한다. 또한, 미디어스포츠는 스포츠미디어와는 유사하지만 상이한 개념을 지니고 있다. 이렇듯 다양한 스포츠와 커뮤니케이션과의 조합과 상생의 관계를 이 장에서 다룰 것이다.

매스커뮤미케이션의 의미와 이론

1. 매스커뮤니케이션의 의미

커뮤니케이션은 총체적인 의미를 가진 용어로, 사람들 간에 특정한 전달방식을 통하여 정보, 생각, 태도 등을 한 사람이 다른 사람에게 전하는 것으로 정의할 수 있다. 이러한 커뮤니케이션은 개인간커뮤니케이션(interpersonal communication)과 대중 커뮤니케이션, 다시 말해 매스커뮤니케이션(mass communication)으로 크게 나뉜다. 개인간커뮤니케이션은 2인 이상이 직접 얼굴을 보고 이야기하는 것이며, 매스 커뮤니케이션은 전문적인 정보발신자가 특정 정보를 넓은 계층의 다수의 청중에게 빠르게 정보를 전달하기 위해 미디어 설계하고 사용하는 과정이라고 이해될 수 있다.

이러한 매스커뮤니케이션에는 특정한 시간적 제약성과 뉴스가치 또는 시사성을 지닌 내용을 특정한 형식으로 보고하는 저널리즘이 포함이 되며, 매스커뮤니케이션에서 대중에게 시각적으로나 청각적인 감각기관에 정보를 보내는 기제, 즉 매스미디어가 있다. 또한, 매스미디어는 일반적으로 인쇄미디어, 전자미디어, 뉴미디어 등으로 분류가 된다.

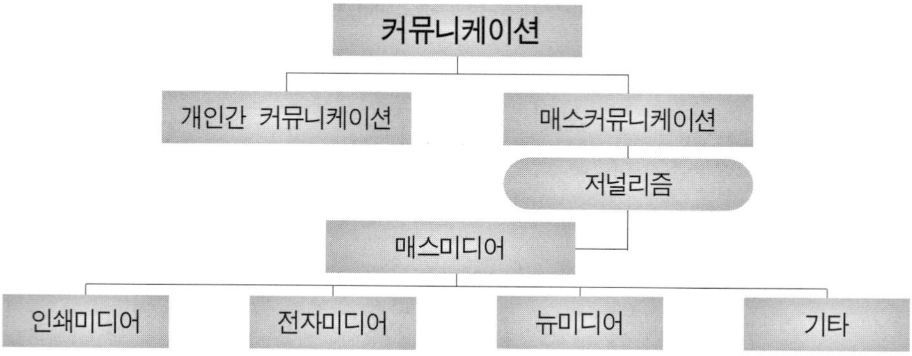

[그림 6-1] 다양한 커뮤니케이션

2. 매스미디어의 의미

현대와 같이 복잡하고 광범위한 환경 속에서 인간들이 직접 경험하는 지식과 정보는 얼마 되지 않는다. 그리하여 인간은 간접적인 경험에 의존하지 않고는 많은 지식과 정보를 받아들일 수 없다. 간접적인 경험을 전달하는 매스미디어를 통해 인간들은 보다 많은 것을 경험하게 되었고, 이러한 매스미디어는 인간의 태도 · 행동 · 사고의 방향에 큰 영향을 주고 있다. Bryant(1977)는 "지리적인 거리를 단축시키고, 새로운 인적 태도를 만들어 내며, 새로운 사회 · 문화적 문제를 발생케 하는 근대기술 중 가장 뚜렷한 것은 보도 및 전달기관의 개혁과 발명" 이라고 하였다.

매스미디어는 전근대적 사회에서 자본주의적 · 근대적 사회로의 이행(移行)과 더불어 출현 · 발달하여 왔다. 기술적으로 15세기 중엽에 개발된 활판 인쇄가 미디어 본래의 역할을 가능하게 하였다. 그러나 신속 및 대량의 정보를 필요로 하는 사회의 형성이 그 배경이었음은 두말할 나위가 없다. 그러나 16세기 전반까지 유럽에서는 서적 · 팜플렛 등의 인쇄 부수가 평균 1,000부에 지나지 않았고, 독자도 소수의 특권층이나 부유한 지식계급에 국한되어 있었다. 미디어의 영향이 본격화되기 시작한 것은 일간신문이 등장한 18세기에 이르러서이다. 19세기는 인쇄 미디어의 완성기로서 현대의 신문 · 출판의 주요 요소는 19세기 전반에 모두 갖추어졌으며, 통신사의 출현도 이 무렵의 일이다. 19세기말에서 20세기에 걸쳐 선진국에서는 격렬한 신문 경쟁이 전개되었으나 제1차 세계대전 때까지 이들 국가의 대부분은 독점신문의 시대로 들어서고 있었다. 레코드 · 영화가 19세기 후반에 발명되었으나 1920년대와 1940년대에 각각 실용화된 라디오와 텔레비전은 인쇄매체가 중심이었던 매스미디어의 양상을 일변(一變)시켰다.

최근에는 전파신문이나 비디오, 카세트 등을 대체하는 인터넷, 위성라디오, 4G 커뮤니케이션 등의 새로운 미디어가 개발되고, 매스미디어의 국제화가 추진되고 있다. Weiss(1971)는 "다양한 사람들에게 신속하고 효과적으로 메시지를 전달하는 조직화된 수단"이라고 했다. 다시 말해 매스미디어는 매체(媒體) · 수단

(手段)이란 뜻으로서 불특정 대중에게 공적 · 간접적 · 일방적으로 많은 사회정보와 사상(事象)을 전달하는 것이며, 신문 · TV · 라디오 · 영화 · 잡지 등이 대표적인 것이다(Loy & Kenyon, 1978).

현대사회에서 미디어의 발달로 인해 인쇄미디어와 전자미디어의 한계가 모호하게 되면서 각 미디어간의 경계를 허물어 버리는 방향으로 전개되고 있다. 뿐만 아니라 사회가 정보홍수의 혼돈 상태에 빠져들 우려마저 낳고 있는데, 이러한 현상은 새로운 미디어가 등장할 때마다 예견된 사실이었다. 그리하여 인류사회의 보전과 발전은 새로운 미디어의 기술적 장점을 어떻게 활용하느냐에 달려 있다고 볼 수 있다.

현대의 매스미디어는 사회적 · 경제적 · 기술적 조건에 의해 그 기구(機構)는 필연적으로 대규모적이며, 독점적인 것이 될 수밖에 없다. 그러므로 매스미디어는 자본주의 · 사회주의를 불문하고 체제화 되어 있으며, 그 사명에서 볼 때 국가권력이나 사적 세력에 구애됨이 없는 자유스러운 입장이 바람직하다. 그리고 매스미디어는 국민의 알 권리(자유)를 지킨다는 기본적인 의무에 충실해야 한다. 오늘날에 있어서 언론 자유의 가장 큰 문제점은 매스미디어가 그 책임을 다하고 있느냐의 여부에 달려 있다. 매스미디어의 자유도가 거의 그대로 국민의 자유도로 평가되는 연유가 여기에 있다. 그러나 매스미디어가 지니는 강력한 영향력에 비추어 명예나 사생활 등 개인의 인격권을 함부로 침해할 수 없도록 하는 것도 매스미디어의 중요한 사회적 책임이라고 할 수 있다.

그렇지만, 오늘날의 매스미디어는 대부분 사기업으로 운영되는 특징이 있다. 사기업은 이윤의 획득과 경영의 안정이 우선시되기 때문에, 내용의 저속화와 안이함, 그리고 타성으로 흐르기 쉬운 데 비해, 독재 또는 전체주의 사회에서는 정부와 지배 정당에 의해서 편집과 제작 방침이 좌우된다.

오늘날 선진국에는 신문 · 라디오 · 텔레비전 · 인터넷 등이 거의 모든 가정에 보급되어 있는 만큼 수용자에 대하여 미디어가 발휘하는 효과는 매우 크다. 특히 국민심리에 미치는 영향은 매우 커서 그 의견 · 동향 · 취미 등은 매스미디어가 설정하는 방향으로 크게 기울기 쉽다. 그러므로 국가상황을 파악하는 가장 기본적인 요소는 매스미디어의 양상에 있다고 할 수 있다. 더욱이 텔레비전과 같이 어린이들에게 인기 있는 미디어는 그들의 정서를 좌우할 뿐만 아니라, 심층심리(深層心理)에까지 영향을 미치게 된다. 어느 국가를 막론하고 텔레비전이 어린이들에게 미치는 효과가 중요한 관심사로 대두되고 있는 것도 이 때문이다.

하지만, 독자들, 청취자들 또는 시청자들이 매스미디어의 컨텐츠를 접함에 있어서 가치중립의 시각으로 접근하는 것은 곤란할 것이다. 오늘날의 매스미디어는 사기업으로 운영되는 경향이 있다고 앞서 밝혔다. 그렇다면, 그 수단으로서의 매스미디어는 해당 기업의 이윤추구에 충실한 것이 제일의 목표일 것이다. 곧 매스미디어 자체가 가치중립적이지 못하는 것이다(이창섭, 남상우, 2009). 매스미디어

Source: The Media Center, "We Media", 2003
Company Analysis

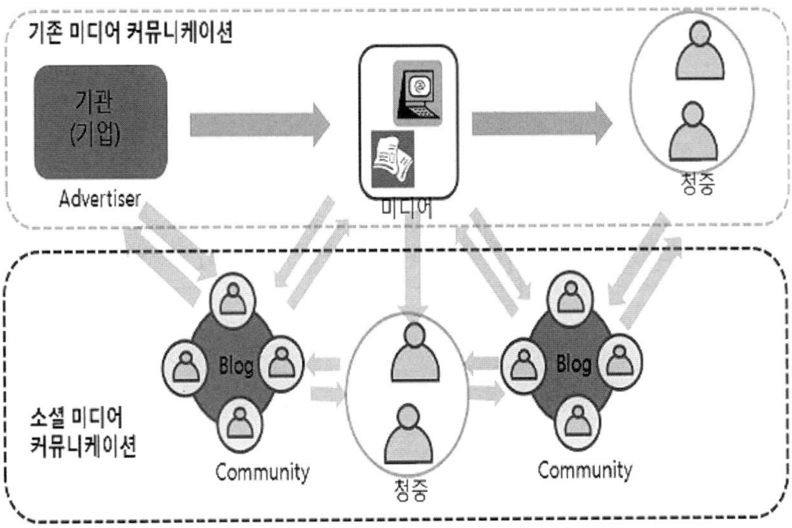

[그림 6-2] 최근에는 매스미디어는
Social Media의 활성화와 함께 Two-way Communication이 이루어졌다.

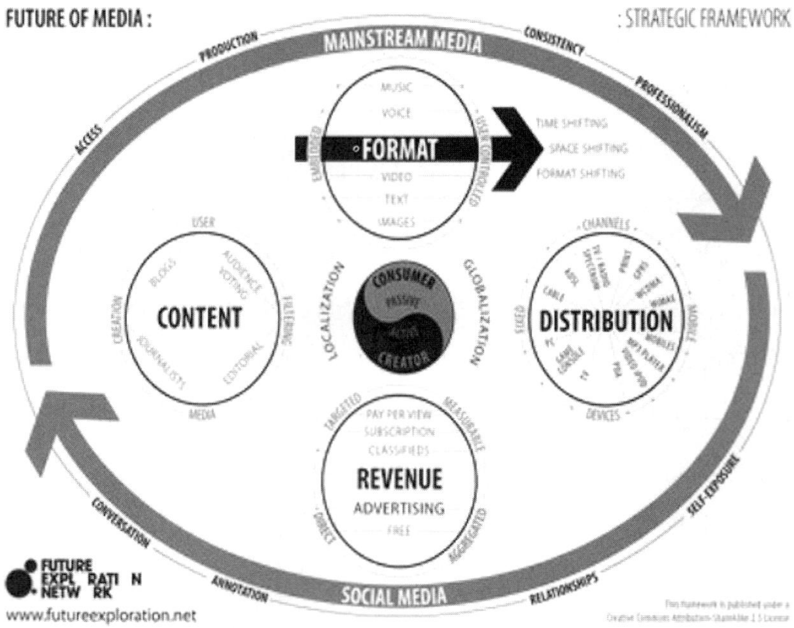

[그림 6-3] Two-way communication과 함께 매스미디어는
생산자와 소비자 간, 전통적 미디어와 소셜미디어 간, 미디어 채널 간에 공생관계를 이루고 있다.

가 가치중립일 것이라는 허구의 이미지는 일종의 환상이다. 오히려, 권력 관계에 의해 다양한 네트워크로 이루어져 있으므로, 이러한 네트워크를 이해하기 위한 권력과 담론 그리고 이데올로기의 관점에서 접근할 것을 이창섭과 남상우는 지적하고 있다. 그러므로, 스포츠가 매스미디어와 접합하는 지점은 이러한 권력관계의 관점에서 이해해야 한다.

매스미디어를 논할 때 항상 언급되는 것이 스포츠와의 상관성이다. 근대에서 미디어의 등장은 스포츠계에도 엄청난 영향을 미치게 되었다. 매스미디어를 좌우하는 광고업자들과 기업가들은 시청자나 청취자, 그리고 애독자들의 관심사를 파악하였다. 사람들의 관심사를 파악한 업자들은 매스미디어를 통해 스포츠에 대한 신속하고 정확한 정보를 제공함으로써 스포츠계를 발전시켰다. 그리고 아나운서나 기자들은 우상 창조, 비유, 은유 등을 통해 사람들로 하여금 스포츠경기를 흥미롭고 스릴 있게 만듦으로써 매스컴을 통한 스포츠 붐을 조성해 나갔다. 뿐만 아니라 과장된 어구와 기발한 아이디어로 스포츠를 주요 기업으로 승격시켰으며, 스포츠를 상품화시켜 금전적인 이윤을 추구하였다. 그리하여 대중매체를 좌우하는 업자나 방송관계 종사자, 그리고 스포츠 기업가는 스포츠를 제공하면서 동시에 이익을 추구하고 있다. 매스미디어와 스포츠는 동반자적 '공생관계(symbiotic relationship)'를 발전시켜 온 것이다.

3. 매스미디어의 역할과 기능

오늘날 신문, 방송 등의 매스미디어는 현대인들의 일상생활에 중요한 역할을 하고 있다. 우리들의 지각형태, 사고방식, 가치주입, 태도형성, 그리고 행위형태에 절대적인 영향을 미치는 것이 매스미디어이다. 이러한 매스미디어의 기능은 다음과 같다.

- 감시 기능 ; 사회에서 발생하는 사건이나 문제점 또는 특정사건 등에 대한 정보를 수집하여 전달하는 기능을 말한다. 현재 각 방송사에서 방영되는 시사 프로그램이나 고발 프로그램 등은 사회에서 발생하는 특정 사건을 전달하고, 그러한 사건들을 감시 · 방지하기 위한 프로그램이다. 미디어의 사회감시 기능은 미디어의 공익적 차원에서 중요한 것이라고 할 수 있다.
- 사회 각 영역의 연결 기능 ; 사회 구성원의 상호 이해를 촉진시키는 기능으로서 구성원의 여론 형성을 수용하게 하며, 때로는 역사를 추진시키는 대중행동을 촉발하는 선도적 역할을 한다. 예를 들면, 방송의 시사 토론회가 이러한 기능에 해당된다.

● 사회 유산의 전승 기능 ; 사회 구성원을 사회화시키는 원동력이 되는 기능을 말하며, 한 세대에서 다른 세대에게 가치, 정보, 관습, 규범 등을 전달하는 기능을 말한다.

● 오락적 기능 ; 각 미디어의 형태는 오락의 성격을 띠고 있다. 스트레스와 긴장감을 가지고 살아가는 현대인에게 오락을 제공함으로써 스트레스를 해소시키고 생활에 활력을 주는 기능이 있다. 승패를 겨루는 스포츠경기에 있어서는 이를 접하는 사람이 간접적으로 경기에 참여하는 것이 되며, 또한 더불어 즐기는 결과가 되므로 스포츠 보도나 중계방송은 흥미, 오락의 성격을 띠게 마련이다. 스포츠 기사를 읽는 독자가 많다는 사실과 스포츠 중계방송 때 텔레비전 앞에 시청자들이 모이는 것도 스포츠의 오락성 때문이다. 신문의 경우 나름대로의 특징과 유머를 지니고 있으며, 잡지나 책도 모험이나 유머, 신비 등의 이야기를 제공해준다. 텔레비전 방송도 쇼 프로그램 등을 통해 사람들에게 오락적 요소를 제공하고 있다.

[그림 6-4] 매스미디어는 발전할 수록 통합적이 된다. 이를 Media Convergence라 하는데, Convergence가 이루어 질 수록 간편해지고 다양한 많은 기능을 압축되게 구현할 것이다. 최근의 I-phone은 대표적인 사례이다.

● 교육적 기능 ; 미디어의 기능 중 하나는 교육적 기능이다. 어린이 프로그램인 '뽀뽀뽀' 나 '방귀대장 뿡뿡이' 와 같은 프로그램은 어린이들에게 교육적 정보를 제공해 주는 역할을 하며, 학생들과 일반인들도 교육방송을 통해 지식을 얻게 된다.

● 문화적 기능 ; 문화는 커뮤니케이션에 의존하고 있다고 해도 과언이 아니다. 여기서 말하는 문화적 기능이란 어떠한 환경을 기계적 수단(예를 들면 TV, 라디오 등)을 통하여 도시는 물론 시골까지 확대시키는 기능을 말한다. 요즘은 이러한 매스미디어의 기능 때문에 시골도 도시와 유사한 문화를 지니고 있다.

● 정보 기능 ; 매스미디어의 독특한 기능은 정보 전달이다. 매스미디어는 스포츠를 비롯한 사회 모든 부문에 관한 정보를 제공해 준다. 스포츠의 경우, 게임의 결과나 선수와 팀 성적 등과 같은 구체적 사실을 전달해 주는 기능도 수행하고 있다.

● 사회통합과 사회변동의 기능 ; 매스미디어는 사회통합과 사회변동의 기능을 가지고 있다. 즉 매스미디어는 사회통합 기능을 통해 사회구성원들에게 공공의 구심점을 제공함으로써 공동의 규범이나 의식 · 가치들을 공유할 수 있게 한다. 이러한 사회통합에 미디어가 그 중추적 역할을 하고 있다. 미디어는 공유된 가치와 규범을 조장시키고 사회구성원들로부터 공동의 합의를 구할 수 있게 한다. 또한 매스미디어는 사회변동을 촉진시키는 기능을 한다. 사고와 사건에 대한 단순한 보도도 생활의 여러 분야에서 변화를 조장시키고 자극제가 될 수 있다.

● 현실도피의 기능 ; 매스미디어는 울적한 감정을 방출시킴으로써 현실에 묶여 있는 스트레스나 좌절을 없애는 기능을 한다.

현대 사회에 있어서 사회구성원들은 생활의 많은 부분을 미디어가 주는 정보와 혜택에 거의 의지하고 있기 때문에 그에 의지하지 않고서는 생활 자체가 불가능하다고 할 수 있다. 동시에 사회구성원들은 매스미디어를 통하여 관심과 지식 내용을 넓힐 수는 있지만, 획일적인 정보를 계속적으로 동시에 전달받고 있기 때문에 대중의 사고와 행동은 점차 동질화되어 갈 수 있다는 위험성도 내포하고 있다.

4. McLuhan의 미디어 이론

사회에서의 미디어 역할에 관한 McLuhan의 혁신적인 아이디어는 전자시대의 미디어 및 커뮤니케이션 이론에 큰 변화를 일으켰다. McLuhan(1966)에 의하면 사회와 미디어는 상호 불가분의 관계에 있다고 보고, 특정 사회는 그 사회에서 가장 지배적인 미디어 형태가 무엇이냐에 따라 성격이 특징 지워지기 때문에 미디어를 이해하는 것이 곧 그 사회를 이해하는 지름길이라 주장하였다. 미디어가 곧 메시지라고 생각하였던 그는 전달되는 미디어의 내용보다는 전달하고 있는 미디어 자체가 곧 그 사회의 진정한 메시지라고 보았다.

사회의 역사적 발전과 미디어의 형태에 관한 McLuhan의 견해는 인간 역사를 전 문자시대, 문자시대, 후 문자시대로 구분하고 있다. 각 시대는 그 시대에 발견되는 지배적인 미디어 형태에 의해 특징 지워질 수 있다. 즉 전 문자시대에서는 구두 의사소통 사회이므로 직접적으로 인간들이 얼굴을 맞대고 의사소통을 하는 전체 감각의 연장시대인데 비하여, 인쇄기술이 발전하면서 커뮤니케이션은 직선형을 강조하는 시각의 연장을 요구하게 되었다. 근래에 이르러서는 텔레비전이나 컴퓨터 전자제품의 발명으로 후 문자시대가 대두되었으므로 결국 미디어를 통하여 세계는 작은 촌락과 같은 지구촌을 형성할 수 있게 되었다. 따라서 미디어를 통하여 메시지를 수용할 경우 시각, 청각 등의 총 감각을 이용한 수용방법에 의하여 커뮤니케이션이 이루어지고 있다.

[그림 6-5] McLuhan과 그의 저서 '미디어의 이해'

미디어의 영향력은 미디어 자체가 지닌 정의성(definition), 수용자의 감각 참여성(participation), 감각 몰입성(involvement) 등에 의해서 결정된다. 즉 미디어의 영향력을 구분하는데는 다음 두 가지 조건을 들 수 있다.

첫째, 미디어 자체가 지니고 있는 정의성의 상태.

둘째, 미디어를 수용하는 수용자의 수용방법.

예컨대 신문 · 잡지 · 라디오와 같은 미디어들은 그 자체가 높은 정의성을 지니고 있기 때문에 이들은 미디어 수용자에게 낮은 감각의 참여와 몰입을 요구하게 되는 반면, 텔레비전 · 만화 · 영화 같은 미디어들은 이와 반대로 그 자체가 낮은 정의성을 지니고 있으므로 이를 받아들이는 미디어 수용자에게 높은 감각의 참여와 몰입을 요구하게 된다. 이와 같은 사실을 토대로 하여 McLuhan은 미디어 그 자체의 정의성과 수용자의 감각 참여성, 감각 몰입성을 기준으로 하여 미디어를 핫 미디어(hot media)와 쿨 미디어(cool media)로 구분하였다. 그리하여 문자시대에 적합한 미디어는 핫 미디어로 보았으며, 전 · 후 문자시대에 적합한 미디어는 쿨 미디어로 분류하였다(McLuhan, 1966). 다시 말하여 McLuhan은 미디어 속에 담긴 메시지의 상태와 이를 수용하는 수용자의 감각적 태도나 감각 동원 방법에 의하여 미디어 형태를 핫 미디어와 쿨 미디어로 구분하였다.

핫 미디어는 전달되는 메시지의 내용에 관계없이 전달되는 메시지 상태가 논리적이며 사전 계획적이고 직접적으로 전달되는 메시지로서 그 자체가 높은 정의성을 지니게 되므로 이를 수용하는 미디어 수용자는 낮은 감각의 참여와 낮은 감각의 몰입을 통하여 메시지를 수용할 수 있다. 즉, 신문, 잡지, 라디오, 화보 등의 핫 미디어들은 메시지의 정의성이 높게 충만 되어 있으므로 수용자의 감각 참여성과 몰입성이 낮게 요구되고 논리성이 높은 특징이 있다. 그리고 일시적인 전달보다는 장시간을 통하여 개별적으로 수용하기에 적절한 미디어의 형태를 핫 미디어라고 부른다.

쿨 미디어는 핫 미디어와는 반대로 미디어 자체가 낮은 정의성을 지니고 있기 때문에 미디어 수용자들은 높은 감각의 참여와 높은 감각의 몰입을 통하여 전달되는 메시지를 수용할 수 있다. 이와 같은 미디어들은 전자시대에 적합한 미디어로서 TV와 같이 전달되어지는 메시지 상태가 즉흥적이고 일시적이며 비논리적이기 때문에 주어지는 정보 제공량은 적은 반면, 전달하려는 메시지의 내용은 충분하게 채워져 있으므로 메시지를 수용할 때 수용자의 주관이 개입하기에 적당하고 수용자의 심리적 반응효과가 크다. 즉 쿨 미디어는 전달되는 메시지 형태가 일정한 방향을 이루기보다는 분산되고 확산되어 복잡한 형태로 전달되어지므로 이러한 미디어를 접하는 수용자는 모든 감각을 집중시켜 받아들여야 만족스럽고 충족한 메시지를 전달받을 수 있게 된다. 이러한 형태의 쿨 미디어에는 TV, 비디오, 만화, 영화 등이 포함된다(McLuhan, 1967).

4. McLuhan의 미디어 이론

1) 개인차 이론

개인차 이론(individual differences theory)은 매스미디어가 관람자(viewers)의 펄스낼리티 특성에 호소하는 메시지를 제공한다고 주장한다. 즉 개인의 독특한 심리욕구를 만족시키기 위해 매스미디어를 이용한다는 것이다. Katz, Gurevitch, 그리고 Hass(1973)는 매스미디어가 해결해 주는 욕구로 다음 네 가지를 들었다.

첫째, 인지적 욕구(보다 많은 정보, 지식 및 이해)

둘째, 정의적 욕구(심미적, 감정적 경험)

셋째, 통합적 욕구(진실성, 신뢰성, 지위, 가족 및 친구들과의 접촉)

넷째, 도피적 욕구(규범적인 사회 역할로부터의 긴장 완화 및 도피)

스포츠의 경우에 있어서 Birrell과 Loy(1979)는 매스미디어가 다음의 4가지 결과를 가져다 준다고 주장하였다.

첫째, 인지적 욕구인 정보의 기능에 있어서 매스미디어는 게임의 과정에 대한 지식, 게임의 결과에 대한 지식, 그리고 경기자와 팀에 대한 통계적 지식을 제공해 준다.

둘째, 통합적 기능에 있어서 매스미디어는 사회집단과 친화하게 하고 다른 관중과 사회적 경험을 공유하게 한다.

셋째, 각성 또는 정의적 기능에 있어 매스미디어는 흥분을 제공해 준다.

넷째, 도피적 기능에 있어 매스미디어는 불안, 초조, 욕구불만, 좌절 등의 감정을 정화해 준다.

스포츠에 있어서의 인지적 욕구는 신문과 잡지에 의해 가장 잘 충족되며, 그 다음 TV와 라디오라고 설명하고 있다. 그리고 통합적 욕구는 하나의 사건에 참여함으로써 가장 잘 충족되고, 그 다음 TV, 라디오, 신문의 순이며, 정의적 욕구는 직접적 참가와 TV를 통해 가장 잘 충족되고, 도피적 욕구는 모든 형태의 매스미디어에 의해 충족되지만 특히 TV의 경우에서 두드러진다고 주장하고 있다.

2) 사회범주 이론

사회범주 이론(social categories theory)은 산업사회의 도시에는 이미 노출되었던 일련의 자극에도 불구하고 거의 똑같은 반응을 보이는 대다수의 집단이나 집합체 또는 사회범주가 있다고 주장한다(De Fleur, 1970). 달리 표현하면 매스미디어에 대하여 상이하게 반응하는 하위집단이 널리 존재하고 있다는 것이다. 이 이론은 스포츠의 소비형태가 연령, 성, 사회계층, 교육수준, 결혼여부 등에 따라 차이가 있다는 사실에 근거하고 있다. 이러한 접근에 있어서 한 가지 제한점은 사회범주에서 고립되어 있고 교육정도가 낮은 하위 계층의 50대 흑인여성은 보통 인정되지 않는다는 것이다. 즉 특수한 하위집단의 생활습관은 대개 간과된다는 것이다. 이러한 접근방법은 매스미디어의 영향과 접촉이 비록 중요할지라도 서로 다른 하위집단의 구성원에게 획일적으로 영향을 미치지 않는다는 사실을 일깨워 주는 것이다.

3) 사회관계 이론

사회관계 이론(social relationships theory)은 "비공식적인 사회관계는 개인이 매스미디어가 제공하는 메시지에 대해 반응하는 태도를 수정하게 하는 중요한 역할을 담당한다."고 주장한다(De Fleur, 1970). 학자들은 이 이론이 청소년의 스포츠 소비자 역할 사회화 과정에 대한 연구에서 정립되었다고 주장한다(McPherson, 1976). 청소년이 스포츠 소비자 역할로 사회화되는 것은 다음요인과 관계가 있다는 것이다.

첫째, 스포츠를 소비하는 중요타자의 수.

둘째, 중요타자의 스포츠 소비의 빈도.

셋째, 스포츠를 소비하는 중요 타자와의 상호작용의 정도.

넷째, 스포츠에 자발적으로 참여하는 가족 구성원으로부터 받은 스포츠소비에 대한 승인의 정도.

다섯째, 부모가 즐기는 여가활동의 위계서열 중 스포츠의 중요도.

여섯째, 청소년기의 일차적 스포츠참가.

일곱째, 청소년기의 사회환경에서 스포츠참가의 기회.

따라서 개인의 매스미디어 스포츠소비의 유형은 중요타자의 가치와 행동에 의해 다양하게 영향을 받는다고 할 수 있다(Guttman, 1986).

4) 문화규범 이론

문화규범 이론(cultural norms theory)은 매스미디어가 현존의 사상이나 가치를 선택적으로 제시하고 강조한다고 주장한다. 예컨대 다음과 같은 관념이 스포츠를 보도하는 미디어를 통하여 선택적으로 주입될 수 있다는 것이다.

첫째, 스포츠소비가 가치 있는 여가활동이다.

둘째, 노화는 신체적 · 사회적 활동에의 참가를 감소시킨다는 것을 의미하지 않는다.

셋째, 젊은 성인남자는 작업이나 게임이 끝난 후 맥주를 마신다.

De Fleur(1970)는 매스미디어가 다음의 세 가지 방법으로 개인의 규범적 인지에 영향을 미친다고 강조한다.

첫째, 기존의 규범과 유형이 강화된다.

둘째, 새로운 사상이나 규범이 창조된다.

셋째, 기존의 규범이 바뀌어질 수 있고 새로운 행동유형이 대두된다.

비록 증거는 불충분하나 북미에서 매스미디어가 스포츠를 취급하는 양태는 수많은 스포츠 영역에서 태도와 행동의 변화를 가져오는데 일조 한다고 볼 수 있다. 그 예로서 매스미디어 소비의 결과로 인해 국민들이 흑인과 여성운동 선수에 대한 자신들의 부정적 고정관념을 변화시켜 왔으며, 아마추어리즘, 프로페셔널리즘, 올림픽 이상에 대한 태도, 생애 주기에 따른 일차적 및 이차적 스포츠참여의 장점에 대한 신념 등이 변화되었다. 특징 있는 4명의 노파가 등장하는 미국의 TV 쇼인 'The Golden Girls'를 보면 각 등장인물은 신체적으로나 사회적으로 매우 활발한 생활을 영위하고 있다. 이에 대해 문화규범 이론은 미디어에서 노령 여성을 위한 활동적인 생활양식을 제공함으로써 나이 든 사람과 그들이 상호 작용하는 사람의 태도가 그러한 방향으로 수정될 것이라고 주장한다.

매스미디어는 또한 우리의 삶이 시간이 지남에 따라 어떻게 변천해 왔는가에 대한 성찰의 시각을 제시한다. 특히 신문은 특정 시대의 사회생활에서 고유한 규범, 신념, 가치, 여론, 사실에 대한 최상의 직접적, 간접적 원천이 되어왔다. 신문을 시대에 따라 검토해 봄으로써 우리는 우리 삶의 특정 국면에서, 그리고 우리의 가장 중요한 몇몇 사회제도에서의 변화를 인지할 수 있다.

스포츠와 매스미디어

1. 미디어스포츠와 스포츠미디어

20세기를 지나 21세기에 들어 스포츠는 사회문화적인 성격을 지닌 제도로 정착되면서 매스미디어를 통한 미디어스포츠로써 현대사회에서 큰 위치를 차지하게 되었다. 이러한 '미디어스포츠' 는 Wenner(1998)가 처음 사용하였으며, 매스미디어가 스포츠를 중요한 내용으로 다루면서 출현한 용어로써(김원제, 2004), 미디어를 통해 구성된 스포츠를 의미한다. 이러한 미디어스포츠는 새로운 소비 영상문화로서 이미지를 생산하고 재현하는 과정을 통해 스포츠소비욕구에 반응하는 현상이며 의미와 재미의 전달과정이다(정영남, 2008). 예를 들어, 똑같은 야구경기의 관람이라도, 방송국이 원하는 정보만을 받을 수밖에 없을지언정, TV중계를 통해 보는 야구경기는 더욱 다양한 정보와 시각적 집중력을 가지게 된다. 중계를 보는 내내, 아나운서와 해설가의 또 다른 정보를 접할 수 있으며, 중간 중간에는 영상편집이 된 것을 다시 볼 수 있거나, 다양한 카메라 앵글을 통해 경기장에서 쉽게 보지 못하는 장면도 볼 수 있게 된다. 이러한 경험은 실제 현장의 경험과는 꽤 상이한 것이다. 이러한, 미디어스포츠에서 미디어와 스포츠는 상호의존적이며, 꾸준히 진화 혹은 문명화과정을 통해 발전하게 된다.

'스포츠미디어'는 미디어스포츠와는 다른 개념이다(정영남, 2008). 스포츠미디어는 미디어가 스포츠를 통해 많은 이익을 추구할 수 있다고 판단해서 스포츠를 핵심 컨텐츠로 두어, 스포츠중심으로 편성되는 미디어를 지칭한다. 스포츠미디어는 독자, 청취자, 시청자들에게 스포츠와 관련된 정보를 매스미디어를 통해 전달하는 복합 다양한 과정을 지칭한다. 즉, 스포츠미디어는 스포츠를 주요 컨텐츠로 전달하여 성장을 추구하는 미디어라 할 수 있다.

[그림 6-6] 스포츠 현장을 생동감 있게 중계하기 위하여 매스미디어 기술은 하루가 다르게 변하고 있으며, 이러한 발전은 전통적 직접관람료 수익보다 TV중계권 수익이 더 큰 이익을 만들게 하는 중요한 요인이 되었다.

2. 매스미디어가 스포츠에 미치는 영향

1) 스포츠의 의존성

많은 학자들은 스포츠와 매스미디어의 역학적 관계규명을 위해 노력해 왔다. Brill(1979)은 매스미디어를 통해 간접적으로 스포츠에 참가하는 관람 스포츠가 인간의 공격적이고 호전적인 본능을 완화시켜 준다고 주장했다. 또한 Gerth와

Mills(1954)는 대중 심리적인 갈등을 해소할 수 있는 힘이 매스미디어에 있다고 밝혔으며, Elias와 Dunning(1970)은 스포츠에 직접 참여하지 못한 스포츠팬들이 대중미디어를 통하여 자신의 긴장을 풀고 오락성을 갖게 된다고 하였다. 이와 같이 스포츠는 매스미디어가 지니고 있는 정보제공, 해설, 오락 등의 내용을 포함한 제 기능을 이용하여 일반대중들에게 친숙한 대중문화 제도로써 다가섰으며, 매스미디어는 스포츠가 지니고 있는 기능을 이용하여 그들의 이익과 성과를 올리고 있다(전상돈, 1989). 즉 현대의 스포츠는 그 자체만으로는 사회적 기능을 발휘할 수 없으며, 매스미디어에 의해서 그 기능이 확산되고 많은 대중들에게 위대한 사회적 세력으로 확산되고 있는 것이다.

인쇄미디어와 전자미디어는 미디어에 대한 스포츠의 경제적 의존성 때문에 일정하게 증가하고 있다(McPherson, Curtis & Loy, 1989). 그리하여 방송 프로그램에 있어서 스포츠는 비중이 커졌으며, 케이블 TV의 등장과 일간신문의 보도량의 증가로 인해 미디어는 스포츠에의 의존이 증가하게 되었다. Lever와 Wheeler(1984)의 연구에 따르면, 1900년에서 1975년까지 스포츠 보도량이 9%에서 17%로 증가하였다고 한다. 지역, 국가, 국제뉴스와 비교하여 스포츠 뉴스는 14%에서 52%로 증가하였다. 그리고 몇몇 유럽국가들은 매일 신문에 스포츠 지면을 배정하고 있으며, 북미의 케이블 TV 방송망은 시청자의 독점을 확보하기 위해 스포츠경기를 제작하고 있다(McPherson, Curtis & Loy, 1989). 미디어의 스포츠 의존성에도 불구하고 미디어는 스포츠에 대하여 많은 부문에서 영향력을 행사하고 있다. 그러나 TV의 부상에 따른 변화는 시청자를 유입하거나 방송에서 많은 수익을 생산하는 것으로 인식되고 있다(McPherson, Curtis & Loy, 1989). Kaempfer와 Pacey의 연구에서는 1978년 대학 축구 방송이 40% 증가한 반면, 그에 따른 관중은 2.6% 감소하였다고 하였다. 이는 TV 방송의 증가가 관중을 안방의 시청자로 유입하게 한다는 것을 의미한다.

UEFA Champions League 2009-2010 시즌의 경우, 영국은 약 2700억 원, 이태

리는 1500억 원, 스페인은 1400억 원, 독일은 1300억 원을 TV시청권료로 지출하였다. 호주에서는 2001년 이래 가장 높은 TV점유율을 보인 TV 프로그램은 2005년 테니스 호주오픈 남자결승, 과 2003년 럭비월드컵결승전이다. 또한, 독일에서도 2010년 독일과 스페인의 남아공월드컵 경기는 약 3100만 명이 시청하여 TV점유율(share)이 82.3%를 보여주었으며, 최상위 아홉 TV프로그램 중에 여덟 프로그램이 스포츠, 특히 축구 중계가 차지하였다. 미국에서도 유사한 경향을 보여준다. 최상위 20개 프로그램 가운데, 9개가 스포츠 중계였으며, 대부분 미식축구 결승전인 Super Bowl이다. 미국프로야구(MLB)는 2009년 World Series에서 결승전 6경기 평균 11.7% 시청률과 19% TV점유율을 보여주었으며, 결승경기 평균 시청자 수는 1940만 명에 이르렀다. 이것은 TV를 비롯한 많은 매스미디어들에서 스포츠가 중요한 부분을 차지하고 있다는 것을 보여주는 예이다.

McPherson(1989)이 제시한 미디어에 의한 스포츠의 영향에 관한 몇 가지 예는 다음과 같다. 골프경기가 메달 경쟁에서 점수제로 전환, 저녁 경기의 상대적 증가, 대중의 욕구를 만족시키는 유사 스포츠 또는 새로운 스포츠의 등장, 주요 미디어가 후원하는 지역 아마추어 스포츠경기 제작, 스포츠 방송인으로 뉴스 리포터보다 TV 퍼스낼리티와 예능인의 고용, 상업성을 띤 경기 종료시간 조정 등이다.

스포츠는 현대에서 사회 문화적인 면을 크게 반영하고 있으며, 스포츠상품이 계속 증가하고 있다(Snyder, 1965). 스포츠상품이나 스포츠문화의 발전에는 널리 산재해 있는 대중들에게 신속하고 효율적으로 스포츠를 전달시켜줄 수 있는 미디어의 영향이 크다. Shecter는 미디어의 미디어는 스포츠현장에서 간과하기 쉬운 이미지를 생생 대중ㅁ사하여 재현(replay)시켜줄 수 있으며, 스포츠경기의 하이라이트를 재생시켜주고, 경기에 대한 지식과 정보를 통계적으로 제공하는 장ㅇ해 있다고 하였다. Voigt은 관람유형의 분류에서 직접관람에 따른 경험과 지식이나 잡지에 의한 경험트를 재생TV트라디오를 통한 경험 등을 제시하였다(Loy, McPherson & Kenyon, 1978).

[표 6-1] NFL Super Bowl TV 시청 관련 자료

연도	방송사	시청률(Rating)	점유율(Share)	30초당 광고료	시청가구(천명)	시청자(천명)
2009	NBC	42.0	64	$3,000,000	48,139	98,732
2008	FOX	43.1	65	$2,699,963	48,665	97,448
2007	CBS	42.6	64	$2,385,365	47,505	93,184
2006	ABC	41.6	62	$2,500,000	45,867	90,745
2005	FOX	41.1	62	$2,400,000	45,081	86,072
2004	CBS	41.4	63	$2,302,200	44,908	89,795
2003	ABC	40.7	61	$2,200,000	43,433	88,637
2002	FOX	40.4	61	$2,200,000	42,664	86,801
2001	CBS	40.4	61	$2,200,000	41,270	84,335
2000	ABC	43.3	63	$2,100,000	43,618	88,469
1999	FOX	40.2	61	$1,600,000	39,992	83,720
1998	NBC	44.5	67	$1,291,100	43,630	90,000
1997	FOX	43.3	65	$1,200,000	42,000	87,870
1996	NBC	46	68	$1,085,000	44,145	94,080
1995	ABC	41.3	62	$1,150,000	39,400	83,420
1994	NBC	45.5	66	$900,000	42,860	90,000
1993	NBC	45.1	66	$850,000	41,990	90,990
1992	CBS	40.3	61	$850,000	37,120	79,590
1991	ABC	41.9	63	$800,000	39,010	79,510
1990	CBS	39	63	$700,400	35,920	73,852
1989	NBC	43.5	68	$675,000	39,320	81,590
1988	ABC	41.9	62	$645,000	37,120	80,140
1987	CBS	45.8	66	$600,000	40,030	87,190
1986	NBC	48.3	70	$550,000	41,490	92,570
1985	ABC	46.4	63	$525,000	39,390	85,530
1984	CBS	46.4	71	$368,200	38,880	77,620
1983	NBC	48.6	69	$400,000	40,480	81,770
1982	CBS	49.1	73	$324,300	40,020	85,240
1981	NBC	44.4	63	$275,000	34,540	68,290
1980	CBS	46.3	67	$222,000	35,330	76,240

연도	방송사	시청률(Rating)	점유율(Share)	30초당 광고료	시청가구(천명)	시청자(천명)
1979	NBC	47.1	74	$185,000	35,090	74,740
1978	CBS	47.2	67	$162,300	34,410	78,940
1977	NBC	44.4	73	$125,000	31,610	62,050
1976	CBS	42.3	78	$110,000	29,440	57,710
1975	NBC	42.4	72	$107,000	29,040	56,050
1974	CBS	41.6	73	$103,500	27,540	51,700
1973	NBC	42.7	72	$88,100	27,670	53,320
1972	CBS	44.2	74	$86,100	27,450	56,640
1971	NBC	39.9	75	$72,500	23,980	46,040
1970	CBS	39.4	69	$78,200	23,050	44,270

[표 6-2] MLB World Series TV 시청 관련 자료

연도	방송사	시청률	점유율	시청자수
2009	FOX	11.7	19	—
2008	FOX	8.4	14	13,635,000
2007	FOX	10.6	18	17,123,000
2006	FOX	10.1	17	15,812,000
2005	FOX	11.1	19	17,162,000
2004	FOX	15.8	26	25,390,000
2003	FOX	12.8	22	20,143,000
2002	FOX	11.9	20	19,261,000
2001	FOX	15.7	26	24,528,000
2000	FOX	12.4	21	18,081,000
1999	NBC	16	26	23,731,000
1998	FOX	14.1	24	20,340,000
1997	NBC	16.7	29	24,790,000
1996	FOX	17.4	29	25,220,000
1995	ABC/NBC	19.5	33	28,970,000
1994				
1993	CBS	17.3	30	24,700,000

연도	방송사	시청률	점유율	시청자수
1992	CBS	20.2	34	30,010,000
1991	CBS	24	39	35,680,000
1990	CBS	20.8	36	30,240,000
1989	ABC	16.4	29	24,550,000
1988	NBC	23.9	39	34,490,000
1987	ABC	24	41	35,340,000
1986	NBC	28.6	46	36,370,000
1985	ABC	25.3	39	34,510,000
1984	NBC	22.9	40	28,010,000
1983	ABC	23.3	41	29,540,000
1982	NBC	27.9	49	38,070,000
1981	ABC	30	49	41,370,000
1980	NBC	32.8	56	42,300,000
1979	ABC	28.5	50	37,960,000
1978	NBC	32.8	56	44,278,950
1977	ABC	29.8	53	37,150,000
1976	NBC	27.5	48	34,720,000
1975	NBC	28.7	52	35,960,000
1974	NBC	25.6	48	29,080,000
1973	NBC	30.7	57	34,750,000
1972	NBC	27.6	58	—
1971	NBC	24.2	59	—
1970	NBC	19.4	53	—

[그림 6-7] 2010 NBA 결승전의 화려한 Replay들을 보여주는 ESPN

인쇄미디어와 방송미디어는 몇 가지 특징을 보여주고 있다. 스포츠에 대한 인쇄미디어는 스포츠팬들에게 직접적인 이미지를 통해 스포츠에 참여할 수 있게 한다. 아나운서에 의해 전달되는 라디오도 청취자에게 친숙하고 직접적인 이미지를 통해 스포츠의 오락성을 제공함으로써 스포츠에 대한 갈증을 유발시키고 다른 스포츠미디어의 수용욕구를 초래하여 결국, 신문, 잡지 등의 구매욕을 촉진시킨다(McPherson, Curtis & Loy, 1989). 1890년대 최초로 스포츠섹션이 신문에 등장하기 시작한 후로 최근에는 신문의 약 50%를 스포츠 관련 기사가 차지하고 있을 정도가 되었으며, 인쇄기술의 발달로 시각적 정보를 더욱 많이 제공하여 여전히 큰 정보제공자로서의 역할을 담당하고 있다(Andrews, 2005). 또 다른 인쇄미디어인 잡지는 신문과는 달리 특정한 그룹을 목표로 심층적인 내용을 다루고 있다.

TV는 여타 미디어에 비해 종합적인 기술을 통해 메시지를 제공하므로 경기장면을 보다 현장감 있게 다각적으로 전달할 수 있으며, 행동의 전달이 용이하므로 스포츠를 관람하는 스포츠팬들은 전문 해설가의 영향을 크게 받고 있다. 또한 현대 방송 미디어의 양상은 인기 프로스포츠를 선호하는 경향을 보임으로써 아마추

[그림 6-8] 최신 스포츠 방송 제작을 위한 3D카메라

어 스포츠가 상대적으로 빈약하게 되었다(Nixon, 1974). 현대사회에서 스포츠의 점유도가 증가함에 따라 매스미디어는 스포츠를 상업적인 측면에서 이용하여 스포츠의 본질을 훼손시키는 역작용을 조장하지만, 특정 스포츠의 보급과 스포츠참여 인구의 증대, 스포츠에 대한 사회적 관심 고조 등과 같은 측면에서 유익한 영향을 미치고 있다.

또한 매스미디어는 스포츠를 통해 광고 수익을 증대시킨다. 매스미디어의 소유주는 스포츠지면과 스포츠방송에 광고료를 더 많이 부과하는데 이는 많은 사람들이 스포츠를 즐기고, 스포츠관련 정보를 입수하기 위하여 신문을 구독하거나 TV를 시청한다는 사실을 알기 때문이다. 매스미디어가 우리 사회를 지배하기 전에는 관중동원과 스포츠보급을 위해서 경기규칙과 경기시간의 변경이 이루어졌다. 그러나 스포츠에 있어서 대중미디어에 의한 수입이 증대된 이후에는 광고수입의 증대와 시청자들에게 흥미 거리의 제공을 위해 경기규칙과 경기시간을 변경하기 시작하였다. 매스미디어의 지배로 인한 경기의 구조 과정 계획의 변화는 결국 스포츠의 발전에 기여했으며, 각종 경기에 참가 팀이 증가하는 결과를 낳았다. 대중미디어는 스포츠에 대한 관심과 참여기회를 넓혀 여가선용의 기회확대 및 스포츠의 생활화와 활성화에 기여하여 건전한 인격을 갖춘 사회 구성원이 되도록 고취해 줄뿐만 아니라 더 나아가 미디어를 통한 스포츠의 전달로써 올바른 스포츠문화를 형성하고 건전 사회를 건설하는 역할을 담당하기도 한다(이은미, 1991).

2) 매스미디어의 영향력

스포츠에 대한 미디어의 영향은 직 · 간접적으로 지대하다. 직접적인 영향은 규칙, 경기일정, 기술, 승부 등 스포츠 자체에 변수 요인으로 작용하는 것이고, 간접적인 영향은 경기 외적인 요소로서 수입과 재정 및 조직에 대한 영향, 스포츠의 대중화, 스포츠맨십의 전파 등을 들 수 있다. 예를 들면 스포츠가 TV에 재정 지원을 의존하고 있기 때문에 경기 규칙이나 경기 일정 등이 TV의 상업적 이익에 맞추어 편성되는 경우가 있다. 매스미디어가 스포츠에 미치는 구체적 영향은 다음과 같다.

(1) 스포츠의 상품화 : 수입과 재정

매스미디어는 스포츠를 상품화시킬 뿐만 아니라 스포츠 운영조직의 재정 수입원을 만들어 준다. 즉 매스미디어는 스포츠를 정보화, 기호화함으로써 교환가치를 증대시켜 스포츠를 상품화하며, 그로 인해 스포츠조직은 안정된 수입을 얻게 된다. 스포츠에 관한 안내 기사, 경기 기사, 해설 기사 등 스포츠에 관한 모든 보도는 스포츠의 정보화이고 기호화한 것이다. 스포츠의 입장에서 보면 매스미디어가 재정 문제의 해결에 최적격 도구라고 생각할 수 있다. 여기에 기업의 광고가 막강한 경제력을 바탕으로 매스미디어와 스포츠간에 개입하여 이들의 관계를 불가분의 관계로 만들고 있다. 이와 같은 현실에서 스포츠가 만일 TV로부터 수입이 없어진다면 스포츠의 기반 전체가 와해 될 수 있다. 즉 스포츠와 미디어는 서로 공생하는 관계라고 할 수 있는 것이다. 실제로, 미국 NBA경기의 Play-off는 상위 16개 팀이 참가하는 1회전부터 7전 4선승제로 이루어지는데 이는 한 경기라도 미디어에 더 노출시킴으로써 수익을 극대화하려는 전략이다. 그리고, 삼성이 EPL 첼시에 5년간 1000억원의 스폰서 계약을 체결한 것은 전 세계에 매스미디어를 통해 명품 마케팅을 할 수 있기 때문이었고, 결국 첼시의 우승으로 삼성은 650억 원의 미디어 노출 효과를 거둔 것으로 추정하였다(조선일보, 2006, 6, 17). 2010 남아공월드컵을 공식 후원한 현대자동차는 2002년의 6조 원, 2006년의 7조 원에 이어 10조 원 이상의 홍보효과를 기대하고 있다(스포츠서울, 2010, 6, 21).

또한 스포츠의 인기는 TV에 의해 더욱 높아지고 있으며, 관객의 증가로 인해 수입 또한 증가하는 추세에 있다. 그로 인해 시범 경기나 리그 게임 수를 늘이고, 시합에 적합한 팀 수를 늘임으로써 경기 일정을 확대하기도 하고, 대중의 욕구를 충족시키기 위하여 새로운 스포츠나 모의경기를 만들어 내기도 한다. 스포츠 방송인을 뉴스기자보다 연예인으로 고용하는 것도 하나의 상품화로 보기 때문이다. 또 다른 예를 들면 국내 프로 야구와 미디어 종사자들은 서로 동업자라고 부른다. 야구 관련 보도는 관중의 흥미를 자극해 입장수입의 증대요인이 되고, 프로 야구단을 갖고 있는 기업은 미디어 보도가 기업의 이미지나 생산 제품의 홍보효과 면에서 금전적 이외의 수입을 얻고 있기 때문이다.

(2) 스포츠에 대한 관심과 인기의 증대 : 대중화

매스미디어의 간접적 영향의 두 번째 문제로서 스포츠의 대중화와 고도화를 들 수 있다. 스포츠의 대중화도 매스미디어의 영향이 아주 컸다고 볼 수 있다. 대중화라는 것은 성, 연령, 직업, 지역, 사회적 신분, 지위에 관계없이 다수가 생활의 일부로서 스포츠를 행함을 의미하는데, 생활의 여유가 필요하지만 대중화의 가장 큰 역할을 하는 것이 매스미디어임은 주지의 사실이다. 스포츠경기의 TV중계는 경기의 대중화로 이어진다고 볼 수 있다. 이러한 대중화에 의해 공공 및 사설 스

[그림 6-9] 남아공월드컵 기간 동안의 Nike TV 광고. 매스미디어를 통해 스포츠기업들은 큰 수익을 얻었으며, 동시에 미국에 많이 알려지지 않았던 베컴, 호나우두 등의 선수들은 미디어를 통해 더 큰 시장성을 가지게 되었다.

포츠클럽, 직장 스포츠시설 등이 증가하게 되고, 스포츠인구도 또한 증가하게 된다. 미국 NFL 결승전인 수퍼볼(SuperBowl) 경기는 미식축구가 늘 인기가 좋은 미국, 캐나다, 일본 외에도, 2010년에는 전 세계의 30개 언어로 180여 국가에 생중계되며, 그러한 인기를 바탕으로 광고는 30초에 평균 35억 원에 이르기도 한다. 또한, Tiger Woods의 등장을 계기로 골프는 다른 어떤 스포츠보다 대중화에 성공하였으며, 그를 후원하는 Nike 역시 골프업계에 크게 성공한 브랜드로 자리 잡게 되었다.

매스미디어는 스포츠의 순기능적 역할을 하지만 동시에 역기능의 작용으로 스포츠에 영향을 미치기도 한다. 순기능적 측면으로는 '승리보다는 참가' 라는 올림픽 이상, 우정 있는 경쟁, 최선을 다하는 모습 등 아름다운 스포츠의 정신을 미디어를 통해 전달되기도 하고, 경기 중 감탄을 불러일으킬 만큼 좋은 인상을 심은 선수에 대한 예찬 보도는 시청자들에게 스포츠에 대한 만족감을 주기도 한다. 그러나 선수들이나 코치들의 정당치 못한 행위나 난폭한 행동들이 TV로 중계될 때는 나쁜 효과를 나타내기도 한다. 예를 들면 팬들이 선호하는 인기 있는 선수들의 비신사적 행동이나 약물 복용과 같은 일탈행위는 역할 모델에 의해 팬들이 이러한 행위를 배우게 된다. 또한 미디어는 스포츠의 상업주의를 부추길 소지도 있다.

(3) 스포츠규칙의 변화

TV 방송 사정과 시청자의 흥미를 끌기 위해 스포츠 기존의 규칙이 변화되기도 한다. 스포츠는 TV 욕구에 부응하고 시청자의 활력을 높이기 위해 까다로운 규칙을 시청자의 편의위주로 변화시키고 있는 실정이다. 스포츠 규칙은 해당 스포츠 종목의 국제 연맹이나 국가별 협회가 결정한다. 그러나 스포츠 자체의 필요성에 따라서도 규칙이 변경 될 수 있다. 그러한 규칙변경의 배경에 매스미디어, 특히 TV 방송이 큰 몫을 하는 것이 사실이다. TV 중계의 기술적 난점을 보완해 시청자에게 서비스한다는 측면에서 규칙 변경을 요구하기도 하지만 방송의 시간적 제약성 때문에 그리고 방송의 수익성을 높인다는 의도 하에 규칙 변경의 압력을 가하기도 한다.

이와 관련한 예가 골프의 스트로크 플레이, 공격적인 야구를 지향하기 위한 지명 대타 제도, 박진감 있는 경기를 펼치기 위한 프로농구의 24초 룰과 3점 슛, 테니스의 듀스 게임이 계속되는 것을 방지하기 위해 타이브레이크 시스템과 비디오 판독, 배구의 랠리포인트 시스템, 탁구의 라지 볼 사용, 프로 미식축구의 하프타임 단축과 판정시비를 위한 비디오 판독 등이다. 또한 국내 프로 씨름의 샅바잡기에 대한 규정의 계속적인 개정도 여기에 속한다. 지루한 샅바잡기 싸움에 식상한 관중의 요구 수용이라는 면도 있지만 씨름경기의 후원자가 TV방송사라는 점을 간과할 수 없기 때문이다. 이러한 변화는 TV 방송사정에 맞도록 하고, TV를 보는 시청자들의 관심을 끌기 위한 것이다. 최근에는 TV와 가장 맞지 않는다는 축구도 경기 중 TV광고 편성에 많은 아이디어를 쏟아내고 있으나 아직 실현은 되지 않고 있다.

[그림 6-10] TV 중계와 함께 스포츠도 많이 변화했다. 미식축구와 NBA, 프로테니스에는 비디오판독을 채택하였다. 보수적인 FIFA도 연이은 오심의 피해를 줄이기 위해 비디오판독(instant replay)의 채택을 논의하고 있다.

(4) 경기일정의 변경

경기일정에 대한 매스미디어의 영향도 매우 크다. 각종 스포츠경기의 일정이

TV 시청률을 높이기 위하여 방송사 측의 사정에 맞도록 조절되거나 변경되기도 한다. 예를 들면 시청률을 높이고 광고 수입을 올리기 위하여 가장 좋은 시간대인 저녁시간에 경기를 개최하는 것, 미국 프로야구에서는 TV 시청률을 높이기 위해 전통적인 예배시간인 수요일 대신에 토요일에 월드 시리즈를 시작하는 것을 들 수 있다. 88 서울올림픽 경기 일정은 대표적인 예라고 할 수 있다.

가장 많은 중계료를 내는 미국 TV방송사의 강력한 요청으로 미국의 관심종목인 육상, 수영, 체조 등 상당수 경기의 결승전이 미국인이 많이 볼 수 있는 시청시간대로 조정되었다. 국내의 프로 야구나 씨름 등을 위시한 각종 인기 스포츠의 경우도 관중과 TV 시청률을 높이기 위해 결승전 경기를 일요일 오후로 맞추는 경기 일정을 자주 볼 수 있다. 프로 야구의 경우, TV방송사와 프로야구위원회는 중계 계약을 할 때 계약조건으로 저녁 경기중계의 경우는 경기 시작 30분을 앞당기는 것으로 되어 있다. 각 방송사에서 가장 중요시 여기는 9시 뉴스에 영향을 미치지 않기 위해서이다.

(5) 스포츠기술에 미치는 영향

매스미디어는 스포츠선수나 팀의 기술발달에 크게 영향을 미친다. 여러 경기의 내용을 비디오 테이프를 이용하여 반복적으로 분석하여 자신의 기술이나 팀의 전술에 이용하는 경우가 많다. 예를 들면 각 종목의 경기에서 특정 선수나 일류선수의 경기내용 분석은 기술과 전술 향상에 중요한 정보가 된다. 국제경기에 출전하는 대부분의 선수단은 VCR기사를 대동하는데, 외국 선수들의 경기 모습을 촬영하여 장 · 단점을 분석해 다음 경기에 대비하기도 한다. 다이빙, 체조 · 단점을 · 단 전 등과 같이 세밀하고 정확한 동작을 요구하는 경기종목 일수록 미디어 기재의 도움이 필요하다. 이와 같이 TV는 일반인들이나 아마추어 선수들로 하여금 전문 운동선수의 동작을 지켜 볼 수 있는 기회를 제공하여 새로운 기술을 인지하고 자신의 기술을 발전시키고 새로운 기술을 개발할 수 있도록 도움을 주고 있다.

[그림 6-11] 새로운 미디어 기술은 스포츠 경기력의 발전도 함께 하고 있다.

(6) 승부에 영향

매스미디어는 승부에도 영향을 미친다. 스포츠에서의 경기력은 선수들의 실력과 정신력에 의해 결정된다. 매스미디어는 선수들의 실력에도 영향을 미치고 정신력에도 상당한 영향을 미치게 된다. 예를 들면 마라토너 황영조는 자신의 마라톤 경기에 영향을 미치는 요인은 별로 없다고 했는데, 있다면 매스컴의 과다 선전과 국민들의 기대라고 했다. 또한 매스미디어의 경기 전 예상 보도는 선수 개인이나 팀의 전력을 객관적 평가를 기준으로 이루어지지만 이에 민감한 경우 실력을 제대로 발휘하지 못하거나 또는 실력 이상의 경기력을 보일 수도 있다.

이상에서 매스미디어가 스포츠에 미치고 있는 영향을 개괄적으로 살펴보았다. 매스미디어는 스포츠의 상품화, 대중화, 경기규칙의 변경, 경기일정의 변경, 스포츠기술의 발달, 승부 등에 영향을 주고 있으며, 더 넓게 보면 스포츠문화에도 크게 영향을 미치고 있음을 알 수 있다.

3. 스포츠가 매스미디어에 미치는 영향

1) 스포츠의 우월성

매스미디어는 신체적, 시간적, 사회적 거리가 협소한 다수의 사람들에게 비교적 소수의 사람들이 신속하고 동시적으로 정보를 전달할 수 있는 기술 체계를 말하는데 일반적으로 신문, 잡지, 책 등과 같은 인쇄 미디어와 라디오, TV, 영화 등과 같은 방송 미디어로 구성되어 있다. 이러한 매스미디어는 스포츠와 서로 역동적이면서 순환적인 관계를 갖는다. 매스미디어를 통한 스포츠보도는 스포츠 행위를 사회적 커뮤니케이션의 커다란 부분으로 변화시켰으며, 특별한 사회적 위상을 갖도록 유도하고 있다. 스포츠뉴스가 중요한 미디어 정보라는 사실과 우리나라에서 TV를 통한 스포츠 중계방송이 높은 시청률을 보이는 것은 매스미디어에 있어서 스포츠에 관한 논쟁이 사회적으로 의식된 책임이 수반되는 커뮤니케이션학의 새로운 영역으로 편입되어야 한다는 논제로 연결된다(송해룡, 1993).

매스미디어는 그 자체의 기능을 통하여 대중에게 스포츠에 대한 각종 정보를 제공하고 전문지식을 전달함으로써 스포츠에 대한 관심과 흥미를 유발시키고 있는데 국내외에서 거행되는 경기의 결과 및 성적 등의 보도를 통하여 국내외의 스포츠현상을 알 수 있게 해주며, 각국의 스포츠문화, 체육시설 등을 교류되는 경기의 결과와줌으로써 스포츠 발전에 상당한 과 및 성적 등의(김동하, 1980). Shecter(1970)에 의하면, 미디어는 스포츠현장에서 간과하기 쉬운 이미지를 생생하게 묘사하여 재현시보를줄는 경기으며, 스포츠경기의 하이라이트를 재생시보를성적, 경기에 대한 지식과 정보를 통계적으로 제공하는 장점이 등의적 하였다.

최근의 골프 중계를 보면 Tiger Woods가 몇 yard의 드라이버샷을 한지 실시간으로 시청자들에게 알려주며, 축구경기에서는 프리킥지점에서 골포스트까지의 거리를 한 치의 오차도 없이 제공한다. 또한, 2010 남아공 월드컵은 전 세계에 3D로 생중계되었다.

[표 6-3] 인쇄미디어와 방송미디어의 특징

방송미디어	인쇄 미디어
활동과 드라마 형태 유지를 강조함	뉴스, 분석, 특정 그림을 강조함
경기간의 구별과 해설을 제공함	이미 일어난 사건의 요약을 제공함
순간적인 행동의 보도에서 반미디어 적인 것을 제공함	확실한 정보의 넓은 관점을 제공함
성공은 과대 선전의 생산에 의존	성공은 신뢰성 유지에 달려 있음
보도는 동시에 특정 시점의 큰 단일 청중에 초점을 두고 진행됨	보도는 다양성과 분리된 것의 수집에 목적을 두며, 독자가 구별됨
내용은 스포츠를 위한 후원과 스포츠 퍼스낼리티의 준비에 보다 가까움	내용은 스포츠 퍼스낼리티와 스포츠 비평주의를 보다 유사하게 준비함

Leonard Koppett(1981), Sport Illusion, Sports Reality.

미국의 경우, 스포츠에의 가장 큰 참여는 TV, 라디오, 책, 잡지 등을 통해 일어남을 알 수 있는데, Robinson은 미국 성인의 30%가 매일 TV 스포츠를 시청한다고 보고했으며, Kenyon은 그의 연구 표본의 50% 이상이 스포츠를 라디오에서 듣거나 TV를 통해 적어도 일주일에 한 번은 본다고 하였다(Loy, McPherson & Kenyon, 1978). 그리고 한국 갤럽조사 연구소의 '한국인의 매스미디어 접촉실태' 조사에 따르면, 어느 미디어보다 TV 접촉률이 79.6% K가장 높고, 그 다음이 일간신문 51.6%, 월간잡지 30.8%, 주간잡지 20.2% 순으로 나타났다(김문겸, 1993). 이렇게 스포츠는 TV, 라디오 등의 프로그램과 신문 및 정기 간행물의 보도 내용K가운데 많은 부분을 차지하고 있기 때문에 의 보도내스포츠 의존도는 날이 갈수]K증대되고, 스포츠가 발전함에 따라 매스미디어는 각종 스포츠관(K기사를 중요하게 다루게 되어 보도량은 증가하게 되다. 이러한 스포츠지면의 폭발적 증가는 여가활동과 대중소비 그리고 매스미디어의 발달과 함께 촉진되었다.

스포츠가 현대사회에 미치는 영향이 크기 때문에 각 방송사와 언론사들은 방송 프로그램과 신문기사에 화제성이 있는 스포츠경기를 방영 및 보도하려고 치열

[그림 6-12] 새로운 미디어 기술은 스포츠 경기력의 발전도 함께 하고 있다.

한 경쟁을 벌이기도 한다. 그 중에서도 스포츠에 대한 TV 시청시간이 괄목할 정도로 증대되었다. 방송국 측에서는 방송프로를 채우기 위해 스포츠에 상당히 의존한다. 미국의 경우를 보면, 주말과 골든아워 시간의 TV 프로그램은 거의 대부분 스포츠로 짜여 있다. 올스타 게임, 월드 시리즈, 수퍼볼 등으로 거의 모든 채널에 스포츠가 방영되고 있으며, 24시간 동안 스포츠만 방영하는 ESPN(The Entertainment and Sport Programming Network)과 같은 방송사도 생기게 되었다. 또한, 2003년에는 NBA가 위성방송을 통해 자체 채널을 가지게 되었으며, NFL도 NHL, MLB와 함께 위성방송의 자체 채널을 통해 24시간 방송을 송출하고 있다. 또한, 뉴미디어로의 확장을 통하여, 인터넷, 비디오게임, 양방향TV, Mobile통신 등을 활용해 'One source-Multi use' 체제를 더욱 넓고 다양하게 갖추고 있다.

이와 같이 스포츠는 TV 프로그램에서 중요한 역할을 하고 있으며, 최근 방송국의 주요 동향은 스포츠경기의 독점 지향이라고 할 수 있다. 그리고 스포츠정보를 위하여 신문을 구독한다는 말이 있듯이 스포츠의 보도는 신문 판매량에 많은 영향을 주고 있다.

그로 인하여 스포츠기사를 위한 지면수가 점점 더 늘어나고 있다. 스포츠기사 지면의 증가는 대중 여가를 지향하는 사회적 성격을 말해 주는 것이며, 스포츠가 신문의 기사거리를 제공하고 더불어 판매 부수를 증가시키는데 기여함으로써 스포츠와 미디어의 공생관계가 이루어지게 된다.

스포츠는 신문이나 방송 이외에 영화, 비디오, 만화 등과 같은 미디어에도 영향을 미친다. 예를 들면 신문지면의 만화들이 청소년을 대상으로 하는 야구, 축구, 복싱 및 car-racing 등을 소재로 한 내용이 많으며, 또한 소설, 드라마에도 스포츠를 소재로 한 것이 인기를 끌고 있다. 현대사회와 같은 자동화, 정보화, 대중화 사회에서는 스포츠의 비중과 관심은 대단히 크며, 이로 인해 매스미디어는 사람들의 관심 증대에 따라 기술한 바와 같이 많은 영향을 받고 있다.

4. 스포츠와 매스미디어의 상호의존성

스포츠는 인간 상호간의 커뮤니케이션을 가능하게 해주는 유형화된 사회체계로서 그 자체에 메시지를 지닌 미디어이다(최관기, 1988). 따라서 스포츠는 대중 상호간의 커뮤니케이션(의사 전달)을 가능하게 해주는 유형화된 사회제도로서 그 역할의 중요도가 높아질 것임을 예견할 수 있다. 많은 스포츠사회학자들이 스포츠와 매스미디어의 상징적 관계를 연구하였다(Brill, 1929; Bogart, 1956 ; Altheide & Robert, 1978 ; Cliff, 1981 ; Coakly, 1986). 이들은 스포츠와 매스미디어의 관계 발전은 사회변천의 커다란 테두리 안에서 이루어진다고 주장했다. 사회적, 경제적 발전에 따라 개인의 생활양식이나 추구 성향도 달라지며, 스포츠와 매스미디어의 관계도 이에 상응한다는 것이다.

현대사회에 있어서 스포츠와 매스미디어는 공생관계이다. 올림픽 경기, 아시아 경기대회, 세계선수권대회, 월드컵 축구, 프로야구나 프로축구는 매스미디어와의 관계를 떼어놓고 생각할 수 없다. 양자의 상호 관계는 '필요 충분조건' 의 관계인 것이다. 즉 미디어는 스포츠를 홍보해 주었고, 스포츠는 미디어를 팔아 주었다. 신문과 텔레비전은 스포츠를 홍보하는 도구가 되고, 스포츠는 신문 구독을 높이고 방송 광고율을 높이기 위한 수단이 되는 공생 관계가 형성된 것이다. 기자와 아나운서들은 기사거리와 중계방송을 은유, 비유 등을 통해 경기를 재미있게 만듦으로써 매스컴과 스포츠 모두를 번창시켰다. 그러나 매스미디어와 스포츠간의 공생관계를 그 성격상 스포츠 쪽이 미디어에 보다 많이 의지하고 있기 때문에 이러한 공생관계가 동등한 관계라고 말할 수는 없지만 서로를 보호하면서 발전시키고 있는 것이다.

[그림 6-13] Walt Disney사는 ESPN을 소유하고 있는 ABC를 사들이면서 전 세계 스포츠 미디어 산업시장에서도 정상의 기업으로 발전했다.

Smith와 Blackman(1978)은 스포츠와 매스미디어가 서로 경제적 이익의 추구라는 공동의 목적을 가진 공생적 관계(symbiotic relationship)에 있다고 했으며, Hoch(1972)는 이를 스포츠의 정치 경제학적 측면이라고 설명하였는데 상술한 여러 사회현상은 대중미디어의 경제적 측면을 증대시켰으며, 대중미디어 소유주는 광고를 통하여 기업의 이익을 추구할 수 있게 하였다. 특히 미디어 중에서 신문과 TV는 스포츠에 대한 의존도가 가장 높아서 신문은 스포츠 기사로 지면을 채우며, TV는 주말 프로그램으로 스포츠를 선호한다. 신문과 TV에 별로 관심이 없는 사람에게 있어 스포츠관련 보도내용은 관심거리가 되며, 기대심리를 자극한다. 이러한 스포츠보도에 대한 기대와 관심을 미디어에서는 다른 측면으로 이용하여 기업이나 사업가와 같은 광고주를 끌어들여 광고소득을 올린다. 스포츠에서의 특종기사는 대중미디어의 수입과 직결되기 때문에 소유주는 매스미디어가 주관하는 스포츠대회를 개최하여 특종기사를 만들어 국민의 관심을 이끌어 낸다. 결국 이러한 스포츠관련 프로그램은 신문사와 TV 방송국의 성공적 사업의 중요한 부분이 되고 있다. 최근에는 스포츠와 매스미디어의 관계에서 이해상충 또는 부정적 측면도 대두됨에 따라 양자관계의 바람직한 구도가 필요하다. 이를 위해 스포츠와 매스미디어는 상호친밀성에 근거한다는 분명한 인식과 이해, 지나친 상업주의의 배제, 경사화(slanting)에 대한 경계, 감동적 이야기의 전파에 관한 협조, 참여 스포츠에 관한 관심 배가, 국제화에 대한 대비 등이 필요하다고 할 수 있다.

스포츠저널리즘

1. 저널리즘의 의미

현재 사용되고 있는 저널리즘(journalism)이라는 말은 그 의미가 일정하지 않다. 일반적인 정의로 인식되고 있는 좁은 의미의 저널리즘은 정기적인 출판물을 통하여 시사적인 정보와 의견을 대중에게 전달하는 활동, 구체적으로는 신문과 잡지에 의한 활동을 가리키는데 사용된다. 반면 넓게는 대중전달의 모든 활동을 말하는데 이 경우에는 비정기적인 것, 출판물 이외의 비인쇄물에 의한 것, 내용적으로는 단순히 오락 · 지식 등을 제공 · 전달하는 경우도 포함된다. 출판 저널리즘, 라디오 · 방송 저널리즘, 영화 저널리즘 등의 말이 이에 해당된다.

저널리즘의 어원이 라틴어 'diurna(나날의 간행물)'에서 유래되었다는 점과 저널리즘이라는 말이 만들어지고 사회적으로 정착한 것이 신문과 잡지가 대중전달 활동의 왕좌를 독점하고 있던 19세기 중반 무렵이었다는 것을 생각하면 본래는 좁은 의미로 한정되어 사용되던 것이 최근에 와서 넓은 의미로 사용되는 경우가 많아졌다고 할 수 있다. 그러나 넓은 뜻으로 말하는 저널리즘도 매스 커뮤니케이션과 반드시 일치하는 것은 아니다. 매스 커뮤니케이션은 대중전달의 사회과정 전체를 가리키는 종합개념인데 비해 저널리즘은 그 일부분 또는 하위개념(下位概念)이며, 주로 매스 커뮤니케이션의 미디어 활동의 측면을 가리키는 것으로 이해하는 것이 적절하다.

저널리즘의 역사는 고대국가의 신문 유사물의 발생시기까지 거슬러 올라갈 수도 있지만, 이른바 저널리즘으로서의 면모를 갖추게 된 것은 17~18세기에서의 시민혁명 과정에 나타난 근대적인 신문 · 잡지의 출현, 즉 근대 저널리즘의 성립에서 비롯된다. 근대 저널리즘의 역사적 특징은 그것이 신흥 시민계급에 의해 이룩되고 봉건적 · 절대주의적 압제에 대항하는 무기가 되었다는 점이다. 지배계급의 언론 탄압 속에서 신문 · 잡지 · 팜플렛을 중심으로 저널리즘은 시민계급의 여론과 힘을 결집하는 기관으로서의 역사적인 역할을 해냈다. 중요한 것은 이러한 시민혁

[그림 6-14] 저널리즘은 한정된 시간성을 가지고 뉴스의 가치를 가진 내용을 전달하는 것이다.

명 과정에서 '언론출판의 자유 획득' 이 시민계급의 중심적인 구호였다는 사실이다. 이 요구가 저널리즘의 활성화를 촉구하고 그것이 다시 시민혁명을 뒷받침했다.

이렇게 성립된 근대 저널리즘의 기본적인 기능이 근대 시민사회의 발전과정에서 정보의 전달과 동시에 새로운 사회건설을 위한 적극적인 의견표명에 돌려진 것은 당연한 일이었다. 그러나 산업혁명이 일어나고 자본주의의 급격한 발달이 대량의 노동자를 산출하자 저널리즘은 새로운 대중 속에 파고들어 독자를 개척하면서 저변을 확대해 나갔다. 근대 테크놀로지의 발달, 도시의 인구집중, 생활수준의 향상, 교육의 보급 등과 같은 현상이 이러한 경향을 한층 촉진시켰다. 한편, 저널리즘 자체도 여기에 대응하면서 지금까지의 가내 공업적 단계에서 벗어나 급속히 자본주의적 기업화를 이룩하였다. 그리고 19세기 말~20세기초에 자본주의 독점단계로의 발전과 동시에 저널리즘은 근대 저널리즘에서 현대 저널리즘으로 전환하게 되었다.

현대 저널리즘의 가장 기본적인 특징은 기업성에 있다. 현대 저널리즘을 구성하고 있는 미디어 기업은 방대한 자본과 설비를 소유하고, 거기에는 자본의 법칙이 관철되고 있다. 따라서 저널리즘의 사회적 기능으로서의 정보 · 의견의 전달도 상품화하여 최대 다수의 최대 관심사를 추구하게 되었다. 근대 저널리즘에서 볼 수 있던 일정한 주의 · 주장이나 당파적 입장은 찾아보기 힘들고, 대신에 상품시장으로서 독자의 관심이 객관주의 보도 또는 불편부당의 표어를 내걸고 나타났다. 근대 저널리즘이 지향한 '퍼스널 저널리즘' 에 대해 현대 저널리즘을 '인퍼스널 저널리즘' 이 대두된 것이다. 이러한 현대 저널리즘의 기업성은 저널리즘으로 하여금 자본주의 체제에 의존하게 하고, 그 체제에 따른 수익자가 되게 하며, 행동에 체제적 성격을 부여하는 결과를 낳았다.

오락기능이 새로 추가되어 그것이 지배적인 기능으로 발전하고 있는 것도 현대 저널리즘의 중요한 일면이다. 영화 · 라디오 · 텔레비전 등 20세기에 새로 등장한 미디어는 처음부터 오락제공을 위한 목적이 지배적이었고, 신문 · 잡지 · 출판도 그 기능의 일부가 오락 일변도로 지향하는 경향을 보이게 되었다. 되도록 많은 대중을 획득하려는 저널리즘은 자연히 백화점화하여 대중의 다양한 취미와 관심에 영합하려고 애쓰고 있다. 따라서 상품가치가 있고 '히트' 할 수 있는 기획을 연달아 내놓는 독특한 '센스' 가 중요시 된 것이다.

저널리즘의 이러한 변화는 스포츠의 기호와 부합하여 서로 공생의 관계를 형성할 기회를 제공하게 되었다. 스포츠에 있어서 최초의 중요한 전달 미디어는 신문이었다. Johannes Guttenberg(1397~1468)에 의해 인쇄기가 개발되기는 했으나 그 효과와 유용성이 실현되기 위해서는 우선 사회적 상황이 성숙되어야 했다.

1800년 이전의 신문에 스포츠기사가 게재되는 예는 극히 드물었다. 신문에 실린 최초의 스포츠기사는 1833년 5월 5일자 '보스턴 가제트' 지에 실린 영국에서 거행된 권투경기였다. 1700년대와 1800년대에는 상금이 걸린 권투, 경마, 보트 경기에 대한 산발적인 보도가 있었으나 1830년대에 이르러서야 도시화 및 교육수준의 향상과 같은 결정적인 사회적 상황의 변화로 인해 스포츠기사가 재정적으로나 사회적으로 진가를 인정받을 수 있었다(Leonard, 1980). 스포츠 저널리즘은 특정 사회의 스포츠문화를 반영한다. 저널리즘과 문화의 발달은 상응하는 측면이 있다. 스포츠 저널리즘의 발전은 스포츠문화의 향상을 의미하는 것이다. 특히 사회윤리에 대하여 스포츠 저널리즘은 어떤 형태로든 공헌해야 한다.

2. 한국 스포츠와 저널리즘

스포츠 저널리즘은 새로운 문화 표현양식이며, 오락과 서비스로서 문화 복합체적인 특성을 가져야 한다는 새로운 정의에 비교해볼 때 우리의 스포츠 저널리즘은 어떤 모습을 하고 있을까? 스포츠가 단순한 운동경기 행사가 아닌 복합체적인 문화 경제행위로 바뀌어 감에도 불구하고 우리의 스포츠 저널리즘은 여전히 결과만을 중심에 놓으며, 스포츠의 다면체적 특성을 간파하지 못하고 있다. 스포츠는 신문, 방송의 경우 주기성이 특화된 장르가 되고 있으며, 그 게재면도 1면, 사회면, 국제경제면, 비지니스면에까지 확산되고 있는 복합정보원이 되고 있다. 스포츠행위가 다양한 사회적 현상과 결합되면서 공생관계를 유지하는 사회적 개체가 된 것이다.

군부독재를 거치면서 성장해 온 한국의 스포츠는 언론으로부터 방관적인 협조를 받아왔다고 볼 수 있다. 유신시절 때부터 보여준 한국 언론의 스포츠에 대한 등거리 관계는 스포츠행위를 정치적 행위와의 연장선상에서 관찰하는 단선적인 모습으로 일관되어 왔고, 이러한 인식이 대부분의 엘리트스포츠에 대한 이해로까지 연결되어 왔다. '88년 서울올림픽 유치와 프로야구, 프로축구의 출발에 대한 비판에서 이러한 관점은 절정에 달했다고 볼 수 있다. 그러나 '88년 서울올림픽, '94 · '98년 월드컵을 거치면서 이와 같은 관점은 점차로 완화되어 스포츠에 대한 한국언론의 시각은 적극적인 협조관계로 변모하고 있다.

신문의 스포츠면이나 방송의 스포츠뉴스와 중계방송의 양적 팽창은 이러한 대형 이벤트들과 더불어 급속히 이뤄졌다. 1970년대까지만 해도 신문의 스포츠면은 사회면 귀퉁이에 자리잡는 궁색한 모습이었다. 하지만 1980년대 들어 올림픽과 아시안게임의 유치가 확정되고, 프로야구, 프로축구 등 프로스포츠의 출범이 이어지면서 스포츠관련 기사는 양적으로 증가했다. 이와 함께 스포츠기사도 질적으로 변화하기 시작했다. 단순한 사실과 해설보도에서 독자와 시청자들에게 즐거움을 주는 기사로 전환한 것이다. 1990년대 들어 국내 언론계는 스포츠기사의 중요성을 인식하게 됐고, 이후 각종 국제대회를 치르면서 스포츠기사 경쟁은 독자들의 눈길을 잡는 방향으로 가속화 됐다. 이른바 딱딱한 기사에서 읽기 좋은 연성기사로 바뀌기 시작한 것이다.

프로스포츠의 활성화와 월드컵은 한국언론으로 하여금 미디어 스포츠의 사회 · 정치적 및 경제적 의미, 특히 국제화되는 개방의 시기에 스포츠가 내재하고 있는 다양한 사회력에 관심을 갖도록 유도하였다. 손기정 선수의 마라톤 우승으로부터 시작된 민족주의와 스포츠 저널리즘의 결합이라는 우리의 스포츠 저널리즘이 이제는 세계 속의 한국이라는 세계적 관점과 결합되는 것이라고 볼 수 있다. 민족주의가 짙게 배인 우리의 스포츠보도는 박찬호, 박세리 선수로 인하여 세계적 관점과 결합되는 스포츠 저널리즘의 모습을 하고 있다. 국수주의적인 민족주의 틀에 접목되었던 특정 가치지향에서 이제는 보편적 가치지향으로 변화되어야 한다는 것이다.

그러나 이와 같은 많은 성과에도 불구하고 한국 스포츠 저널리즘이 극복해야 할 과제는 여전히 남아 있다. 우선 스포츠기자들은 여전히 언론사내에서 아웃사이더의 모습이지 인사이더가 되지 못하고 있다. 그 결과 우리의 스포츠보도는 저널리즘이 아니라 매너리즘에 빠질 수밖에 없는 구조적 모습을 하고 있다. 스포츠보도의 매너리즘은 '자기중심적 낙관주의 보도', '아젠더의 부실화', '요행저널리즘', '황색 저널리즘'과 같은 비난을 동반케 하고 있다. 신체적 행위에 정형된 고전적인 스포츠개념은 그 의미가 약화되고, 미디어스포츠 개념이 그 위력을 발휘하고 있다. 그리하여 스포츠에 생명력을 불어넣는 스포츠 저널리즘이 중요해지는 것이다. 그럼에도 우리의 미디어 스포츠행위에는 스포츠 저널리즘의 메커니즘이 제대로 접목되지 못하고 있다. 그 결과 실제적 상황과 예상 상황을 구분치 못하고, 과학적 분석 없는 지나친 낙관주의, 승리 이데올로기에 스포츠 민족주의, 큰 활자와 격렬한 표현에 기대는 감정적이고 선정주의적인 스포츠 저널리즘의 모습을 보이고 있다.

우리나라에서 스포츠 저널리즘에 대한 관점은 단순한 여가 또는 오락행위를 각색하는 행위로만 간주하는 단순 차원에 머무르고 있다. 따라서 스포츠가 다양한 사회영역들이 복잡하게 얽히는 사회현상이라는 측면에서의 이해는 미약하였다고 볼 수 있다. 외국방송을 통한 스포츠 프로그램의 국내유입, 그리고 국내방송사에 의한 외국 스포츠 경기중계 및 녹화편집 방송이 외국인의 가치관, 외국상품의 광고라는 가치이입을 자연스럽게 유발시키고 있는 것에 대한 우려가 적지 않다. 이러한 논의를 뜨거운 사회적 논쟁주제로 만들어내는데 있어서 방송사의 스포츠 프로그램 및 신문의 스포츠기사가 어떠한 특징이 있는지를 살펴보고 새로운 관점에서 조명해 보는 것은 앞으로 우리나라 스포츠 저널리즘의 과제라고 할 수 있다.

4년마다 개최되는 월드컵축구나 올림픽 보도는 우리의 미디어 스포츠 및 스포츠 저널리즘에 대한 이해와 분석에 다양한 재료를 제공해주고 있다. 스포츠가 매스 미디어의 중요한 프로그램 요인으로 성장하였음에도 불구하고 스포츠와 미디어의 관계, 스포츠 저널리즘의 중요성은 간과되었다. 미디어 환경변화와 사회의 여가 구조변화는 스포츠를 하나의 독립된 사회행위 · 현상이 아니라 복합 행위체로 만들어내고 있다. 스포츠신문의 판매부수 증가 및 구독의 일상화, 텔레비전에서 스포츠 프로그램의 요인화, 그리고 케이블 TV에서 스포츠채널의 활성화에 따른 스포츠의 미디어화는 사회적 현상이 되었다. 그러나 엘리트스포츠에 대한 보도의 심화, 고급 스포츠 중심적인 스포츠 소비문화 그리고 스타 플레이어 중심의 중계보도 및 보도기사와 관련하여 또 다른 사회적 이데올로기를 스포츠 저널리즘이 만들어내고 있다는 비판적 주장이 제기되고 있다. 이러한 스포츠 저널리즘으로부터 어떠한 사회 · 정치적인 결과가 생성될 것인가 하는 논의는 우리 사회의 문화, 정보화 사회의 도래에 따른 여가문화의 변화, 그리고 스포츠 저널리즘으로 총칭되는 스포츠 언론행위에 대한 분석으로부터 출발한다.

이제 스포츠는 방송사의 프로그램 마케팅 요인으로 급격히 인식되고 있다. 다매체, 다채널이라는 방송시장의 변화는 디지털 텔레비전을 매개로 하여 스포츠를 더욱더 방송경영에 접목시킬 것으로 예상된다. 이러한 예상과 관련하여 스포츠 중계방송의 공적인 의미를 우리 언론이 되새겨 보아야 할 것이다. 우리 언론은 보다 폭넓은 사회적 커뮤니케이션을 가능케 하는 요인으로 스포츠를 인식해야 하고, 지금까지 제기된 스포츠 저널리즘의 과제를 해결할 때 선진화된 스포츠 저널리즘이 정착될 것이다.

chapter 07

스포츠와 환경

스포츠와 환경

현대 환경문제는 고질화, 악성화, 광역화라는 대표적 특성을 가지고 있으며 이러한 문제는 지구 자연환경문제와 세계경제 · 정치체계간에 구조적으로 연계된 총체적 관계 속에서 발생하고 있다. 그러나 무엇보다도 중요한 원인은 인간과 인간사이의 왜곡된 관계 속에서 기인하며, 그와 관련된 이론으로는 환경파괴의 원인을 기술우위사상에 두는 기술중심주의와 기술발전과 성장철학을 비판하고 모든 살아있는 생명체의 권익을 존중하는 생태중심주의가 제시되고 있다.

이러한 환경파괴의 문제는 인간의 스포츠 활동에의 참가가 증가하면서 보다 조직화, 대형화되고, 심각한 수준에까지 이르게 되었고 결과적으로 개인과 사회, 그리고 국가에 제반 문제를 초래하게 되었다. 이러한 문제는 어떤 개인이나 특정 집단에 의해서 해결할 수 없기 때문에 이제 국가 혹은 국제간의 정책적인 과제가 요구되고 있다.

특히 스포츠를 이 사회에서 지속적으로 발전시키기 위해서는 국가 차원에서 현재 초보적이며 미시적 수준에 있는 스포츠에 관한 환경정책의 체계를 점검하고 이를 환경친화적으로 개선, 발전시켜나가야 한다. 이를 위해서는 환경정책을 엘리트 스포츠, 생활 스포츠, 그리고 환경교육 및 관리의 분야로 나누어 합리적 과제를 제시해야 한다.

[그림 7-1] 히말라야 14좌를 모두 등정한 산악인 한왕용은 클린마운틴 캠페인을 국내외에서 활발히 펼치고 있다.

환경문제의 본질과 특성

1. 환경문제의 본질

현대사회에서의 환경문제는 자연환경과 인간사회간에 복잡하게 연계된 총체적 구조 또는 통합적 과정을 통해 발생한다고 볼 수 있다. 우리는 이러한 사실을 국지적 또는 국가적으로 발생하는 사건뿐만 아니라 국제적 차원에서도 확대 적용해 볼 수 있다.

최근 전 지구적으로 논의되고 있는 국제 환경문제는 프레온 가스의 방출로 인한 오존층의 파괴, 이산화탄소 등 온실효과 가스로 인한 지구 온난화 현상을 비롯하여 생물 종의 다양성 소멸, 거대한 열대림의 파괴, 인접 국가에서 이동해 오는 오염물질로 인한 산성비, 공동으로 사용하는 인접해양의 오염 등과 같이 현상적으로 확인 될 수 있는 지구환경의 파괴 · 오염 문제 등이 있다. 뿐만 아니라 이를 통제하고자 하는 여러 국제환경 규제들이나 개별 선진 국가들의 환경관세, 그리고 규제조치들을 더욱 강화시킬 것이 확실한 다자간 국제환경협약(green round) 문제 등을 포괄한다.

특히 이러한 국제 환경문제는 지구환경의 파괴나 오염뿐만 아니라 이를 해소 또는 완화시키고자 하는 국제 환경규제가 우리나라에 지대한 영향을 미친다는 점에서 관심을 고조시키고 있다. 그러나 이러한 국제 환경문제에 대한 논의에서 당혹스러운 것은 지구 환경문제가 왜 발생했고 이를 해결하고자 하는 국제 환경규제가 어떠한 논리에 의해 제시되고 있으며, 그리고 이러한 국제 환경문제가 우리에게 어떤 효과를 미칠 것인지가 제대로 규명되지 않고 있다는 점이다. 이러한 당혹감은 오늘날 국제 환경문제가 지구 자연환경 문제와 세계 경제 · 정치 체계간에 구조적으로 연계된 어떤 총체적 관계 속에서 발생하고 있음에 기인한다(최병두, 1995).

환경문제에 관해서 가장 일반적으로 나타나는 주장은 환경문제는 인간이 자연을 잘못 이용한 탓으로 발생한 문제요, 따라서 어디까지나 인간과 자연의 문제이므로 자연에 대한 인류의 지식, 다시 말해서 자연과학으로 해결해야 하고, 또한 할 수 있다는 주장이다. 그러나 이는 환경문제의 본질을 왜곡시킬 수 있는 잘못되고 피상적인 생각이다. 왜냐하면 환경오염으로 인한 문제의 정도를 파악하는 데는 자연과학의 지식이 필요하지만 환경문제를 해결하기 위한 정책의 수립은 자연과학의 범위를 벗어나기 때문이다.

환경문제는 인간사회 내부의 문제가 겉으로 드러난 것, 다시 말하면 인간사회가 더러운 탓으로 환경도 더러워졌다고 많은 학자들이 주장한다. 그렇다고 하면 우리 인간사회 내부부터 깨끗이 하지 않고는 환경문제의 해결은 요원하다고 볼 수 있다. 그래서 최근에는 인간과 인간 사이의 왜곡된 관계부터 바로 잡지 않고는 결코 해결될 수 없는 문제라는 인식이 설득력 있게 제시되고 있다(정규호, 1994).

2. 환경문제의 특성

환경문제는 세계적으로 고질화되고 있다. 이의 해결을 위해서 미국과 같은 선진국들은 많은 연구와 엄청난 비용을 투입하고 관련법을 제정했지만 여전히 그 효과 면에서 질책과 자성의 소리가 적지 않다.

환경문제는 현대사회에서만 일어나고 있는 새삼스러운 문제가 아니다. 사실 환경문제는 인류사회와 함께 그 역사가 오래되었다. 그러나 문제는 현대의 환경오염이 고대나 중세의 환경오염과 양적으로나 질적으로 차원을 전혀 달리 한다는 것이다. 우선 자본주의 시대 이전의 생산 수준과 그 이후의 생산 수준이 지대하게 차이가 나듯이 현대 산업생산의 엄청난 증대로 환경오염 물질의 배출량 자체가 크게 증가하여 고대나 중세와 비교할 바가 아니다. 또 옛날의 환경오염 물질은 대부분이 자연 상태에서 생물 · 화학적으로 분해 가능한 것들이었음에 반하여 오늘날의 환경오염 물질들은 비닐 · 플라스틱 · 스티로폼 등과 같이 자연 상태에서는 쉽게 분해되지 않는 것들이거나 자연에 생소한 것들이기 때문에 자연에 버려지면 그만큼 오염물질로 오랫동안 존속하면서 피해를 내게 된다. 뿐만 아니라 옛날의 환경오염 물질들은 주로 세균성 질병을 초래하는 것들이었음에 반해서, 오늘날의 환경오염 물질들은 체내에 축적되면서 괴질이나 암을 유발시키는 것들이 많다.

또 옛날의 환경오염은 아무리 심하다고 해도 어떤 특정지역에 국한된 국지적 현상이었으나 오늘날의 환경오염은 넓은 지역에 걸쳐서 나타나는 광역적 성격의 것이 많고, 전 세계에 걸쳐 광범위하게 나타나는 범 지구적 성격을 띠는 경우도 점차 많아지고 있다. 지구 온난화 문제나 지구를 보호하는 오존층의 파괴 현상, 그리고 산성비의 문제가 광역적 환경문제의 대표적 예이다(김준환 외, 1993).

요컨대, 오늘날의 환경문제는 이와 같이 매우 고질화 내지 악성화 되었고 광역화되었으며, 그러다 보니 환경문제는 한 번 문제가 되면 그것을 회복하는데 엄청난 비용과 노력, 시간, 그리고 기술이 필요하기 때문에 가장 이상적인 대안은 사전 예방적 차원의 보다 적극적인 노력이 중요하다. 즉 환경오염 등의 문제를 사전 예방적 차원이 아닌 사후 치유적 관점에서 접근 할 경우 그 때는 이미 시기를 놓친 시기상조의 우를 범하고 마는 것이며, 이러한 점에서 오늘날의 환경문제는 예전과 차원을 달리한다.

환경문제의 발생 요인

1. 왜곡된 환경 의식

자연상태에서의 환경오염이나 환경재해는 자연환경의 자정(自淨) 능력의 한계에 기인한다. 그러나 자연의 구성물질과 이들로 구성된 생태계는 외부의 충격이 없을 경우 그 자신의 순환 · 자정 과정을 통해 일시적으로 파괴 · 오염된 상태를 극복할 수 있기 때문에 오늘날 환경위기를 주어진 자연환경 그 자체에 내재된 문제의 탓으로 돌릴 수는 없다. 이렇게 보면 환경문제는 자연현상들에 의해 표면화되지만 그 발생의 근본원인은 분명 인간사회에 내재함을 알 수 있다. 결국, 자연환경과 인간사회간의 관계는 자연환경과의 부단한 관계 속에서 일상생활을 영위하는 개인, 자원이용을 통한 생산과 그 부산물로서 오염물질을 배출하는 기업, 그리고 개인의 생활이나 기업의 생산을 통제할 뿐만 아니라 발생한 환경문제에 대해 정책을 입안 · 시행해야 할 정책 담당자 등 행위주체들에 의해 매개된다(최병두, 1995).

환경문제의 유발은 자연환경이나 인간사회간을 매개하는 행위주체들의 잘못된 행동, 즉 일상생활에서 자연을 파괴하고 자원을 낭비하거나 쓰레기를 함부로 버리는 개인행동, 생산과정에서 자원과 에너지를 과다하게 사용하고 폐기물을 불법적으로 배출하는 기업행위, 그리고 환경을 무시한 정책을 입안하고 개인이나 기업의 환경오염 행위들에 대한 통제를 소홀히 하는 정책 담당자들의 행위 등에 기인한다고 볼 수 있다. 이러한 환경오염 주체들의 행위는 당연히 처벌 또는 규제를 받아야 하며, 일시적이고 피상적인 방법만으로는 문제의 본질이 근본적으로 치유될 수는 없다. 환경문제를 유발하는 행위 그 자체는 행위자의 의식적, 또는 무의식적으로 왜곡된 환경의식에서 비롯되며, 이러한 의식은 특정 행위주체에 한정되기보다는 사회 전체적으로 일반화된 것이라고 할 수 있기 때문이다.

2. 경제학적 순환 작용

K, Marx는 역사에 의미를 주고 역사에 추진력과 본질을 부여하는 것은 인간의 정신이 아니라 인간의 물질적 풍요를 위한 활동, 특히 생존을 위해 필요한 것을 반복적으로 생산하는 인간의 실제활동이라고 주장했다. 그에 의하면, 인간의 생각(idea)이란 그 자체로서 존재하는 것이 아니라 역사의 물질적 상황에 따라 결정되는 것이다(이정전, 1996).

인간사회의 물질적 토대는 끊임없는 생산활동과 소비활동이다. 이 생산활동과 소비활동은 끊임없는 물질의 흐름을 바탕으로 영위되는데 이를 합하여 경제활동이라고 한다. 그리고 이 경제활동은 인간이 필요한 재화를 생산하기 위하여 많은 종류의 자연자원을 채취하는 과정에서부터 시작되는데 우리가 말하는 환경문제는 자연자원을 지나치게 많이 채취함으로 인해 부존량을 감소시키는 자원고갈의 문제와 환경의 자정(自淨)능력을 초과하여 지나치게 많은 폐기물을 환경계에 버림으로써 생태계를 곤경에 빠뜨리는 환경오염의 문제를 지칭하는 것이다. 이렇게 보면 환경문제의 요인 중 비제도적 요인은 여러 가지가 있을 수 있으나 결국 인간사회의 경제적 요인에 의해서 발생한다는 이론이 가장 설득력이 있다고 보인다.

그럼에도 불구하고 환경문제에 대한 경제학의 논의는 매우 오랫동안 이론적 차원에 머물러 왔다. 극히 최근까지도 환경문제는 경제학에서 예외적이고 국지적인 현상으로 간주되어 왔다. 산업혁명 이래 인류의 산업생산이 급속도로 증가되어 왔다고는 하지만 사실 제2차 세계대전까지만 해도 세계의 경제규모는 보잘것 없었다. 따라서 범 지구적으로 보나 국가차원에서 보나 환경으로부터 채취되어서 경제계로 유입되는 자연자원의 물량은 자연에 묻혀 있는 자연자원의 부존량에 비해서 무시할 정도로 매우 적었고, 그리고 경제계로부터 환경계로 버려지는 폐기물의 물량도 환경의 자정능력에 비해서 상대적으로 매우 적었다. 이는 자원고갈의 염려 없이 환경계로부터 자연자원을 부담 없이 추출하여 사용해도 되며, 환경오염의 부담 없이 폐기물을 자연계에 버려도 문제시 될 것이 전혀 없음을 뜻하는 것이다. 그러나 오늘날과 같이 세계의 경제규모가 비약적으로 커진 상황에서는 이러한 자유분방한 경제행위들은 더 이상 통할 수 없는 범 지구적 자원고갈의 문제와 환경오염의 문제로 규제되고 있다.

3. 종교적 이념

현대 환경문제의 발생은 근원적으로 인간의 정신, 혹은 자연관에서 연원 한다고 주장하는 학자들도 있다.

좀 더 구체적으로 White(1996) 등은 유일신 사상을 주창하는 기독교가 서구사회에 확산되어 감으로써 인간은 점차 자연의 신성을 부정하고 자연을 착취와 개발의 대상으로 여기게 되었다는 것이다. 인간은 자연에 신성이 내포되어 있다고 생각할 때에는 이를 마음대로 개발할 수 없겠지만 자연이 단순히 창조주의 피조물로 여겨지는 경우에는 아무런 죄책감 없이 자연을 변형하고 훼손할 수 있다는 것이다. 더군다나 성경의 창세기에는 야훼(Yahweh)께서 인간의 생존을 위해 자연을 만들었다고 적혀 있다. 이럴 경우 인간은 정신적으로 자신의 행복을 위해 얼마든지 자연을 개발할 수 있는 사상적 근거를 갖게 되는 것이다. 인간의 자연에 대한 합리주의적이며 공리주의적인 사고는 서구에서 중세와 근세에 걸쳐 과학과 기술의 발달을 가져왔으며, 이러한 과학과 기술의 발전에 기초한 산업사회의 진전이 급기야 환경문제를 초래하고 말았다는 것이다.

[그림 7-2] 월드컵 거리응원에서 보여주듯 여전히 우리의 스포츠 관람 문화에는 환경에 대한 의식이 부족하다.

현대 환경론

1. 기술중심주의

기술중심주의는 환경관을 구분할 때에 자연생태 혹은 환경과 대별되는 개념으로서 사용되는 이론체계이다. 일반적으로 자연생태 혹은 환경과 대비되는 용어는 인간이라는 단어를 사용하기도 하지만 우리가 이 문제를 논함에 있어서 인간이라는 본질적이고 원론적인 용어를 사용하기보다는, 결국 환경은 인간에 의해 사용되는 기술적 도구와 기술우위 사상으로 인하여 파괴되기 때문에 이를 구체적으로 표현하기 위하여 기술중심주의라는 용어를 사용하였다. 따라서 기술중심주의는 인간중심주의와 그 맥을 같이 한다.

환경문제에 대한 기술중심주의(technocentrism)의 사고는 기술공학에 내재된 과학기술에의 신뢰와 경제학이 추구하는 경제 성장론에 근거를 두고 있다. 이러한 사고는 자원고갈과 환경오염 문제가 경제성장 과정에서 부수적으로 발생하지

[그림 7-3] 기술과 발전만을 중시하던 사회풍토는 환경에 스스로 거대한 재앙을 만들었다.

만 과학기술의 개발을 통해 가용자원을 확대시키고, 환경오염의 관리 및 통제 능력을 고양시키기만 하면 문제가 해결된다고 본다. 그렇다고 기술중심주의가 환경오염의 문제를 무시하거나 환경오염을 정당화하는 것은 아니다. 역시 환경이라는 인간의 보금자리가 훼손되는 것을 방치하지 않고 다만 환경의 무조건적인 보호만을 주장하기보다는 환경의 효율적 관리를 더 크게 강조함을 알아야 한다.

여하튼 기술중심주의는 인간이 어떠한 난관도 극복해 온 것처럼 경제가 만족할 만큼 성장한 후에 환경관련 문제해결을 위한 과학기술에 투자를 하면 환경문제도 기술적으로 해결된다는 낙관론을 가지고 있으며, 따라서 이 문제의 해결을 위한 의사결정 과정에 대중이나 시민단체의 의견을 전적으로 배제하고 권위 있는 소수 과학기술 및 경제 전문가의 의견만을 반영한다. 이러한 환경론은 지배계층이 강력하게 신봉하고 있으며, 과학과 기술의 혜택을 가장 많이 받고 있는 서구사회에서 보편적으로 받아들여지고 있다.

이러한 기술지향적 환경관은 경제성장 위주의 정책에 대한 무비판적 지지와 과학기술의 발전을 통한 자본주의의 무한한 진보 가능성에 대한 맹신을 배경으로 하고 있다고 비판된다. 기술중심주의에 대한 이러한 비판은 현대 과학기술의 엄청난 발전에도 불구하고 오늘날 환경문제가 치유될 수 없는 상태로 점점 치닫고 있음을 지적하고 있다(최병두, 1999).

과학기술은 과정상 참여하는 인간들에게 '노동하는' 인간의 자아실현을 뒷받침하고 사회발전에 기여하는 순기능적인 역할을 수행하지만 지나치게 물화된 생산과정에서 요구되는 가치증식의 수단으로서 강하게 작용하여 자연과 인간의 지배와 통제의 수단으로 전락함으로써 인간소외를 조장하는 역기능의 수행이 내포되어 있다. 따라서 과학기술이 자연환경과 인간사회를 지배하기 위한 도구로서가 아니라 이러한 지배로부터 벗어나기 위한 '해방의 기술'로 전환될 때 현대사회의 환경문제는 해결의 실마리를 찾을 수 있다.

2. 생태중심주의

기술중심주의적 환경관은 그 역사적 근원을 인간이 생존을 위한 도구를 사용하고 생산활동을 하게 된 때부터 거슬러 올라가기 때문에 원시, 고대, 중세를 거쳐 발전해 왔다고 볼 수 있다. 이러한 물질적 성장철학은 20세기 중반까지 자본주의와 사회주의를 통 털어 전 세계의 사회체계와 이데올로기를 지배하여 왔으며, 결과적으로 자연환경의 훼손 내지 파괴를 감수해야만 했다. 그러나 1960년대에 이르러 기술중심주의로 인하여 파생되는 인류의 위기를 타개하고자 생태학적 비판과 반론을 제기함으로써 인류의 생존방식과 이념체계는 역사적 전환기를 맞이하게 된다. 이러한 추세는 1970년대에 와서 자연, 특히 비인간 세계에 대한 서구문명 내지 인간 중심적인 사회적 · 정치적 사상, 철학에 대한 비판으로 비약되었다.

'침묵의 봄'의 Carson(1962)을 비롯한 생태학자들의 비판은 거세졌고, 환경보전 운동은 선언의 단계를 지나서 제도화되고 구체적 프로그램으로 진전되었다.

이러한 생태학적 계몽사상은 인간의 자연지배, 기술발전과 성장철학을 신랄하게 비판하여 왔으며, 나아가 비인간세계, 특히 동식물의 권리를 살피고 주장하는 생태철학적 논쟁을 심화시키고 있다. 1980-1990년대의 후기 산업화 시대를 거치면서 현재 인간과 자연의 상호관계는 종래의 기술중심주의나 인간중심주의의 지배적 틀을 탈피하고 21세기의 생태중심주의적 새로운 환경 패러다임으로 바뀌는 혁명적 전환기 또는 최소한 점진적 전환기를 맞이하고 있다고 하겠다 (Eckersley, 1995).

생태중심주의(ecocentrism)는 대자연을 인간의 이익을 위해서 이용할 대상으로 보는 기술중심주의의 자연관을 거부하고 대자연의 한 구성 분자로서의 인간과 대자연의 유기적 긴밀성 및 의존성을 강조하는 사상이다. 생태주의라고도 하는 이 사상은 자연의 존재 의의가 결코 인간에게 달려 있지 않고, 자연 스스로도 존재 가능한 완전성을 갖는다고 인정하며, 자연과 인간과의 관계에 있어서 인간의 자연에 대한 지배와 착취의 관계가 자연과 인간과의 조화와 겸양의 관계로 대체되어야 함을 역설하는 시각이다(김명자, 1993).

생태중심주의자들은 자연환경의 부존자원과 수용능력에는 한계가 있으며, 일

[그림 7-4] 한강의 밤섬은 인위적인 도심공간에서 생태를 그대로 보존하려는 적극적인 사례이다.

정한 법칙에 따라 움직이기 때문에 경제성장의 필연성을 내세워 생태계에 부담을 주고 자연의 순리를 와해시키는 어떠한 자본주의적 논리도 이제는 결코 허용되지 않는다는 점을 명확히 하였고, 인간과 자연의 일치성, 즉 자연은 단순한 인간의 쾌락적 도구가 아니라 인간과 동일한 인격체로 간주할 것을 전제로 한다. 이와 같은 자연에 대한 믿음과 경외사상은 사회전반에 환경의식을 계몽하고, 이러한 의식을 바탕으로 생태계 전체의 조화와 안정에 기여할 수 있는 생활양식을 지향한다.

스포츠 참가에 의한 환경 파괴

20세기 초기 유럽의 스포츠활동은 자연성 회복운동과 동의어로 사용되었다.

당시 유럽인들은 인간을 신체의 복합물로 간주했으며, 정신은 자연과는 독립적인 이성의 소산이며 신체는 자연의 산물로 여겼다. 그리고 당시의 문화는 오직 정신만을 강조하는 정신문화로 진단했으며, 이와 같은 일방적 정신문화가 당시 유럽인들의 삶을 피폐하게 만들었다고 믿었다. 따라서 그들은 그 동안 소홀히 취급해 왔던 인간의 신체에 관심을 기울이기 시작하면서 신체활동으로 이루어진 스포츠활동을 자연성을 회복하는 운동으로 인식하였던 것이다(Schule, 1928). 그러나 오늘날에 있어서 스포츠활동은 현실적으로 자연성을 회복하기보다는 오히려 훼손하는 것으로 평가되고 있다.

또한 여가 스포츠의 발달로 인하여 자연스포츠에 대한 수요와 욕구가 급증하면서 생태계의 파괴현상은 비례하고 있는 실정이며, 특히 그것이 경쟁적인 형태를 띠게 됨으로써 스포츠에 의한 생태계의 파괴현상은 가속화되고 있다. 스포츠 참가에 의한 자연환경 파괴의 사례를 몇 가지 종목을 통하여 보면 다음과 같다.

1. 골프

최근 한국에는 골프의 붐이 이어지고 있다. 2009년에는 전국에서 2,600만 명이 골프를 쳤다. 이는 2006년의 2,000만 명에서 600만 명이 늘어난 수치이며, 골프장 수도 2006년의 250곳에서 2009년에는 339곳으로 늘어났다(조선일보, 2-23-2010). 이러한 수치는 국군 부대에서 운영하는 골프장을 포함하지 않은 것을 이를 포함하면 최소 200만 명 이상이 더 늘어날 것으로 추정된다. 이외에도 현재 119곳이 건설 중에 있다. 또한, 최근의 스크린골프장의 성업을 포함한다면 골프의 인기는 실로 하늘을 찌를 듯하다. 이러한 양적인 발전에도 불구하고 여전히 골프장의 건설에는 경제적인 수지타산보다 더 큰 환경적 문제가 큰 재앙과 함께 하고 있다.

골프장 건설은 산림지역의 감소와 파괴를 가져오고 산림지역의 감소는 야생동 · 식물의 서식처를 감소시키고, 토사유출을 증대시키며, 하구, 하천, 호수에 토사퇴적을 가속화시켜 홍수, 범람, 수해 등의 재해를 유발시키기도 한다. 골프장

[그림 7-5] 전 세계적으로 환경을 해치지 않는 골프장 개발과 관리가 실시되는데 반해, 여전히 국내 대다수의 골프장 개발 또는 관리 현장에는 환경 파괴가 자행되고 있으며, 환경단체와 지역주민들과의 마찰이 이어지고 있다.

개발이 초래하는 최대의 재해로서는 토사붕괴의 위험성을 들 수 있다. 골프장 개발 이전의 산림은 토양층의 효과에 의해 빗물이 침투, 유출양의 증가로 사면이 붕괴되기 쉽다. 다시 말하면 산림이 존재했을 때는 붕괴되지 않았던 사면이 산림벌채 후에는 강수에 의해 붕괴될 수 있는 것이다(김귀곤 외, 1994).

결국 골프장의 건설은 골프경기를 위한 새로운 유형의 생태계가 형성되는 것을 의미하는데, 이는 사람의 힘에 의해 자연 상태로 존재하고 있던 삼림생태계가 골프생태계로 변화한 것으로 설명된다. 이렇게 되면, 주변의 생태계에도 예측할 수 없는 작용과 반작용을 주고받을 수밖에 없게 된다(이창섭, 이종호, 2002). 골프장 잔디는 항상 비단결 같은 상태를 유지해야 하고, 그린에는 외국에서 수입한 잔디를 심고 있기 때문에 기후와 풍토가 맞지 않는 우리나라에서 이를 관리하려면 막대한 양의 농약과 비료를 뿌리지 않으면 각종 병충해에 큰 피해를 입게 된다. 골프장은 어떤 잡초도, 땅속 생물도 생존 자체를 허용치 않는 몇 십 만평의 푸른 사막이다. 다양한 기후와 비옥한 토양 덕분에 우리나라는 다양한 생물 종으로 유명하다. 그것을 잔디 단일 종으로 유지하기 위해서는 당연히 많은 농약이 필요할 수밖에 없다. 환경부 조사자료에도 매년 골프장 사용 농약의 수가 증가하고 있다.

지방자치제 실시 이후, 지방재정의 확충이라는 미명하에 무분별하게 골프장을 건설하면서 전국적으로 대규모의 환경파괴와 지역주민들의 생존권을 위협하며 끊임없는 논쟁의 원인을 제공하였다(김숙자, 허현미, 2000). 18홀 골프장을 기준으로 했을 때 골프장에서 하루에 사용하는 물의 용량은 무려 1,300t을 상회한다고 한다. 이러한 방대한 물의 사용은 특히 가뭄으로 농촌의 농민들이 제한급수를 실시하는 등 식수난에 허덕이거나 농업용수의 부족으로 밭이나 논바닥이 갈라져 신음하고 있을 때, 그리고 공업용수가 부족하여 공장가동이 어렵게 되는 등 긴박한 상황에 처해 있을 때 계층 및 집단 간에 엄청난 갈등과 마찰의 소지를 안고 있는 것이 된다. 또한 골프장을 건설 중이거나 많은 비가 내리면 탁류가 일어나기 쉬우며, 이렇게 되면 수원지나 농업용수로서의 이용이 어렵게 된다(환경운동연합, 1997a).

김숙자와 허현미(2000)에 의하면, 환경단체들이 주장하는 골프장의 환경문제는 크게 세 가지이다. 첫째, 산림훼손과 대형 산사태 및 홍수의 원인이 된다. 골프장을 건설하려면 산림을 깎아내고 잔디를 심어야 하기 때문에 수분흡수력이 25% 수준으로 떨어져 하절기의 집중호우에는 대형 산사태 및 홍수를 유발시킨다고 한다. 둘째, 자연경관의 훼손 및 생태계가 파괴된다고 한다. 울창한 산림을 훼손시켜 수려한 자연경관을 파괴할 뿐만 아니라 인위적으로 맹독성 농약을 살포함에 따라 수질오염과 토양오염 등으로 생태계가 파괴되어 이산화탄소의 흡수속도가 감소되어 대기정화능력을 약화시키고 미생물에 의한 풍부한 자연정수력을 상실할 수도 있다. 셋째, 지역주민의 생존권이 위협당한다고 한다. 대형 산사태 및 홍수 등으로 가옥이 침몰되고 붕괴될 우려와 인명피해가 발생할 수 있으며, 농약사용으로 인한 농경지와 식수원의 오염으로 인체에 해가 될 수 있다.

2. 스키

최근 지구온난화로 인해 전 세계에 빨간 경고등이 울리고 있다. 유럽연합의 한 보고서에 따르면, 지구온난화에 따라 기온이 상승하여 앞으로 북부 유럽은 경제적 혜택을 보는 반면, 남부 유럽은 막대한 피해를 보게 될 것이라고 한다(동아일보, 2007). 한국도 예외가 아니라 지난 10년간 전형적인 온난화의 특성을 보여주고 있다. 기상연구소에 따르면 봄과 겨울의 기온이 가장 많이 올랐으며, 겨울에 예년에 비해 짧아지고 있다고 한다. 나아가 10% 늘어난 연 강수량 중, 여름 강수량이 18% 증가해 여름철 집중호우가 갈수록 심해졌다.

이러한 지구온난화의 문제는 스키장에도 작용한다. 전 세계적으로 스키장을 찾는 관광객도 줄고 있으며(Fukuskima, Kureha, Ozaki, Fukimori & Harasawa,

2003), 이윤손실이 막대한 것으로 보고되고 있다(Lipski & McBoyle, 1991). 이러한 기후의 변화 때문에 각 스키장은 자연설에 의존하던 경영방식에서 탈피하여 인공설를 만드는 기술을 도입하고, 그로 인한 추가적 지출은 큰 경제적 손실로 되돌아 오고 있다. 또한, 스키장 개발을 위해 대규모 벌목 등의 자연훼손은 환경변화에 직접적인 악영향을 끼치고, 그러한 악영향은 지구온난화의 요인으로 사람들에게 고스란히 되돌아오고 있다.

2009년 9월 현재 한국에는 총 17개의 겨울철 스키장이 건설되어 있고, 스키장 이용자도 600만 명에 다다르고 있다(한국스키장경영협회, 2009). 그렇지만, 모두 방대한 면적으로 산림을 훼손하고 있으며, 스키장 외에도 수많은 부대시설을 갖춤으로써 각종 오 · 폐수와 쓰레기 등을 발생시켜 골프장 못지않은 자연환경 파괴현상을 유발하고 있다. 특히 많은 한국의 스키장은 유럽이나 북미의 다른 스키장들과 비교해서 필요이상의 부대시설 및 인위적 시설들을 만듦으로써 환경에 더 위험한 상황을 스스로 만들고 있다. 또한, 이들 스키장에서는 스키장 발전시설에 냉각수가 배출되는 과정에서 경유가 지하수로 흘러 들어가 수질을 오염시키거나

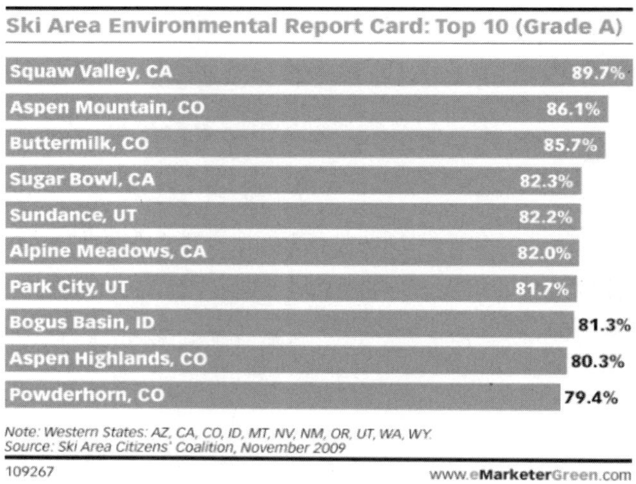

[그림 7-6] 미국에서는 친환경으로 개발되고 운영되고 있는 스키장들의 순위가 소비자들에게 보고된다.

지정 폐기물인 폐유를 보관 표지판 없이 스키장의 노천에 보관하다가 적발되는 등 불법 사례가 대부분 발견되었다.

3. 등산

등산에 의해 산이 훼손되고 오염되는 경우를 구체적으로 살펴보면, 우선 많은 등산객들의 편익을 제공하기 위해 아름다운 경관을 해치고 산의 형과 세를 변형하고 인공 보조물을 설치하였으며, 바위나 계곡 같은 곳을 임의로 훼손하여 자연적인 것보다는 인공적인 풍취를 더욱 강조하려는 듯한 경향을 보이고 있다. 즉 등산객들이 많이 찾는 곳이면 어김없이 비옥한 흙 등 자연의 채취보다는 인공적인 계단, 시멘트 콘크리트, 철재 손잡이 보조물 등 자연적인 상태를 보전하고 있는 것보다는 변형되고 인위적으로 가공된 것들이 많이 산재해 있음을 쉽게 목격 할 수 있다.

이러한 폐해현상은 암벽등반에서도 발견된다. 암벽등반을 목적으로 산에 자일과 철재 용기구를 설치하거나 암벽을 훼손하고 있으나 우리는 위험을 무릅쓰고

[그림 7-7] 등산객의 쓰레기, 사냥꾼들의 불법 올가미, 낚시꾼들의 쓰레기들은 Eco-sports의 큰 걸림돌이다.

자연에 도전하는 모험과 용기만을 칭송하고 있다. 오랫동안 내재되어 있던 인간중심주의적인 사고방식으로 인하여 인간 자체에만 포커스를 맞출 뿐 그 배후에 파헤쳐지고 훼손되는 '있는 그대로의 모습' 인 자연의 모습에 대한 우려는 없고 무감각할 뿐인 것이다.

4. 사격 및 사냥

야생조수에 대한 생존권이 크게 위협받고 있는 원인에는 사격이라는 스포츠 형태에서 발전한 수렵이 있다. 따라서 사격은 자칫 이 지구상에서 인류와 함께 공존해야 할 동물에 대한 생존권을 근원적으로 부정할 수 있는 스포츠활동이 될 수 있는데 인간의 무절제한 욕망과 인간중심주의의 오만함이 만든 결정체라고 볼 수 있다. 사격은 애초 전쟁의 대표적 수단으로 시작되어 다른 한편으로는 동물에 대한 사냥의 형태로 변모하였고, 이것이 극단적으로 왜곡 · 변질된 것이 살인의 형태인 것에서 알 수 있듯이 본질적으로 인간주의자들이나, 평화애호가, 동물애호가, 그리고 종교단체 등에 의해서 비판 받고 규제되고 있다. 공식적 스포츠 경기종목으로서의 사격은 과녁이나 인공적 목표물을 이용하고 있지만 그러한 스포츠 경쟁에서 변모한 사냥 등이 스포츠 형태를 띠면서 발전하고 있다. 이러한 동물에 대한 밀렵 등은 법으로써 통제하고 규제하고 있을 정도로 중요한 사항이며, 갈수록 심화되고 지능화 되고 있는 실정이다. 전반적으로 야생 조수의 서식 밀도는 증가하고 있으나 국내 서식 야생 조수(486종)의 13%에 이르는 65종이 멸종 위기에 처해 있으며, 정부의 단속에도 불구하고 밀렵은 쉽게 근절되지 않고 있다(환경운동연합, 1997b).

5. 낚시

낚시가 자연환경을 파괴하는 구체적인 사례를 들어보면 다음과 같다. 먼저, 낚시줄에 의한 폐해현상이다. 근래 많은 사람들이 강이나 호수, 하천 등지에서 낚시를 즐기기 시작하면서부터 낚시터와 인근 지역 및 물밑이 낚시인들이 사용한 도구와 낚시줄, 그리고 고기망들로 인하여 몸살을 앓고 있다. 그 중 질기고 미생물에 의해 분해되지 않는 플라스틱제 낚시줄이 널리 사용되면서 해마다 그들이 사용하고 난 후에 버리는 낚시줄에 엉켜 수많은 물고기와 들새, 그리고 해양 포유류 등이 죽어 가고 있다. 현재 우리나라에서 낚시용 납으로 생산되는 양은 연간 약 500톤인데 납이라는 중금속은 기존의 버려지는 낚시줄, 고기망 등 각종 도구에 의한 환경폐해 현상 외에도 새로운 고민거리를 안겨 주고 있다. 떡밥 같은 미끼도 수질을 오염시키고 있는데 이를 분해하려면 많은 양의 산소를 필요로 하고 있어 실제적으로는 반환경적 현상으로서 수중에 거의 축적이 되고 있는 실정이다. 또한 밑밥용 깻묵 한 숫가락(30g)을 쏘가리나 참붕어가 살 수 있는 2급수 수준으로 정화하려면 깨끗한 물 757리터가 필요하며, 가축사료 밑밥은 이 보다 오염도가 훨씬 높다. 또한 현재 사용되는 미끼통은 재질이 대부분 1회용 플라스틱이나 스티로폼, 또는 비닐봉투이다. 그러나 낚시인들이 이를 무책임하게 버려서 낚시터가 크게 오염되고 있으며, 특히 이를 분해하는 데에는 500년 이상 걸린다는 보고가 있다(환경운동연합, 2000).

그밖에 낚시터에서 야간에 사용하는 플래시용 건전지, 밤낚시용 발광체 등의 낚시용 물품들도 자연환경을 오염시키는 원인이 된다. 프랑스에서는 일몰 후 30분부터 일출 전 30분까지는 낚시를 할 수 없게 하는 등 그에 대한 철저한 대비책이 강구되고 있는데 반하여 우리나라에서는 어떠한 개념자체도 형성되어 있지 않은 상태이다.

6. 수상스포츠

1) 요트, 윈드서핑

해양 스포츠의 환경 폐해 현상 중 가장 우려할 만한 것은 환경 호르몬을 유발하는 물질의 과다 사용이다. 즉 요트나 윈드서핑은 선체

하단에 Antifouling이라는 방오도료를 칠하게 되는데 이 유약 성분의 페인트를 칠하는 이유는 따개비, 파래 등과 같은 해양생물이 배에 붙는 것을 방지하기 위한 것이다. 해양생물이 요트나 윈드서핑 등 주정의 하단에 붙으면 범항 시 마찰저항이 높아지지 때문에 속도가 저하되며 힘이 더 소모되기 때문이다. 그러나 문제는 이 방오도료는 합성수지, Rosin(송진), Pb(납), CU_2O(아산화구리), TBT(주석 화합물) 등으로 구성되어 있다는 것이다. 이 중 Rosin은 물에 용해되므로 Rosin과 같이 혼합되어 있던 납, 아산화구리, 주석 등이 지속적으로 수중에 용출됨으로써 이른바 환경 호르몬을 유발하게 된다.

2) 스킨스쿠버

스킨스쿠버를 배우려는 사람들이 갈수록 증가하고 있고, 전국적인 연결망이 형성되어 조직이 보다 대규모화, 조직화되어 주말이면 전국 각지의 경관이 뛰어난 수중 세계를 누비고 있다. 문제는 스킨스쿠버 동호인들이 대규모로 늘어나면서 이들이 연안 정착성 어패류와 회유성 어적, 그리고 고유의 민물고기들을 마구잡이로 포획함으로써 연안 어민들의 피해가 극심하다는 민원이 지속적으로 접수되고 있으며, 또한 아름다운 해조류를 채취해 감으로써 또 다른 자연환경 파괴의 사례로 등장하고 있다는 점이다. 바다 속이 아직은 태고의 신비함을 유지하고 있다고 볼 수 있으나 인간의 손과 발이 수중 깊은 곳까지 닿음으로써 이곳 역시 점차 이용과 착취의 대상으로 변질되어 가고 있다. 즉 스킨스쿠버인 들로부터 연안 정착성 어패류와 회유성 어적들이 대량 포획됨으로써 어민들과 잦은 마찰을 일으킴은 물론 국가에서 보호 어종으로 지정한 천연의 아름다운 민물고기와 해조식물들이 사라져 가는 등 관광자원을 수탈하는 사례가 늘고 있어 경찰에서는 무허가 스킨스쿠버인 들에 대한 규제와 법적 대응조치를 취하고 있는 실정이다.

3) 래프팅

해양 스포츠가 자연환경을 파괴하는 또 다른 사례로 래프팅(rafting)이 있다. 래프팅은 여름철에 산 계곡에서 급류를 이용하여 보트를 타는 짜릿함과 모험심을 즐기는 신종 수상 여가 스포츠로서 이에 대한 수요가 급증하면서 대중 스포츠로 자리 매김을 하고 있다. 그러나 래프팅에 참여하는 인구가 늘어나면서 전국의 계곡과 산은 그들이 남긴 쓰레기로 오염되고 있으며, 심지어 계곡의 형세를 굴삭기를 이용하여 변형시키거나 물의 흐름을 인위적으로 조정함으로써 자연의 원상태를 훼손시키고 있다. 또한 전국의 계곡에 사는 희귀한 야생 보호 물고기를 무단으로 포획하거나 래프팅 후 야간캠핑을 위해 산의 나무를 벌목하며, 음식물을 조리하거나 설거지를 할 때 사용하는 각종 세제로 인하여 물고기와 계곡 하류의 상수도원에 부정적인 영향을 미치고 있다.

[그림 7-8] 수상리조트 인근의 쓰레기 더미들

7. 스포츠산업

스포츠 산업이란 스포츠활동의 효율적인 참여를 유도하기 위해 지원되는 스포츠시설 및 장비를 생산하거나 판매하고 관리하는 제반 경제적 행위체, 혹은 사업단위를 칭하는 것이다. 환경

파괴는 스포츠에 직접 참여하는 과정이 문제가 되지만 간접적인 참여형태인 스포츠산업에 의해서도 조직적이고 광범위하게 훼손될 수 있다. 다시 말하면 스포츠 산업에 의한 환경파괴 현상은 기업의 이익을 추구하기 위해 자연을 무제한 개발하고, 자원을 이용하여 생산을 증가시키며 그 부산물을 배출하는 기업과 그를 묵시적 · 제도적으로 지원하는 정책입안자들에 의하여 보다 광범위하고 조직적으로 진행되고 있다.

스포츠 환경파괴에 대한 제 문제

1. 개인 차원의 문제

스포츠가 환경을 파괴시키는 근본원인은 인간의 무절제한 욕망이라고 볼 수 있다. 다시 말하면 스포츠의 참여는 개인을 기초로 하여 이루어지기 때문에 스포츠로 인한 자연환경의 파괴문제도 근본적으로는 스포츠에 참여하는 개인의 내면세계, 즉 윤리의식에 기인하고 있다. 개인 차원이라는 것은 경제적 행위에 종사하는 집단이나 스포츠 관련정책을 입안하는 집단 모두에게 적용이 되는 인간 자체의 본성을 지칭하는 것이다.

스포츠가 현재와 같은 자본주의적 특성을 갖게 되기 전까지는 종교적, 제례적인 특성이 있었다. 스포츠는 기독교적 엄숙함과 금욕주의를 실천하는 모범의 표본으로서 인지되기도 하는가 하면 청교도 정신과 개척정신의 표상, 그리고 민족정신의 표출구로서 인지되는 등 인간 개개인의 정신과 가치체계 속에 어떠한 도덕률, 훈육성, 청빈성을 체득시키는 상징이었다.

이러한 가치가 인정되어 스포츠는 오랫동안 지속적으로 진보를 할 수 있었지만 자본주의라는 화려한 장벽을 넘기에는 한계가 있었다. 왜냐하면 자본주의는 스포츠에 내재된 엄숙함, 금욕적 행위, 그리고 청빈성을 와해시키고, 승리와 이익, 경쟁과 정복 등의 가치를 사회전반에 투영함으로써 인간의 내면세계에 급격한 변동과 혼란이 조성되었기 때문이다. 다시 말하면 이성과 욕망, 이성과 본능 사이의 갈등이 존재하게 된 것이다. 이러한 인간의 내면세계의 가치에 급격한 변화의 조성은 개인의 도덕과 윤리는 물론 개인의 생활태도에 까지 영향을 초래하였다. 이의 계기는 산업혁명 이후의 급속한 과학과 기계문명의 번창이며, 이를 계기로 스포츠 세계의 가치체계도 그 전의 정신을 강조하던 체계에서 물질을 강조하는 체계로 일대 변동이 초래되었다.

결국 개인의 욕망은 인간사회의 궁극적 욕망이며, 이성은 욕망의 도구로 전락하게 되었다. 따라서 스포츠에 참가하는 사람들은 점차 자본주의 스포츠가 제공하는 풍부한 물질문명의 산물에 매력을 느끼게 되어 과소비와 물질만능주의에 젖게 되었다. 끊임없는 인간의 욕망을 충족하기 위해서 환경은 이용과 착취의 수단에 불과하게 된 것이다.

2. 사회 차원의 문제

먼저 거론할 수 있는 문제로서 스포츠는 단순히 한 세대에만 국한되는 것이 아니라 다음 세대에도 고스란히 그 부담과 해악을 남겨 주게 되는, 이른바 세대 간의 정의실현을 저해한다는 것이다. 다시 말하면 현대 환경문제는 고질화, 악성화를 주요 특징으로 하고 있는데 스포츠에 있어서의 환경문제도 한 번 파괴되고 오염되면 그것을 원상대로 복구하는 데에는 많은 시간과 비용이 소요된다. 따라서 한 세대가 일으킨 환경문제는 결국 다음 세대에까지 그 부담을 전수하게 됨으로써 사회적으로 세대 간의 갈등을 유발할 수 있다는 것이다. 이와 비슷한 경우로서 지역 간의 정의실현 문제도 지적할 수 있다. 지역 간의 정의실현 문제인 환경문제는 고질화,

악성화와 더불어 광역화라는 또 다른 특성을 지니고 있는바 어느 특정한 지역에서 일으킨 환경문제가 다른 지역에까지 피해를 입게 함으로써 지역 간의 갈등과 불신을 조장할 수 있다는 점이다.

스포츠에 있어서도 어느 특정 지역에 건설한 골프장으로부터 방류되는 유해물질이 인근 주민지역에 해악을 미치는 경우, 또 무분별한 해양 스포츠나 낚시용 기구의 유해성분이 지역 해양 생태계 전체를 교란하거나 어민들에게 피해를 입히는 경우 등 그러한 사례가 빈번히 발생하고 있다. 또한 사회적으로 경제적 여유가 있는 일부 지역의 경제적 엘리트들이 지역의 고유성과 특수성을 무시하고 스포츠 시설을 조성함으로써 지역 간 긴장과 갈등을 유발할 수도 있다.

스포츠로 인하여 야기되는 갈등문제는 계층 간에도 발생할 수 있다. 현대 스포츠는 자본주의적 생산양식과 시장경제의 특성을 직접적으로 반영한다. 따라서 스포츠는 경제적으로 여유가 있는 상류계층의 전유물이라는 비판을 면치 못하고 있으며, 하류계층은 보조자나 관람자의 위치로 전락시킨다는 비판을 받고 있지만 환경 윤리적 입장에서 본다면 문제는 현대사회가 직면한 환경파괴 문제의 근원이 경제적 상류계층에게 있다는 것이다. 환경오염은 경제적 상류계층이 저지르고 피해는 하류계층이 보며, 또 환경개선은 하류계층이 하고 환경복구의 효과는 상류계층이 보는 현상이 일어날 수 있다. 그리고 환경복구의 비용 부담에 있어서도 상류계층은 그것을 사회에 전가시킴으로써 전체 사회에 커다란 계층 간 갈등을 유발할 수 있는 것이다. 계층 간 갈등문제는 사회뿐만 아니라 국가적으로도 커다란 유해요인으로 작용하고 있어 스포츠를 둘러싼 갈등문제가 유발되지 않도록 하는 것이 환경정의 실현의 중추적 과제가 된다. 결국 계층 간 갈등의 해결은 사회정의 실현문제와도 직접적으로 연루된다.

스포츠의 환경파괴에 대한 사회윤리적 문제점은 경제 성장위주의 정책에 대한 무비판적 지지와 과학 기술발전을 통한 자본주의의 무한한 진보가능성에 대한 맹신에 의해서라고 볼 수 있다. 이러한 비판적 견해의 근거는 현대 스포츠에 의한 환경파괴가 지속적으로 발생하고 있음에도 불구하고 스포츠 과학기술의 상징인 스포츠산업과 첨단 인공합성수지 등으로 오히려 환경파괴가 가속화되고 있다는 점이다.

3. 국가 차원의 문제

먼저, 지적할 수 있는 것은 국토보전의 문제이다. 스포츠에 의하여 자연파괴가 심화되면서 전 국토의 산야와 강, 호수 등이 무참하게 파 해쳐지는 문제에 대하여 국가는 기본적으로 선조들에 대한 죄의식을 가지고 있어야 한다. 국가는 스포츠에 참여하는 국민의 인권을 보호하고 경제적 풍요를 도모하며, 다양한 삶의 질을 보장한다는 명분으로 자연환경 파괴는 어쩔 수 없다는 단편적인 이념을 반성하고 건전한 생태이념을 체득하여 생태적 파괴를 최소화할 수 있는 방안을 강구하는 데에 주력해야 한다. 결국 자연환경을 보전하는 것이 국민의 인권을 보호하고, 경제적 풍요를 보장하며, 삶의 질을 향상시킬 수 있는 것임을 인지하는 것이 중요하다. 단, 국민 다수의 현실적인 욕구를 부정할 수는 없는 것이기에 자연 스포츠 참가를 보장하되 파괴를 최소화 내지 적정 오염의 수준을 초과하지 않는 선에서 이루어질 수 있도록 노력해야 한다.

이러한 노력을 통하여 국토를 아름답고 풍요롭게 현 세대와 우리의 후손들의 생명권을 존중하는 것이며 삶의 질을 더욱 풍요롭게 해 주는 유산이자 가치인 것이다. 따라서 스포츠에 대한 환경정책을 포함한 모든 환경정책이 추구하는 중추적 목표는 국토를 아름답고 쾌적하게 보전하는 것이기 때문에 항상 이러한 문제를 염두에 두어야 한다.

또 다른 문제는 국민의 건강추구에 관한 문제이다. 이 문제는 국민의 인권과 관련되어 있는 문제이다. 여기에서 국민의 스포츠참여의 권리를 보장하는 방향으로 초점을 맞출 경우 자연의 권리는 부차적인 문제로 전락되어 환경파괴를 방치할 수 있다. 그리하여 스포츠참여의 권리를 보장하되 그것이 국민의 건강추구라고 하는 스포츠 본래의 목표에 부합되는 문제인가를 진지하게 고려해야 한다. 국가가 이러한 이념으로 무장되어 있어야 국토를 아름답고 쾌적하게 보호할 수 있으며 자연 환경파괴를 최소화할 수 있다. 따라서 자연을 대상으로 하여 스포츠에 참여하되 그것이 개인의 건강 추구의 목적과는 관계없이 스포츠 참가의 권리만을 주장하는 태도를 견지한다면 국가적 차원에서 규제되고 수정되어야 한다.

또한 스포츠에 참여하는 목적이 국민의 건강추구에 있음을 전제로 한다고 하여 자연환경을 파괴하는 어떠한 행위도 정당화될 수 있다는 인식이 허용될 수는 없다. 왜냐하면 자연환경 보전은 결국 국민 개개인의 건강 추구로 귀결될 수 있기 때문이다. 인간과 자연의 존재를 동시에 인정하고, 인간과 자연의 관계를 동일한 차원에서 접근하는 생태학적 이념이 국가 정치가의 의식 속에 자리잡아야 한다. 국가가 환경문제에 효율적으로 대처하기 위해서는 국가예산을 확보하고 있어야 한다.

스포츠는 환경문제 외에도 국민계층간의 갈등과 불협화음의 소지를 안고 있다. 특히 자본주의 체제에서는 그러한 문제가 끊임없이 대두되고 있다. 그러나 이것이 환경문제와 결부되면 그 갈등의 소지는 더욱 커진다. 따라서 국민계층간의 위화감과 갈등을 해소하면서 국민총화를 도모할 수 있는 스포츠환경 정책을 수립이 중요하다.

스포츠에 있어서 환경정책 과제

환경친화적 스포츠 정책과제를 제시하자면 다음과 같다. 정책과제는 엘리트

스포츠의 환경정책, 생활스포츠 환경정책, 그리고 스포츠의 환경교육 및 관리의 분야로 구분하여 논할 수 있다.

1. 엘리트스포츠의 환경정책

엘리트 스포츠의 환경 정책과제는 크게 국제 스포츠경기와 국내 스포츠경기로 나누어 논 할 수 있다.

1) 국제 스포츠 경기

현재 우리나라는 크고 작은 각종 국제 스포츠경기가 계획되어 있어 운영상 환경친화적인 정책과제를 설정해야 하며 그 방안으로서는 다음과 같다.

첫째, 환경성 제고를 위한 마스터 플랜의 설정

각종 대회의 운영을 가장 효율적으로 할 수 있는 기본 프로그램을 작성하여 경기력 뿐만 아니라 경기장, 선수촌, 교통시설, 자연경관, 야생 동식물 보호, 에너지 이용, 물 관리 등에 대한 지침서를 작성하여 환경에 무해한 범위 내에서 운영해야 한다.

[그림 7-9] 대규모 스포츠이벤트 후에는 항상 환경에 대한 지적이 나오지만, 여전히 실천이 부족한 실정이다.

둘째, 대회 조직위에 환경보전위원회의 구성

민간 환경단체, 환경 자문위원회, 대회 준비단, 관련 기업체를 통합한 환경 보전위원회를 대회 조직위에 포함시켜 시설건설 및 운영 프로그램 개발, 개최도시의 일반적 환경현황 등에 대하여 조사, 감시, 제안, 조절 및 의결하고 유관 부서와 유기적으로 협조해야 한다.

셋째, 스포츠시설과 경기장건설에 환경친화적인 개념 도입

이 개념은 환경을 보전하고 가꾸는 것을 중심 모토로 인식하는 개별성을 말하는 것으로써 가장 중요한 것은 온실가스를 줄이는 것이다. 온실가스를 줄이기 위해서는 대회 기간 중 사용되는 실제 에너지, 교통수단의 연료, 대회 중 발생하는 쓰레기의 양에 대한 엄격한 계획과 규제조치가 필요하다(김귀순, 1998). 이를 위하여 재생 가능한 에너지인 태양열, 풍력, 수력을 이용한 전기, 바이오 가스의 사용과 다양한 대중 교통수단 확보, 자전거 타기 운동, 1회 용품 사용의 자제와 쓰레기 줄이기 운동을 통한 쓰레기 매립장에서의 메탄가스 방출의 절감을 실천해야 한다.

2) 국내 스포츠 경기

국내에서 개최되는 스포츠경기에 대한 환경정책 과제는 다음과 같이 설정할 수 있다.

첫째, 에너지 이용의 합리화를 통한 경제성 도모

국내스포츠 경기 중 에너지 소비가 특히 많은 프로스포츠 경기에 사용되는 조명시설 및 에너지 공급원을 태양열과 풍력 등을 이용한 대체 에너지 시스템으로 변경해야 한다. 또한 기존의 스포츠 시설물들의 이중 창문, 투명 단열 유리, 태양열 조명으로 교체하고 여름에는 지붕녹화, 옥상정원, 녹음수 식재, 통풍시설의 보완 등을 실시해야 한다.

둘째, 쾌적한 스포츠 시설 조성

경기장 주변의 불법 노점상에 대한 규제 조치를 강화하여 질서를 회복하고 교통체증 현상을 해야한다. 또 경기장 주변에는 녹지를 조성하고 문화적 볼거리를 제공하고 안락한 휴식공간을 조성함으로써 혼란과 무질서, 그리고 각종 소음과 공해로부터 벗어날 수 있도록 해야 한다. 또한 경기장 곳곳에 위생적인 식수를 제공할 수 있도록 급수시설을 설치하고 화장실, 쓰레기 배출 및 보관시설, 오수 처리시설 등이 현대화되어야 한다.

셋째, 대회 기간 중 환경관련 이벤트 강화

환경의식을 고취하기 위해서 대회기간 중 환경관련 세미나를 개최하거나 경기장 주변에 환경 관련 홍보 책자나 안내문을 비치 · 배포하는 환경 캠페인을 실시한다. 또 경기장에서는 축구와 같은 구기 종목의 경우 전 · 후반 휴식시간, 야구 경기의 경우 Cleaning Time시 관중석 청결 정돈을 관중으로부터 유도하거나 환경보전에 관한 이벤트를 연출하여 볼거리를 제공하는 방안도 고려해야 한다. 그리고 스포츠에 있어서 경기에 참여하는 선수와 임원, 단체, 관람객들에게 환경을 애호하는 방법을 개발하게 하여 이를 직접 실천하는 개인이나 단체에게 그린 메달(green medal)을 시상하는 방법도 검토될 수 있다(박동근, 1998).

2. 생활스포츠의 환경정책

환경파괴 현상이 가장 광범위하게 일어나고 있는 각종 생활 스포츠에 있어서의 환경 정책 과제는 다음과 같이 제시될 수 있다.

첫째, 스포츠 환경영향평가 제도의 정착

생활 스포츠에 관련한 환경영향평가 대상 사업의 지역, 시기, 규모, 공법 등에 관한 모든 대안이 스포츠시설 조성의 기본 계획 · 확정 이전에 비교 · 검토 · 평가되어야 하며, 이를 위하여 문화관광부 내에 혹은 생활체육 협의회나 각 경기 연맹 등이 환경영향평가 전문부서를 두고 전문요원을 고용하여야 한다.

둘째, 스포츠환경 감시제도 상용화

현장에서의 직접적인 측정과 관찰이 중요하며, 종합적인 환경 현황을 파악하기 위해서 지식체계와 정보체계를 갖추어야 하고, 특히 현장에의 접근성이 용이하도록 기동성을 갖추어야 한다. 또한 지방 자치단체나, 경기연맹 혹은 동호인들로 구성된 자율적 지원요원을 적극 모집하여 활용하고 감시 활동을 수행함에 있어서 일정 수준의 격려비와 지원금을 보조하도록 해야 한다.

셋째, 스포츠환경 규제조치의 강화

골프장에서 사용하는 독성이 강한 농약 대신 미생물 농약 사용을 의무화하는 방안과 호수와 저수지 등지에서 낚시를 제한하는 법을 제정하여 낚시 면허제, 떡밥 사용의 금지, 납 봉돌의 사용규제, 밤낚시 금지, 치어 포획 금지(경남 남해시, 2000), 래프팅 제한구역의 설정, 강이나 하구에서의 모터보트 속도 제한 등의 규제조치를 지역별 특성에 맞게 강화하여야 한다.

넷째, 스포츠환경 산업과 환경기술의 육성 · 개발

스포츠환경 산업과 관련한 문제들에 대한 조정을 실시하여 환경친화적 스포츠 산업의 육성, 저 에너지 · 자원형 스포츠산업의 활성화, 스포츠환경 산업의 규모 증대를 도모해야 한다.

다섯째, 스포츠폐기물 및 유해물질의 관리 철저

스포츠현장에서 발생하는 쓰레기를 감량화 하기 위하여 1회 용품 사용을 억제하고 1회 용품 제조업체에 오염 부담금을 물리며, 플라스틱제 청량 음료수 병을 재사용이 가능한 유리병으로 교체한다(정재춘 외, 1999). 또한 수은전지 같은 폐기물도 회수할 수 있도록 하고, 음식 쓰레기는 소각이나 매립, 혹은 재활용이나 퇴비화 하여야 한다.

3. 스포츠 환경교육 및 관리

스포츠의 환경파괴를 최소화하고 사전 예방하는 데에는 환경에 대한 교육 및 관리를 어떻게 하느냐 하는 문제가 중요하다. 이 문제는 주로 학교차원에서 사회학습의 차원에서 일찍부터 실시하는 것이 중요한데 그 방안으로서는 다음과 같다.

첫째, 스포츠참여와 관련한 환경보전 교육의 강화

스포츠참여 시 환경보전 교육을 강화하기 위하여 야외 환경교육을 적극 실시하여 학습자로 하여금 자연환경에 대한 애착과 관심을 불러 일으켜 환경에 대한 자기 환경화를 촉진할 수 있도록 해야 한다. 야외 환경교육을 통하여 건전한 스포츠 행위와 환경에 대한 감수성과 상상력을 직접 체험케 해야 한다.

둘째, 스포츠 시설의 환경친화적 관리

학교 당국자, 학생, 체육교사, 학부모가 중심이 되어 학교 운동장내에 녹색 조경수를 조성하고 잔디를 이식하거나 화초를 가꿈으로써 푸른 학교 가꾸기 운동을 실시해야 한다. 또한 수영장 수질관리 및 운영에 있어서도 규정을 강화하여 청결하고 위생적인 시스템을 마련하고, 학교 체육관과 장비 · 기구의 사용과 관리에 있어서도 반 환경적 여건을 개선해야 한다.

[그림 7-10] 대규모 스포츠이벤트 후에는 항상 환경에 대한 지적이 나오지만, 여전히 실천이 부족한 실정이다. SK와이번즈는 적극적인 환경 캠페인을 벌이고 있다.

셋째, 환경친화적 스포츠 이념과 실천적 모델 제시

대학의 체육관련 학과 혹은 연구기관에서 스포츠정책이 지향해야 할 이상적인 이념이나 실천 모델을 연구·개발하여 환경관련 정부기관과 단체에게 제시함으로써 스포츠의 지속 가능한 발전 토대를 다진다.

이상에서 보는 바와 같이 스포츠를 이 사회에서 지속적으로 발전시키기 위해서는 국가적 차원에서 본격적으로 다루어 현재 초보적, 미시적 수준에 있는 스포츠환경 정책의 체계를 점검하고 개선, 발전시켜야 한다. 또한 세계적인 정책이념으로 자리 매김을 하고 있는 환경친화적 이념을 구현 할 수 있도록 엘리트스포츠와 생활스포츠, 그리고 스포츠의 환경교육 및 관리의 측면에서 이를 보다 체계적이고 합리적으로 관리해 나가야 한다.

Tip

반환점을 돌며…

대한민국 알리미 서경덕씨와 가수 김장훈씨가 New York Times에 실은 독도 광고입니다.
어떤생각이 듭니까?????

chapter 08

스포츠와 문화

스포츠와 문화

문화는 인간의 사회적 행동을 이해함에 있어서 기본이 되는 요소로서 오랜 시간 동안 지속적으로 반복되는 과정에서 형성된다. 스포츠문화 역시 다른 문화적 요소와 끊임없이 영향을 주고받는 과정에서 사회의 축소판이라고 할 수 있는 사회제도로 발전하게 되었다. 즉 스포츠는 사회문화적 현상을 반영하며, 스포츠의 본질, 구조, 조직 등도 역시 사회문화적 현상이 존재하고 있는 사회집단과 긴밀한 관련성을 맺고 있다. 이러한 관련성은 인간의 생존과 번영을 위한 본능적인 신체활동과 원시시대 문화 사이에서뿐만 아니라 고대 그리스시대의 올림픽으로부터 그 시대의 정치적, 경제적, 문화적, 종교적 상황 등 다면적인 사회상을 반영해 볼 수 있는 데에 근거한다. 스포츠는 그의 기본 형태인 놀이에 근원을 둔 인간문화의 기초인 것이다.

이러한 경향은 현대사회의 스포츠에서도 그대로 투영되어 있는데 그에 관한 비교 문화적 사례는 각 스포츠종목의 생성과 발전, 그리고 스포츠에 대한 태도 및 가치에 있어서 지역 및 집단, 인종 등이 주목할 만한 차이를 보여주는 데에서 목

[그림 8-1] 문화는 인류가 제정한 생활양식과 사고양식이다.

격될 수 있다. 따라서 각 지역, 집단, 계층 및 인종간의 스포츠 하위문화는 스포츠의 사회적 체계 내에서 구성원들의 상호작용, 역할기대, 규범 및 가치 등에 따라서 그 특성을 달리 하고 있으며, 이러한 스포츠 하위문화가 건전하고 바람직하게 조성되도록 하는 일이 오늘날 스포츠정책의 주요 과제로 제시되고 있다.

스포츠문화의 개념

1. 문화의 정의

우리가 사용하고 있는 일상용어 중에 '문화'라는 단어만큼 흔히 사용되고 있으면서도 그 뜻이 무엇을 의미하는지에 대해서 여러 가지 해석이 있는 것도 드물 것이다. 문화의 개념은 인간의 사회적 행동을 이해하는데 있어 마치 생리학에서 신경이나 역학에서 힘의 개념처럼 기본적인 요소이다.

인류학적인 관점에 따라 문화는 크게 총체론적인 것과 관념론적인 것의 두 가지로 나눌 수 있다. 전자는 한 사회의 생활양식으로서의 기술적인 측면, 사회학적인 측면, 관념적인 측면들을 모두 포함한 총괄적인 개념이고, 후자는 단지 관념적인 측면 또는 구체적으로 표현되고 있는 관념적인 행위 및 태도 등에 기초하고 있는 원리에만 국한하여 문화로 간주하는 입장이다(이문웅, 1994). 총체적인 관점에서의 문화는 몇 가지 보편적 특징을 가지고 있다(Murdock, 1965). 첫째, 문화는 학습된다. 둘째, 문화는 전승되면서 동시에 변화한다. 셋째, 문화는 공유된다. 넷째, 문화는 보편적이면서 다양하다.

또한, 문화는 이상적이고 개념적인 것만을 칭하지 않는다. 문화는 자연과 대비되는 의미에서 인류가 이루어 놓은 생활양식과 사고양식을 총칭하는 차원에서 더 많이 이해되고 있다(한국산업사회학회, 1998). 이를 근거로 문화는 최고의 덕과 사회의 표준이 되는 지식인과 교양인의 '이상적인 문화' 와, 사회의 실제적인 기준으로 작용하는 '실용적인 문화' 로 구분된다(이창섭, 남상우, 2009). 결국 한 사회의 문화를 이해하기 위해서는 실용문화에 대한 성찰이 선행되어야 하며, 스포츠사회학 역시 그러한 조류에 편성하여 실용문화에 대한 연구가 다수를 이루고 있다.

문화는 사회성원들에 의하여 창조되고 공유되며, 습득 · 승계된다. 또한 문화는 숙련성과 다양성을 갖고 있으며, 항상 변하는 속성을 지니고 있다. 이러한 문화에 대한 정의는 일찍이 영국의 인류학자 Edward B. Tyler(1871)가 펴낸 '원시문화(Primitive Culture)'에서 문화란 사회성원으로서 획득한 지식, 신앙, 예술, 도덕, 법률, 관습 및 기타의 능력 등 모든 것을 포함한 복합체라고 규정한 바 있다. 이 정의는 지금까지 문화에 관한 정의 중 가장 오래된 것이며, 일반적으로 널리 인용되고 있는 고전적 정의에 속한다. 그리고, Williams는 문화개념을 '지적, 정신적, 심미적인 계발의 일반적 과정,' '한 인간이나 시대 또는 집단의 특정한 생활양식,'

그리고 '지적인 작품이나 실천행위 특히 예술적인 활동' 으로 구분 지었다.

또한 L. A. White(1977)는 상징행위에 의거한 사물 및 사건들을 신체외적인 맥락, 즉 인간 유기체와의 관련에서보다는 다른 상징물들과의 관련에서 고려했을 때 그것을 문화라고 했다. 이처럼 문화에 대한 정의는 학자들의 입장에 따라 견해를 달리하고 있으나 어느 것이 옳고 어느 것이 틀린 것이라고 단정 지을 수가 없다. 즉 연구대상이 무엇이냐에 따라 관념론적인 관점과 총체적인 관점에 의해 약간의 차이가 있을 뿐이다. 결국 문화는 한 사회집단의 생활양식이자 그 집단을 다른 집단과 구별시켜주는 것으로서 인간집단의 관습에 따라 촉발되는 개인의 행위와 이 관습에 따라서 한정된 인간행동의 소산 전체를 의미한다.

2. 스포츠문화의 정의

문화는 일정한 생활방식이나 가치관 또는 규범 등의 사회성원에 의해 비교적 오랜 시간 동안 지속적으로 반복되는 과정에서 형성된다. 또한 문화란 행동 그 자체가 아니라 집단의 사회생활에 대표적인 질서를 부여하는 사회적 산물로서 인간의 상호작용을 통해 개발된다(Loy, McPherson, & Kenyon, 1978). 전통적으로 문화는 표현적인 기술작업, 기술혁신과 같은 물질적인 문화를 통해 유지되고 있다. 이러한 특성을 가지고 있는 문화적 요소로서 스포츠는 다른 문화적 요소와 끊임없이 영향을 주고받는 관련성을 갖고 있다. 따라서 사회의 축소판이라 할 수 있는 스포츠는 사회제도의 하나로서 사회적 · 문화적 현상으로부터 고립되어 존재할 수 없다. 즉 스포츠는 사회 · 문화적 현상을 반영하여 스포츠의 본질, 구조, 조직 등 역시 사회 · 문화현상이 존재하고 있는 사회집단과 상호 관련성을 맺고 있다(Leonard, 1980).

스포츠문화에 대한 개념은 로마주의적 휴머니즘의 입장에 선 독일적 개념과 영미풍의 개념으로 분류되며, 그 구체적 내용은 다음과 같다(Ibrahim, 1976). 전자의 입장에서 문화란 인간의 고유정신에 근거를 둔 이상의 실현을 의미하며, 스포츠문화는 스포츠행동을 통해 이상적으로 표현된 인간의 제 능력, 즉 최고의 미, 정신기능이라고 할 수 있다. 또한 후자의 입장에서 보면 문화란 만들어진 것, 선택적인 것, 학습되는 것, 상징에 기초를 두는 것, 행동과 행동의 산물을 추상화한 것으로 정의되며, 스포츠문화는 스포츠맨십, 페어플레이 등 스포츠규범은 물론이며, 트레이닝이나 연습방법, 스포츠시설 및 용구, 스포츠매체 등 모두가 스포츠문화의 범주에 속하게 되는 것이다.

스포츠문화는 신체활동에 따른 인간행동의 양식으로 역사적 · 사회적 총체라고 할 수 있으며, 신체활동의 문화적 영역으로서 많은 사람들에게 수용되어 독자의 생활양식을 구성하는 상징, 규범, 기술, 용구 등을 뜻하는 물질적, 비물질적 요소를 모두 포함한 포괄적인 의미로 해석할 수 있다. 스포츠에 뒤따르는 근로조건과 생활조건의 사회화, 생산력의 개발 등은 현시대에 있어서 스포츠문화를 낳게 하였으며, 인간은 점차 스포츠문화에 대한 관심을 갖게 되었다. 또한 스포츠문화에 대한 전체 사회와의 관계가 다방면에서 나타나게 되었다. 특히 개선된 생산조건과 여가시간의 증대로 스포츠문화를 위한 새로운 목표가 생겨났으며, 조직화된 스포츠활동 및 비공식적인 스포츠활동에 대중들의 참여가 대폭 증가하게 되었다.

따라서 이론적으로나 실제적으로 스포츠문화에 대한 중요성이 인식됨에 따라 스포츠문화가 새로운 사회적 · 경제적 산물로서 등장하게 되었고, 스포츠문화의 체계를 발전시키기 위한 기준을 설정하는 것이 시급하게 되었으며, 또한 스포츠의 기술적 · 문화적 진보를 꾀하게 되었다. 이에 스포츠문화 개발에 관한 사회환경과 조건의 명확한 분석을 미리 예측하기 위해 사회과학적인 전문적이고 조직적인 조사를 할 필요가 있다.

스포츠문화가 사회적 기능과 가치를 반영하는 중요한 요인으로서의 역할을 하게 되고, 다른 생활영역에 거대한 영향력을 미치게 되자 스포츠문화는 전체 사회뿐만 아니라 개인생활의 중요한 구성요소가 되었다. 이러한 의미에서 스포츠문화는 인간의 생명의 표현이며 측정이고, 자연과 사회의 만남이며, 사회적 관계의 의식적인 표출이라고 할 수 있다(Johnson, 1960).

[그림 8-2] 유사한 스포츠이지만 스노우보더 집단문화와 스키어 집단문화는 꽤나 차이가 난다.

: 스포츠와 문화의 연관성

1. 스포츠의 문화적 근원

인간 신체의 각 부분을 우주의 각 부분과 동일시하고 공간에서의 움직임을 통하여 우주에 대한 개념을 표현하기도 한다. 특히 무용은 동물이나 자연물이 흉내를 내기도 하고 관념적인 것을 표현하기도 하여 전체적으로 어떤 이야기를 전개시켜 나가기도 한다. 또한 우리나라 처용무의 경우처럼 잡신을 물리치는 종교적 의미로도 공연된다. 따라서 신체활동의 이해와 문화의 해석은 밀접한 관계가 있다(이문웅, 1986). 사회의 구성원인 인간은 의식, 축제, 무용, 음악, 미술, 스포츠와 게임 등에 직접 참가하거나 관람을 통하여 생의 즐거움이나 기쁨을 느끼게 된다. 이러한 예술적 성격을 띤 각 분야들은 사회구성원들로 하여금 사회적 동일성과 결속력을 강화시켜 주며 창조의 기회를 제공해 준다. 이러한 활동은 특히 사회, 정치, 경제, 종교적인 생활과 깊은 관련성을 맺고 있다.

올림픽이 시작된 그리스의 정신 가운데 스포츠는 최상의 것으로 그 위치를 견고히 하였는데, 그리스에서의 건전한 신체와 정신의 중요성은 당시의 문화적 가치를 반영하는 것이며, 이와 같은 스포츠에 대한 찬미는 서사시나 예술작품 등에서 흔히 엿볼 수가 있다. 그들은 운동경기를 전쟁에서 승리하기 위한 수단으로서뿐만 아니라 신에게 인정받고 조상의 얼을 상기시킨다는데 더 큰 의의를 두고 있었다. 이와 같은 올림픽 시초의 많은 신화와 전설은 정치적, 경제적, 문화적, 종교적 상황 등 다면적인 사회상을 나타내 주고 있다(Leonard, 1980).

인간의 놀이와 게임을 진화론적으로 설명하는 문제는 생물학적으로 근거한 충동을 문화적인 수정 정도만으로는 생각할 수 없는 것이다. 즉 문화적인 이해 없이 세계적으로 행하여지고 있는 스포츠의 사회조직을 어떻게 설명할 수 있단 말인가? 문화에 대해 이해를 하지 않고는 스포츠를 설명할 수가 없다. 인간이 역사의 어느 시기에서든지 명예, 자기표현, 권위, 권력, 영광, 재정적 혹은 정치적 이익을 위하여 행하여지는 행위는 문화적으로 조건화된다.

생활을 위한 준비로서의 스포츠의 근원은 적을 굴복시키고 승리하고 싶어 하는 혹은 자연의 힘에 영향을 미치고 싶어 하는 인간의 본질적인 욕망까지 거슬러 올라간다. 이는 인간의 방어욕구를 위하여 스포츠와 그 관련 기술을 필요로 하게 된 연유로 볼 수 있다. 몇몇 스포츠종목이 적을 정복하고 격퇴시키기 위한 무술연습으로부터 발생하였다는 사실은 생존과 번영을 바라는 인간의 소망이 초기 스포츠종목의 기원들을 설명해 주고 있음을 알 수가 있다. 또한 많은 스포츠종목들은 '풍족의 마술'로서 시작되었으며, 자연의 힘과 신에게 영향을 미치는 마술은 놀이와 깊은 상호 관련성이 있었다. 예를 들면, 오늘날의 도약경기는 고대의 농작물 축제로 그 기원이 거슬러 올라가는데 그 당시 사람들은 제일 높이 뛰는 사람의 높이만큼 곡식이 자란다고 믿었던 것이다(Gmelch, 1971).

특히 스포츠나 게임, 레크리에이션 등의 신체적 오락활동이 인간문화의 가장 보편적이고 근원적인 면을 형성해 주는 설명은 사모아인의 생활에서 쉽게 발견할 수가 있다(Dunlap, 1951). 사모아인들은 종교적, 정치적, 경제적 의식행사를 위한 레크리에이션 활동 모임으로 대부분의 시간을 보내며, 그 때마다 신체적 활동을 즐겼다. 그들은 어릴 때부터 운동경기와 댄스를 배웠으며, 이를 통해 복종심과 활달한 성격을 길러 나갔다. 한 때는 선교사와 기독교의 침투로 신체적 오락활동이 금지되었으나, 시간이 지남에 따라 마을 자체의 영광과 복지를 위해 또는 마을 상호간의 유대의식의 증진을 위해 다시 부활되기 시작하였다. 그들의 신체적 활동은 사회경제적 지위나 계층에 의해 구분되었으며, 스포츠, 경기, 댄스 등은 결혼, 출생, 죽음, 사춘기 의식 등의 문화적 양식에 중대한 영향을 미쳤다. 또한 종교생활에서의 신체적 오락활동은 그들의 신으로 하여금 기쁨을 얻었다고 믿어 여러 가지의 경기나 댄스는 성스러운 종교의식 중의 하나로 자리 잡게 되었다. 이처럼 사모아인에게 있어서의 신체적인 오락활동은 그들의 물질문화뿐만 아니라 사회문화에도 큰 변화를 가져 왔으며, 특히 종교, 교육, 군사, 정치, 경제, 사회조직과 밀접한 상호관계를 맺고 있었다. 이처럼 각 시대마다 모든 인간은 유희적 자극을 가지고 있으며, 여러 형태의 스포츠경기 오락활동에 참여함으로써 사회적인 문화과정 속에 접목되며, 그러한 신체적 활동은 항상 그들의 역사와 함께 하는 것이다.

독일의 역사가 Huizinga는 놀이는 인간문화의 기초가 된다고 주장하면서 그는 "......문화는 놀이형태에서 비롯되며, 바로 그 순간부터 문화는 놀이화 된다." 고 하였다. 또한 그는 사회 내에서의 사회적 구별행위는 경쟁적 놀이를 위하여 행하여진 것이라고 밝히고 있다(Huizinga, 1955). 놀이는 일반적인 사회제도, 즉 종교, 법률, 정부, 예술 등이 형성되는 기본적인 기반이 되며, 놀이를 구성하고 있는 요소들은 가끔 불투명하고 불분명하게 작용하지만 놀이 자체는 어느 순간에도 없어지지는 않는 것이다.

[그림 8-3] 시대가 변화하고 발전함에 따라 새로운 놀이가 사회문화로 발전하기도 한다.

2. 문화적 요소로서의 스포츠

인간의 창조적, 생산적 활동은 문화의 전제 조건이라고 할 수 있다. 특히 철학적 관점에서의 문화는 인간의 창조적 능력의 지적, 물질적 결과 또는 인간의 신체적, 지적 완성의 과정 및 인간의 성장과 교육으로 간주하였다. 이러한 의미에서 문화는 인간생명의 표현이며, 사회적 관계의 의식적인 표출이라고 할 수 있다(Johnson, 1960).

과거 우리나라에서는 스포츠의 중요성이 거의 외면당해 왔으며, 특히 문화체계 내에서 스포츠에 대한 연구는 매우 빈약하였다. Cozen과 Stump(1953)는 문화사에서 스포츠를 중요한 요소로 인식하기에는 많은 어려움이 뒤따르며, 이는 스포츠가 역사와 깊은 관련을 맺고 있는 각 분야에서 충분한 기능을 발휘하지 못하였기 때문이라고 지적하였다. 그러나 그들에 의하면 스포츠는 문명화의 과정을 측정해 주는 척도로서 인간이 어떻게 생각하고, 생활하고, 일하는가를 이해할 수 있는 시금석이라고 한다. 즉 스포츠는 인간의 예술활동인 음악, 시, 미술 등과 같이 인간의 표현양식의 근본이 되기 때문에 국가나 인종, 역사를 초월한 문화를 구성하는 기본적인 요소라고 할 수 있다.

스포츠나 문화는 시간과 공간의 지배를 받는 미의 창조자로서 인간의 감정을 사로잡을 수 있는 공통적인 일면을 갖고 있다. 또한 동일한 구성요소로부터 출발되는 스포츠와 문화는 도덕적 가치뿐만 아니라, 사회적 가치를 반영하는 전달체계로서의 역할도 수행한다. 따라서 스포츠와 문화사이의 분열은 사회적 갈등을 초래하게 되며, 만약 스포츠가 문화적 표현을 해낼 수 없다면 이는 문화의 지나친 보수주의 때문일 것이다. 즉 스포츠가 젊은이들의 목표 없는 욕구의 발산이 아닌 문화를 통한 자신의 목표에 도달할 수 있을 때 스포츠는 진정 가치가 있는 것이 된다(Mahen, 1962).

스포츠문화는 "일반인들의 활동 욕구를 스포츠로 이끌어 그 행동에 스포츠적인 의미와 가치를 부여하는 것(이창섭, 남상우, 2009)"로 정의한다면, 이러한 정의를 설명할 구조가 성립되어야 한다. 이창섭과 남상우는 스포츠문화의 구조를 물질문화, 행동문화, 정신문화로 구분 지었다.

물질문화는 스포츠를 하는데 필수적인 공간, 의복, 시설 등의 하드웨어를 의미한다. 즉, 스포츠를 발전시키기 위해 필요한 물리적 실체에 관련된 것으로, 스포츠 활동의 효율성을 극대화하려는 스포츠 시설을 종합한다. 최근의 야구 돔구장 건설계획, 여름과 겨울의 스포츠 활동에 적합한 특수소재 의복, 골프 드라이버의 발전, 월드컵 축구공의 변화 등이 이러한 스포츠의 물질문화 측면을 설명해준다.

행동문화는 "스포츠 활동에 참가하는 사람들의 법적, 관습적, 도덕적 규범에 관련된 행동 양식으로서 스포츠가 지닌 본질적 가치를 실현하는 질서체계(김범식 외, 2002)"를 의미한다. 스포츠의 기본인 페어플레이 캠페인이 행동문화의 대표적인 예라고 하겠다. 하지만, 각기 다양한 사회와 문화의 차이는 이러한 규범적 행동에서 상이한 양상을 보이고 있다. 정신문화는 가치적인 문화로서 스포츠 활동에 대한 목표와 의미를 부여하고, 스포츠의 가치를 밝히며 실현하려는 사고체계를 말한다(이창섭, 남상우, 2009). 이러한 정신적 가치추구와 관련하여 스포츠

활동 자체에서 의미를 찾으며 노력과 경쟁의 과정을 추구하는 내재적 가치추구로부터 최근에는 승리 또는 금전적 보상과 같은 외재적 가치추구로 변화하는 경향을 보이고 있다.

[그림 8-4] 물질문화, 행동문화, 정신문화는 스포츠문화를 이해하는데 필수적인 요소들이다.

스포츠사회학자가 직면하게 되는 가장 큰 도전은 사회 · 문화 계층구조에서 스포츠의 위치를 결정하는 것이다. 즉 문화적 진보에 따라 발생하는 격차에 의한 국가 수준마다 스포츠의 가치와 목적이 어떻게 다른 가는 중요한 문제이다.

McIntosh(1963)에 의하면 스포츠는 예술, 음악, 문학과 마찬가지로 문화계층마다 같은 것이 아니라 하였으며, 최근에 이르러 스포츠가 광범위한 국제적인 문제로 대두되고 있다고 하였다. 특히 현대사회의 도시 산업화 과정에서 스포츠와 문화에 대한 개인적, 사회적 중요성이 재인식됨에 따라 스포츠가 부분적이고 고립적 활동이 아닌 문화의 전체적인 면에서 매우 필수적이라는 사실이 밝혀지기 시작했다.

또한 현대사회의 개선된 생산조건과 여가시간의 증대로 스포츠문화가 사회에 미치는 영향력은 점차 확대되고 있는 실정이다. 즉 스포츠를 통한 성취욕구의 증대, 스포츠조직 내 체계의 효율화, 스포츠분야의 정보에 대한 매스컴의 역할과 대중의 관심은 매우 높아졌다. 따라서 이론적으로나 실제적으로 스포츠의 중요성에 대한 인식이 높아짐에 따라 스포츠가 새로운 사회경제적 산물로 등장하게 되었다. 특히 스포츠가 인간의 수명연장, 생의 보람, 기회만족, 인간성 등에 깊은 관련을 맺게 되자 정치, 사회구조, 경제, 종교, 군사, 기술, 과학 등에 미치는 영향은 더욱 더 지대해 졌다. 이에 스포츠교육의 체계를 보다 발전시키기 위한 효율적인 기준을 설정하는 문제가 시급한 과제로 대두되었으며, 이는 스포츠의 기술적, 문화적 진보를 꾀하게 되었다. 이러한 경향은 스포츠문화의 계획적인 발전을 가져오는 효율적인 방법과 원리로서 장기간에 걸친 과학적인 개발계획 체계를 가능하게 할 것이다.

3. 스포츠와 문화 사례

Sutton-Smith(1963)는 각종 문화권에 걸쳐 좋아하는 게임과 종류를 연구해서 흥미로운 결론을 내렸다. 열대지방에서는 경제생활이 생존경제로서 매우 단순하고, 사회계층이나 정치 조직체 같은 것도 비교적 뚜렷이 존재하지 않기 때문에 이러한 지역에서는 정신적인 것보다는 단순히 육체적인 기술이 필요한 투창이나 활쏘기 등과 같은 게임이 성행한다고 했다. 사계절이 뚜렷한 지역에서는 재수나 운에 의존하는 게임이 성행한다고 했다. 그 이유는 계절이 바뀔 뿐 아니라 식량을 구하기 어려운 겨울에 항상 먹고 사는 문제에 신경을 써야 했고, 적은 수의 사람들이 공동체를 형성하여 자주 옮겨 다녀야 했기 때문이라고 했다. 예를 들어 중국에서 윷놀이와 같은 행운에 의존하는 게임이 성행한 것이 있다. 심사 숙고하는 '전략'에 의존하는 게임은 기술이 발전하고 사회조직이 어느 정도 복잡한 문화권에서 발견된다. 즉 사회계층이 분화되고, 직업이 전문화되며, 자녀교육이 엄격한 사회조직에서는 전략적 성격을 띤 게임이 성행된다.

또한 복합적인 사회에서는 공을 이용하는 스포츠가 인기 있다는 주장이 있다.

[그림 8-5] 영국의 잉글랜드에서는 축구가, 미국의 뉴잉글랜드에서는 미식축구가 대단한 인기를 누린다. 그렇지만, 잉글랜드에서 미식축구, 뉴잉글랜드에서 축구는 위의 사진과 같은 큰 호응을 갖진 못한다.

그 이유는 공을 이용하는 구기종목에 내포되어 있는 전략, 기술, 행운에 관계되는 요소들이 산업화되고 고도로 기술 문명이 발달된 현대사회와 유사한 특성을 지니고 있기 때문이라고 설명한다. 공은 동적인 물체라서 이 물체가 경쟁적 동기와 합쳐지면 다양한 전략과 기술 또는 운이 필요하기 때문에 관중들에게는 매력 있는 경기가 된다. 하지만 산업화된 유럽에서 가장 인기 있는 축구가 미국에서는 별로 인기가 없는 이유는 잘 설명하지 못하고 있다. 요즘과 같은 현대 산업사회의 게임과 스포츠에서는 위에서 언급한 세 문화권에서 나타나는 육체적 기술, 행운에 의존, 전략적 성격 모두를 강조하고 있다(박정근 외, 1999).

스포츠에 대한 태도에서는 각 나라마다 약간씩 차이가 있다. 미국 사회에서는 성취와 성공, 활동과 일, 도덕적 지향, 인도주의, 능률성과 실용성, 발전, 물질적 안녕, 평등, 자유, 순응, 과학과 합리성, 민족주의와 애국심, 민주주의, 개인주의, 그리고 인종주의와 집단 우월주의를 주된 가치지향으로 꼽고 있다 (Williams, 1970). 이는 미국스포츠에서도 비슷하게 찾아볼 수 있는 것으로서, Edwards (1973)는 미국 사회에서 스포츠가 지니는 가치는 성격형성, 극기, 경쟁, 우수한 체력, 건전한 정신, 신앙심 그리고 애국심이라 지적한다.

[그림 8-6] 럭비와 미식축구. 도입과정, 형태, 룰 등을 고려하면, 미식축구(American Football)는 미식럭비(American Rugby)라는 이름이 더 잘 어울릴 듯 하다.

스포츠에 대한 미국과 중국의 대조적인 가치관은 두 나라의 문화적 차이에서 나타난다고 볼 수 있다. 미국의 스포츠에서는 경쟁이 강조되고 중국의 스포츠는 경쟁보다는 우정이 먼저라는 슬로건으로 향상이나 노력을 더욱 중요시한다. 이는 가족, 민족, 공동체와 같은 집단을 중심으로 하는 철학 때문에 경쟁심이나 개인주의는 별로 강조되지 않는다는 것이다. 이러한 중국의 가치관은 대중의 스포츠참여를 촉진한다고 주장하고 있다. 그러나 이러한 대중스포츠 참여의 증가가 스포츠에 대한 정부의 정책 때문인지 근본적인 중국인들의 집단주의적 태도에서 기인된 것인지는 분명하지 않다(박홍규 외, 1991).

유럽축구가 미국사회에 보급되는 과정 역시 스포츠와 문화의 관계를 잘 보여주고 있다. 처음 미국에서 축구가 잘 보급되지 않은 이유 중 하나는 일반적으로 미국인들은 동점을 싫어하며, 수비보다 공격하는 전략을 선호하기 때문에 축가가 미국인의 성격에 맞지 않았다. 그러다가 미국의 프로팀의 하나인 코스모스 팀에서 1975년 축구 황제 펠레(Pele, Edson Arantes do Nasscimento)를 스카웃하여 미국인들에게 맞는 공격형 축구를 보여 줌으로써 축구가 홍행하기 시작하였다. 또한 Riesman과 Denny(1954)는 미국의 미식축구가 도입되는 과정을 설명했는데 영국의 럭비가 어떻게 미국문화에 맞게 변형되었는가를 아주 잘 묘사하였다. 럭비는 스크럼을 짜고 공을 뒤로만 패스하고 공을 차는 게임이었으나 미식축구는 앞으로 패스하는 게임으로 바뀌면서 미국의 개척정신에 맞는 야드제 도입 등을 들 수 있다.

한국에서도 사회 전체가 지향하며 가치를 부여하는 문화적 가치가 존재한다. 그리고, 그것은 스포츠와 연계되어 파생된 한국적 스포츠 문화코드가 존재할 수 있다(이창섭, 남상우, 2009). 한국이 가지는 문화적 특징은 획일성, 집중성, 극단성, 조급성 그리고 역동성이라고 김영명(2005)은 주장한다. 이와 관련된 한국적인 스포츠 문화에 관한 직접적인 연구는 아직 발견되고 있지 않다.

한편, 스포츠에는 어떤 사회 내의 지역의 특성이나 특정한 하위문화가 반영되어 있다고 볼 수 있다. 스포츠와 문화 사이의 관계는 스포츠의 지리적 측면에서 보면 흥미롭다. 어떤 특정 스포츠가 지역과 밀접한 관계가 있다는 것을 설명하기란 쉽지는 않지만 부분적인 설명변수는 될 수 있다. 예를 들면, 경상남도와 제주도에는 눈이 잘 오지 않는 지역이기 때문에 이 지역에서의 스키나 스케이트 종목을 육성하기란 쉽지 않고 좋은 선수가 나오지 않는다. 동계체전에서 강원도 팀이

[그림 8-7] 한국의 축구응원은 새롭고 독특한 문화코드로 정착되어 전 세계적으로 알려졌다.

많은 메달을 따는 것을 보면 그쪽 지역은 스키장을 접할 수 있는 지리적 여건이 다른 지역에 비해 쉽기 때문인 것으로 설명할 수 있다. 이러한 것을 보면 아이스하키는 캐나다와 같은 추운 지역의 나라에서 유행할 가능성이 더 높고, 농구는 좁은 공간밖에 여유가 없는 도시에서 유행할 가능성이 높다는 것이다(박정근 외 1999).

스포츠와 하위문화

1. 하위문화의 정의

사회질서의 중요한 패턴은 급속하게 변하더라도 문화는 근본적으로 변하지 않는데 이는 문화가 행동과 목표 모두에 의미를 부여하며, 또한 하위문화라는 체계를 갖기 때문이다(Oslen, 1968). 하위문화란 사회생활의 특수한 부분 또는 영역에서 다른 것과는 구분될 만큼 특이하게 나타나는 생활양식을 말한다. 즉 모든 사회의 구성원이 특정한 행동이나 태도에 대하여 항상 같은 의미를 갖는 것이 아니고 사회구성원에 따라 제한된 의미만을 갖게 되는데 이러한 생활양식의 차이를 설명할 때 하위문화의 개념을 사용한다. 예컨대 우리는 동양문화와 서양문화를 이야기 할 수도 있고, 지역적으로 도시문화와 농촌문화, 특정 사회집단인 군대문화 등을 말할 수도 있다. 이러한 하위문화의 개념을 인류학자들에게 한 사회집단의 각 부분들 또는 영역에서 특징적으로 나타나는 행위양식 및 사고양식을 포함한 생활양식을 파악하고, 그것들 간에 각기 어떠한 차이가 나타나며, 왜 그런 차이들이 나타나는지에 주의를 돌리게 하는 데에 유용한 전망을 제공해 주고 있다(이문웅, 1994). 이렇게 볼 때 많은 가치와 규범이 내용 면에서 주요 문화와 다르거나 더 큰 문화에서 받아들여지지 않을 때 그런 가치와 규범의 체계가 하위문화를 형성하게 되며, 하위문화를 전체문화 속에서 다른 문화와 구별되는 가치의 집합체 혹은 문화적 테마로 정의할 수 있다.

하위문화는 거대한 사회조직에서뿐만 아니라 작은 사회구조 속에서도 발견되며, 또한 하위문화가 반드시 원칙에서 벗어난 것은 아니지만 어떤 의미에서 사회적 분열을 가져 올 수도 있다. 예를 들면, 범죄적인 하위문화가 강해질 때 그 사회의 가치적인 주요 문화가 파괴될 수 있으며, 또한 미국사회의 흑인과 유태인들은 그들의 지배문화에 흡수되는 과정에서 피부색과 종교적 이유인 민족성 때문에 심한 갈등을 겪기도 한다. 또한 하위문화는 구성원들의 욕구를 충족시키기 위해 역동적으로 창조되고 유지되기 때문에 상호작용이 존재하지 않는다면 하위문화는 형성되지 않는다. 즉 구성원간의 상호작용을 통해 경험과 지식을 나눠 갖고 상호 격려 및 지원을 해줌으로써 하위문화가 형성되는 것이다.

2. 스포츠 하위문화의 유형

스포츠 하위문화란 스포츠의 사회적 체계 내에서 구성원들의 상호작용, 역할 기대, 상징, 의미, 언어, 믿음, 규범, 가치 등에 의하여 형성되고 개발되는 문화적 특성을 말한다(Loy, Kenyon, 1978). 이러한 스포츠 하위문화는 빈번한 상호작용이 일어나는 팀 스포츠와 같은 마이크로시스템 차원과 거의 상호작용이 없는 개인스포츠와 같은 매크로시스템 차원에서 주고 작용을 한다. 본 장에서는 Schafer의 유형과 Goffman의 유형을 중심으로 스포츠 하위문화의 유형을 설명하고자 한다.

1) Schafer의 유형

Schafer(1971)는 스포츠 하위문화 내에서 선수와 비선수는 성격특성, 사회 적응도, 교육수준, 성취력, 생활양식 면에서 많은 차이가 있다고 하면서 특수한 스포츠 하위문화간의 상호관련성과 스포츠와 직접 관련이 없는 다른 하위문화에 대해 설명하기 위해서 하위문화를 직업적, 오락적, 일탈적 하위문화로 분류하였다.

그러나 이러한 유형의 하위문화는 구성원의 보충과 탈퇴 등의 체계유지, 동료관계의 형성 및 사회적 지위의 통합, 정보 및 기술습득을 통한 목표달성, 지배적 문화와의 적응 등 하위문화내의 많은 문제를 갖고 있다.

(1) 직업형태의 스포츠 하위문화

직업형태의 스포츠 하위문화는 현대사회의 스포츠가 프로화, 상업화, 관료화되어 감에 따라 나타나는 프로스포츠 내에서 발견되는 현상이다(Ingham, 1973).

즉 스포츠의 참여가 레저나 여가선용의 역할보다는 업무적인 경향을 띠게 됨에 따라 사회화나 역할분배의 과정은 불가피하게 되었다. 스포츠종목마다 독자성과 특이성을 갖게 되자 스포츠 직업에서의 생활양식은 하위문화를 구성하는 과정, 행동규범, 상호작용, 지배적 문화에 대한 적응 등 직업적 스포츠의 하위문화를 연구하는데 중요한 변인이 되었다.

(2) 레저형태의 스포츠 하위문화

레저형태의 스포츠 하위문화는 한 개인이 자신과 비슷한 생활양식을 지닌 사람과의 상호작용 시 혹은 그 사회 내 지배적인 생활관의 추구가 가능한 사회적 환경에서 레저활동이 실시될 때 발생된다. 레저형태의 스포츠 하위문화는 행위자가 사회적, 심리적 욕구를 충족시키기 위해 선택한 일시적인 상황과 관련된 행동이며, 레저나 즐거움을 추구하는 이러한 활동은 공식적 기구나 제도적 장치를 통해서 얻을 수 없는 자아를 추구하는 행동인 것이다.

레저에 참여하는 형태와 정도는 유사한 것 같지만 그 형태와 정도는 폭발적, 역동적, 정규적 혹은 비정규적이기 때문에 개인에 따라 모두 다르다는 것이다. 이러한 레저활동이 작업활동을 추진시켜 주고, 개인에게 업무의 역할을 사회화시킬 때 레저형태의 스포츠 하위문화는 직업형태의 스포츠 하위문화의 바로 전 단계가 될 수 있는 것이다(Vaz, 1972). 물론 레저형태의 스포츠 하위문화가 직업적 하위문화와 같은 특성과 과정을 갖고 있지만 상이하고 독특한 면도 있다. 즉 행동의 의미가 도구적이라기보다는 표현적이며, 시작단계에서 시간이 적게 요구되며, 또한 공식적으로 사회화 과정이 진행되지 않고 사회조직이 덜 관료적이다. 경우에 따라서는 가입이나 탈퇴가 자유로우며, 그 기술에 따라 등급이 있다 하더라도 그 하위문화 체계 내에서의 지위차별이나 지위이동이 직업적 하위문화보다는 심하지 않다.

(3) 일탈형태의 스포츠 하위문화

일탈형태의 스포츠 하위문화는 직업이나 오락형태의 하위문화처럼 정규적인 형태가 아니며, 또한 지배문화를 지닌 사회의 정규적인 체계와는 매우 다른 도박, 의도적인 방해, 일탈적인 사회행동을 의미한다. 개인적인 면에서 볼 때 일탈행위는 그 가치가 어떤 특수한 행동적 기술이나 형태를 강조한 독특한 하위문화에서 학습되는데, 어느 스포츠 하위문화에서나 어느 정도의 일탈행위는 존재한다. 일반적으로 선수들은 경기장내에서 일탈행위를 느끼고 있으며, 또한 사회에서 정당하다고 받아들이지 않는 행동도 하게 되지만 그들은 그 스포츠 하위문화의 구성원이기 때문에 그러한 행동을 하게 되는 것이다.

역사적으로 스포츠 하위문화는 남성의 영역이었으며, 일탈행동은 경기장 밖에서의 생활양식이 의식화되고 통합된 것이라고 한다(McElroy, 1980). 또한 Thompson(1986)은 일탈적 행동은 스포츠의 지배적 가치와 갈등을 일으키지 않으며, 스포츠 내에서의 일탈행동의 전통은 행동을 합법적인 일탈로 간주하고 있다고 하면서 오히려 스포츠참여가 스포츠 하위문화 밖의 일탈적 행동을 저지하고 조정하는 역할을 한다고 주장하였다.

[그림 8-8] NHL과 MLB에서는 일정 수준의 폭력은 독특한 스포츠문화로 자리잡았으며, 이러한 모습들이 일반사회에서 일탈을 조장한다는 비판을 받는다.

2) Goffman의 유형

Goffman(1967)은 가장 명확하고 합법적인 의미의 행동은 일반적으로 하위문화 체계의 스포츠상황에서 발견된다고 하면서 스포츠특성에 의한 사회적 환경을 4가지로 분류하여 하위문화의 유형을 설명하고 있다. 즉 상업화된 프로스포츠, 모험 스포츠, 기만형태의 스포츠, 사치형태의 스포츠 등으로 분류하고 있다.

(1) 상업화된 프로스포츠의 하위문화

프로스포츠 내에서는 사회화, 선수의 보강 및 방출, 조직의 안정성 유지 등 독특한 하위문화가 형성된다. 프로스포츠의 구성원을 보강하고 사회화하는 과정은 사실 어릴 때부터 주위환경이나 매스컴을 통해 간접적으로 참여하게 된다. 이러한 스포츠 하위문화의 사회화는 어떠한 경우라도 성장배경, 계급, 윤리 등에 의하여 영향을 받게 된다. Vaz(1972)는 프로하키의 가치와 제도적인 공격적 행동의 특성은 어린 시절의 미니하키 프로그램에서 학습된다고 하면서 어느 프로스포츠종목에 대한 관심이 커지면 이와 비슷한 청소년 스포츠 프로그램에 참여하게 된다고 하였다.

McElroy(1980)는 선수는 프로단계에 이르기 위해 자신의 잠재력을 더 개발하고 보강해야 하며, 또한 스포츠기술에 대한 사회화가 프로스포츠 하위문화의 입문 시기에 완성된다고 하지만 그보다는 소속팀의 하위문화에 대한 사회화가 필요하다고 하였다. 특히 그는 프로스포츠의 하위문화가 계절적이기 때문에 각 시즌 시작 때마다 재사회화가 요구된다고 하였다. 한 선수가 최고의 프로수준의 하위문화에 접하게 되었을 때 사회화는 계속되지만 내적, 외적 시스템과의 상호작용은 비공식적으로 학습하게 되며, 이를 통해 자신의 상을 인식하게 된다. 즉 하위문화가 지속되기 위해서는 어떤 가치나 생활양식이 개인에게 내재화되어야 한다. 또한 배우와 같은 선수는 동료나 상대팀, 팬, 경영자들에게 인정을 받고 이를 유지시키기 위해 행동의 폭을 상당히 넓혀야 한다. 이러한 과정을 통해 선수는 자신의 특성을 개발하고 표현하는 방법과 관중들에게 반응하는 방법을 배우게 되며, 이러한 이미지는 팬에게 받아질 수 있도록 체계적으로 유지되어야 한다.

스포츠 하위문화에서의 역할의 위치나 지위는 그 선수의 기술수준이나 능력뿐만 아니라, 사회의 가치, 규범, 생활양식에 따라 다르다. 이처럼 스포츠 하위문화는 그 사회내의 상황, 의식, 역사 등과 깊은 관련을 맺고 있으며, 사회구조의 형성과 함께 지속된다.

(2) 모험 스포츠의 하위문화

여기에서의 모험 스포츠란 스포츠참여로부터 어떤 보상도 없으며, 대중적인 일체감도 거의 없는 것이다. 또한 참여가 자발적이며 도전적이고 역동적이다. Goffman(1967)은 정규적인 주말경기에 참여하도록 강요당하지 않은 채 시간과 여행조건과 장비를 갖춘 사람이 참가하는 스키, 등산, 스카이다이빙, 행글라이딩 등을 의미한다고 하였다. 이러한 행동위주의 스포츠를 통해 참가자들은 지배적인 문화에서 벗어나 비슷한 관심, 지식, 규범, 경험을 가진 사람들과 사회적 상호작용을 하는 독특한 하위문화를 형성하게 된다. 모험 스포츠의 하위문화를 통해 구성원들은 자아를 발견하고 자유를 경험하며, 자신에 대한 도전 및 도시환경에서의 탈출욕구를 느끼고, 보다 자연적인 환경에 접하게 된다.

모험 스포츠의 하위문화는 참가자가 요구하는 규범, 태도, 믿음을 기초로 한 고도의 조직화된 사회구조를 갖고 있으며, 구성원의 지위에 맞는 신체적, 사회적 상호작용을 한다. 모험 스포츠는 의식적이고 훈육적이고 도덕적이기 때문에 많은 사람들은 자기방어를 위한 도구적인 수단으로 이에 관심을 갖는다.

[그림 8-9] 야마카시 또는 Free-Running으로 불리는 도심의 구조물을 뛰고 넘는 새로운 스포츠와 Backyard Wrestling은 무모해 보일 만큼의 모험성을 띄고 있고, 구성원간에 신체적, 사회적 상호작용을 통해 독특한 하위문화를 구성하고 있다.

(3) 기만형태의 스포츠 하위문화

기만형태의 스포츠 하위문화에서는 다른 문화와는 달리 성공을 쟁취하기 위해 속임수를 사용하는 것이 특징이다. Luschen(1976)은 스포츠의 속임수에 관한 연구에서 속임수는 상대편 선수가 자신과 비슷한 능력을 가졌을 경우, 결과가 불확실할 경우, 많은 상금이 걸려 있을 경우에 주로 발생한다고 하면서 갈등적인 면에서 볼 때 속임수는 계급에 근거를 둔다고 하였다. 즉 일탈적인 하위문화에서 학습된 가치가 스포츠영역으로 전달될 경우 어떤 계급의 구성원이 특별한 목표를 성취하기 위해 정상적인 방법을 사용하지 않고 속임수를 사용하게 된다. 이러한 속임수란 한쪽 편에서 경기상황을 바꾸어 버리는 것으로서 경기규칙을 해석하는 임원이 그러한 행동의 판정을 어떻게 내리느냐를 양 선수들은 시험해보기도 하며, 때로는 상대편을 전복시키기 위해 계획적이고 전략적인 방법으로도 사용한다.

(4) 사치형태의 스포츠 하위문화

일반사회와 마찬가지로 스포츠환경 내에서도 사치와 허영, 그리고 배타적인 스포츠 활동에 접할 기회가 있게 되는데, 특히 여기에서는 독특한 복장, 은어, 매너를 사용함으로써 참가자 모두가 고도의 기술이나 지식을 갖춘 사람처럼 행세를 하게 된다. 이러한 허영적이고 대리적인 행동에 참여함으로써 그들은 어쩔 수 없이 값비싼 장비를 구입하게 되고 호화스런 오락을 즐기며, 권위 있는 사람들과 어울리게 됨으로써 참가자들은 사회적 이동감을 느끼게 된다.

Goffman(1967)은 이러한 과정을 모방이란 개념으로 특정 짓고 개인은 스포츠 상품을 소비할 목적보다는 저명한 인사들의 집합체인 스포츠환경에 참가하려는 데 목적이 있다고 하였다. 스포츠세계의 바람직하지 못한 모방의 경우는 폭력의 하위문화가 발생하지만 경기 전후의 축하식과 같은 경우는 스포츠영역의 집합적인 모방의 보기이다.

스포츠 하위문화의 순기능과 역기능

사회 문화적 현상으로서의 스포츠는 기능적인 양면성을 띠면서 전체 사회체계 내에서 중요한 기능을 수행하고 있다. 스포츠는 순기능적인 역할을 수행할 뿐 아니라 그 이면에는 스포츠의 본질과 성격에서 변질, 왜곡된 역기능적인 측면도 동시에 지니고 있기에 가치와 행동적인 규범을 비뚤어지게 할 수 도 있으며, 동기를 파괴시키고 좌절과 긴장을 야기해 사회적 통합과 목표달성을 저해할 수도 있다.

스포츠 하위문화도 전체 사회와의 관계에서 볼 때 순기능적인 역할만 수행하는 것이 아니라 역기능적 측면을 동시에 지니고 있는 것이다. 스포츠 하위문화가 사회에서 지니고 있는 기능분석을 위해 본 장에서는 우리 사회에서 인기 있는 스포츠로 자리 잡고 있는 프로야구, 테니스 및 골프 하위문화에 대해서 임수원(1999)의 주장을 참고로 하여 살펴보고자 한다.

1. 프로야구

스포츠의 사회 통합적 기능에 근거하여 1982년 전 국민의 건전한 여가선용과 화합차원에서 지역연고제로 출범한 프로야구는 전 국민의 화합을 다지고자 하는 제 5공화국의 의지가 크게 작용하였다. 프로야구가 출범하면서 야구는 축구를 제치고 대중들 사이에서 지배적인 스포츠로 자리잡게 되었다. 야구가 한국 최초의 프로스포츠로 발돋움하게 된 데는 당

[그림 8-10] 그릇된 지역문화로 인해 스포츠가 피해를 받기도 한다. 1986년 한국시리즈 3차전에서 삼성라이온즈가 역전패하자 과격해진 대구의 팬들이 해태타이거즈의 버스 방화하는 부끄러운 사건을 저질렀다.

시의 정치적, 경제적 상황과 무관하지 않다. 출범 당시 1인당 국민소득이 1,700달러에 불과했고, 광주 민주화 운동이 일어 난지 얼마 되지 않아서 사회, 정치, 경제적으로 불안정한 시기였기에 국민의 관심을 비정치적인 데로 돌리고자 하는 우민정책의 의도가 깔려 있었다.

2. 테니스

테니스가 한국사회에서 대중적인 스포츠로 확산되게 된 것은 '80년대 후반부터라고 볼 수 있다. 테니스는 문화로서의 기능을 수행하면서 동시에 테니스 하위문화의 독특한 기능을 수행하고 있다.

최근 생활체육 중에서 가장 대중적 인기를 얻고 있으면서 많은 동호인과 동호인 클럽을 가지고 있는 종목이 테니스라고 할 수 있지만 참여자들이 갖추어야 할 장비, 비용 등을 고려할 때 일정 수준 이상의 수입을 전제로 하는 중산층 이상의 문화라고 할 수 있다. 많은 동호인 클럽으로 구성된 테니스는 참가자들이 테니스 활동에 참가함으로써 상호관계를 유지하면서 인간관계의 구조를 형성하고 있고, 나아가서는 그러한 사회조직망(social network) 활동을 통해 건전한 여가활동의 영위, 건강의 유지증진, 대인 관계증진, 사회성 함양, 공동체 의식제고, 삶의 질 향상 등과 같은 효과를 기대할 수 있다. 또 미혼 남 · 여에게 있어서 테니스 하위문화가 건전한 사교의 장으로 이용될 수도 있고, 부부 동반클럽으로 함께 참여하는 경우 부부간의 유대가 더 돈독해질 수 있지만 부부의 참여가 따로 따로 이루어지는 경우 탈선을 부추길 가능성이 있음을 배제할 수 없다.

3. 골프

서울올림픽 이후 한국의 골프장이 수적으로 크게 증가하였을 뿐 아니라 최근에는 엘리트 계급에서 골프 붐이 일어나고 있다. 우리나라에서 골프는 상당히 논쟁이 되어온 스포츠현상이다. 어떤 사람들은 골프가 국민들에게 건전한 여가선용의 기회를 제공해주고 경제적 이익을 창출하므로 찬성하는가 하면, 또 다른 사람들은 골프가 환경오염, 계층 간 위화감 조성, 골프를 통한 사업교제 등의 이유로 반대해 왔다. 다른 스포츠와는 달리 골프장은 대중교통으로 접근할 수 없는 위치에 자리잡고 있을 뿐 아니라 골프용품의 가격도 선불리 낼 수 있는 금액이 아니라서 일부 엘리트계층의 전유물이라는 생각이 팽배해 있다. 골프가 상류층의 계급유대감과 집단정체감을 형성하는 데는 기여하였을지언정 전체 국민에게는 비판적이고 부정적인 인식이 지배적이다.

An과 Sage(1992)에 의한 한국에서의 골프 붐에 관한 연구는 한국 골프 하위문화를 이해하는데 매우 유용하다. 즉 "한국의 정치 · 경제적 지배집단은 그들의 정치 · 경제적 이익을 위해 골프를 대중의 지지를 증대시키는 수단으로 발전 시켜왔다. 값비싼 회원권과 골프를 위해 좁은 나라에서 많은 땅의 이용은 특권층의 이해와 맞아 떨어졌다. 특권층은 골프장에서 여가를 즐기고 거래를 하며, 골프장의 건설과 경영은 땅 소유주나 투자자들에게 많은 이익을 준다. 골프 붐에 대한 많은 토론과 언론보도는 골프의 발전과 생활양식의 발전이 국익이 된다는 쪽으로 문화적 메시지를 전달하게 한다. 이러한 메시지는 농민, 노동자, 환경주의자들로부터 농지잠식 및 공업용지 잠식, 식수원 오염 등으로 인해 많은 저항에 부딪히게 한다."

이와 같이 한국에서 골프하위문화와 골프 붐은 소수 엘리트 특권계급의 문화이며, 한국사회에 만연해 있는 사회적 불평등을 반영하고 합리화 할 뿐 아니라 환경문제를 야기 시킨다고 인식되고 있기에 환경론자, 시민단체, 및 노동자에게 저항을 받고 있다. 골프 하위문화에서 빚어지는 계층 간의 이러한 갈등은 골프의 대중화를 가로막는 대항 헤게모니로 작용하고 있다.

복지사회건설을 위한 문화와 스포츠의 역할

스포츠 및 문화의 욕구가 보편적인 욕구라고 함은 현대적 의미의 사회복지 개념상으로는 복지권의 차원에서 문화와 스포츠를 바라보아야 함을 의미한다. 하지만 이와 관련된 여가활동은 대부분 개인적인 차원에서 해결되고 있다고 볼 수 있다. 여가이용이나 참여를 결정하는 것은 다양한 사회경제적 배경이라고 볼 수 있는데, 이 중에서도 소득이 여가활동에 미치는 영향은 주목해 볼 만하다.

복지사회를 지향한다고 했을 때 보편적인 욕구를 충족하지 못하는 사회 구성원이 발생하면 그러한 욕구를 충족시켜 주기 위해 사회복지가 개입해야 한다. 하지만 아직까지 문화와 스포츠에 관한 욕구해결은 개인적 차원에 머물러 있음을 볼 수 있다. 현대사회의 분자화, 고립화와 더불어 여가활동의 개인적 해결은 앞에서 지적한 부정적인 현상을 더욱 증대시킬 것이다. 그럼에도 불구하고 국가적 차원에서 여가에 대해서 관심을 그리 많이 기울이고 있는 것 같지는 않다. 국가가 정책적으로 국민의 여가활동에 관심을 가지지 않았던 이유는 두 가지로 생각할 수 있다.

첫째, 여가를 소비적 측면에서만 바라보는 관점이다. 즉 적극적 여가활동의 내용이라고 볼 수 있는 문화활동이나 스포츠활동을 소비적인 것으로만 보고 이의 해결은 개인이 알아서 처리하는 활동으로 생각했기 때문이다.

둘째는 문화활동이나 스포츠활동을 보편적 욕구로 인식하지 못했기 때문에 이에 대한 대응 역시도 소극적 차원에 머물렀다고 볼 수 있다.

하지만 현대사회에서 여가란 소비적인 측면만 있는 것은 아니다. 스포츠활동을 통한 생산적 에너지를 보충한다거나 문화활동을 통해 창조적 에너지의 충전 및 정서적 안정을 이루는 것은 보다 높은 생산력을 향상시킬 수 있는 것이다. 최근 들어 직장 내의 문화활동과 스포츠활동과 관련된 모임의 증가는 이러한 사실을 반증하는 것이라고 할 수 있다. 현대 국가의 궁극적 목표가 복지사회라면 국민 욕구의 변화 속에 보편적 욕구로서의 문화와 스포츠에 대한 관심을 소홀히 할 수 없을 것이다. 사회복지의 개념 변화와 현대사회에서의 여가의 중요성 및 문화와 스포츠의 역할을 고려할 때 복지사회 건설에서 고려해야 할 문화와 스포츠정책의 방향은 다음과 같이 제시할 수 있다(김상균, 1994).

첫째, 기회의 균등이 보장되는 문화 · 스포츠정책이 되어야 한다. 지금까지 실시되어온 문화와 스포츠정책을 살펴보면 표면적으로는 전 국민을 위한 정책을 내세웠다고 하더라도 실제적으로는 엘리트 위주의 정책이었음을 부인 할 수 없다. 따라서 전 국민의 보편적 욕구에 대한 대응이라는 측면에서 복지사회 건설을 위한 문화 · 스포츠정책이 되기 위해서는 모든 국민이 여가시간의 선용이나 문화적 욕구 또는 건강에 대한 관심이 있을 경우에 누구나 아무런 제약 없이 이와 관련된 시설이나 기회를 이용할 수 있어야 한다는 점이다. 물론 국위의 선양이라는 측면에서 엘리트 위주의 정책이 전혀 무시될 수 있는 것은 아니지만 이것도 전 국민의 건강과 문화적 교양의 성숙이 전제되었을 때만이 진정한 의미를 획득할 수 있는 것이라고 볼 수 있다. 따라서 단기적인 측면에서의 가시적인 성과를 노리는 엘리트 위주의 정책으로는 복지사회 건설을 위한 문화 · 스포츠정책이라고 할 수 없다.

둘째, 기회의 균등이 보장되더라도 사람들의 욕구 수준은 다양하기 때문에 일정한 수준이 있어야 한다. 이를 위해 최저 수준의 보장이 필수적이다. 기존에 존재하는 문화시설 및 스포츠시설은 국민들의 요구를 충족하기에는 부족한 편이다. 아무리 문화와 스포츠와 관련된 욕구가 있다고 할지라도 이를 이용하는 데에는 거리나 시간, 그리고 비용 면에 많은 제약이 따른다. 이를 해소하기 위해서는 시대상황의 변화에 맞추어 최저 수준의 문화 · 스포츠활동에 대한 체계적인 기준설정이 있어야 한다.

셋째, 문화와 스포츠활동의 저변확대를 통해 국민의 복지수준을 증진시켜 국가발전의 초석을 다지는 일이다. 한 나라의 발전이란 경제적 수준만으로 해결될 수 있는 것은 아니다. 아무리 경제가 발달하여 국민의 물질적 욕구가 충족된다고 하더라도 국민의 건강수준이 나쁘다든지, 정신적 · 문화적으로 황폐하면 그 나라는 발전된 나라라고 볼 수 없다. 물질적 수준에서의 안정도 보장되어 있을 뿐만 아니라 이의 기초가 되는 국민의 신체적, 정신적 건강도 보장되어야 한다. 이러한 측면에서 문화활동과 스포츠활동의 중요성은 아무리 강조해도 지나치지 않을 듯 싶다. 따라서 복지사회를 달성하기 위해서는 문화와 스포츠를 국민의 보편적 욕구로 간주하여 이를 충족시킬 수 잇는 정책이 마련되어야 할 것이다.

이러한 정책 방향을 통해 달성할 수 있는 효과는 두 가지로 생각해 볼 수 있다.

첫째는 무엇보다도 먼저 전 국민의 삶의 질을 높일 수 있다는 점이다. 우리가 건강한 국민을 가정할 때는 신체적 건강뿐만 아니라 정신적 건강도 고려하게 된다. 사회복지적인 측면에서 문화와 스포츠를 고려한다면 건전한 시민 즉 건강한 신체에 문화적 소망을 갖춘 시민을 양성하게 됨으로써 전체 국민의 삶의 질을 향상시킬 수 있다.

둘째는 간접적인 소득증대 효과를 가져올 수 있다는 점이다. 현재로서는 문화와 스포츠에 대한 접근은 관련시설 이용 면에서나 접근의 용이성을 고려할 때 모든 국민의 보편적 욕구가 제대로 충족된다고 볼 수 없는 것이 사실이다. 문화적 활동이나 스포츠활동을 하는 데에는 어느 정도의 비용부담이 필수적인 경우가 많다고 보았을 때 이는 결국 가계소득에 대한 압박요인이 될 수 있다. 만약 문화와 스포츠정책이 최저 수준의 기회균등이라는 복지적 차원에서 접근된다면 이는 간접적으로 가계소득을 증대시키는 효과를 얻게 될 것이다. 즉 문화와 스포츠활동과 관련된 제반여건을 조성해 줌으로써 이와 관련된 비용을 절감시켜 간접적으로는 각 가정의 소득을 증대시킬 수 있도록 할 수 있다.

chapter 09

스포츠와 계층

스포츠와 사회계층

계층은 동서양을 막론하고, 어느 사회에서나 나타난다. 사회계층은 불평등한 특권을 소유한 집단들의 체계로서 생물학적 특성이나 사회경제적 지위에 따라 사회 내에서 차별적으로 가치가 주어지고 서열을 이루는 제도화된 불평등현상이다.

스포츠는 사회의 제도들과 분리된 자율적인 활동이 아니기 때문에 스포츠는 계층구조와 사회관계와 결합되어 있으며 실질적으로 지배 이데올로기를 생산하는 도구로 활용된다.

스포츠계층은 지위의 분화, 서열화, 평가, 보수부여를 통해 형성된다. 하지만 이러한 논의는 지금까지 다른 분야보다 부족하다. 이러한 부분의 논의를 보완하기 위해 이론적 구조를 제시하였다. 첫째, 불평등의 구조적 접근, 둘째, 미디어 및 정보의 불평등, 셋째, 사회정책과 남녀 불평등으로 구분하였으며, 스포츠현장의 불평등 현상으로 구조적 불평등과 미디어를 통한 스포츠계층의 탄생, 사회구조적 문제로 건강 불평등, 성 불평등 현상을 제시하였다. 스포츠계층의 발생은 이러한 원인 이외에도 다양하게 존재한다. 하지만 아직 밝혀지지 않은 여러 근본적인 이유를 찾는 것 또한 앞으로의 과제일 것이다.

[그림 9-1] 계층과 계급은 유사하지만 같지 않은 의미를 지녔으므로 정확한 이해가 필요하다.

스포츠와 사회계층의 의미

1. 스포츠 계층의 의미

계층은 어느 사회에서든 나타나는 것이기 때문에 사회과학에서 가장 관심을 가져온 영역 중의 하나이다. 사회계층이란 돈, 권력, 지위와 같은 사회적 희소가치에 따라 다양하게 서열화되어 있는 개인과 집단의 불평등한 상태를 말한다(Sage, 1990). 또한 사회적 권력과 자원을 통제하는 사람과 통제를 받는 사람들로 형성되는 사회계층은 지배와 종속관계의 배분에 있어서 제도화된 사회구조이다. 사회계층은 사회 규범을 결정하고 개인적으로는 사회적응의 기회와 삶의 양상을 규정짓는 요인으로 존재한다. 사회적 관계로 자연스럽게 만들어진 사회계층은 사회구성원 개개인에게 주어진 특성에 따라 일정한 지위와 역할이 부여된다. 따라서 사회계층이란 불평등한 특권을 소유한 집단들의 체계로서 생물학적 특성이나 사회경제적 지위에 따라 사회 내에서 차별적으로 가치가 주어지고 서열을 이루는 제도화된 불평등 현상이라 정의할 수 있다. (김범식 등, 2002).

특히 사회계층은 일반적으로 계층(stratum)과 계급(class)의 두 가지 상이한 개념을 포함하고 있다. 계층은 사회적 지위의 상하에 따른 범주의 층으로 정의되며, 인위적이고 조작적이며, 분류적인 개념으로 규정된다. 이에 반하여 계급은 상호지배 및 복종관계를 지니고 있는 실체로서의 사회집단으로 정의되며 하나의 사회적 실재로 파악된다. 즉 계층과 계급의 개념 및 구조적 문제는 명목론과 실재론적 관점에서 대비, 기능론과 갈등론적 관점 또는 일차원과 다차원적 관점의 대비에 있다고 할 수 있다(임번장, 2000).

일반적으로 스포츠는 평등주의적 가치와 더불어 실력본위의 사회제도적 특성을 반영하여 상이한 계층 간의 사회적 상호작용을 증진시킬 뿐만 아니라 스포츠에 대한 관심이 계급과 사회적 한계를 초월함으로써 특정 개인의 사회적 배경과는 무관하게 균등한 스포츠참여의 기회를 제공한다고 알려져 있다(Eitzen & Sage, 1978). 그러나 실질적인 스포츠현장에서는 이러한 본질적 특성이 간과되고 있다. 즉 스포츠에 참여할 수 있는 사람은 제한적으로 균등하게 제공되지 못하고 있는 것이다. 결국 사회의 제도, 관습, 문화, 전통 등에 따라서 불평등이 부분적으로 생산되고 있으며, 스포츠가 추구하는 가치와 상충되고 있음을 알 수 있다. 이는 사회의 일반적 체계와 동일한 구조적 특성을 지니고 있기 때문이다.

모든 사회는 사람마다 연령, 성, 근력, 신장, 인종, 민족성, 기능과 같은 사회 · 생물학적 특성이 상이하기 때문에 이러한 특성들이 스포츠 내에서 차별적으로 가치가 부여되고 서열을 이룰 때 스포츠 체계 내에서 사회적 불평등과 사회계층 체제가 발생하게 되며 실제로 스포츠내의 지배적 가치에 따라 개인적 차이가 다양하게 평가 받게 된다. 따라서 스포츠계층이란 스포츠 내의 사회적 불평등이라 지칭되는 보다 보편화된 현상의 하위형태로서 사회의 희소가치(scarce values)가 스포츠 체계 내의 성원 사이에 불균형하게 배분되어 구조화되고 제도화된 체계를 이루고 있는 현상으로 규정할 수 있다(임번장, 2000). 결국 스포츠는 사회의 제도들과 분리된 자율적인 활동이 아니기 때문에 스포츠는 계층구조와 사회관계와 결합되어 있으며 실질적으로 지배 이데올로기를 생산하는 도구로 활용되는 것이다.

2. 스포츠 계층의 형성과정

스포츠에 있어서 사회적 불평등은 문화적, 사회적, 제도적인 성격에 기반하고 있다. 특히 이러한 스포츠현상은 고대에서부터 현재까지 지속되어온 현상이다. 체계를 존속하고 유지하는 수단으로 이용되기도 하였으며, 때론 정치적 수단으로 이용되었다. 이러한 특성은 스포츠가 가지는 정치적 속성에 기인한다고 볼 수 있는데 이는 스포츠가 지배계층의 이데올로기를 생산하기 때문이다. 헤게모니적 관점에서 볼 때 스포츠는 지배집단의 경제, 정치, 문화적 헤게모니의 구조를 생산하였고, 이렇게 생산된 구조가 스포츠의 계층을 발생하였다고 볼 수 있다. 임번장(2000)은 스포츠 계층의 형성과정을 지위의 분화, 서열화, 평가, 보수 부여의 네 가지 측면에서 설명하고 있다.

첫째, 지위의 분화이다. 스포츠라는 일련의 사회체계에 소속되어 있는 구성원 사이에 요구되는 분업이 원활히 이루어지기 위해서는 먼저 지위의 분화가 이루어져야 한다. 지위의 분화란 선수, 코치, 트레이너, 감독, 구단주와 같은 사회적 지위에 대하여 각각의 특정한 역할이 할당됨으로써 타 지위와 구별되는 과정을 설명한다. 최근에는 기존의 지위분화보다 많은 지위가 생산되고 있다. 업무의 세분화와 전문화, 과학화를 통해 새로운 계층이 생산되고 있는 것이다. 새로운 방송매체의 등장과 정보화의 가속화 역시 이를 잘 설명하고 있다.

둘째, 지위의 서열화이다. 지위가 각 개인의 역할에 따라 분화되고 나면 그러한 지위의 상호비교가 가능하게 된다. 비교의 한 방법으로 서열화를 들 수 있는데 Tumin(1967)은 개인적 특성, 숙련된 기능이나 능력, 사회전체에 미치는 영향 등에 의하여 역할비교 및 서열형성이 가능하다고 주장한다. 이러한 서열화의 목적은 적소에 배치할 적재를 찾는데 용이하기 때문이다. 즉 요구되는 기능수준이나 재능 정도, 또는 필요로 하는 경기 위치에 따라 임무를 세분화함으로써 노동력을 합리적으로 발견해 내고 배치하며, 효율적으로 훈련 및 관리하는 것이 중요하기 때문이다.

셋째, 평가이다. 스포츠 계층의 세 번째 과정인 평가는 그 가치나 유용성의 정도에 따라 상이한 각 위치에 지위를 적절하게 배열하는 문제와 관련되어 있다(Tumin, 1967). 평가의 결과는 다양하다. 성적, 언론의 호의, 개성 등으로 표출되기도 하며 다양한 사회계층에 따라서 평가도 달라질 수 있다. 보통 평가의 판단요소는 위광(주로 명예를 지칭하며 공경 받는 행위), 호감(특정 역할에 대한 이상적인 선택), 인기(대중의 주목을 박거나 명성을 얻고 있는 정도)로 할 수 있다. 이 세 가 지 차원의 평가요소가 항상 상관관계가 높은 것은 아니다. 어떠한 문화, 어떠한 사회체제냐에 따라서 변화할 수 있는 것이다.

넷째, 보수 부여이다. 스포츠계층이 형성되는 네 번째 과정은 보수가 부여되는 과정이다. 즉 분화되고 서열화되어 있으며 평가된 각 지위에 대하여 생활하는데 필요한 여러 가지 좋은 자원이 배분되는 과정이다. 보수 부여 과정은 스포츠 내에서 한 개인이 차지하고 있는 지위나 기능적 중요도 및 팀 공헌도 등과 같은 특성

[그림 9-2] 계층에 따라 참여하는 스포츠는 다름을 보인다. 폴로와 요트는 최상위 계층의 전유물이다.

들의 수준이 높을수록 그 만큼 금전(수입), 권력, 심리적 만족과 같은 보수 또한 크다는 사실과 관련되어 있다.

스포츠와 불평등 구조

현대사회는 동 · 서 냉전체제의 해체에 따라 이념간의 갈등이 퇴조되었고, 과학기술의 확산과 발전으로 인한 생산력 확대는 정치권력에 대한 관심이나 물질적 풍요를 넘어서면서 '삶의 재조명' 이라는 새로운 관심사가 부각되었다. 무엇보다 교통과 통신의 발달로 세계 각처의 다양한 생활방식을 접하면서 '인간다운 삶과 삶의 질 보장' 이라는 문화적인 욕구가 증대되고 있다. 이러한 현상은 문화적 현상에 대한 관점을 변화시키는 요인으로 작용하고 있다. 즉 삶에 대한 준거의 틀이 변화되면서 생활양식에 대한 기준 또한 변화되고 있는 것이다.

이렇게 변화된 기준과 준거의 틀로 인해 현대사회에서 새로운 불평등의 원인을 제공하고 있다. 특히 경제적 불평등의 현상, 즉 소득양극화는 삶의 질에 대한 준거를 변화시킬 수 있다는 측면에서 중요한 사회문제로 다루어야 할 것이다. 또한 산업사회의 맥락에서 형성된 새로운 계급형성의 문제가 제기된다. 이념적 갈등에서 제기되는 계급은 물론 연령, 가치관, 진보와 보수, 소득불균형 등과 같은 계급의 형성요인은 새로운 불평등을 초래하는 하나의 계기가 되는 것이다.

오늘날 평등사회를 향한 부단한 열망에도 불구하고 사회 불평등 현상은 시대와 공간을 초월한 첨예한 쟁점으로 인류사회에 존속해 왔다. 이러한 현상을 분석한 결과로 사회 불평등의 원인, 과정 및 결과에 관해서는 지금까지 많은 연구들이 수행되어 왔으며 불평등 현상에 대한 접근들 간에는 무수한 이견과 논쟁이 제기되어 왔다(김문조, 2004). 그러나 스포츠현상에 있어서는 불평등적 요소가 산재해 있음에도 불구하고 현상과 구조에 대한 조명은 부족한 것이 사실이다. 그 근간에는 스포츠에 대한 근본적인 구조, 즉 공정성, 평등, 경쟁성 등을 훼손하지 않으려는 이유가 포함되어 있을 것이다.

1. 불평등의 구조적 접근

오늘날의 사회 불평등 체계는 무엇보다 정보와 계급간의 불평등현상이 고착되어 나타나는 현상이 대부분이다. 사회적, 정치적 환경이 발전함에도 불구하고 오히려 불평등이 초래된다는 것은 역설적이면서도 심각한 사회적 문제로 대두되고 있다. 결국 물질적 풍요와 생활수준이 높아짐에도 불구하고 불평등이 강화되는 사회적 문제와 스포츠의 관람수준이나 관중의 확대가 긍정적으로 작용 할수록 경쟁의 틀 안에서 불평등은 더욱 강화되고 있다. 또한 정보와 미디어의 영역이 발전하고, 사회체제의 변화와 여성의 지위에 관한 논의가 활발해 질수록 이러한 요소들이 불평등을 초래할 결정적인 변수로 작용할 수 있기 때문에 이 장에서는 김용규, 구강본(2008)에서 제시된 미디어, 정보, 사회정책, 남녀 불평등으로 한정하여 논의 하고자 한다.

1) 불평등에 대한 거시적 동향

불평등은 사회적 차별에서 비롯되고, 인식의 흐름에 따라 역사적인 관점이 변해 왔다. 시간과 공간의 흐름 내에서 존재하는 갈등요소들이 표면화 되면서 불평등에 대한 시각의 변화들이 이어져 왔다. 그 결과 불평등에 대한 요소는 변화되어 왔고, 새로운 요인들이 부각되고 있는 것이다. 특히 최근 경제적인 측면에 더하여 문화적인 측면이 강조되면서 불평등이 눈에 보이지 않는 은폐화가 이루어지게 되었다. 즉 가시적인 현상보다는 암묵적인 현상이 더욱 확장 되고 있는 것이다.

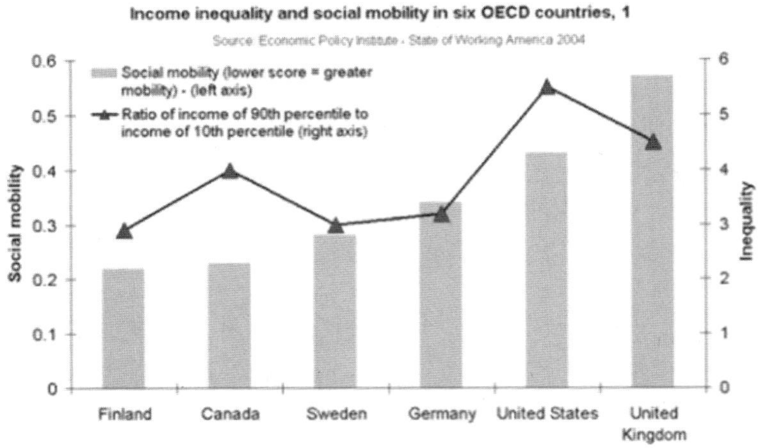

[그림 9-3] 영국과 미국은 다른 선진국들에 비해 사회불평등이 심하고 사회이동성이 낮다.

하지만 불평등의 은폐화는 불평등의 소멸이 아닌 개인화를 뜻하는 것으로써 개인화 과정과 더불어 계급갈등에서 표출되던 사회적 저항은 다양한 차별로 전환되어 수행의 원리(performance principle)를 위험사회의 구성 원리로 부각시킨다. 왜냐하면 수행의 원리는 부단한 계급적 격차를 개인적 의지나 노력의 소산으로 귀인 시킬 수 있기 때문이다(Herman, 2002). 결국 다양한 사회현상과 목소리를 표출하게 되면서 마치 사회혼란으로 비춰지게 되어 사회적 과도기의 현상을 보여주는 것이다. 이러한 결과로 문화적 계급이 양산되고 그들의 가치는 더욱 양분화 되는 것이다.

권력 및 자산의 점유와 관련된 정치경제적 불평등은 기본적으로 분배구조의 개선에서 그 해결책을 도모할 수 있다(김문조, 2004). 그러나 문화적 체계의 확산이라는 사회 구조 속에서 불평등은 내부의 구성원들이 인식하지 못하는 사이에 차별이라는 요소로 잠재될 수 있는 것이다. 이러한 부분을 적용해보면 스포츠문화가 더욱 대중화 되면 될수록 대중화라는 그늘에서 차별되는 사람들은 더욱 고착화 될 수 있다는 것이다. 따라서 불평등에 대한 새로운 관점과 접근 방법이 필요한 것이다.

문화적 현상으로써 표출되는 스포츠의 상징성에 새로운 초점과 기준이 제시되어야 한다. 그러기 위해서는 사회적, 문화적, 정치적, 경제적인 현상 모두를 해석 기준으로 볼 수 있다. 이처럼 시간과 공간의 맥락이라는 가상의 기준과 체계가 제시되어야 하고, 의미 있는 접근과 해석이 있어야 할 것이다. 따라서 미래사회에서의 불평등의 기준은 더욱 상징화되고 세분화 될 수 있기 때문에 새로운 패러다임이 요구되는 것이다.

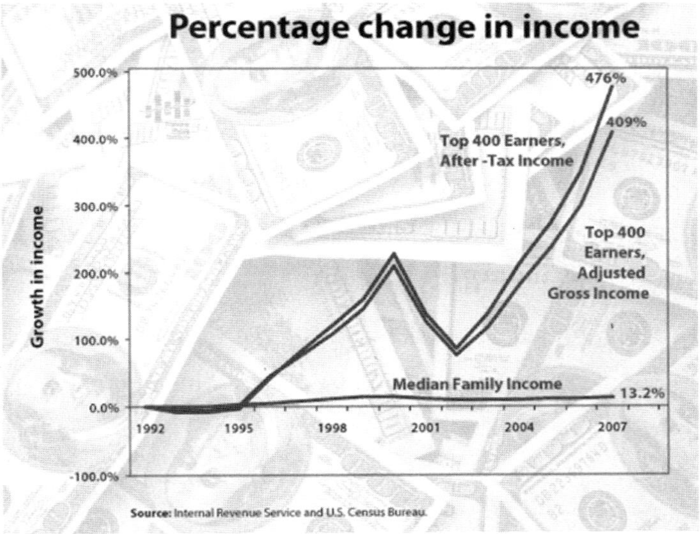

[그림 9-4] 수입의 변화를 통해 보면, 미국은 중산층의 수입은 크게 오르지 않는 반면에 부자들은 더욱 부자가 되어가는 구조이다.

2) 미디어 및 정보의 불평등

오늘날 정보사회는 첨단 정보통신기술이 경제, 정치, 교육, 문화 등의 제반 영역에서 새로운 질서를 구축하고 있을 뿐 아니라 새로운 사회의식 및 인간형을 창출하고 있다는 점에서 문명사적 전환기로 간주되고 있다(김문조, 2004). 시간의 단축, 공간적 의미의 확대 등 과거와는 다른 환경적 요인에 주목할 필요가 있다.

최근 미디어는 소비자를 통제하는 하나의 수단으로 그 의미가 확장 되었다. 문화산업이 확장되고 다양화 되면서 미디어의 컨텐츠 역시 다양화 경향을 가진다.

특히 TV와 라디오 신문이라는 전통적인 매체에서뿐만 아니라 새로운 미디어 형태인 위성방송, 인터넷, 휴대폰 등의 새로운 매체에서 쏟아지는 미디어의 양은 상상을 초월한다. 이러한 현상은 우연적으로 발생한 일이 아니다. 더욱이 이러한 매체의 등장은 경제적인 성장과 의미를 같이 하고 있다. 특히 부의 정도에 따라서 매체의 접근성에 차이가 있을 수 있다는 가정은 중요한 관점이다.

이처럼 미디어 불평등의 핵심에는 매체 접근성이라고 하는 이유에 기인한다. 김문조(2004)는 아래와 같이 미디어의 불평등은 미디어에 대한 접근의 차별에서 문제의 답을 찾을 수 있다고 주장하고 있다.

> 지금까지 정보 격차는 주로 정보매체에 대한 접근성의 차이를 지시하는 개념으로 사용되어 왔으며, 정보미디어는 다른 상품에 비해 비교적 고가이고 짧은 제품주기를 지니고 있기 때문에 상대적으로 많은 경제적 비용을 요한다. 따라서 정보매체에 대한 접근은 경제력에 의해 영향을 받게 되는데 이것이 정보격차의 주요 차원을 형성한다.

또한 수용자의 입장에서 보면 이와 같은 답을 찾을 수 있지만 반대의 입장, 즉 내용을 생산하는 입장에서 보면 이와는 다른 결론을 얻을 수 있다. 예를 들어 비인기 종목, 또는 비인기 프로그램의 경우에는 참가하는 그들의 의사와 관계없이 미디어의 대상에서 제외되기 때문이다. 모든 부분이 미디어의 혜택을 받을 수 없지만 미디어의 혜택이 일부 인기 있고, 경제적 가치가 있는 부분으로 치우치게 됨으로써 발생하는 차별 또한 분명 새로운 문제를 발생시키기에 충분한 조건이 될 수 있다.

이처럼 미디어에 대한 가치와 스포츠의 연관성은 지나칠 정도로 관계가 깊다. 이는 경제적 가치의 불평등의 원인인 동시에 종목간의 불평등의 원인이기도 하다. 또한 스포츠 세계화에 있어서 중요한 매개체가 바로 미디어이다. 유럽, 미국, 일본 등에서 개최되는 경기를 동 시간에 경험할 수 있는 것도 미디어의 발전 때문이다. 하지만 많은 한국인들이 외국에서 활약하고 있는 모습들을 모두 미디어를 통해 볼 수 없다. 결국 미디어의 근간에는 수용자의 요구와 미디어의 가치판단이라고 하는 부분에 의해 조장되고 있는 것이다. 더욱 우려할 사항은 눈에 보이지 않는 힘에 의해 조장될 경우 '조작' 이 가능하다는 측면에서 우려된다.

이처럼 정보통신기술에의 접근 및 이용 정도의 차이가 정보 수혜 층과 정보 소외층간의 단순한 정보격차는 물론이고, 기존의 여러 가지 사회적 격차를 더욱 심화시키고, 이것이 다시 정보격차를 유발하는 순환구조를 가지고 있다는 우려가 제기되고 있다. 정보격차는 구조적으로 경제적 불평등과 교육, 문화적 불평등으로 확대될 뿐만 아니라 이러한 격차를 재생산하는 악순환의 고리를 형성하고 있다는 것이다. 따라서 정보격차의 문제는 개인적 차원에서뿐만 아니라 사회적 차원에서도 사회적 갈등과 불평등을 유발하여 사회적 통합을 해칠 수 있기 때문에 해결되어야 할 문제로 대두되고 있다(남상섭, 조병철, 2005).

결국 상호관계성에 의해서가 아니라 일방적인 미디어의 수용과 운영이 불평등의 근간이 되는 것이다. 시장의 논리가 지배하기 때문에 현대사회에서 차별을 감수해야 한다는 주장도 있지만 그 주장 보다는 보편적이고, 공익적인 차원에서도 의미 있는 관계가 형성되어야 할 것이다. 단순히 광고수익의 증감에 의해서 조정되는 미디어의 힘도 필요하지만 소수이지만 미디어 소외자와 비인기 문화, 비인기 스포츠 종목 등에 있어서도 관심이 필요할 때이다.

3) 사회정책과 남녀 불평등

사회정책은 항상 대상이 존재하고, 전체를 대상으로 할 수 없기 때문에 불평등의 요소가 포함될 가능성이 크다. 그렇기 때문에 항상 사회를 보는 관점에 따라서 비판에 대한 논리가 2분법적으로 존재하게 된다. 결국 기능주의자와 갈등론자들의 사상적 체제 하에서 불평등에 대한 논의의 대상과 원인들이 변화되는 것이다.

자유로운 경쟁 속에서 불평등은 당연시 될 수 있다는 입장과 계급, 권력의 분배 등은 평등해야 하기 때문에 불평등의 요소는 제거되어야 한다는 논리가 충돌되는 것이다. 이러한 이론적 쟁점들을 정리하여 안치민(2003)은 불평등에 대한 이론적 관점을 〈표 9-1〉과 같이 제시하고 있다.

[표 9-1] 불평등을 보는 이론들

불평등이론		기능주의이론	비판적 기증주의 이론	갈등론	맑스주의이론
학자		데이비스, 무어	튜민, 버틀리	베버, 다렌돌프	밝스, 풀란차스
관점	불평등 기원	사회적 평가와 위치의 분화(분업)	좌동	행위규제 규범과 권력, 권위의 분배	사적 소유와 노동의 분업
	불평등 원인	개인과 개인의 행위	좌동, 사회제도의 역기능	사회제도	사회구조
	불평등 수용여부	사회적 기능 필요	사회 기능적 필요	불필요	불필요, 해악
	불평등 유지여부	긍정(바람직)	긍정(역기능, 과도한 불평등 수정)	완화, 제거 불가능	제거

참조 : 안치민(2003). 사회정책사상과 불평등 문제

다른 하나의 접근으로 남녀 간의 차별과 불평등에 대한 문제는 현대사회에서 많이 조명되고 재생산되고 있다. 특히 신체적 조건과 기량에 대해 민감한 '인간 움직임(human movement)' 의 영역에서는 더욱 논의의 대상이 되고 있다. 긍정과

부정의 사이에서 갈등적 요인을 가지고 있는 남녀 불평등에 대한 부분은 스포츠계가 풀어야 할 숙제인 것이다. 즉 남녀의 지도자 수, 임원 수, 복장, 참가 자격, 경기인 수, 임금 등에 대한 부분은 항상 차별에 대한 근거를 제공해 주고 있는 기본 자료가 되는 것이다.

물론 과거에 비해 여성들의 사회적 참여뿐만 아니라 스포츠 활동에 대한 참여는 지속적으로 확대되었다. 하지만 여성들의 스포츠 활동의 전문화, 조직화에 비해서 아직도 부족한 것이 사실이다. 불평등에 대한 명확한 기준이 설정되지 않았지만 통계적 수치만 보더라도 갈등의 요소는 분명 잠재되어 있는 것이다. 분명한 것은 그 기준은 가변성이 있기 때문에 이러한 불평등에 대한 시각을 사회문화적 흐름, 즉 사회적 맥락성에 기초할 수 있을 것이다. 사회문화적 메가트렌드에 대한 이해와 분석이 필요할 것이다.

남녀 차별에 대한 불평등은 정치적 측면은 물론 경제적인 부분에 기인한다는 것이 위험한 부분이다. 특히 경제적인 측면이 부각되면서 모든 문제가 발생하게 된다. 성의 상품화 현상만 보더라도 그러하고 스포츠의 상업성과 관련해서도 마

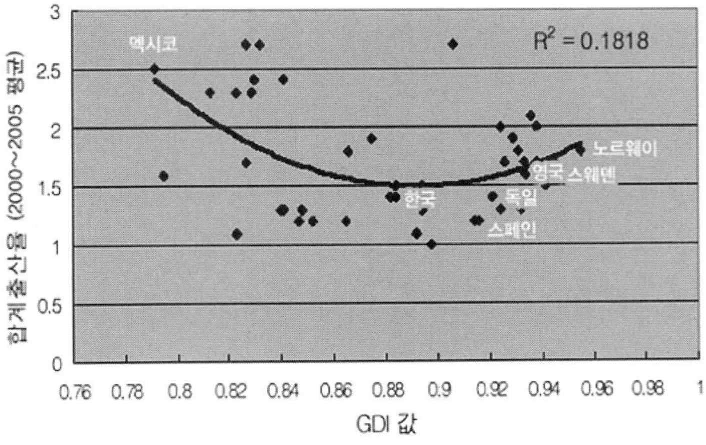

[그림 9-5] UN에서 발표하는 Gender-related Development Index에서는 남녀평등에 관해 한국은 중위권 수준으로 평가하고 있다.

찬가지 일 것이다. 결국 스포츠현상에서의 남녀의 불평등은 경제적인 차별에 의해 발생되기 때문에 스포츠의 상업화에 대한 문제를 남녀 불평등의 해소라는 측면에서 검토될 수 있을 것이다.

최근 대두되고 있는 또 하나의 문제는 건강과 관련된 불평등이다. 소득 불균형과 삶의 질에 대한 접근 방식에 대한 차이에 의해서 사회적 불평등이 초래된다는 것이다. 국가의 개입과 통제에 따라 균등하게 배분되는 정책이지만 혜택의 수준과 적용의 수준은 각각 상이하다. 특히 시민의 권리와 복지라는 관점에서 보장되어야 할 건강 평등권에 대한 논리는 민주주의 국가에서는 더욱 필요한 과제일 것이다.

또한 이와 같은 맥락에서 볼 때 사회경제적 위치와 건강 불평등의 관계는 비교적 견고하게 입증이 되었으나 사회경제적 위치가 건강 불평등에 어떻게 영향을 미치는지 그 원인이나 기전에 관한 연구는 국내에서는 아직 미흡하다고 할 수 있다. 소득, 교육수준, 직업 등과 같은 사회경제적 위치 변수들은 정책적으로 개입하기 어려운 특성(강은정, 2008)이 있기 때문에 사실상 정부로서도 행정을 수행하는데 문제가 있을 것이다. 하지만 이러한 수준이 경제적, 문화적 계급 때문에 차별된다면 사회적 불만과 불평등에 대한 저항은 더욱 확대될 것이다.

이와 같이 계급 간 불평등, 계급구조가 견고하게 지속되는 것이 현실이라면 결국 사회정책은 계급 간 불평등의 격차를 완화하거나 개인의 계급 간 이동이 원활히 이루어져 계급의 폐쇄적 구조화를 제어하는 조건을 창출하는 방향이 바람직할 것이다. 이를 위해서 사회정책의 영역에서는 우선 상층의 소득이 부분적으로 하층으로 이전되는 보다 강한 실질적인 재분배 정책이 요구된다(안치민, 2003).

2. 스포츠현장의 불평등 현상

1) 구조적인 불평등 현상 : 경쟁성

오늘날의 현실세계에서 구성원의 이질성으로 인

한 이해집단 사이의 충돌은 보편적인 현상이다. 이로 인해 많은 국가나 지역에서 구성원의 이질성 정치경제적 의사결정 및 경제성과에 영향을 미치는 중요한 요인으로 인식하고 있다(황진영, 2007). 이러한 이질성에 바탕에는 상대성이 잠재되어 있다. 즉 비교대상이 명확하기 때문에 나타나는 결과라고 볼 수 있는 것이다. 이러한 이유에서 스포츠현상에서의 이질성은 상대성으로 표현되고 상대성은 경쟁성으로 표출될 수 있다.

스포츠에 있어서 경쟁이라는 요소는 근본에 해당한다. 경쟁의 개념도 시대에 따라 변화해온 것도 사실이다. 장성수(2007)는 "경쟁성이란 기존의 인식과 다르게 서로 겨루어 다투는 개념이기보다는 함께 협력하여 훌륭한 투쟁, 즉 인간의 탁월성을 실현, 완성시켜 나가는 과정으로 인식되어야 할 필요가 있다" 고 주장한다.

그러나 agon의 요소에서 강조하고 있는 우월성의 욕구와 승리에의 의욕은 쉽게 해소될 수 없다. 즉 스포츠에 내재된 경쟁성은 상대성을 포함하고 있기 때문에 갈등과 차별성이 존재하고, 결과에 따라서 평가가 구체화된다고 가정할 수 있을 것이다.

스포츠가 문화산업으로 확대되고 대중화 되었다고 하지만 기본적인 경쟁성이 감소된 것은 아니다. 경쟁성을 바탕으로 하여 스포츠문화가 재생산된 측면이 더욱 많을 것이다. 그렇다고 해서 모두 긍정적인 부분은 아니다. 문화적 현상의 다양화라는 측면과 대중화 측면, 그리고 국민들에게 여가에 대한 시간을 제공해 준다는 측면에서는 긍정적이며, 반대로 여가시간에 대한 불평등과 지역갈등의 초래, 세대 간의 갈등은 부정적으로 볼 수 있다.

2) 미디어를 통한 스포츠계급의 탄생 : 계급성

매스미디어는 근본적으로 유용성과 유해성의 양면성을 가진 존재이다(김영갑, 구강본, 2006). 이러한 특성은 불평등을 초래할 수 있는 원인으로 스포츠현상에서도 나타나고 있다. 스포츠현상에서 미디어를 통한 불평등은 물적 불평등은 물론 상징적 차별성을 갖기 때문에 의미하고 있는 바가 크다. 즉 양적으로 계측할 수 있는 경제적 자산과 미디어 노출정도 등은 기사화 내지는 미디어를 통해 쉽게 접할 수 있다. 하지만 미디어의 노출정도 이면에 내재되어 있는 상징성은 해석하는 정도에 따라 고저가 있지만 상관성을 가지고 있는 것이 사실이다. 오히려 양적인 불평등보다는 상징적 차별성에 대한 불평등 요소가 더 크게 작용하기 때문에 많은 스포츠인은 더욱 자괴감에 들 것이다.

이와 같은 불평등 양상의 변화는 복잡성을 더해가는 새로운 사회질서의 소산으로 간주할 수 있는 것이나, 그 근저에는 권력이나 재화와 같은 정치경제적 요소는 물론이요 사회적 존재가치나 정체성 확보 등과 같은 상징적 쟁투와 연루된 승인(recognition)의 욕구가 잠재해 있다. 즉 소비의식, 지역정서, 탈근대성, 성해방의식 등 다양한 주장이 점착된 작금의 집합적 갈등상황에는 생활기회의 향상이라는 기대차원을 넘어선 적정 생활양식의 향유라는 문화적 쟁점이 부각되게 된다(김문조, 2004). 이처럼 정보화를 통한 매스미디어의 확대는 새로운 사회적 계급인 문화적 계급이 탄생할 수 있다는 것이다.

문화적 계급은 스포츠 영역에서도 찾을 수 있다. 스포츠현상이 문화적 현상으로 대두되고 있는 현재의 상황으로 볼 때 개연성은 높아진다. 즉 스포츠를 하는 사람으로 대상을 한정하면 종목별 불평등과 경제적 소득에 대한 불평등, 미디어 노출에 대한 불평등 등의 문제를 야기할 수 있다. 이러한 문제는 사회적으로 인식의 차이를 두고, 그 인식의 차이는 문화계급으로 나타낼 수 있는 것이다.

또한 미디어를 통한 세계화 전략에 있어서도 불평등의 요소는 존재한다. 시장의 논리로 포장되어온 스포츠의 세계화와 정보화는 인적요소는 물론 종목별 현상에 대한 차별과 갈등적 요소를 포함하고 있다. 스포츠의 세계화는 스포츠에 대한 가치를 미디어가 인위적으로 재작하여 배포하고 있는 것이다. 이를 통해 미디어 선택자로 하여금 선택을 강요하고, 제한하게 되어 미디어에 대하여 종속될 수 있는 상황을 만들어 가는 것이다.

미디어와 정보를 통한 스포츠 계급은 부정적인 부분만 존재하는 것이 아니다. 정보화와 미디어의 발달은 스포츠문화 욕구의 행위주체인 개인의 행태적 특성과 변화된 생활환경을 대변해줄 수 있다는 측면에서 긍정적으로 볼 수 있다. 새로운 문화욕구를 개개인의 특성에 맞는 행동양식을 구성한다는 측면에서는 시대적 흐름을 반영할 수 있다는 측면에서 정보화로 인하여 파생된 새로운 문화로도 볼 수 있을 것이다. 즉 마니아 문화, 청소년 문화 등 새로운 스포츠문화 계급의 탄생이 좋은 예가 될 것이다.

지금까지 정보화의 격차에 대한 스포츠현상의 논의는 경제적인 내용으로 단일적인 개념으로 인식되었다. 그것이 구성하는 복합적인 내용과 차원에 대한 접근은 부족했다. 이를 행위의 주체와 미디어의 주체에 대한 대상을 달리 한다면 내용에 대한 해석도 달라질 수 있을 것이다. 미디어를 통한 스포츠의 상업화라는 부정적 특성이 존재함에도 불구하고 스포츠와 미디어의 관계를 정관계로 보는 것도 현상의 복잡성 때문일 것이다. 미디어 불평등을 최소화하기 위해서는 시장의 논리보다 문화적 차원에서 접근될 필요가 있는 것이다.

3) 건강 불평등 현상 : 사회구조적 문제

오랜 기간에 걸쳐 인간의 신체는 생리학적 변화를 겪어왔다. 영양이 개선되고 위생상태가 좋아졌으며, 삶의 조건이 더 건전해졌기 때문이다. 또 그런 변화가 신체에 미치는 구조와 기능을 잘 이해하게 된 것도 신체에 영향을 미쳤다. 이런 육체적 변화는 문화적 대응물을 지니고 있다(캐시모어, 2001). 건강에 대한 대중의 관심 증가는 건강문화를 형성하고, 예방의학에 대한 관심 또한 높아지게 되었다. 이러한 총제적인 관심은 대중의 삶에 대한 의식 수준을 증대하였다.

이처럼 최근 국민들의 평균 수명이 연장되고, 건강에 대한 관심이 증폭되었다. 무엇보다 건강수준이 향상되면서 일반인들에게도 건강에 대한 중요성이 확대되고 있는 것이다. 하지만 이러한 현상은 일반적인 현상이라기보다는 양극화되어 오히려 사회적 불평등을 초래한다는 의견이 우세하다. 즉 경제적 소득은 물론 지리적 환경, 정보의 수입 능력 등에 따라서 불평등의 간격은 넓혀지고 있는 것이다. 웰빙(Well-Being)의 개념이 일상화되고, 하나의 문화 코드가 되면서 관심과 중요성이 크진 반면에 이에 대한 소외감이 증가하는 경우도 그 만큼 확대되고 있는 것이다.

현대사회에서 스포츠는 다양한 사회적 제도들과 밀접한 관계를 형성하면서 우리 삶의 필수적 행위로 채택되고 있다. 경제적 안정화에 수반된 삶의 질 추구가 수렴되었다거나 가정경제의 위축을 인식하는 과정에서 건강에 대한 경각심과 필요성이 제기되었든 요즈음 인간 행위의 대부분은 건강을 확보하기 위한 노력으로 가득 차 있다. 시대적 상황에 따른 수준의 차이는 있겠지만 지금처럼 건강에 대한 열풍이 맹목적으로 수용되는 행위는 그 어느 시대에서도 찾아보기 드문 현상일 것이다(김영갑, 2008).

결국 사회 전체적으로 건강의 절대 수준이 향상되고 건강증진을 위한 일반인의 관심과 실천이 확산되어 왔음에도 불구하고, 건강 수준이나 건강증진의 혜택 면에서 사회 구성원 등 사이에 상대적인 차이가 나고 그 격차가 오히려 증가하는 추세라는 사실이 의료사회학적의 주요 쟁점이 되고 있다. 사회구성원의 사이에

[그림 9-6] 경제불평등은 건강불평등에 직결된다.

심화되는 건강 수준 격차에 대한 논의는 사회경제적 지위, 성별, 인종, 또는 지리적 위치와 같은 전통적인 사회구조적 불평등요인이 건강 수준의 차이에 관련되는 것에 주목하고, 이를 건강의 사회적 불평등(social inequality in health) 또는 건강불평등(health inequality)으로 개념화 하고 있다(House, 2001).

따라서 이러한 건강불평등을 해소하기 위해서는 사회구조적 접근이 필요하다. 즉 사회구조의 개편을 통해 제도적으로 건강불평등 현상을 해소하여야 할 것이다. 소득수준과 생활환경의 차이를 극복하기 위해서 정부의 몫이 필요하다. 결국 복지적 차원에서 건강 불평등이 해소되어야 한다는 것이다. 사회구성원은 직업과 교육수준, 소득, 사회적 지위 등이 다르기 때문에 사회구조적인 환경의 이해가 필요하다. 지금까지의 사회적 불균형이 건강 불평등에 어떠한 영향을 미치게 되었는지를 규명하는 것이 선결과제일 것이다. 이를 통해 정책의 초점이 맞추어져야 할 것이다.

4) 性 불평등 현상 : 생리학적 문제

스포츠현장에서 性的인 불평등 현상에 대한 문제 제기는 끊임없이 제기되어 온 것이 사실이다. 신체적인 조건은 물론 기능적인 수준에 대한 부분이 특히 부각되어 왔다. 이러한 부분은 학교체육에서 특히 부각되고 있는데 교육과정에서의 종목별 구분은 물론 기능수준에 대한 차별과 불평등 요소가 잠재되어 있다. 이러한 부분을 해결하기 위해서는 남녀에 대한 신체적인 특성과 조건을 고려하는 것이 중요하다. 이러한 차별문화에 대해 감수성이 예민한 학생들에게는 수용되기 힘든 과제이기 때문이다.

또한 여러 가지의 스포츠현장에서도 이러한 性的 불평등 현상은 다양하게 나타나고 있다. 즉 남녀종목의 차별과 지원에 대한 차별 역시 발생하고 있으며, 유니폼, 경기 종목의 특성 역시도 경기내적 요소라기보다는 외형적인 측면으로 인식하기 때문에 나타나는 문제들이 많이 있다. 즉 남성들의 경기에서 볼 수 없는

'몸' 의 상품화 역시 性的 불평등을 조장할 수 있는 대표적인 사례들이다.

또한 조성식(1994)은 "스포츠세계에서 가장 두드러진 사회적 현상을 '남성지배'라고 보면서 스포츠가 가부장주의와 여성의 종속적 지위를 유지하는 상징과 가치를 제공함으로써 남성지배와 남성우월성을 위한 이데올로기를 영속화 시키는 사회문화적 장으로 보고 있다."고 주장한다. 이러한 남성지배와 남성중심의 스포츠현상은 여성들의 스포츠참여를 제한하고, 통제하기에 이르렀다.

이처럼 그들에게 그냥 스포츠에 진입하도록 허용되지 않았다. 그것은 그들의 타고난 정향이라는 잘못된 믿음에 근거해서였다. 이것 때문에 여성들은 남성이 어릴 때부터 누릴 수 있는 격려와 시설, 그리고 무엇보다 중요한 것으로 경쟁을 경험할 수 없었다. 지금까지 공개경쟁이 있었다면 여성은 가장 원초적인 근력을 요구하는 아주 소수의 시합을 제외하면 거의 모든 시합에서 남성과 동등한 수준을 달성했을 것이다. 대다수의 종목이 섬세한 판단력, 신속한 반응, 균형, 그리고 예기력을 요구한다. 여성들은 이런 부분들에서 결코 불리하지 않다(캐시모어, 2001).

따라서 신체적인 조건의 다르다고 해서 경험을 통제하는 것은 문화적 오류이다. 신체적 조건이 다르다고 해서 사회적 조건조차 균형적이지 못하다면 오히려 불합리한 결과를 초래할 수 있다. 따라서 性의 조건에 대한 차별보다 사회적인 여건을 확보해주는 것 더욱 중요할 것이다. 미국의 사례처럼 제도적으로 여성스포츠를 보호하면서 남성 스포츠와 함께 공존할 수 있는 가능성을 탐색하여야 할 것이다.

스포츠와 헤게모니

헤게모니의 사전적인 의미는 한 나라의 연맹제국에 대한 지배권, 맹주권, 패권(覇權)을 말한다. 오늘날 이 용어는 일반적으로 한 집단 · 국가 · 문화가 다른 집단 · 국가 · 문화를 지배하는 것을 가리킨다. 20세기가 시작된 이래 특히 미국과 같은 초강대국의 활동과 관련하여 이 용어는 정치적 지배라는 함의(含意)를 지니게 되었다. 특히 스포츠는 지배의 역사이다. 성별, 인종, 연령, 신체적 조건, 경제적 능력, 계급 등에 의해서 참여가 제한되거나 지배를 용인하였다. 이러한 현상에 대한 이론적 토대가 헤게모니라는 개념이다. 이 부분에서는 헤게모니의 정의와 다양한 스포츠현상에 따른 헤게모니의 생산에 대해서 언급하고자 한다.

1. 헤게모니의 의미

헤게모니라는 개념은 한편으로 국가기구나 정치사회가 그들의 법률적 제도, 군대, 경찰, 감옥 등을 통하여 다양한 사회계층을 어떻게 지배하는가를 이해하는 데 도움을 주고, 다른 한편으로는 지배집단이 현 상황을 유지하기 위하여 국가기구들을 강제적으로 사용하는 방식과 함께 정치사회와 시민사회가 현 상황에 대한 다양한 사회계층들의 자발적인 동의(同意)를 어떻게 창출해내는가를 이해하는 데 도움을 준다.

안토니오 그람시(이탈리아 사회사상가, 1891-1937)에 의하면 헤게모니란 “특정한 사회집단이나 계급이 이데올로기적 지배력을 행사하는 상황을 지칭하는 개념”이다. Hargreaves(1982)는 “사회 내에서 지배계급 또는 계급 분파가 특별한 종류의 지도력을 행사할 수 있는 능력을 의미했다. 이때 지도력은 생산수단의 소유와 통제, 국가권력의 독점, 지배계급이나 지배계급 분파의 이념들을 국민에게 부과하는 능력 등에 기초한 것이 아니라, 도덕적 지도력, 즉 묵인 이상의 그리고 전체 사회를 그 배후에 있는 '역사적 블록(historical bloc)' 을 통일시키는 동의를 피지배들로부터 얻어 낼 수 있는 능력에 기초한 것" 으로 정의하고 있다. 결국 어떠한 이익을 전제로 지배와 피지배를 생성하게 된 상황으로 요약할 수 있다. 이러한 관점은 스포츠의 역사 과정에서도 쉽게 찾을 수 있다.

헤게모니 관점에서 스포츠는 현대 사회에 만연해 있는 사회적 불평등을 반영할 뿐만 아니라 촉진(promotion)하고 재생산(reproduce)한다(Sage, 1997). 가령 스포츠는 보상을 할당하는 자본주의 체제를 정당화하는 지배문화 속으로 참가자와 관객을 사회화함으로써 계급구조를 재생산하고, 남성의 신체적 우위를 보여줌으로써 가부장적 사회질서(patriarchy)를 반영하고 재생산한다. 이는 스포츠가 지닌 특성에 기반한다. 연령에 따른 스포츠의 제한이나 경제적 비용에 따른 스포츠의 제한 등이 대표적 예이다. 또한 여성의 스포츠의 활동을 제한하거나 금지 하였던 것도 마찬가지의 이유이다. 현대사회에서는 미디어, 즉 미디어 권력이 헤게모니를 생산하고 있다. 미디어에 의해 생산된 이미지가 스포츠선호를 결정하는 요인이 되기 때문이다.

또한 자본주의 사회의 스포츠가 '헤게모니적 지배의 매개자로서 존재한다' 라는 견해는 스포츠가 체계화된 자본주의적 가치를 확인시키는데 있어 정치사회화의 장을 제공하며, 이러한 강력한 자본주의적 이데올로기적 편견은 단순히 맹목적이고 결정적인 그리고 역사적인 힘의 생산에 의한 것이 아니라 오히려 자본주의 사회에 있어서의 지배계급에 의한 간섭의 결과인 것이다. 이렇게 볼 때 궁극적으로 "스포츠 헤게모니"는 「스포츠권력 간의 관계에서 특정의 이데올로기에 의한 지배의 달성」으로 정의할 수 있다.

우선 핵심적 지배이데올로기와 스포츠의 연관성을 살펴보면 스포츠는 국가와 시민들을 사회화하는 도구중의 하나이다. 스포츠 세계는 정치 체제의 정당성을 홍보하는 가치와 규범을 주입할 뿐만 아니라 국가적 충성과 애국심이 스포츠 행사와 의식을 통해 촉진된다. 국기에 대한 맹세, 애국가 제창은 기존 체제의 정당성과 국가적 일체감을 이데올로기적으로 찬양한다. 서울 올림픽과 같은 국제 스포츠 행사에 나타나는 국가 개입은 스포츠를 통한 헤게모니 강화를 의도하는 경우이다.

Gruneau(1978)는 비정치적이며, 합법적이고 민주적인 제도로서의 스포츠는 이데올로기적으로 허구의 망상을 드러낸다는 것이며, 이것은 지배계급에 의해 스포츠가 헤게모니적 지배의 매개자(agent)로서 스포츠가 존재한다고 하였으며, Hargreaves(1986) 역시 스포츠는 특히 보다 조직된 형태의 스포츠가 영국과 같은 사회의 헤게모니에서 일정한 역할을 해 왔고 계속할 것이라고 가정할 수 있다고 하면서, 스포츠는 어느 정도 헤게모니적 성격을 띠고 있는 제도적 맥락 하에서 끊임없이 계급간의 이해를 조정하는 하나의 장이라고 하였다.

2. 헤게모니의 발생원인

스포츠를 통한 잠재적 가치의 발달은 자본주의 생산관계의 맥락 속에서 위치하면서 다른 제도와 함께 이데올로기적 형태로 생산관계를 재생산한다. 따라서 스포츠가 점차 제도화되어 간다는 것은 스포츠제도가 국가의 제도 속에 통합됨으로써 국가 지배계급의 이데올로기를 수용하고 확산 · 확대 되어 사회적 모든 관계의 재생산에 기능한다는 것이다.

자본주의 사회 내에서의 스포츠는 권력의 형성을 위해 추구하는 정치 지배계급에 있어서 대중들을 의식적으로 그들의 지배 하에 두는 형성수단으로 이용되는 것이다. 즉 스포츠를 통하여 권력을 행사하고자 하는 지배집단은 스포츠를 통제하고 지배한다는 것이다. 이렇게 볼 때 "스포츠권력"이란 「특정의 집단이 스포츠에서 다른 집단을 통제하려고 하는 작용」으로 규정할 수 있다. 결국 이러한 스포츠를 통한 권력집단의 대중 지배적 실천은 그들이 속해 있는 체제가 잘 유지되고 발달시키기 위한 사회적 형태로써 스포츠를 가지며, 이러한 상황 속에서 스포츠는 권력을 가진 지배계급 내에서의 엘리트에 의해 수행되는 정치적 사회화의 매개로서 활동하며, 자본주의 사회에서의 사회통제 기능을 수행할 뿐만 아니라 권력에 대한 정치적 정당성을 활보해 주는 지배 이데올로기적 국가기구로서 인식된다고 설명할 수 있다.

따라서 지배 헤게모니의 생산은 지배세력이 한 사회를 정당화하는데 피지배계급들의 자발적 동의를 획득하기 위해 지배계급이 매체와 교육기관 등 문화생산기구 등의 광범위한 조직을 통해 현실규정을 마련하는 조작된 장치에 의해 생산되며, 그것은 힘에 의해서보다는 이념에 의해 지배를 중심으로 이루어지게 된다.

지배 헤게모니의 행사는 결국 문화생산과 분배를 통해 대중의 동의를 획득하고 그들의 사고에 지배이념을 인식시킴으로써 헤게모니를 행사하게 되는 것이다(김만의, 1994). 이러한 과정은 스포츠현상에서도 표출되고 있으며, 다양한 원인이 존재한다. 정준영(2003)은 스포츠에서의 헤게모니 발생 원인을 아래와 같이 제시하고 있다.

- 첫째, 스포츠가 지닌 특성에 기인한다. 일반적으로 젊은 세대는 격렬한 운동을 즐기는 반면 나이든 세대는 정적인 운동을 선호한다. 그래서 60대 이상의 노인이 축구나 산악 자전거, 암벽 등반 등의 격렬한 스포츠를 즐긴다면 그 자체가 하나이 뉴스거리가 된다. 또한 경제적 비용에 E라 즐기기 어려운 종목도 있다. 대표적인 예가 골프이다. 반면에 대표적인 노동계급의 스포츠로 평가되는 축구는 저렴한 공과 적당한 공터만 있으면 가능하다.

- 둘째, 스포츠의 역사적 특성에 기인한다. 럭비의 경우 축구와 같은 뿌리에서 태어났고, 특별히 비용이 들지 않지만 축구와 달리 상류층 스포츠로 자리 잡고 있기 때문이다. 19세기 중반 축구는 상류층 집안의 자녀가 진학하던 퍼블릭 스쿨에서 널리 즐기던 스포츠였다. 하지만 1870년을 지나면서 하층 노동 계급 구성원도 축구에 열광하기 시작했다. 이들은 우월한 실력을

과시하면서 상류층에게 주도권을 빼앗아 갔다. 상류층 계급은 축구를 노동 계급에 양보했으며, 다른 스포츠를 탐닉하기 시작 했다. 럭비가 바로 그 대안 이었다.

- 셋째, 대중매체가 만들어낸 스포츠의 이미지 때문이다. 매번 열리는 올림픽 대회에서 우리는 마라톤에 큰 관심을 갖는다. 대중 매체는 마라톤이 올림픽에서 가장 중요한 종목인 듯한 환상을 강화하는 것이다. 똑같은 매달이라 하더라도 우리는 야구나 축구, 피겨스케이팅이 더 가치 있는 것으로 평가한다. 이는 스포츠의 인기도를 나타냄은 물론 자국의 승리 가능성에 초점을 맞춘 대중매체의 역할이라고 볼 수 있는 것이다.
- 넷째, 스포츠의 주기적 유행이다. 스포츠가 특정한 사회적 의미를 지니고 있다고 언급한 바 있지만 그 의미가 항상 고정된 것은 아니다. 스포츠를 즐기는 집단도 자연스럽게 달라진다. 10년 전 까지만 하더라도 우리사회의 중산이 증기던 대표적인 스포츠는 테니스였다. 하지만 경제적 수준이 상승하면서 테니스의 인기는 퇴조하고, 골프가 그 뒤를 이었다. 골프의 인기는 상당기간 지속되겠지만 이것 역시 시간이 지나면 바뀔 수밖에 없다. 이미 부유 계층은 승마나 요트 같은 스포츠로 전환하고 있기 때문이다. 청소년 집단에서 주기는 더욱 짧아지고 있다. 기성세대와 차별된 무엇인가를 찾기도 하지만 또래 집단에서 좀더 두드러지고 싶은 욕망 때문에 더욱 그러하다.

결국 다양한 요인에 의해 결정되는 스포츠의 사회적 이미지는 스포츠를 즐기는 집단의 분포를 변화시키는 결과를 낳았다. 그 중에서도 계급에 따른 스포츠 취향의 차이가 특히 중요한 의미를 갖는다. 스포츠의 계급적 특성은 스포츠현상을 다양하게 만들고 있다. 중요한 점은 이런 결과를 통해 스포츠가 헤게모니를 획득하는 하나의 수단으로 작용하게 된다는 것이다. 물론 스포츠가 헤게모니 형성의 수단으로 작용하는 방식이 항상 고정되어 있는 것은 아니다. 위에서 제시한 다양한 원인에 의해서 생산되고 환원하는 것이다. 하지만 역사적인 관점에서 볼 때 스포츠의 계층 간의 장벽은 앞으로도 완강하게 힘을 발휘할 것이다.

사회계층별 스포츠 참여현상

오늘날 국가영역의 하나인 동시에 지배적인 문화의 한 형태인 스포츠는 오랜 역사를 통해 신체활동 자체를 바탕으로 사회발전에 따른 역사적 · 사회적 현상들과 분리해서 생각할 수 없는 것으로 되었다. 따라서 현대사회에서 지배적인 문화로서의 스포츠를 어떻게 이해하고 실천하는가 하는 것은 시대적 변화 및 사회적 조건에 영향을 받는다는 것이다. 이러한 관점에서 국가에 의해 이해되는 스포츠는 지배적인 문화적 형태로 이상적인 관점에 뿌리를 두고 사회적 · 정치적으로 순(順)기능적인 효과와 의미를 가지고 있는 것으로 설정되지만, 현대국가에 있어서의 상황은 스포츠가 그 순수성만을 유지하고 있는 것만은 아니라고 볼 수 있다.

이러한 힘을 가진 집단은 스포츠의 계급을 형성하는데 원인으로 작용한다. 스

[그림 9-7] 매년 테니스 US Open경기가 있을 때면 헐리우드 스타, 부동산 재벌, 전/현직 정치인들, 미디어 재벌들 등의 미국 상류계층 인사들이 스탠드를 직접 찾고 관전한다.

포츠의 계급적 성격은 스포츠의 현상을 변화시키고, 고착화 되어 있다. 현재 나타나고 있는 사회계층별 스포츠참여 현상을 요약하면 다음과 같다.

첫째, 골프나 테니스에 나타나는 환호의 억제이다. 골프경기나 테니스의 경우 관중들의 환호를 최대한 억제한다. 유명한 골프 선수들이 샷을 할 경우에 선수가 화를 내거나 동작을 멈추는 경우가 간혹 있다. 이러한 경우를 우리는 자연스럽게 받아들인다. 하지만 골프가 심리적 운동이라고 가정해도 이러한 규칙은 오늘날의 관점에서 무리가 있다. 야구의 투구 동작에서의 야유와 축구의 페널티 킥에서의 야유, 농구의 자유투에서의 야유 등과 다를 바가 없다는 것이다. 물론 거리의 원근이 있을 수 있지만 이 또한 종목이 가지는 역사성의 표출이라고 보는 것이다.

둘째, 청소년들의 스포츠문화이다. 청소년들은 기성세대와는 다른 영역을 보여주기 위해서 새로운 영역을 구축한다. 이종격투기와 같은 문화, 비보이 문화, 익스트림 스포츠와 같은 신체활동의 관람과 참여는 기성세대와의 차별은 물론 또래 집단에서의 우월성을 나타내는 수단으로 사용된다. 무엇보다 익스트림 스포츠의 다양화는 기존 스포츠에 대한 저항 또는 더욱 많은 쾌락을 추구하는 것으로 다양한 측면에서의 접근이 가능하다. 이러한 종목의 특성은 생명력이 짧다는 것이 특징이다.

셋째, 경제적 능력에 의한 계급의 형성이다. 스포츠를 참여하거나 관람하는데 많은 비용을 감수하여야 한다. 하지만 이러한 비용에의 정도는 각각 다르다. 맨손에서부터 수억 원에 이르기까지 다양하다. 아프리카 지역에서 유행하는 축구와 육상의 경우 저렴하게 참여할 수 있다는 장점이 있는 종목인 반면에 요트, 승마, 골프, 항공스포츠, 수중스포츠 등은 비용이 상당하다. 이렇게 참여하는 종목으로 인해 사회적 계층을 구분하게 되는 것이다. 그러나 경제적인 비용이 절대적인 경우가 아닌 경우도 존재한다.

넷째, 신체적 특성에 의한 스포츠계급의 형성이다. 먼저 연령에서 스포츠종목이 구분된다. 스포츠 영역에서도 유아스포츠, 실버스포츠 등으로 구분된다. 신체의 성장과 퇴화 등에 따라서 참여할 수 있는 스포츠가 제한되는 것이다. 특히 고령화사회의 도래에 따라 실버스포츠의 경우는 더욱 성장할 수 있다. 다음은 성에 따른 스포츠참여의 제한이다. 최근 남성과 여성의 스포츠영역은 비교적 구분이 완화되고 있지만 역사적으로의 구분은 더욱 엄격하다. 여성의 탈진한 모습이 과거 비윤리적으로 취급 받았던 시대도 있었다. 마지막으로는 인종에 의해서 차별된다. 특히 흑인의 경우 서구사회에서 스포츠의 참여가 제한되었으며 아직까지도 그러한 잔재가 남아 있다.

다섯째, 매스미디어에 의한 스포츠계급의 형성이다. 즉 인기 있는 스포츠와 가치 있는 스포츠를 매스미디어가 조작하는 것이다. 이러한 것은 참가하는 사람의 신분조차도 구분되게 만들고 있으며, 경기 결과에 있어서도 우월성을 나타내기도 하는 것이다. 같은 금메달, 승리라 하더라도 우위가 달라질 수 있는 것이 오늘날의 스포츠이다. 프로스포츠화 되어 있는 종목의 경우가 더욱 그러하다.

여섯째, 스포츠의 역사적 배경에 따른 스포츠계급의 형성이다. 폴로, 골프, 테니스, 럭비 등은 신체적으로 과격하거나 비용의 문제가 아니라 역사적으로 고급스포츠로 인식되어 있다. 신분의 계급이 존재하던 시절 구분되었던 스포츠의 구분이 오늘날까지 지속되는 것이다. 역사적 이미지가 결국 오늘날까지 신분을 생성하는 도구로 활용되는 것이다.

헤게모니적 과정이라 함은 지배 집단의 이데올로기가 피지배집단에 의해 수용되는 과정이며, 강제(Force)보다는 동의(Consent)에 의한 지배의 과정이다. 특수한 집단의 이익을 현실과 상식으로서 동일시하는 것에 의해, 지배집단은 그것의 파워를 공고히 하고, 피지배집단은 그 자신의 피지배를 자연스럽게 받아들이게 된다. 또한 헤게모니는 정치, 문화적 이데올로기적 기구들이 경제와 어떻게 결합되어져 있는가를 분석한다. 헤게모니 과정에서 지배집단은 사회의 정치경제적 기구뿐만 아니라, 교육 · 대중매체 · 종교와 같은 이데올로기적 기구를 통제한다. 지배집단은 이러한 이데올로기적 기구를 통해 그들의 헤게모니를 강화하는데 이로운 규범이나 가치를 촉진하고 재생산한다. 스포츠영역에서의 헤게모니는 스포츠이벤트, 특히 올림픽, 월드컵, WBC, 아시안게임 등과 같은 국가 대항경기를 통해 더욱 강화된다. 이러한 스포츠이벤트의 지속은 스포츠를 통한 헤게모니의 창출을 공고히 할 수 있는 매개체가 되는 것이다. 신자유주의 경제논리와 민주주의 사회는 지배와 피지배의 관계를 끊임없이 생산한다. 이러한 부분에 있어서 스포츠는 중요한 도구가 되는 것이다. 한편 이러한 헤게모니의 형성은 스포츠를 통한 저항의 역사와 맥을 같이 하고 있다.

chapter 10

스포츠와 여성

스포츠와 여성

여성이 스포츠에 관여해 온 역사는 어제, 오늘의 일이 아니며 실로 오랫동안 스포츠에서 관중과 선수로서의 역할을 수행하여 왔다. 실제로 오늘날 여성은 단순한 여가 선용으로서의 일차적 혹은 이차적 스포츠 참여에서부터 대학경기, 국제경기, 프로경기에 이르기까지 매우 광범위하고 다양한 수준의 스포츠 활동에 참여하고 있다. 그럼에도 불구하고 현대사회에 있어서 여성의 스포츠 참여는 비난과 찬사를 동시에 받고 있다. 이러한 사실은 역설적으로 편견과 차별 때문에 실제보다 한층 더 두꺼운 장벽이 가로막혀 있음을 반영하는 것이라 하겠다.

스포츠에 있어서 여성차별의 근원은 전통적인 고정관념과 대중매체의 분명한 성 정형화(gender-stereotyped) 이미지 제공에 기인한다. 여성의 스포츠참여는 특정 시대의 사회 · 문화적 배경과 여성에게 기대되는 역할행동에 따라 참가의 정도와 참가종목을 달리해 왔으며, 같은 시대에서도 각 사회의 문화에서 제시하는 여성행동의 기대수준이 허용하는 범위에 따라 그 정도와 폭을 달리 했다. 우리나라 사회의 경우, 전통적인 유교사상으로 남존여비의 인습에 따라 여성의 사회적 활동이 극도로 제한되어 왔기 때문에 여성의 스포츠활동 참가는 서구사회에 비하여 한층 더 소극적이고 폐쇄적인 역사를 지니게 되었다. 여성과 스포츠에 대한 매스미디어의 취급과 평가는 사회에서 여성의 위치, 역할, 지위 등을 가늠할 수 있고, 방향 지울 수 있는 중요한 척도이다.

결국, 여성은 스포츠활동을 통하여 개인적으로는 독립적 인격체로서의 성숙을 기하고, 사회적으로는 건강한 심신을 갖춘 사회인이 되어 균형 잡힌 사회의 발전에 이바지 할 수 있는 것이다. 현대사회에서 여성의 스포츠참여는 개인과 사회를 위해서도 중요한 의미를 갖는다고 할 수 있다. 결론적으로 여성 스포츠의 발전을 저해하는 현상은 스포츠현장에서의 남녀차별이었다. 따라서 여성 스포츠가 더욱 발전하려면 스포츠 내에서 성차별을 강화 지속시키는 물리적 환경을 제거하고 스포츠체계 내의 성에 따른 불평등한 보수구조를 개선하며, 여성 자신이 차별의 피해의식에서 벗어나 독자적인 상호지지 환경을 조성하려는 의식의 변혁이 뒤따라야 할 것이다.

여성스포츠의 필요성

현대는 합리성과 논리성을 특징으로 하는 과학의 시대이다. 따라서 기존의 관습과 문화에서 비과학적이거나 비합리적인 요소들은 대부분 사라졌고, 또 사라지고 있다. 그러나 대부분의 관습과 문화가 그렇듯이 그것이 비록 논리성이나 합리적인 사고에 비추어 부당한 것이라 할지라도 일시에 사라지지는 않는다. 특히 남성과 여성의 관계에 있어서 기존의 인습과 도덕적 규범의 영향은 아직도 큰 것으로 여겨진다. 남성과 여성의 성 역할(sex-role)을 고찰함에 있어서 인류 초기에는 자손의 생산과 양육이라는 일차적 필요에서 역할분담이 생겼고, 이에 수반하여 여성의 영역과 남성의 영역이 임의적으로 정해졌으며, 이것이 지속적으로 이어져 오면서 사회 · 문화적으로 고착되었다. 다시 말해서 성 역할의 분담은 자연적인 현상보다는 인위적으로 제도화된 것이다. 이렇게 비롯된 성 역할을 '여성다움' '남성다움' 이라는 편협한 틀에 얽매어 여성의 사회 제반 활동에 많은 제한을 가하게 되었다.

'여성답다' 는 복종, 부드러움, 섬세함, 수동성, 정적 행위 등의 특성으로 규정되고, '남성답다' 라는 것은 공격적, 독단적, 동적, 적극적, 독립적이라는 특성으로 규정되어 신체활동이 남성들에게 적합하며, 스포츠활동이 남성들의 전유물인 것 같이 인식된 것이 이러한 예이다. 이렇듯 사회 · 문화적으로 고정된 인식은 남성과 여성의 성적 차별을 낳았고, 이러한 성적차별은 여성이 스포츠활동에 부진하게 된 신체적 · 정신적 주요 요인으로 작용하였다. 스포츠활동은 기본적으로 신체의 성장발달을 촉진시키고, 신체 각 부위(근육, 심장, 허파, 신경 등)의 기능을 촉진하여 작업 효율을 높인다. 또 이는 생리 · 기능적 측면뿐만 아니라, 심리적으로 기술발전과 기록향상에서 얻어지는 성취감, 노력과 인내로 이룬 희열 등을 경험하게 함으로써 인격형성에 큰 몫을 한다. 그리고 생활에 적극성과 동적 원동력을 부여하는 등 기계문명의 발달과 고도의 산업화로 거대한 메커니즘(mechanism) 속에서 마치 일개 부품처럼 소외 당하는 현대인의 정서에 청량제로 작용한다.

현대사회는 남녀동등의 사회구조와 문화를 가지며, 과학적 · 합리적인 사고에 기초하고 있다. 따라서 '여성다움' 이나 '남성다움' 라는 언어적 상징에 의해 막연히 스포츠활동이 규제되어서는 안 된다. 특히 여성은 스스로 이러한 제약을 타파할 필요가 있다. 이는 곧 인간다운 생활을 영위하는 데 필요한 기본적 조건으로서의 스포츠활동에 대한 여성의 권리를 주장하는 것이며, 이러한 여성의 권리주장은 다른 여성문제와 마찬가지로 여권신장, 여성해방이라는 맥락에서 이해되어야 한다. 이렇게 함으로써 여성은 종전의 의타적 · 수동적 존재라는 이미지에서 벗어나 자립적 존재로서의 위치를 다질 수 있을 것이다. 스포츠활동은 여성과 남성의 구별 없이 인간의 순수한 신체활동으로 인식되어야 하며, 여성의 스포츠참여도 당연하게 받아들여져야 한다. 여성의 스포츠활동은 여권신장에 기여할 뿐 아니라 여성의 사회화 과정과 여성 자신의 인격형성에도 중요한 역할을 할 수 있다. 왜냐하면 여성들은 '여성다움' 이라는 고정관념과 상반되는 스포츠활동과 독립된 자아실천으로서의 스포츠활동 사이에서 많은 갈등과정을 겪지만, 이러한 갈등을 통하여 궁극적으로 여성 나름대로의 가치관을 형성할 수 있기 때문이다.

[그림 10-1] 누가 더 남성다운가? 스포츠에서 남성다운 수행능력과 여성다운 수행능력이라는 것은 단지 모호하며 의미 없는 구분이다. Ernie Els와 Michell Wie의 골프 스윙

갈등을 잘 해소하는 여성은 스포츠활동뿐 아니라 다른 일상생활을 비롯한 전반적인 사회활동에도 잘 적응해 나갈 수 있을 것이다. 따라서 여성은 스포츠활동에 참여함으로써 자신의 사회화(socialization)를 원만히 이룰 수 있으며, 스포츠 프로그램의 구체적 실천을 통하여 자아개념과 자신 스스로의 결과로서 성취감을 얻고 '나는 할 수 있다' 는 신념을 갖게 될 것이다. 그리하여 고정관념인 수동성과 정적 행위에서 탈피하여 적극적이고 동적인 생활인으로서 성숙을 기할 수 있다.

결국, 여성은 스포츠활동을 통하여 개인적으로는 독립적 인격체로서의 성숙을 기하고, 사회적으로는 건강한 심신을 갖춘 사회인이 되어 균형 잡힌 사회의 발전에 이바지 할 수 있는 것이다. 현대사회에서 여성의 스포츠참여는 개인과 사회를 위해서도 중요한 의미를 갖는다고 할 수 있다.

여성의 스포츠참여 부진원인

현대사회에서 스포츠활동에 참가하는 여성인구는 증가하는 추세에 있다. 그러나 아직도 스포츠가 남성의 전유물인 것처럼 여겨지고 있는 것은 부인하지 못할 현실이며, 일반 여성들의 스포츠참여 양상은 결코 만족스럽지 못한 수준이다.

여기에는 많은 요인이 내재하고 있는데, 어떤 것은 개인적이며, 어떤 것은 사회적이고, 또 어떤 것은 제도적인 것이기도 하다. 이에 대한 분석은 의식적 측면과 제도적 측면으로 구분할 수 있다.

의식적인 측면의 요인으로서는 첫째, 일반인들의 스포츠활동에 대한 그릇된 인식, 둘째, 여성들의 스포츠활동에 대한 편견, 셋째, 여성 스스로의 스포츠활동 참여에 대한 심리적 갈등 및 사회 · 문화적 성차별(sexism)에서 오는 불평등 등이다. 제도적인 측면에서는 여성을 위한 스포츠 시설, 지도자, 홍보, 재정적 지원의 결여 등을 들 수 있다. 그러나 무엇보다도 중요한 요인은 의식적 차원에서의 성취욕구와 전통적으로 요구되어온 성 역할 사이에서 여성 자신이 겪는 심한 내적 갈등이라 할 수 있다.

1. 스포츠에 대한 부정적 인식

한국사회에서 여성 스포츠가 보편화되려면 우선 일반인들의 스포츠에 대한 인식이 바뀌어져야 한다. 20세기 초 서양 선교사들에 의해 근대적 개념의 스포츠가 도입된 이래 우리나라의 스포츠는 지속적으로 괄목할만한 발전을 거듭해왔다. 그러나 그 내면을 들여다보면, 물량적인 측면에서는 대단한 변모를 이룩했지만 의식적 측면, 즉 스포츠에 대한 인식은 크게 변하지 않았다고 할 수 있다. 스포츠는 가난하고 못 배운 사람들이 하거나, 아니면 특수 부유층이 여흥으로 행하는 여가활동 정도로 인식되고 있는 것이다. 오랜 역사적 전통과 물질적 풍요에 힘입어 전체 인구의 70% 이상이 스포츠활동에 참여하고 있는 미국과 유럽의 경우와 비교한다면 우리나라의 스포츠에 대한 의식은 아직도 전근대적인 수준을 크게 벗어나지 못하고 있는 실정이다. 물론 앞으로 경제적 여건과 사회환경이 개선되면, 일반국민들의 의식 또한 크게 달라질 것으로 기대된다. 이는 시간과 여건의 개선에 수반되는 것 못지 않게 의식 자체의 변혁을 위한 교육과 의식적 노력이 병행되어야 가능하다.

2. 여성의 신체조건에 대한 편견

'여성의 골격은 부서지기 쉽고 충격에 매우 약하다,' '여성이 가슴에 부상을 당하면 유방암이 발병할 가능성이 높다,' '여성은 생리적으로 운동을 하기에 부적당하다'는 등 여성의 신체에 대한 막연한 관념은 여성들의 스포츠활동을 제한하는 큰 요인으로 작용하고 있다. 그러나 이러한 부정적 생각은 과학적인 근거가 없는 것이다. 인간의 골격은 성에 따른 차이보다는 유전적 요소, 영양, 질병, 호르몬, 그리고 사용 정도에 따라 강 · 약이 좌우될 뿐이다. 부상으로 장기간 골격을 사용하지 못할 경우 기능적 힘이 쉽게 쇠퇴하는 반면, 시험관 배양액 속에 들어 있는 뼈일지라도 인공적 힘을 가할 경우 그 강도가 증대된다고 하는 실험적 사실은 골격의 강 · 약에 대한 후천적 · 환경적 요소, 즉 사용 정도에 얼마나 크게 의존하는가를 나타내는 것이다. 따라서 여성의 골격 자체가 약하다는 관념은 편견인 것이다. 과거 많은 여성들은 스포츠활동이 가슴부상에 의한 유방암을 유발시키며, 생리 중의 심한 운동은 생식기의 손상을 유발하므로 삼가야 된다고 생각해 왔다. 그러나 이것 또한 근거가 없는 것이다. 자궁은 골반 내에서 자체 중력으로 떠있는 상태이므로 충격에 별 영향을 받지 않으며, 가슴 외상으로 인한 유방암의 유발 가능성에 대한 의학적 근거는 없다. 대부분의 여성이 생리기간 중 어느 정도의 작업능력 저하나 약간의 심리적 불안정 상태를 경험하지만, Erdely (1971)가 729명의 헝가리 여자선수들을 대상으로 조사한 결과 50% 이상의 선수들이 생리 중에 거의 정상적인 기능을 수행하였다.

이러한 일련의 연구 결과에 따르면, 생리기간 중에도 신체활동을 제한할 필요는 없으며, 필요에 따라서 호구 같은 기구를 사용하는 것으로 충분한 것이다. 여성의 육체가 체력요인 면에서 스포츠활동을 하기에 과연 부적합한 것인가? 지구력은 사춘기 이전에는 여성이 남성에 비해 우월한 경우도 있으며, 사춘기 이후에는 남성의 능력이 여성에 비해 우월하게 된다고 한다. 이러한 사실은 Bowie와 Coemming(1972) 연구결과에도 나타났는데, 이들은 13-17세 남 · 여 학생을 대상으로 약근 지구력을 측정한 결과 남학생이 185초, 여학생은 234초를 기록하여 여성이 더 우월하다고 보고하였다. 심폐 지구력을 좌우하는 최대산소섭취량은 10-12세 남 · 여가 비슷한 수치를 보이나, 성인의 경우 남성이 30%정도 높다. 그러나 여자육상선수를 대상으로 한 연구의 경우 여성의 심폐 지구력 잠재 가능성은 매우 높은 것으로 알려졌다. 유연성은 개인의 습관적 행위에 크게 좌우되므로 연령이나 성별과는 관계가 없지만, 대체로 여성이 남성보다 우월한 편이다. 또한 Wilmore (1974)는 일반 남 · 여 대학생을 대상으로 일정한 웨이트트레이닝(weight training)을 실시하고 근력 테스트를 한 결과, 여학생의 증가폭이 남학생 보다 크다는 사실을 발견하였다. 기타 많은 연구결과는 여성의 스포츠활동이 생리적 이상을 초래하지 않으며, 오히려 적극적인 참여가 남 · 여 동등의 자신감을 얻을 수 있다고 밝히고 있다.

[그림 10-2] 여성 보디빌더. 여성은 생리학적으로 열등한 존재가 아니다.

3. 여성의 스포츠참여에 대한 편견

여성들은 스포츠활동에 참여함으로써 야기될지도 모르는 신체변화에 대한 그릇된 인식과 스포츠활동이 여성에게 흥미로운 것이 되지 못할 것이라는 막연한 관념에 제약을 받고 있다. 선수를 포함한 대부분의 여성들은 운동으로 자신의 신체가 남성화되고, 여성다운 외적 아름다움이 상실되지 않을까 두려워한다. 그러나 Gilder(1981)는 신체 외형적 '여성다움' 은 내분비의 작용에 의존하는 형태학적 요인과 관계가 있을 뿐 신체활동과는 무관하다고 하며, 이와 같은 편견은 비판되어 마땅하다고 주장한다.

스포츠 활동이 여성의 신체를 근육질화 할 것이라는 견해 또한 여성의 체지방이 과도한 근육발달에 없어서는 안될 남성 호르몬의 일종인 안드로겐(androgen)의 분비가 매우 적다는 사실에서 그 타당성은 희박한 것이다. 실제로 소녀들은 운동기능의 성취를 통하여 자아에 대한 인식을 발전시켜 나간다. 그러나 사춘기에 접어들면서부터 소녀들은 신체능력의 열등이나 스포츠에 대한 소질의 부족 때문이 아닌, 여성은 비활동적이고 수동적이어야 할 것이라는 사회 · 문화적으로 막연히 규정되어진 규범과 고정관념에 의해 제약을 받음으로써 스포츠에 대한 열의를 점차 잃게 된다. 이러한 맥락에서 볼 때, 여성이 스포츠 활동에 흥미를 느끼지 못

[그림 10-3] 남성 치어리더를 어떻게 평가하는가? 남성 치어리더에게는 '남자답지 못하다' 라는 잘못된 편견이 많다.

한다는 견해는 사실이 아닌 허구에 그 근거를 두고 있는 것이라 하겠다. 여러 가지 제약에도 불구하고 투기 스포츠에서조차 여성의 참여가 활발해지고 있는가 하면 여성심판이 속속 배출되는 등의 현상은 이를 반증하는 좋은 예라 할 것이다.

여성스포츠의 제 관점

여성 스포츠를 이해할 수 있기 위해서는 스포츠의 제도적 특성과 여성해방의 이념적 성향(ideological orientation) 등의 두 가지 측면이 이론적으로 고려되어야 한다. 여성 스포츠는 이와 같은 이론적 고찰에 기반을 두고 다음과 같은 여섯 가지 관점에서 이해될 수 있다(Boutilier & Giovanni, 1983).

첫째, 스포츠는 가부장적 제도의 하나이다.

스포츠는 여성의 존재와 그들의 경험이 무시된 채 남성에 의해서 생성되고 발전되어 왔기 때문에 남성의 권력과 가치 및 행동을 묵시적으로 조장하는 가부장적 사회제도의 산물이다. 또한 스포츠는 정치 · 군사 · 경제적 제도와 동일한 속성을 지니면서 사회의 지배가치를 반영하는 경쟁, 이념, 합리성, 통제, 생산, 승리 등을 우선적으로 강조하기 때문에 본질적으로 남성적 특성을 지니고 있다.

둘째, 성 차별주의가 스포츠를 지배한다.

스포츠의 구조 내에는 반여성(anti-woman) 및 반여권적(anti-feminine) 이데올로기가 팽배해 있다. 과학적인 기준과 검사를 통해 여성의 생물학적 능력을 검증하지 않은 채 남성과 비교하여 여성을 무능한 존재로 인식함으로써 스포츠에서 여성의 참여를 배제하여 온 경우를 역사적으로 흔히 볼 수 있다. 또한 여성의 스포츠참가를 억제하는 두 번째 요인은 여권주의에 이미 내재되어 있는 문화적 신념과 전통이다. 스포츠는 개념적으로 남성의 특성인 강인한 근력, 격렬성, 지구력 등의 속성을 대변하는 것으로 여겨져 왔기 때문에 여성의 스포츠참가는 스포츠의 여성화(feminization)와 여성의 남성화(masculinization)를 초래한다고 보아 스포츠에서의 여성참가를 배척하는 성차별 현상을 지속시켜 왔다.

셋째, 여성이 변화할지라도 남성과 스포츠는 변화하지 않는다.

최근 여성의 스포츠참가가 조직화된 수준에서 비정형적으로 증가되고 있다(Eitzen &Sage, 1978). 이는 남성만이 할 수 있다고 여겨져 온 신체기능과 능력을 여성도 가능하다는 사실은 입증하였으나 여권주의 내에서의 여성에 대한 정의의 변화만을 가져왔을 뿐 실질적으로 여성 스포츠의 변화는 이룩하지 못했다. 즉 남성 지배의 스포츠영역에서 여성이 기대하는 만큼 여성에 대한 실질적인 정의의 변화를 확산시키지 못했다. 더욱이 여성이 스포츠 내에서 여성의 지위변화를 맹목적으로 추구하고 기대함으로써 여성 자신의 본질적 변화를 가져오지 못했을 뿐만 아니라, 남성중심의 스포츠에 흡수 통합되는 결과를 가져왔다. 결과적으로 스포츠에서의 여성 자신의 변화와 스포츠를 지배하고 있는 남성의 여성에 대한 인식의 변화가 동반되지 않는 한 여성 스포츠의 발전과 여타 제도 내에서의 여성해방의 결실은 기대하기 어렵다는 것이다.

넷째, 여성 스포츠 연구에서 자유주의적 편견이 상존하고 있다.

여성의 스포츠참가와 여성 스포츠의 발전은 주로 자유주의적 성향에서 비롯되고 연구되어 왔다. 이러한 성향은 스포츠구조 내에 구축된 정치적이고 법제적인 시민권리 및 동등한 참여를 여성에게 개방하려는 것으로서 이는 다음의 두 가지 오류를 낳았다.

하나는 모든 계층의 여성(소수민족 여성, 빈민층 여성, 노년 여성, 동성연애 여성, 비만여성, 근로 여성, 장애자 여성 등)에게 스포츠참가의 기회가 확산되지 못하였다. 따라서 스포츠참가에서 소외된 이들 여성계층은 여성 스포츠 역할모형의 혜택을 누리지 못하거나 학교 또는 스포츠클럽의 스포츠활동에 적극적으로 참가하지도 못하며, 단지 스포츠체계에서 전통적으로 제공되었던 기존의 가치와 태도를 답습할 뿐이다.

또 다른 오류는, 성차별에 대한 여성해방론적 분석이 심도 있게 연구되지 못했으며, 여성 스포츠의 이론적 대안이 제시되지 못하였다. 따라서 남성 중심의 스포츠를 무비판적으로 수용하면서 스포츠에서 여성의 참가와 그 결과를 통해 여성 스포츠가 다소나마 변화할 것이라는 기대를 지닐 뿐이다.

다섯째, 스포츠사회학은 성 차별주의자의 지배를 받는다.

여성 스포츠에 대한 연구가 스포츠에서 여성참가의 증가 속도만큼이나 급속히 성장하여 왔으나 모든 분야의 연구와 마찬가지로 성차별의 편견이나 자유주의적 관점을 반영하는데 그치고 있다. 오늘날의 여성 스포츠는 모든 사회생활 영역에서 성 차별주의를 옹호하는 여권주의 학자들에 의해 이론적으로 연구되고 있기 때문에 여성 스포츠의 본질적 문제의 핵심은 상대적으로 간과되어 왔다. 아이러니컬하게도 과거의 스포츠를 가장 신랄하게 비판하고 오늘날의 진보된 스포츠모형을 제시해 왔으며, 여권신장 운동에 대한 활발한 논의와 전개를 통해 여성 스포츠를 새롭게 정립하려고 시도한 사람들은 주로 남성학자와 언론인, 그리고 남자선수들이다. 여성 스포츠의 연구와 이해가 무성차별적(nonsexist) 전제와 특정 여성해방론적 틀의 한계를 극복하여 수행될 때 비로소 남성이 주도하는 여성 스포츠의 연구에 대한 현재의 상황을 심각하게 비판하고, 나아가 올바른 시각에서 여성 스포츠의 이론적 기초가 확립될 것이다.

여섯째, 여성은 남성이 아니다.

여성은 오늘날까지 남성과의 동등권을 쟁취하기 위하여 주로 남성의 우월성을 비하시키는데 경주해 왔다. 단순히 여성이라는 성 때문에 역사적으로 여성의 능력은 부정적으로 사회의 모든 영역에서 평가되어 왔다. 즉 여성은 생물학적 이유, 단편적인 사회참여, 성역할 사회화, 개인적 선호에 의하여 남성과는 상이한 사회적 존재로 인식되어 온 것이다. 여성은 온순, 협동, 직감, 심리, 과정지향, 감성, 순종, 열정 등과 같은 용어로 묘사되어 왔다. 그러나 여성은 생물학적 결정론에 의하여 정의되고 있는 여성의 본질적 특성만을 내재하고 있지는 않으며, 오히려 남성과 동일한 잠재능력을 소유하고 있다는 사실을 간과해서는 안 된다. 뿐만 아니라 여성의 특성에 대한 묘사에서 여성을 착취 받는 열등한 존재로 여기기 위한 이념적 도구로 이용되어 온 것 또한 사실이다. 여성이 이와 같은 특성을 지니고 있음에도 불구하고 여성의 행동과 태도는 올바르게 인식되지 못하고 있으며, 또 여성의 능력을 전파하고 활용하기를 주저하고 있다. 더욱이 여성의 특성을 스포츠에 적용하여 여성의 역할을 부여하고 신장시키려는 노력을 기울이지 않고 있는 것이 현실이다. 따라서 남성의 전유물로 인식되어온 스포츠는 물론, 사회의 다른 여러 영역에서 여성은 남성이 소유하고 있는 제반 영역과 가치를 공유할 수 없는 결과를 가져 왔다. 결국 여성은 남성이 지배하는 사회구조와 사회적 이념의 한계, 그리고 여성 스스로의 각성과 소아적 피해의식을 극복하지 않는 한 남성과 동등하게 될 수 없을 것이다(임번장, 1998).

[그림 10-4] 여자농구는 인기가 없을까? 미국 NCAA여자농구에서 Connecticut, Tennessee 등의 대학은 2만여 석의 경기장이 전 경기 매진이 될 정도로 큰 인기를 누린다.

미디어와 여성스포츠

미디어연구를 통한 비판 여성학은 스포츠에서의 남성지배가 여성 스포츠를 성 대상화하거나 그들의 고정 관념적 취급이 미디어 묘사를 통해서 이루어지고 있다고 보고 있다. 이는 남성중심의 가부장적인 이데올로기를 정당화하고, 여성 선수들을 성 대상으로 묘사하는 데에서 비롯된다. 매스미디어는 스포츠를 통해 남녀 간의 불평등에 대한 지배적이고 전통적인 이미지를 재생산하는 가장 대표적인 영역 중의 하나이다. 매스미디어는 스포츠가 남성의 지배와 여성의 피지배라는 성 불평등을 생산하고 정당화하는데 첨병의 역할을 하고 있다. 따라서 다양한 매체를 통해 여자선수 또는 여성 스포츠의 보도를 조사하는 것은 매우 중요하다. 왜냐하면 여성과 스포츠에 대한 매스미디어의 취급과 평가는 사회에서 여성의 위치, 역할, 지위를 가늠할 수 있고 방향 지울 수 있는 중요한 척도이기 때문이다.

매스미디어에 나타나는 여자선수들과 일반적 여성 스포츠에 대한 보도, 표현, 묘사 등은 다음의 세 영역에서 구분될 수 있다.

1. 텔레비전

여성 스포츠에 대한 가장 차별적 모습이 두드러진 매체는 텔레비전이라고 할 수 있다. 텔레비전의 여성 스포츠에 대한 연구는 1972년 8월부터 1973년 9월까지 미국 NBC의 스포츠 중계에 대한 분석에서 활발히 시작되었으며, 이 기간동안 NBC는 366시간의 스포츠 중계동안 여성 스포츠에는 단 1시간만 할애하여 극단적인 성 차별적 관행을 보여주고 있다.

여성 스포츠가 단 1%의 시간도 할애 받지 못하고 있다는 것을 알 수 있으며, 1982년에서 1983년 사이의 NBC의 380시간 스포츠방송에 대한 연구에서도 단지 8시간, 즉 2%만 여성 스포츠 방송이었다. 그 후 7년 후인 1988년에서 1989년 사이

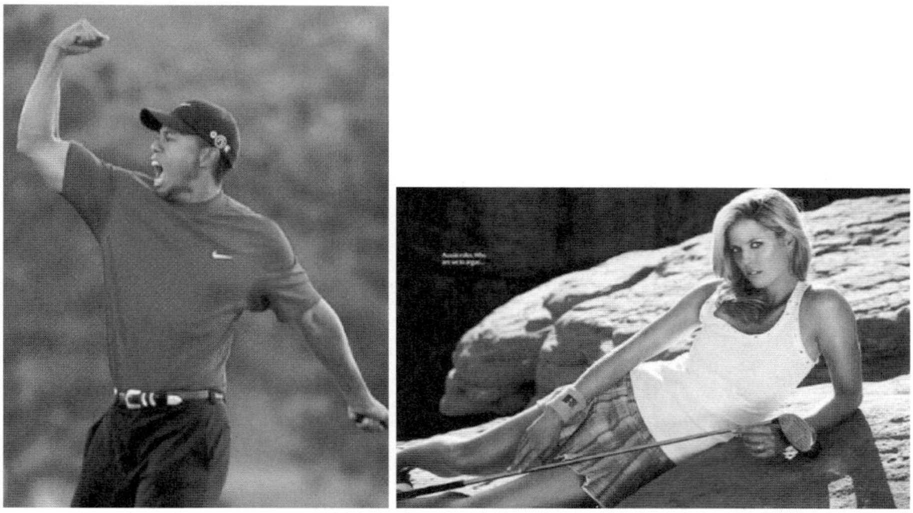

[그림 10-5] LPGA 선수 Anna Rawson과 Tiger Woods. 많은 매스미디어에서 여성 선수들은 우아함과 아름다움을 남성 선수들은 역동적인 모습을 보여준다. 불평등하다고 해야 하는가? 불평등하지 않다고 해야 하는가?

에는 여성 스포츠에 대한 방송이 약간의 증가를 보여주고 있으나 올림픽 중계방송을 제외하고 전체 442시간 중계방송에서 단지 34시간, 즉 8%만 여자경기 중계에 할애하였으며, 여자경기는 황금시간대에는 거의 중계가 이루어지지 않고 있다. 또한 텔레비전은 스포츠종목을 여성 적합스포츠와 부적합스포츠로 분류하며, 기술적인 측면보다는 신체상의 외관에 치중하여 카메라나 해설자들이 여성을 성적인 측면에서 대상화하는 경향이 있다. 언어적 측면에서 보아도 남자는 위대한, 힘찬, 우수한 등의 언어가 사용되는데 반해, 여자의 경우는 보기 홍겨운, 아름다운, 귀여운, 매력적인, 사랑스런, 글래머적인 등의 언어가 주로 사용된다. 그리고 카메라맨의 경우에도 여성관중을 포커스한 다음 멈춤을 사용하는데, 이때 노출된 사람은 대개 귀엽거나 날씬하거나 혹은 정적인 여성을 카메라에 담는다.

2. 잡지

잡지도 여성 스포츠는 보도의 우선순위에서 제외시킨다. 스포츠 관련기사나 사진이 나타난다 할지라도 여성에 대한 전통적인 이미지만 강조되고, 여성스럽고 예쁘고 귀엽고 유행적인 모습만이 강조된다. 잡지에서 기사와 사진을 양적인 면과 질적인 면으로 보았을 때 여자 운동선수는 부재하거나 매우 적다. 스포츠 잡지를 분석했을 때 1979년 기사 중 13%가, 1980년에는 17%가 여성 스포츠를 다루고 있으며, 대부분의 지면이 남성스포츠로 장식됨을 알 수 있다(Lever, 1998).

[그림 10-6] 잡지에서 역시 남성은 스포츠 현장에서의 역동성을 여성은 미적인 자세가 중심이 되고 있다.

사진의 경우도 1983년 스포츠일러스트레이티드의 25년 특집호 사진 119개 중에서 105장이 남자, 12장이 여자, 나머지 2장이 남녀를 함께 대상으로 하였다. 그나마 스포츠 전문잡지에서 여성 스포츠에 대한 사진이 많게는 30%에 육박하고 있지만 대부분이 성적인 측면을 강조한 내용이고, 신체접촉이 드문 개인종목 스포츠이다. 그 중에서도 대부분은 성 대상으로서 고정관념에 부합되는 여성적인 여자선수를 표현하고 있다. 잡지의 표지사진에서도 여자운동선수가 아닌 여자모델이 등장하고, 신체적인 매력과 여성미에 초점을 두고 있고, 몇몇의 사진에서는 남성들의 에로틱한 기쁨을 위한 성 대상화로 복종적이며, 주변적인 신체자세를 묘사하고 있음을 발견할 수 있다. Duncan(1985)은 이러한 사진보도는 여성을 타자로서 간주하여 성적인 차이를 강조하고, 결국 가부장적 이데올로기를 구성하고 강화시킨다고 강조한다. 이러한 경향은 2000년대에도 여전히 지속되고 있다.

3. 신문

신문보도에 있어서도 여성 스포츠에 대한 기사는 뉴스로서 가치 없는 것으로 취급되고, 보도되더라도 눈에 잘 띄지 않는 공간에 배치되는 경향이 있다. Leonard(1990)는 65개 신문에 대한 조사연구에서 여성 스포츠는 스포츠섹션 공간에서 15%만 차지하고 있다고 하였다. 1987년의 남자와 여자의 게재비율은 4 : 1로 남자가 압도적이며, 8년 후에도 스포츠섹션의 성 차별적 보도는 더욱 심화되고 있다. 그러나 올림픽에서는 여성 스포츠에 대한 무시가 약화되고 있는데 그 이유는 국가차원의 승리를 소중한 것으로 보기 때문이다. 1984년 LA 올림픽에서 US Today는 올림픽 보도사진 중 39%를, 1988년에는 41%를 여자 선수로 표상(表象)하였으며, 한국일보는 여자선수의 사진보도를 1984년 23%, 1988년 26% 정도 취급하였다. 1984년 올림픽에서 우리나라 여자선수의 비율이 32%, 1988년 올림픽에서 36%임을 보면 상대적인 과소 보도임을 알 수 있다.

사진보도의 질적인 면에서의 차별적인 보도는 여자선수들의 성공이나 성취에 대해서는 피상적으로만 취급하고 있고, 오히려 심층적 보도는 그들의 신체적 매력이나 고정 관념적인 그들의 성 역할에 모아져 있다. 또한 여자선수의 외적인 모습은 남자선수의 경우보다 자주 기술되고 있으며, 남성은 정열적이고 호전적인 표정이 자주 묘사되는데 반하여 여성은 정적이며 연민의 정을 느끼게 하는 표정이 자주 묘사되고 있다. 스포츠 종목에 있어서도 여성적인 스포츠(여성 체조, 수영, 다이빙 등)가 많이 보도된다.

신문사진의 여성 스포츠에 대한 성 차별적 보도와 함께 사진과 동반되는 표현도 검토할 필요가 있다. 언어적 묘사는 스포츠사진의 시각적 묘사보다 더 분명한 성 차별적 보도관행을 보여주고 있는데, 세 가지 측면에서 성 차별적 언어구성이 이루어지고 있다. 첫째, 비운동적 이미지의 구성이다. 아름다운, 어리게 보이는, 예쁜, 우아한, 귀여운, 매력적인, 소녀, 틴에이저, 어린 소녀 등의 표현은 강인한 스포츠의 이미지를 왜곡시키고 있다. 둘째, 남녀간에 사용되는 신문문구의 언어적 은유에서 두드러진 대조가 나타난다. 여성은 여왕, 요정, 인어, 작은 새, 신데렐라 등으로 기술하는 반면, 남성은 제왕, 사나이, 주춧대, 자이언트, 마스터, 야생마, 독수리, 핵, 슈퍼스타, 영웅, 총알탄, 인간탄환, 마하인간 등으로 표현되고 있다. 셋째, 여자선수의 사진 문구의 일부는 그들을 정상이나 평범한 이성이 아닌 비정상적인 여성으로 취급하고 있다. 예를 들어, 거구, 여걸, 마녀 등의 표현이 주종을 이룬다.

여성의 스포츠참여와 관련한 매스미디어의 보도양태에 대한 연구는 두 유형으로 구분된다. 첫째, 보도의 양과 크기에 초점을 둔 양적인 측면의 분석, 즉 여자선수나 여자스포츠에 대한 보도의 비율적 비교로서 보도빈도, 기사량, 사진수 등에 대하여 남자와 비교하는 관점에서 이루어진다. 대부분의 연구는 여자선수들이 모든 매체에 적게 보도되고 있음을 보여주고, 소극적인 보도는 여성이 스포츠에서 존재하지 않는다는 인상을 만들고 있다.

둘째, 여자선수들이 어떻게 보도 · 표현 · 묘사되는가에 초점을 맞추고 있다.

즉 보도의 유형과 스타일이 중요한 것이다. 이러한 보도관행은 여성의 가치와 의미, 중요성을 과소평가하고 때로는 무시하는 것으로서 여성의 사회적 지위의 평가절하와도 관련이 있다. 매스미디어 (텔레비전, 잡지, 신문 등)는 여성 스포츠에 대한 양적인 차원이나 질적인 차원에서 성 차별적 관행을 보여주고 있다. 여성 스포츠 혹은 여자 운동선수들에 대한 이러한 보도는 매스미디어의 차원에서 시사되는 것도 있지만 사회적 맥락에서 인식되어야 할 요소도 있다.

여성스포츠의 활성화 방안

여성 스포츠의 활성화를 위해서는 이론적인 문제에서 언급한 모든 상황에 대한 세밀한 연구와 이에 근거한 방안 수립이 마련되어야 하며, 특히 여성 자신의 의식개혁이 절실하다. 그러나 이러한 사항 못지 않게 실제적인 차원에서 선행되어야 할 과제가 있다. 그것은 일반여성 스포츠 프로그램의 개발, 지도자 양성 및 시설의 확충을 비롯하여 여성 스포츠의 필요성 및 그 방법에 대한 홍보이다.

1. 여성스포츠 프로그램, 지도자, 시설

여성들은 증대된 참여욕구에도 불구하고 스포츠활동에 있어서 결코 남성과 동등한 참여기회를 부여 받지 못했다. 이는 기존의 스포츠 체계, 프로그램, 지도자, 시설 등 제반 여건이 남성 편의위주로 운영되었기 때문이다. 특히 스포츠에 대한 올바른 이해와 적절한 신체활동의 기회가 반드시 보장되어야 할 중등교육 과정의 프로그램에서조차 극심한 남성 편중현상이 조성되고 있는 것은 심각한 문제가 아닐 수 없다. 그렇지 않아도 입시위주의 교육으로 인해 학교체육이 형식적인 수준에 그치고 있다는 비판이 있는 실정에서 그나마 체육이 남학생 위주로 운용되거나, 남학생에게 적용되는 똑같은 내용과 방법이 여학생들에게 그대로 적용된다면 여학생들의 체육 · 스포츠활동에 대한 관심이 침체될 것은 자명한 이치이다. 이러한 문제들은 또한 여학생들의 신체적 조건이나 심리적 요구를 고려하여 지도할 수 있는 지도자의 필요성을 제기한다.

학교에서 학생들의 신체활동을 일차적으로 책임지고 지도할 사람은 체육교사이다. 그러나 이들이 에어로빅댄스나 무용처럼 여학생들이 관심을 가지고 있다고 생각되는 프로그램에 어느 정도 소양과 관심을 갖고 있는지는 의문이다. 여학생들의 욕구와 기호에 맞춰 그들의 신체적 발달은 물론 사회성 함양과 정서발달에 기여할 수 있는 효율적인 지도가 이루어지고 있다고 보기는 어려운 것이다. 여성 스포츠가 여성 지도자에 의해서 지도되어야 하는가, 아니면 남성 지도자에 의해서 지도되어야 하느냐의 문제는 사실 여성 스포츠의 효율과는 무관한 것이다.

미국의 경우, 미국체육학회(AAHPERD)에 DGWS(Division of Girl's and Women's Sports)라는 조직이 여성 스포츠 프로그램 개발은 물론 여성 스포츠에 관한 전반적 문제를 전담하기 위해 1920년부터 조직되어 있는가 하면, 1972년 교육 개정안에는 성(性)에 의해 참여기회를 박탈당하거나 부당한 대우를 받는 것과 같은 성차별을 당하지 않도록 명시하고 있는 등 여성 스포츠의 활성화에 각별한 관심을 쏟고 있다. 여성 스포츠 프로그램을 구성함에 있어 우선 고려해야 될 사항은 여성의 특성과 욕구, 개인차, 환경적 요소 등에 기반을 두어야 한다. 즉 여성들은 여성 스스로의 특수한 욕구와 사회에서 기대되는 역할이 있으므로 이를 고려해야 한다는 것이다. 이러한 프로그램의 효율적인 운영을 위해서는 프로그램 지도자와 행정가의 역할 또한 중요하며, 여성들의 참여확대를 위해서는 시설확충이 우선적으로 요구된다. 여성들이 학교를 졸업하고 사회로 진출했을 때 그들이 손쉽게 이용할 수 있는 시설이 있어야 한다. 지금 우리에게는 소수의 부유층 여성만이 이용할 수 있는 헬스클럽이 있을 뿐, 여성 전체를 위한 시설은 드물다. 물론, 이러한 것은 국가적 차원에서의 지원이 요구되겠지만 우선은 기존의 학교체육시설이나 공공시설을 여성의 스포츠활동에 맞도록 개조하거나 개편하여 개방해야 한다.

2. 여성스포츠의 홍보

여성 스포츠를 위한 제반 조건들이 훌륭히 갖추어져 있다 하더라도 여성들의 의식에 변화가 없거나, 구체적인 활동에 대한 지식과 정보가 없다면 여성 스포츠의 활성화는 기대할 수 없을 것이 분명하다. 홍보매체의 중요성과 역할이 여기에 있다.

지금 우리의 현실은 여성 스포츠에 대한 홍보매체가 거의 없는 실정이다. 따라서 여성 스포츠의 필요성과 목적, 운동의 효과 및 구체적인 실시방법, 여성 스포츠시설의 확보와 이용, 공공 스포츠시설 외에 학교체육시설의 개방, 여성 스포츠지도자 육성 및 소개, 여성 스포츠 동호인 모집, 스포츠클럽의 가입, 클럽결성과 입회 등의 문제에 각별한 관심을 갖고 체계적이고 지속적으로 지원하지 않으면 안 된다.

스포츠 활동에서 여성의 참여는 스포츠 사회화라는 맥락에서 이의 요건인 개인적 속성, 사회화 매개, 사회화 상황 등 세 요소 간의 관계에서 결정된다. 여성이 처음 스포츠에 참여하게 되는 것은 무엇보다 가족을 비롯한 매개 집단의 영향을 받으며, 이에 기회상황(사회화 상황)이 중요한 변수로 작용하게 된다는 것이다. 따라서 제도적인 보완과 의식의 개혁이 동시에 수반되어야 여성의 스포츠 활동 참여가 더욱 증대되리라 본다.

[그림 10-7] 여자축구 월드컵에서 우승한 미국팀의 Brandi Chastain. 그녀는 상의를 탈의한 세러모니를 펼쳐 많은 논란의 중심에 있었다. 아래쪽의 Parker는 WNBA에서 여자선수로는 드물게 가끔 덩크슛을 하는 등 최고의 실력을 갖추고 있고 인기도 좋다.

chapter 11

스포츠와 인종

스포츠와 인종

2006년 봄, 미식축구 영웅 하인즈 워드의 한국 방문은 많은 사람들로 하여금 인종차별 편견에 대해 다시 생각하게 하는 계기가 되었다. 단지 피부색이 다르다는 이유로 차별해서는 안된다는 매우 '간단한' 논리에 사람들은 공감했다. 하지만 뒤집어 애기하면 워드 방문이후 호들갑을 떠는 이런 모든 움직임은 그러한 차별이 여전히 심각하다는 말과 다를바 없다. 인종차별 문제는 비단 한국뿐만아니라 미국, 유럽, 일본 등 다른 나라에서도 사회적으로 큰 이슈다. 미국 유럽에서도 피부색이 다르다는 이유 하나만으로 흑인이나 아시안인들이 차별받기도 하고, 일본에서는 재일동포라는 이유로 온갖 차별을 받는다. 이런 차별은 스포츠에서도 그대로 적용된다. 비록 많이 개선되고 있지만 스포츠에서의 인종차별은 여전히 세계 곳곳에서 나타나고 있다.

– 최성욱(2006). 스포츠를 읽어라 중에서

전통적인 계층화 범주에 속하는 인종차별은 세계에서 다양한 인종과 민족이 분포되어 있음으로 인하여 발생한다. 인종 불평등은 정치적, 사회적으로 권력구조를 계속해서 유지하려는 백인 우월주의에 바탕을 두고 있는 체제적 갈등이다.

특히 인종주의는 피부색이나 다른 외모 및 신체적 구조를 가지고 있는 집단에 대한 체계적이고 제도화된 편견이다(김범식 등, 2002). 우리나라와 같은 단일 민족, 국가에서는 쉽게 찾아보기 힘들다. 하지만 다문화, 다민족 국가에서는 오랜 역사를 가지면서 고착화되었으며, 차별이 없어졌다고 하나 아직까지 존재하고 있음을 가정할 수 있다.

이처럼 스포츠 인종주의란 한 마디로 스포츠계에 널리 확산되어 있는 인종차별과, 분리, 편견, 분규, 투쟁을 야기하는 사고라고 할 수 있다. 인종은 백색인종, 황색인종, 흑색인종 등으로 구분되며, 피부색이나 신체적 특징은 인종주의의 가장 큰 근거로 이용되어 왔는데, 스포츠 인종주의란 특정한 인종이 스포츠 세계에서 특정 인종을 차별하거나 분리하려는 비합리적인 사고방식으로 남아프리카공화국이나 미국 등과 같은 다인종사회에서 오랜 세월 동안 상존해 왔다. 백인들은 그들의 지배나 정복을 정당화하고, 자기 헤게모니를 확보하기 위한 수단으로 인

[그림 11-1] 유럽 프로축구에서 심심치 않게 인종차별문제가 붉어진다. FIFA는 Fair play 캠페인만큼 인종차별문제에 강한 메시지를 보내고 있다.

종주의적 편견을 유지해 왔고, 그러한 인종주의는 현대스포츠 세계에서도 잠재적으로 계속 유지되고 있는 것으로 보인다.

특히 백인 사회에서 흑인들의 위치는 정치, 경제, 사회적으로 훨씬 열악한 위치에 있는 것이 사실이며, 이는 백인들보다 숫자적으로 적기 때문이 아니라 사회제도 및 관습적으로 여겨온 인종적인 편견과 차별 때문이다. 민주주의 원칙을 주도하는 미국 사회는 법률적으로 모든 인종이 평등하다고 하나 사회 관습적으로는 매우 심각한 문제도 대두되고 있다. 미국에서의 스포츠는 인종주의 이데올로기의 강력한 강화제이며 동시에 아프리카계 미국인들에게 기회의 도구이다. 대부분의 흑인 운동선수들은 스포츠가 정상적인 주류 편입과 신분상승, 경제적 성공을 가져다 준다는 생각을 지니고 있다. 이러한 생각의 배경이 된 미국의 종목별 인종차별 개선과정을 이은한, 하남길(2007)의 연구에서 종목별로 제시하고 있다.

1. 복싱

복싱의 경우 1960년대부터는 전형적인 흑인스포츠로 등장했고, 흑인 선수들의 위세 속에서도 인종주의는 사라지지 않았다는 것을 알 수 있다. 알리의 일대기는 이러한 상황을 파악할 수 있는 대표적인 사례 중 하나이다. 알리는 1960년에 캐시어스 클레이라는 이름으로 올림픽 라이트헤비급에서 금메달을 획득하였으며, 22세였던 1964년 헤비급 챔피언이 되었다.

그는 클레이라는 노예의 이름을 버리고, 알리로 개명했다. 그는 블랙 모슬렘이라는 흑인우월주의의 종파로 개종하며 흑인의 우상이 되었다. 알리 이후에도 많은 흑인 챔피언이 등장함으로써 복싱은 대표적인 흑인 스포츠로 부상했다. 그렇지만 1960년대의 복싱의 역사에서도 인종주의가 사라진 것은 아니었음을 명확히 확인할 수 있다. 알리는 "복싱이란 두 명의 흑인이 서로 싸우도록 해 놓고 백인들이 구경하는 것이다(하남길, 2003)" 라고 말한 것과 같이 19C 후반부터 스포츠는 하나의 대중문화 사업으로 등장했고, 선수는 흑인이되 사업은 백인이 하는 식이었다.

2. 야구

야구는 다른 종목에 비하여 일찍이 조직화되어 19C후반부터 미국 국민적인 게임(National Game)으로 등장했으며, 흑인의 진출도 다른 스포츠보다 빨랐다. 대학 스포츠의 상업화 바람이 불면서 더 많은 백인 위주의 대학 팀들이 그들의 팀 전력을 보강하기 위해 재능 있는 흑인 선수들을 선발하게 됨으로써 흑인의 진출은 늘어났고, 그 결과로 흑인 리그는 해체되는 변화가 일어났다(Sage, 1998). 흑인으로서 최초로 메이저리그에 진출한 미국의 프로야구 선수는 재키 로빈슨(브루클린 다저스)이다. 데뷔 첫해 신인왕을 차지하였으며, 내셔널리그 최우수선수, 타격왕까지도 차지 하였다. 1962년 흑인선수로서는 명예의 전당에 헌액 되었으며, 등번호 42번은 영구 결번되었다. 재키 로빈슨은 인종차별에 적극 저항 하였으며, 1954년 대법원이 교육적 인종 차별을 금지하는 판결을 내리는데 결정적 영향을 끼쳤다. 이후 1960년대부터 흑인 야구 선수는 급증하였다. 인종적 불평등이 해고되는 것 같은 느낌을 주는 변화였다. 그러나 미국 야구사를 고찰해보면 흑인 선수들의 스포츠계 진출이 자유로워진 상황에서도 인종주의적 차별과 편견은 또 다른 양상으로 나타났음을 확인할 수 있다.

[그림 11-2] 미국 프로야구 첫 흑인 선수인 Jackie Robinson, Babe Ruth를 넘어 최다 홈런을 친 Hank Aaron, 그리고, (약물) 홈런 킹 Barry Bonds

3. 미식축구

미식축구의 경우 1960년대부터 인기가 폭주하면서 흑인 선수들의 진출도 확대되었다. 1967년 수퍼볼 시청률은 야구의 월드시리즈를 능가했다. 미식축구는 32개 팀으로 양대 리그 체계로 바뀌었으며, 정규리그는 팀 당 16경기로 다른 종목에 비하여 적지만 인기는 지금도 더 많다. 그러나 선수의 자원이 부족한 상황이 벌어지자 심각한 위기를 맞은 구단들은 '선수계발계획'을 마련하고 1965년부터 프리에이전트 드래프트, 즉 아마추어 드래프트 제도를 도입함으로써 흑인 선수들의 진출 기회가 늘어났다. 1960년대 말 100여명의 흑인 선수들이 미식축구 리그에서 활약하며 흑인 전성시대를 예고했다. 당시 '검은 것은 아름답다'는 흑인 인권 운동의 표어가 화제로 등장하는 가운데 흑인 선수들은 60년대 아메리칸풋볼 리그에서 7명의 흑인선수가 MVP의 영예를 안는 탁월한 활약을 보였다. 그러나 인종주의 양상도 야구와 다름없었던 것으로 드러난다.

[그림 11-3] 국적은 각기 다르지만 대부분의 단거리 육상 메달리스트들은 흑인들이다.

4. 육상

육상의 경우 다른 종목에 비하여 흑인 선수의 비율이 더 높았다. 1960년대부터 흑인 육상선수들이 수없이 등장했으며,

1980년대에는 흑인 선수가 절반을 넘었다. 예컨대 1988년 서울올림픽의 참가선수단 681명(감독, 코치, 선수)중 흑인은 103명으로 약 15.1%를 차지하고 있었으며, 육상은 130명의 선수 중 64명이 흑인이었다. 육상은 사회 · 경제적인 측면에서 흑인의 사회화가 유리한 종목이었기 때문이었던 것으로 보인다. 인구로 보면 전체 10%를 상회하는 정도지만 흑인 선수들은 육상을 통해 인종주의적 불평등의 벽을 허물어갔다. 그러나 육상계 또한 인종주의가 완전히 사라진 것으로 평가하기는 어렵다.

미국스포츠의 인종차별과 사회적 지위

오늘날 흑인이 미국 전체 인구에서 차지하는 비율은 약 12%이다. 그런데 전체 NBA의 78%가 흑인이고, NFL도 65%가 흑인이다. 기본적으로 농구나 미식축구 등에 흑인 선수들이 많다는 얘기다. 사실 야구나 아이스하키는 여전히 백인 스포츠로 남아 있다. 메이저리그를 보면 맹활약을 펼치는 백인 선수들을 쉽게 볼 수 있고, 아이스하키에서는 흑인 선수를 거의 찾아볼 수 없다고 해도 과언이 아니다.

그런데 재미있는 것은 농구, 미식축구 등 흑인들이 대부분을 차지하는 스포츠에서 심판, 감독, 구단 직원, 해설가, 기자 등 경기를 좌지우지하는 주요 포지션을 맡은 사람들은 여전히 백인 위주로 구성되어 있다는 것이다. NBA 농구만 해도 선수들은 거의 흑인인데 심판의 3분의 2가 백인이고, NFL 미식축구의 경우도 심판의 82%가 백인이다. 또 선수들을 선발하고 훈련시키고 엔트리를 짜는 감독도 대부분 백인이다. NFL은 무려 94%가 백인 감독이고, 흑인 감독은 고작 6%밖에 안된다. 흑인들이 점령하다시피 하는 NBA 농구도 감독의 절반 이상은 백인들이 차지하고 있다. 또 라디오나 TV의 스포츠 캐스터와 해설자, 그리고 기자들도 대부분 백인들이다. 뭔가 이상하지 않은가?

그라운드 안에서도 눈에 보이지 않는 차별은 계속 이어진다. 대표적인 것이 인종에 따른 포지션 차별. 앞에서도 얘기했듯이 팀을 리드하는 좋은 포지션은 백인들 차지고, 허드렛일을 하는 포지션은 으레 흑인들에게 돌아간다. 미식축구에서 쿼터백을 보면 쉽게 이해가 간다.

쿼터백이란 포지션은 미식축구에서 가장 중요한 포지션이다. 전체적인 작전을 지휘하는 것은 물론 공을 분배하고 패스하는 쿼터백은 야구의 투수처럼 팀의 운명을 결정짓는 포지션이라고 해도 과언이 아니다. 이 중요한 포지션은 항상 백인들의 몫이었다. 80년대까지만 해도 NFL팀 쿼터백의 99%가 백인이었다. 이 수치가 2002년에는 76%로 떨어졌지만 여전히 쿼터백은 백인들의 몫으로 남아 있다. 흑인들은 주로 패스를 받거나 빠른 스피드와 몸놀림을 이용해 돌파하는 포지션에 기용된다. 백인 감독들은 백인은 쿼터백, 흑인은 와이드 리시버 등으로 훈련을 시킨다. 재미있는 것은 수비를 전체적으로 리드하는 중추적 역할을 하는 센터라는 포지션이 있는데 이 포지션 역시 주로 백인들 몫이라는 것이다. 자료에 따르면 이 포지션의 83%가 백인이고 흑인은 고작 14%를 차지한다.

야구에서도 마찬가지다 야구에서 가장 중요한 포지션은 당연 투수와 포수일 것이다. 야구는 투수놀음이라고 할 만큼 투수의 중요성은 아무리 강조해도 지나치지 않다. 한국이 지난 WBC(World Baseball Classic)에서 4강이란 좋은 성적을 거둘 수 있었던 것도 결국 투수들이 뒷받침을 잘해줬기 때문이다. 그런데 투수들을 보면 흑인이 별로 없다.

팀의 운명을 가르는 '중요한 포지션'은 백인들이 차지해야 한다는 무언의 묵계가 통한 것일까? 2002년 자료에 따르면 공교롭게도 메이저리그 전체 투수의 72%가 백인이고 흑인은 고작 3%에 지나지 않았다. 포수도 메이저리그 전체의 61%가 백인이고 흑인은 고작 1%밖에 안 된다. 반면 흑인 선수들은 대부분 외야수

훈련을 받는다. 이것도 일종의 인종차별이라고 할 수 있는 것이다(최성욱, 2006).

과거 스포츠 계층 상승에 있어서 사회적 이동의 차단 또한 인종주의적 차별이었다. 야구계에서 흑인은 구단주, 임원, 감독, 코치 등의 리더십을 발휘할 수 있는 위치에 오르기 어려웠다는 것이다. 메이저리그에서 클리블랜드 인디언스의 크랭크 로빈슨이 최초로 감독직을 맡게 된 것은 1975년이었다. 1876년 메이저리그가 시작된 지 약 100년 만의 일이었고, 1980년경 메이저리그 감독은 2명 정도에 불과했다. 흑인 코치의 수도 9%에 그쳤다(Lapchick, 1988). 프로 스포츠나 대학 스포츠 팀 지배자들은 코치와 기타관리직을 선발할 권리와 힘을 바탕으로 흑인들은 철저히 배제해 왔던 것이다. 지금도 역사적인 배경이건, 사회화적인 배경이건 인종주의는 여전히 현존하고 있다고 보아야 할 것이다. 인간이 신체적 요소를 의미하는 피부색 혹은 민족성이 스포츠와도 깊은 관련이 있다는 무의미한 견해를 완전히 떨쳐버릴 때만이 스포츠계에서 인종주의는 사라질 것이며, 미국 스포츠 사회사에서 인종주의와 스포츠라는 논의는 사라질 것으로 전망된다.

미국사회에서 흑인 스포츠 영웅의 존재는 인종차별이란 사회구조적인 관행이 존재를 희석시키고 심지어는 부인하는데 기여하고 있다. 게토레이 광고 카피인 'Be Like Mike(Michael Jordan)' 나 스포츠 스타들을 캐스팅하면서 사용한 카피인

[그림 11-4] 저명한 스포츠사회학자인 Harry Edwards는 흑인청소년들이 정상적인 교육에서 벗어나 길거리에서 농구를 하며 Michael Jordan과 같은 성공을 꿈꾸는 것은 불가능에 가까우며 백인들이 사회지배력을 유지하기 위한 선전과 같은 것이라고 지적했다.

'Just Do it' 은 열린사회를 상징하는 것으로 계층 간 유동적이며 신분 상승의 장벽과 한계가 없는 일반사회에서 '조던처럼 된다' 는 이데올로기를 유지하며 강화하고 있다.

chapter 12

스포츠와 윤리

스포츠와 윤리

스포츠현상에서의 윤리학은 우리가 무엇을 어떻게 옳고 선하다고 판단할 수 있는가를 탐구하여 스포츠행위가 정당하게 도덕적 행위로 규정되기 위해서 충족시켜야 할 조건들을 형식적으로 규정하는 것이다. 이는 스포츠현상에서 스포츠행위자의 행동방향을 제시하는 학문으로서 모태는 윤리학이나 체육철학의 한 분야이다. 스포츠윤리는 스포츠현상에서 일어나는 각종 문제에 대한 가치의 근거를 다루고, 스포츠행위자의 도덕적 성장을 위한 하나의 기초를 제공하는 지침이자 스포츠행위에 대한 도덕적 판단, 표준, 규칙을 가리키는 일반적인 용어로 불린다. 일탈은 이러한 기본적인 지침을 위배하는 행동이다. 긍정적인 면과 부정적인 면이 동시에 존재하지만 이는 양립 불가능한 가치지향의 모순성으로 발생하며, 스포츠의 구조적 문제로 볼 수 있는 것이다.

스포츠에 있어서 인간행위는 보편적 의미에서 볼 때 필연적으로 윤리 및 도덕의 문제와 연루된다. 즉 스포츠는 본질적으로 명예, 정직, 페어플레이, 예의범절 등과 같은 운동정신을 강조하며, 상대방을 공명정대하지 못한 방법으로 대하는 것을 허용하지 않는다는 점에서 윤리성을 발달시키는 데에 중요한 역할을 한다고 볼 수 있다. 그러나 현대사회에 들어와서 스포츠는 개인의 도덕성만을 가지고 해결되지 않는, 즉 인간은 사회적 존재로서 항상 사회구조의 영향하에 있으며, 판단과 행위의 선택은 전적으로 개인의 자유로운 결정을 할 수 없고, 행위결과의 책임은 개인보다는 사회구조나 제도, 정치, 법의 뒷받침을 받는 강제력에 영향을 받는 것, 사회현상 등 많은 윤리적 문제들이 등장했다.

이러한 윤리적 문제들을 해결하기 위하여 스포츠현상의 윤리적 지향성을 찾고자 하는 것이다. 스포츠현상과 윤리와의 관계에 대한 이해는 무엇을 지향하고 있느냐에 따라 결과와 해석이 변화할 수 있기 때문이다. 2절에서는 김동규, 구강본(2007)의 연구결과를 토대로 세 가지의 다른 윤리특성을 선정한 후 이에 스포츠현상을 접목시켜 이해를 돕고자 하였다. 즉, 세 가지의 다른 윤리적 특성은 공리주의적 입장과 의무론적 입장, 그리고 덕윤리적 입장에서 조망하였다. 또한 스포츠윤리의 보편적 적용가능성을 통해 관련된 문제점을 찾고자 하였으며, 문제의

[그림 12-1] 마라도나의 재림은 앙리인가? 이 두 핸드볼 반칙들은 역사적 승리(?)들을 만들어내었다.
스포츠윤리에서는 이러한 것들을 어떻게 해석해야 하는가?

해결책으로써 실천과제를 제시하였다. 이를 통해 얻어진 결과를 바탕으로 스포츠윤리의 목표를 설정하면 첫째, 강건한 신체·정신의 배양, 둘째, 도덕적 가치 및 인간애적 태도 확립, 셋째, 민주적인 사고 함양 및 절차의 준수, 넷째, 미적인 탐구자세의 고취와 생활화, 다섯째, 적응력 있는 사회성원의 배양으로 제시할 수 있다.

스포츠윤리의 의미와 형성배경

1. 스포츠윤리의 의미

인간이 영위하고 있는 삶은 여러 사회현상으로 이루어져 있다. 자연환경과 불가분의 관계에 있는가 하면 종교적 신앙도 적지 않은 영향을 미치고 있다. 그러나 인간의 삶에 있어서 무엇보다 중요한 것은 인간과의 관계 및 사회현상과 관련되는 문제이다. 사회현상에는 인간 삶의 이성(理性)을 바탕으로 정신적인 면에 기초를 둔 학문, 예술 등의 문화현상도 있으나, 양심과 자유를 문제 삼는 도덕과 윤리도 포함된다. 여기에서 도덕은 인간 상호간 및 사회현상에 대한 실천적 행동을 이끄는 관습적 원리, 가치, 규범 등의 체계를 내용으로 하는 사회적 의식 형태이다(한국 철학사상연구회 편역, 1998). 즉 인간이 지켜야 할 도리 및 그에 준하는 행위의 선악 및 옳고 그름을 구별하는 원리로서 전통적인 관습 및 풍습과 관련되어 있으며, 어떤 사태에 직면했을 때 행동을 결정하는 기준이 되고, 생활방식의 틀로서의 역할을 담당하는 시공을 초월한 인간행위의 기본인 것이다(문종민, 1995).

또한 윤리는 인간과 인간의 생활을 분산해서 생각할 수 없는 '인간이 인간으로서 할 도리 내지 규범' 을 말하는 것이라 하겠다. 도덕이라는 말과 혼돈하기도 하지만 도덕은 가치개념에 가깝고 윤리는 현실과 관련된 문화개념으로 보면 좋을 것이다(최종고 역, 1992). 이러한 윤리는 행위의 옳고 그름을 판단하는 준거이며, 연관된 두 가지의 성격을 가지고 있다. 첫째는 계도적 성격이다. 윤리는 행위의 방향을 정하고 지침이 된다. 둘째는 평가적 성격이다. 윤리는 행위결과에 대한 가치를 판단하는 준거가 된다(정웅근, 1999).

윤리학은 일상언어에서 도덕과 큰 구별이 없이 사용되고 있으나 철학에서는 확연히 구별되는 개념이다. 도덕적 행위는 특정의 가치, 기준, 원칙 등에 부합되는 태도를 뜻하며, 윤리학은 이와 같은 태도의 본질 및 근거에 대한 철학적 탐구를 의미한다(송형석, 1998). 이와 같이 윤리학은 도덕적인 판단과 선택, 그리고 기준에 관하여 탐구하고 분석하는 철학의 한 분야로서 도덕에 대한 철학적 연구이자 인간행위를 실천적으로 다루는 학문인 것이다. 스포츠현상에서의 윤리학은 우리가 무엇을 어떻게 옳고 선하다고 판단할 수 있는가를 탐구하여 스포츠행위가 정당하게 도덕적 행위로 규정되기 위해서 충족시켜야 할 조건들을 형식적으로 규정하는 것이다. 이는 스포츠현상에서 스포츠행위자의 행동방향을 제시하는 학문으로서 모태는 윤리학이나 체육철학의 한 분야이다.

이상과 같이 스포츠윤리는 스포츠현상에서 일어나는 각종 문제에 대한 가치의 근거를 다루며, 스포츠행위자의 도덕적 성장을 위한 하나의 기초를 제공하는 지침이자 스포츠행위에 대한 도덕적 판단, 표준, 규칙을 가리키는 일반적인 용어로 불린다. 이러한 것들은 스포츠의 도덕률 속에서 발견되는 현실적인 판단, 표준, 규칙뿐만 아니라 이상적인 판단, 표준, 규칙까지도 포함한다. 이상적인 판단, 표준, 규칙은 합리적인 근거에서만 정당화될 수 있다. 더불어 스포츠현상에서 발생하는 행위를 지도하는 원리를 제공하며 도덕적 신념을 표현할 때 나타나는 여러 가지 진술을 분석하는 것으로서 스포츠행위에 도덕적으로 보편적인 가치판단과 근거를 제공한다. 특히 스포츠윤리는 스포츠행위자의 행위와 정태적 의미보다는 동태적 의미에서 실천성이 중요시되며, 모든 스포츠현상, 과정, 그리고 결과는 스포츠행위자의 실천적 요소와 연결된다. 즉 스포츠윤리는 스포츠현상에서 참여자, 즉 직접 스포츠행위를 하는 사람, 스포츠행위자를 지도하고 감독하는 사람, 스포츠행위를 직 · 간접적으로 보면서 즐기는 사람, 스포츠행위를 전문적으로 연구하는 사람, 스포츠행위와 대중을 매개시켜주는 기관을 조직하고 이끌어 가는 사람, 스포츠와 관련하여 정치 · 경제 · 사회 · 문화적으로 권력을 행사하는 사람들에게 도덕적으로 구체적이고 실천적인 방향을 제시해 줄 때만이 존재가치가 있게 된다.

2. 스포츠윤리의 형성배경과 의의

스포츠에 있어서 인간행위는 보편적 의미에서 볼 때 필연적으로 윤리 및 도덕의 문제와 연루된다. 즉 스포츠는 본질적으로 명예, 정직, 페어플레이, 예의범절 등과 같은 운동정신을 강조하며, 상대방을 공명정대하지 못한 방법으로 대하는 것을 허용하지 않는다는 점에서 윤리성을 발달시키는 데에 중요한 역할을 한다고 볼 수 있다. 또한 스포츠는 물질적 이익을 추구하지 않으며, 성공이나 승리 혹은 실패나 패배에 동요하지 않고, 경쟁적 상황에서 상대방에게 관용을 베푸는 선린우호 정신과 경기의 수행을 통해 미적 창조 및 정신적 만족을 추구하려는 내적 가치지향을 지향한다. 따라서 스포츠활동에 지속적으로 참가하는 개인은 스포츠 장면에서 강조하는 운동정신을 부지불식간에 내면화함으로써 건전한 윤리관을 형성하게 된다(오순근, 1994).

일반적으로 스포츠참가를 통하여 형성되는 윤리 및 도덕적 성향을 페어플레이 정신, 승리시의 겸허함, 패배시의 자기통제, 예의범절 등을 들 수 있다. 결국 스포츠활동의 참여는 긴장, 공격성, 욕구불만 및 좌절과 같은 파괴본능을 인정하면서도 효과적인 방출을 위한 수용력을 지니고 있다. 뿐만 아니라 스포츠활동의 과정에서 접하게 되는 규칙의 준수와 스포츠맨십 등은 자기통제 및 자기수양을 유도하며, 경기상황에서 필요로 하는 협동과 역할분담은 자신과 타인을 존중할 줄

아는 가치 및 태도를 형성시킴으로써 윤리성 함양에 기여한다(임번장, 1990).

그러나 실제 오늘날의 스포츠세계는 과거의 규칙위반, 부정선수, 심판매수, 그리고 경기장 소란 등의 범주를 넘어 도핑(Doping), 담합, 승부조작, 경기장 폭력, 속임수 등과 같이 비도덕적인 행위들이 확산되고 있다. 즉 스포츠세계에는 아직 올바른 행위에 대한 명확한 윤리적 준칙이 제시되고 있지 못한 실정이다. 일반적으로 스포츠행위자에게 요구되고 있는 윤리적 준칙은 페어 플레이나 상대와의 악수 등과 같은 몇몇 지침과 관습으로 포괄하여 일반화되고 있다.

또한 스포츠의 상업화와 과도한 승리주의에 인해 전통적으로 스포츠활동의 행위규범으로 여겨져 왔던 스포츠맨십은 스포츠현실의 윤리문제를 해결하지 않을 수 없게 되었다. 왜냐하면 현대 스포츠상황에서 발생하는 윤리적인 문제는 행위규범인 스포츠맨십을 위협하기에 이르렀기 때문이다(최선철, 1996). 일반심리학 및 교육심리학 분야에서는 도덕성의 연구가 갖는 약점, 즉 연구의 정밀성에 대한 위협에도 불구하고 윤리나 도덕으로 따로 불릴 만큼 많은 이론모형들이 제시되고 연구가 이루어졌다. 이에 반하여 체육이나 스포츠상황이 윤리적인 문제와 관련이 있다는 높은 개연성에도 불구하고 스포츠분야에서의 윤리발달에 관한 연구는 부진한 실정이다(오순근, 1994). 그러나 현대사회에서 나타나는 각종 병리현상을 치유하고, 보다 건전한 윤리의식 및 가치관을 함양하기 위해서는 스포츠활동을 통한 윤리교육의 내실화가 이루어져야 한다. 이를 위해서는 스포츠활동을 장려하고 홍보활동에 있어서 스포츠의 도덕적 기능을 강조하며, 바람직한 여가생활을 계획 · 실천할 수 있는 잠재능력을 배양할 수 있도록 배려해야 한다.

스포츠에 대한 윤리적 접근은 이러한 점에서 매우 중요한 의의를 지닌다. 사회에서의 범죄행각과 비행수준이 갈수록 심각해지고 저연령화 되며 대담해지는 현시점에서 스포츠에 있어서도 윤리문제를 강조하고 그 의의를 되새김으로써 스포츠로 인하여 파생될 수 있는 역기능적 현상을 사전 방지하고 치유할 수 있다. 윤리적 행위는 규범의 내면화 혹은 이해만으로 충분한 것이 아니라 습관의 형성으로 완성되는 것이다. 단순히 신체활동의 기회를 제공하는 것만으로는 스포츠활동을 통한 윤리성의 함양을 기대할 수 없다. 그러므로 윤리성 발달의 측면에서 스포츠의 역할을 극대화하기 위해서는 보다 구체화된 행동목표의 설정 및 내용의 정립이 필연적으로 요구된다.

한 사회 속에서 삶을 영위하는 집단이나 개인이 소유하고 있는 신념체계의 다양성의 정도는 그 사회의 개방성 정도와 밀접한 관련을 지니며, 개방성과 다양성의 정도는 그에 비례하여 신념체계간의 갈등과 대립의 가능성을 유발한다. 말하자면 다원화된 사회일수록 이를 구성하는 집단이나 개인간의 대립과 갈등의 가능성을 많이 지니게 되는 것이다. 따라서 스포츠활동을 통한 윤리교육은 사회를 구성하는 개개인이 자신의 자율적 선택과 판단에 의하여 자신이 추구하는 신념체계를 개발하고 인격의 통합을 기하는 데에 목적을 두지 않으면 안 된다(오순근, 1994). 스포츠에 대한 윤리적 접근은 이러한 목표를 설정해 두고 접근되어야 한다. 이러한 목표가 유효하게 설정되고 달성될 때에 스포츠에 대한 윤리적 의의와 가치가 더욱 선명해질 수가 있는 것이다.

스포츠윤리의 정초와 실천과제

1. 스포츠 현상의 윤리 지향성

스포츠현상과 윤리와의 관계에 대한 이해는 무엇을 지향하고 있느냐에 따라 결과와 해석이 변화할 수 있다. 따라서 이 장에서는 규범윤리이론 중 추구하는 방향이 다른 세 가지 윤리특성을 선정한 후 이에 스포츠현상을 접목시켜 각기 전개되는 양상을 논술하고자 한다. 그 첫 번째는 우리가 추구해야 할 어떤 궁극목적이 있음을 전제하는 목적론적 윤리인 공리주의이고, 두 번째는 우리가 추구해야 할 어떤 궁극목적보다는 언제 어디에서나 지켜야 할 행위의 근본원칙에 주목하는 의무론적 윤리이며, 세 번째로서 행위보다는 성향, 다시 말해 행위자와 인간 삶에 초점을 맞춘 덕 윤리를 조망하여 스포츠현상에서의 윤리적 지향성을 탐색하고자 한다.

[그림 12-2] 스테로이드 복용으로 성취한 업적들이 다 물거품이 된 스포츠스타들.
스포츠윤리는 스포츠의 역기능들을 사전에 방지하고 치유할 수 있다.

1) 스포츠현상에 대한 공리주의적 입장

벤덤(J. Bentham)에 의해 창안되고 밀(J. Mill)에 의해 완성된 공리주의는 어떠한 행위도 그 자체가 도덕적으로 옳고 그른 것이 없다는 이론이다. 철학적 기초는 결과주의(consequentialism)로서 제시하는 기준은 올바른 행동을 그 행동의 결과와 관련된 모든 사람들에게 최고의 결과를 초래하는 어떤 것으로 제한하는 것이다(이종왕, 2006). 다시 말해 한 행위는 그것이 가져오는 결과에 따라 선악이 판단되며, 결과는 사람의 행복과 관련된 결과이다.

공리주의는 공리의 원리를 적용하는 대상의 차이에 따라 '행위 공리주의'와

'규칙 공리주의' 로 구별된다. 행위 공리주의(act-utilitarianism)는 공리의 원리를 개별적 행위에 직접 적용하여 행위의 옳고 그름을 분별한다. 이에 비해서 규칙 공리주의(rule-utilitarianism)는 행위가 전제하고 있는 규칙(들)에 적용하여 최대의 공리를 산출하는 규칙(들)을 선정한 다음, 이 규칙(들)과의 일치여부에 따라 행위의 옳음과 그름을 판단한다(박찬구, 2006). 여기서 행위의 옳고, 그름은 행위의 결과에 의해서 결정되는 것이다. 결국 아무리 좋은 의도에서 시작한 일이라도 결과적으로 불행한 일이라면 행위의 당위성이 떨어질 수밖에 없다. 행위 공리주의는 공리의 원리가 행위의 도덕성을 직접 결정한다는 의미에서 직접 공리주의(direct utilitarianism)라고 하고, 규칙 공리주의는 선정된 규칙이 결정한다는 점에서 간접 공리주의(indirect utilitarianism)라고 한다.

[그림 12-3] 벤덤, 그리고 밀

결국 공리주의에서 궁극적인 척도는 유용성의 원리이다. 인간의 옳고, 그름을 유용성에 투영한다. 그러나 이 척도를 적용할 때 어려운 점은 우리가 개별적 행위에 직접 적용할 것인가, 아니면 행위의 규칙에만 제한적으로 적용시켜서 행위규칙으로 하여금 개별적 행위가 옳은가 그른가를 결정하도록 할 것인가 하는 문제에서 쉽게 답을 찾을 수 없다는 것이다(P. W. Taylor, 김영진 옮김/2006).

그렇다면 스포츠현상에 대해 이 두 측면으로 접근할 때 윤리적으로 어떠한 현상과 문제점이 나타나는가를 살펴보기로 한다.

첫째, 행위 공리주의는 스포츠현장에서 윤리의 예외성을 요구한다. 이는 스포츠현장에 윤리의 예외성을 적용한다는 점에서 개인차가 인정되고, 소수 노약자, 장애인, 저소득계층, 그리고 경우에 따라서는 열등한 경기력 소유자에 대한 보호 및 배려로 접목될 수 있으나, 윤리적인 문제를 상황에 따라 해결하기 때문에 보편성을 저해할 수 있다는 문제점이 있다. 즉 행위 공리주의는 많은 사람의 행복을 위해서는 윤리의 예외성이 필요하다고 보는 시각인 것이다. 그리하여 행위 공리주의를 주장하는 이들은 각 상황에 따라 행위의 판단기준을 설정하고, 예외성을 두기 때문에 변화하는 사회문화적 환경을 이해하기 쉽다고 보고 있다.

하지만 스포츠는 신체활동을 매개로 한 인간이 주체가 되는 놀이이기 때문에 보편성이 성립되지 않으면 본질이 훼손될 수 있다. 아마추어리즘, 프로페셔널리즘 등을 비롯하여 종목의 특수성까지 인정하게 되면 스포츠라는 광의의 개념은 불필요한 것이 된다. 이와 함께 승리라고 하는 결과의 쟁취를 위해 일탈행위, 특히 약물복용이나 폭력 등에 윤리의 예외성을 두게 되면 스포츠는 동물싸움장으로 전락하게 되는 문제점이 있다.

둘째, 규칙 공리주의에서 스포츠 행위들은 이미 세워진 규칙들에 비추어서 윤리적 판단이 이루어진다. 이는 행위 공리주의보다 진일보한 접근이라고 볼 수 있으나, 그럼에도 불구하고 규칙 공리주의는 스포츠현상에서 비윤리적 행위가 양산될 수 있다는 문제점이 있다. 즉 스포츠는 행복의 가능성이 내재된 규칙이 존재하고, 그 규칙의 준수에 의해 스포츠가 유지되며, 그에 준하는 수행에 의해서만 많은 사람들이 많은 행복을 느끼게 된다는 주장이 되기 때문이다.

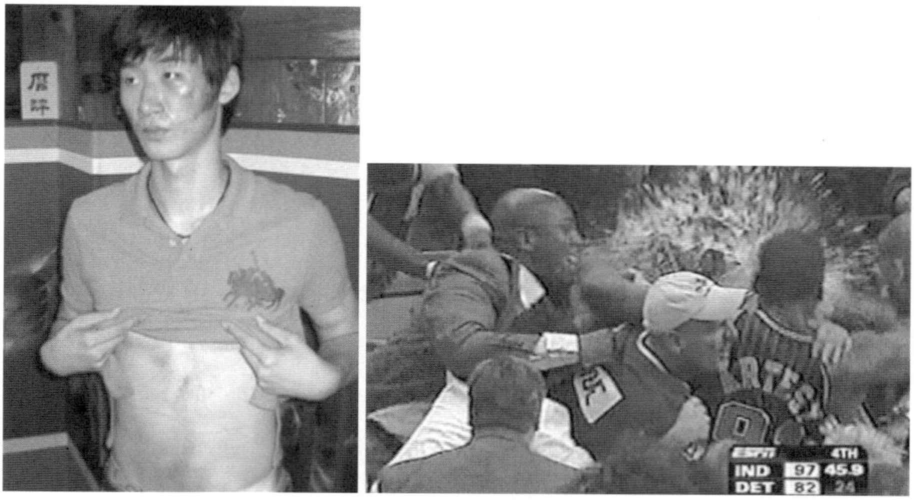

[그림 12-4] 관중과 싸우는 NBA 악동 Ron Artest와 코치에게 심한 구타를 당한 배구선수 박철우.

축구에서의 오심이 경기의 일부이고, 야구에서의 빈볼이 상대방 선수를 위협하여 재미를 더하고, 농구에서의 고의적인 파울이 경기의 흥미를 북돋우는 행위일 수는 있지만, 그러한 행위들이 규칙의 범위 내에 있다는 점만으로 윤리적으로 정당화 될 수는 없다. 승리를 위해서는 비윤리적인 행위가 용납되고, 응원하는 팀 선수냐 아니냐에 따라 변하는 윤리적 기준은 결국 부메랑이 되어 돌아 올 수밖에 없다. 그리고 그러한 행위를 통해서 누가 더 많은 행복을 누린다는 것 자체가 성립될 수 없는 것이다.

따라서 스포츠 윤리의 정초를 위해서는 위와 같은 행위를 최소화하기 위한 노력과 보편적인 규칙의 적용이 필요하다. 스포츠가 참가자나 응원하는 이의 행복과 연결이 되지 않더라도, 스포츠의 본질추구라는 거시적 측면을 유지하는 것이 정당한 것이다. 따라서 스포츠 윤리의 정초를 위해서는 결과주의에 연연한 공리주의를 선택하기보다는 '스포츠의 보편성' 을 강조해야 한다. 사익과 공익의 충돌 같은 사회적 현안을 해결하기 위한 입법적 관심에서 출발한 공리주의는 인간의 기본권 문제들을 다루는데 허점이 있는 것이다.

2) 스포츠현상에 대한 의무론적 입장

목적론적 윤리는 말 그대로 우리가 추구해야 할 어떤 궁극목적이 있음을 전제하는 윤리로서 그 궁극목적의 자리를 차지하는 것은 대체로 행복(쾌락)이다. 그리하여 결과적으로 행복을 가져오는 행위가 선하고 옳은 행위가 된다. 반면에 칸트(I. Kant)의 이론인 의무론적 윤리는 우리가 추구해야 할 어떤 궁극목적보다는 언제 어디서나 지켜야 할 행위의 근본을 주목하는 윤리이다(박찬구, 2006). 또한 의무 윤리학은 '의무' 혹은 '자율성' 을 도덕성을 설명하는 기본개념으로 삼아 의무로서의 도덕을 강조하고, 인간의 행복이나 복지는 바로 이러한 개념에 의해 정당화된다고 주장한다. 의무 윤리학에 따르면 인간의 도덕적 삶은 그것에 준거가 되는 어떤 도덕원리나 규칙에 의거하여 행위가 이루어질 때 바람직하게 되는데, 그것은 우리에게 이미 주어져 있거나 어떤 외적 권위에 의해 부여되는 것이 아니다(강일영, 2004). 즉 의무론은 행동의 옳음을 그 행동의 결과에서 찾지 않고, 결과와 상관없이 선의지, 즉 도덕법칙에 따라 행동하여야 한다고 주장하는 것이다.

이러한 주장이 성립되기 위해서는 보편적 법칙(universal laws)이 존재하여야 하고, 이를 핵심으로 하는 것이 칸트의 정언명령(categorical imperatives)이다. 이는 '너는 무조건 이것을 행해야 한다.' 와 같은 형식으로서 도덕은 이러한 정언명령에 근거해야 한다. 즉 명령의 전제가 되는 어떤 상위의 목적이 있으면 안 된다.

다시 말해서 명령 그 자체가 목적이어야 하는 것이다. 이런 이유로 칸트는 도덕의 최고원리인 도덕법칙을 정언명법의 형태로 제시하고 있다(박찬구, 2006). 결국 이러한 주장에는 객관적 타당성이 전제되어야 한다.

이러한 의무론적 윤리가 스포츠현상에 어떠한 행위기준을 설정해줄 수 있는가를 살펴볼 필요가 있다. 우선 의무론적 입장에 회의적인 이종왕(2006)의 주장이 있다.

스포츠인의 행동이 어떻게 주관적인 준칙이면서 동시에 보편적 입법의 원리에 일치할 수 있는가? 규칙을 지켜야 하는 행동과 그런 약을 복용하지 않는 행동들이 보편화 될 수 있을 가능성이 있는 반면에, 정반대로 그렇게 하지 않아야 할 가능성도 또한 쉽게 생길 수 있다. 왜냐하면 모두가 약을 복용하고 경기력을 향상시킨다는 것은 서로 서로 받아들일 수 있게 보이기 때문이다. 즉 규칙의 보편화를 쉽게 할 수 있고, 그래서 상반되는 두 행동들 모두를 보편화시킬 수 있을 것 같다. 이것은 분명 문제이다. 많은 스포츠 행동들이 모든 사람들에게 다 적용되는 것은 아니기 때문인지도 모른다. 의무론은 아무래도 이런 여러 가지 면에서 스포츠윤리를 정초하는데 적절한 도움을 주기는 쉽지 않을 것처럼 보인다.

하지만 이러한 주장은 극단적인 해석으로 볼 수 있다. 문제점을 지적하자면, 첫째, 약물복용과 관련하여 사회에서 제기되는 여러 문제들을 직시하지 못하고 있다. '약물복용을 통하여 많은 사람들에게 행복을 줄 수 있다.' 는 가정은 사회적 통념을 벗어난 해석이다. 둘째, 스포츠에서의 부정행위, 즉 윤리적으로 문제가 있는 행위는 법적으로도 문제가 있다. 약물복용은 스포츠에서뿐만 아니라 사회적으로도 금지하고 있는 것이다. 셋째, 스포츠에서의 규칙은 단기간에 규정된 것이 아닌 역사성을 기반으로 발전해 왔다. 장기간에 걸쳐 사회적 지지를 받아오고, 스포츠 규칙에 대해 일반적으로 불공정하다는 인식은 많지 않다. 즉 스포츠에서의 규칙은 암묵적 동의가 전제되어 성립된 것이기 때문에 부정행위와 동일한 차원에서 적용여부를 논의하는 것은 논리적으로 모순인 것이다.

그러한 면에서 보면, 의무론적 윤리이론은 스포츠에서 추구해야 할 이상향을 내포하고 있다고 볼 수 있다. 승리라고 하는 결과보다는 도덕법칙을 기반으로 하여 어떻게 게임에 임하느냐의 과정을 중요하게 생각하는 것과 맥을 같이 하고 있기 때문이다. 물론 스포츠에서의 목표는 승리일 수 있고, 그것이 행복으로 연결될 수도 있다. 하지만 그것만으로 스포츠의 전반적인 부분을 설명할 수는 없을 것이다. 왜냐하면 스포츠의 규칙과 규정은 객관적 타당성을 확고히 하고 있으며, 보편적 법칙을 내포하고 있기 때문이다. 그리고 스포츠는 그러한 점에 의해 이미 현대사회에서 하나의 문화현상으로 위치를 점하고 있다.

따라서 스포츠에서의 규칙준수와 행위규정의 이행을 강조하는 의무론적 입장은 스포츠 윤리를 정초한다는 점에서 의미가 있다. 의무론의 예외 없는 규정과 그의 준수가 스포츠에서 발생하는 모든 문제들을 해결할 수는 없지만 선의지를 스포츠현장에서 실현하는 단초역할은 할 수 있다. 현대사회에서 승리지상주의와 물질 만능주의가 용인된다 하더라도 원칙과 기준은 정해져 있어야 하는 것이다.

스포츠현상에 대한 공리주의적 입장과 의무론적 입장을 종합하면 다음과 같다. 윤리의 가장 중요한 철학적 문제는 옳고 그름을 결정할 수 있는 원리 혹은 원칙으로서 이른바 도덕적 이념을 세우는데 있다고 보면, 이 두 이론은 스포츠 윤리의 정초에도 설득력 있고 체계화된 이론으로서 기여한 면이 있고 본다. 그럼에도 불구하고 밀의 공리주의나 칸트의 의무주의는 다 같이 실패한 이론이라는 시각이 있다. 왜냐하면 도덕적으로 옳고 그름은 보편적인 원칙이나 규범에 의해서 언제나, 그리고 어디까지나 결정될 수 없음을 드러냈기 때문이다. 우리가 말하는 진리란 결국 잠정적인 믿음을 말함에 지나지 않고 그러한 것을 수용하는 우리의 믿음은 그만큼 불확정적이며, 따라서 우리의 인식은 일종의 선택인 것이다(박이문, 1996). 이러한 문제점과 한계를 극복하기 위한 새로운 시도로서 다음 장에서는 스포츠현상에 대한 덕 윤리적 입장을 논의하게 된다.

3) 스포츠현상에 대한 덕 윤리적 입장

덕 윤리는 현대윤리학에서 오랫동안 도외시 해 왔었던 플라톤(Platon)과 아리스토텔레스(Aristoteles), 그리고 아퀴나스(T. Aquinas)의 윤리기반인 덕과 부덕에 대한 탐구에 기초한 윤리학이다. 덕 윤리가 지니는 중요한 의미는 다른 현대 윤리이론들이 윤리영역에서 배제시켜 온 인간 삶에 있어서 가치 있는 것들을 윤리영역 안으로 끌어 들일 수 있다는데 있다. 그러나 덕 윤리는 '우리가 해야 할 것을 말해 주지 않는다.' 는, 즉 행위지침이 결여되어 있다는 비판을 받아왔다(장동익, 2001).

오늘날 윤리학에서 덕 윤리가 새로이 관심을 끌게 된 것은 무엇보다 근대 윤리학이 도덕을 논의해 온 방식에 대한 불만의 결과라고 할 수 있다. 덕 윤리의 입장에서 보기에 근대 윤리학은 인간 내면의 도덕성의 근원과 개인의 인성을 무시한 채 도덕적 의무와 도덕법칙만을 강조해 온 것이다. 그리하여 덕 윤리학은 이러한 결함을 보완하고자 했고, 특히 고대의 덕 개념을 오늘날 윤리이론의 요구에 맞추어, 또 응용윤리의 실천적 과제에 맞추어 적용시키고자 했다(박찬구, 2004).

현대윤리학에 있어서 평가의 주된 특징이 어떤 행위가 옳은가라는 물음에 있다면, 덕 윤리학의 주된 특징은 어떤 종류의 사람이 되어야 하는가에 관한 물음에서 드러난다. 덕 윤리학에서 평가의 일차 대상은 행위가 아니라, 행위자나 그 행위자의 내적인 성품이다(Zagzebski, 1996). 따라서 덕 윤리학은 행위의 옳고 그름에 대한 평가나 행위의 결과에 따른 옳고 그름을 평가하는 것보다, 성품평가를 핵심으로 여긴다. 덕 윤리학은 행위의 윤리적 속성을 행위자의 윤리적 속성으로 정의하는 구조를 채택한다. 이는 현대윤리학의 평가구조와는 완전히 반대이다(장동익, 2002a).

최근 많은 윤리학자들은 행위자의 성품 또는 덕 개념을 근간으로 윤리학을 완전히 새롭게 재구성하려 한다. 하지만 스포츠와 관련하여 제기된 윤리문제는 행위자 중심이라기보다는 스포츠의 규칙과 관련된 용어와 개인적 행위의 '옳고, 그름', '좋다, 나쁘다' 라는 메타윤리학적 경향을 띄고 있다. 따라서 스포츠현장의 근본적인 문제를 해결하는 데에는 한계가 있었다. 그리하여 스포츠현장에는 경기장 내에서의 행위와 경기장 밖에서의 행위를 포괄할 수 있는 스포츠행위자 중심의 덕 윤리가 필요하게 되었다. 스포츠에서의 윤리는 성문화된 규칙과 오랜 역사에서 비롯된 비성문법이 동시에 존재한다. 성문화된 규칙은 경기규칙, 대회요강,

참가자격 등이며, 비성문법은 페어플레이, 스포츠맨십, 정정당당 등이라고 볼 수 있는데 스포츠에서는 두 윤리목표를 동시에 요구되고 있다. 이를 위해서는 결국 행위자에 대해 관심을 가져야 하는 것이다.

스포츠윤리학은 어디까지나 스포츠라는 현상을 대상으로 하는 응용윤리학이다. 따라서 스포츠 현장에서 일어날 수 있는, 그리고 일어나고 있는 윤리문제들에 대한 지침을 제공해 줄 수 있어야 한다. 규칙을 지키고 안 지키고의 문제를 어디까지나 개인적인 감정과 태도의 문제로 볼 수만은 없을 것이다. 아직까지 스포츠 현장과 체육학계에서 스포츠맨으로서 갖추어야 할 덕목에 대한 구체적 합의가 이루어져 있지는 않다. 만약 덕 윤리를 기초로 이러한 합의가 이루어질 수 있다면 '공정한 스포츠맨', '용기 있는 스포츠맨', '정직한 스포츠맨' 등과 같은 규범적인 원칙들을 마련할 수 있을 것이다. 이러한 과정을 통해서 덕 윤리는 스포츠 현장에서 규범윤리학으로서의 역할을 할 수 있게 된다(오현택, 2006).

그럼에도 불구하고, 덕 윤리로써 기존의 근대윤리를 대체하거나 혹은 대체해야 한다고 단정할 수는 없다. 왜냐하면 오늘날 우리의 상황이 이미 보편윤리를 지향하면서 살 수 밖에 없게 되었기 때문이다(박찬구, 2006). 세계화, 정보화 등으로 인하여 공동체적 삶의 규모가 커지면서 보편적인 규칙은 더욱 커지게 되고 요구하는 것이 많아지고 있다.

공동체 속에서의 삶을 영위할 수 있는 능력과 지혜가 곧 덕이며, 그러한 덕으로 이루어진 체계가 곧 윤리이기 때문에 덕 윤리의 적용이 쉽지 않을 것이다. 결국 근대윤리와 덕 윤리의 상호보완의 관계는 당분간 지속될 것으로 보인다. 이를 극복하는 것이 또 하나의 과제로 남는다.

2. 스포츠윤리의 보편적 적용가능성

앞 장에서의 논의는 스포츠윤리가 무엇을 지향하고 있고, 또 무엇을 지향해야 하는가에 대한 내용이었다. 이 장에서는 스포츠윤리의 보편적 적용가능성과 그와 관련한 문제점에 대해 논의하고자 한다. 이 연구에서의 논의대상인 스포츠현상은 엘리트 스포츠는 물론 대중스포츠, 그리고 학교스포츠까지 포함하고 있다.

1) **스포츠윤리와 관련된 제 문제**

스포츠에서의 윤리문제는 매우 다양한 분야에서 나타나고 있다. 선수의 약물복용이나, 구타사건, 부정입학, 규칙위반 등과 같은 엘리트스포츠 분야를 넘어 스포츠도박, 환경오염 등의 대중스포츠 분야에서도 윤리적인 문제들이 나타나고 있는 것이 현실이다. 우리는 이러한 다양한 문제들에 대하여 어떤 때는 이쪽 편에 서기도 하고 다른 때는 저쪽 편에 서서 자신의 입장을 주장하고 상대 입장에 있는 사람들을 설득하려고 하는 노력을 해 본 경험들이 있다(오현택, 2006).

[그림 12-5] 동계올림픽의 영광들 뒤에는 짬짜미 반칙과 같은 같은 어두운 반칙들이 있어 금메달의 명예를 퇴색하게 했다.

이처럼 스포츠현상에서의 윤리적 문제는 쉽게 답을 찾을 수 없으며, 그 기준 또한 불명확하다. 이는 스포츠에 있어서의 윤리문제에 대한 진단을 단순히 행위의 과정만으로, 또는 결과만으로 평가를 하고 있기 때문이다. 사회적 판단과 개인적인 자율성, 그리고 스포츠의 보편성이 복합적으로 고려되어야 한다는 사실을 간과한 것이다.

스포츠현상에서의 윤리적 문제를 형태별로 구분하면, 첫째, 결과지향에서 비롯된 윤리문제가 있다. 이는 승패로 귀결되는 경기의 결과, 경기에서의 부정행위, 부정선수, 승부조작 등의 성적지상주의와 관련된 문제들이다. 둘째, 과정의 정당성과 관련된 문제이다. 이는 훈련과정과 경기에의 참가, 그리고 관중의 관람문화 등과 관련된 문제들이다. 셋째, 스포츠상업화의 문제이다. 이는 스포츠현장의 주체가 스포츠행위자가 아닌 '돈', 즉 경제적인 측면이 강조된다는 것이 문제의 출발이 되고 있다. 넷째, 대중매체의 일탈과 관련되는 문제이다. 이는 대중매체가 객관적인 사실보도 외에 주관적인 판단에 의해 왜곡되고 과장된 사실을 전달하는 문제이다. 다섯째, 전체를 위해 개인의 희생을 강요하는 문제이다. 이는 개인의 신체 및 정신적 소외 등을 조장하는 주체가 사회이고, 사회는 이에 대한 책임을 회피하고 있음을 의미하는 것이다. 이처럼 스포츠현장에서의 윤리문제는 다방면에서 개인의 의지와 관계없이 발생되고, 해석되고 있다.

도덕적 행위를 한다는 것은 단순히 도덕규칙과 규범을 지키는 것에만 있는 것이 아니라 왜 그렇게 행위 해야 하는가에 대한 도덕적 원리를 이해하는 것을 전제로 해야 할 것이다. 그러나 스포츠를 교육하는 과정에서 도덕적 원리에 대한 이해나 가치판단의 자율성보다는 오직 승리를 위한 빠른 판단에 더 높은 가치를 두는 경우가 있다(임혜옥, 김영선, 2005). 그러한 결과 스포츠의 장은 도덕적 가치에 대한 어떤 선택의 여지없이 최종 기록이나 결과에 종속되고 만다. 스포츠 집단의 특성상 가치판단에 있어서도 획일적인 사고를 피할 수 없게 될 것이다. 이는 스포츠를 실천하는 사람으로 하여금 내재적 가치를 성취하기보다는 오히려 도덕적으로 무기력한 상태를 경험하게 한다. 자유의지와 가치판단이 배제된 스포츠활동 안에서 성취할 수 있는 도덕적 가치란 있을 수 없다.

또한 윤리 또는 도덕의 문제는 인간의 상호관계를 보편적으로 정의할 수 있는 원리, 가치 및 규범을 부여하는 것과 밀접한 관계가 있다. 즉 인간으로서 '어떠한 가치와 규범에 따라 행위 하여야 하는가?' 라는 물음과 관련을 갖는다(정웅근, 김홍식, 2004). 이러한 측면에서 스포츠 윤리는 사회적 환경, 인간의 상호관계 등에 따라서 규정될 수 있다. 시간적인 맥락과 공간적인 맥락에 따라 사회의 가치와 규범, 그리고 기준 등이 변화될 수 있기 때문이다. 따라서 스포츠 윤리의 정초를 위한 윤리문제의 설정은 사회적 맥락을 고려하여야 하고, 스포츠에서의 행위규범을 정확히 이해하는 것이 필요하다. 그것이 '스포츠 윤리를 정당화할 수 있는가' 라는 질문에 대한 답이 될 수 있을 것이다.

2) 스포츠에서의 보편적 가치

스포츠에서 보편적 가치를 설정하는 것은 쉽지 않은 일이다. 개인과 사회가 추구하는 방향과 목적을 동일하게 한다는 것이 쉽지 않기 때문이다. 도덕의 문제는 행위의 전개가 원만하게 이루어지는 상황에서는 제기되지 않는 반면, 스포츠에서와 같이 문제가 많이 발생하는 상황, 즉 행위자가 어떻게 처신해야 하는지 모르는 상황에서는 심각하게 제기된다. 문제가 많은 상황에서 선수는 우선 문제해결을 위하여 기능적으로 어떻게 행동해야만 하는가를 스스로 판단해야만 한다. 여기서 도덕적 판단의 궁극적인 접점은 자아, 즉 개인의 이성이다. 인간이성은 본성적으로 도덕적일 수밖에 없기 때문에 그로부터 도덕법칙이 파생된다. 이 도덕법칙이 칸트의 그 유명한 정언명법이다(송형석, 2000). 이러한 사실이 스포츠현상에서의 보편성을 제시할 수 있는 대안 중의 하나일 것이다. 결국 의무론적 윤리가 스포츠에서의 문제해결에 도움이 될 수 있다는 의미이다.

또한, 행위의 입장에서 본다면 동기는 원인이 되나 행위 뒤의 것은 결과가 된다. 따라서 동기는 과거에 속하나 결과는 미래의 위치를 차지한다. 동기는 동기주인 자아의 문제이나 결과는 언제나 사회적인 객관성을 갖고 나타난다. 동기는 한 사람의 신념일 수 있고, 언제나 자아의 개체성에서 출발하나 결과는 항시 전체성을 띠고 나타나게 된다. 자아의 내적 요소가 사회의 외적 내용으로 변질되기 때문이다. 동기는 언제나 정신 및 사상적인 것이기 되기 쉬우나 결과는 물질적이며 시 · 공간적인 구체성을 띠는 때가 있다(김형석, 1992). 이러한 동기와 결과에 대한 관계를 해결하는 것이 오늘날 우리가 인정해야 할 숙제인 것이다. 스포츠현장에서도 이와 같은 행위의 동기와 결과 때문에 스포츠 윤리의 보편성이 쉽게 인정되지 못하고 있는 것이다. 이를 함께 해결하기 위한 노력이 보편성을 추구할 수 있는 과제일 것이다.

이상의 논의를 토대로 하여 스포츠 윤리의 보편성을 확보하기 위한 과제를 설정하면 다음과 같다.

첫째, 스포츠윤리에 대한 관점은 행위와 행위자에 대한 도덕적 판단이 선행되어야 한다. 스포츠현상에 대한 이해를 사회 또는 개인으로 한정할 수는 없다. 이는 보는 관점에 따라서 다르게 표현되고 해석될 수 있기 때문이다.

둘째, 스포츠윤리에 대한 기준은 사회적 이익을 추구해야 한다. 즉 공동체가 추구하고 있는 목표에 부합되어야 한다는 것이다. 여기서 사회적 이익이라고 하는 것은 개인, 즉 스포츠행위자도 포함된다.

셋째, 결과, 과정, 동기에 대한 도덕적 보편성이 설정되어야 한다. 어느 것이 더 중요하고, 덜 부족함이 부각되어서는 문제해결이 되지 못한다.

3) 스포츠윤리의 지향점

윤리적 활동은 행위자와 타인 두 주체의 활동이다(장동익, 2002b). 어떠한 윤리이론이든 건전한 윤리이론이 되고자 하면, 이 두 주체에 대한 공정한 입장을 요구 받는다. 만약 어떤 하나의 이론이 두 주체 중 한 쪽에 부당한 처우를 인정하는 결과를 가져 온다면, 그 이론은 결점 있는 이론으로 간주될 것이다. 바로 상식적 도덕성과 칸트식 도덕성, 그리고 공리주의는 행위자의 이익과는 무관한 평가적 태도를 가지며, 더구나 부당한 처우조차 인정하고 있다. 그러나 두 주체 사이를 완벽하게 동일화 하는 것도 쉽지 않다.

이처럼 윤리담론의 핵심에는 개인주체와 사회구조를 어떻게 이해할 것인가라는 문제가 자리하고 있다. 개인 주체의 지유의지를 긍정하면서 '어디까지가 주체의 의무이며, 어디까지가 사회의 책임인가?' 라는 문제의 해결이 핵심적 과제인 것이다. 이러한 맥락에서 윤리담론은 주체의 의무를 문제 삼는 개인윤리와 사회구조의 책임을 문제 삼는 사회윤리가 성립하게 된다. 기존의 윤리담론이 개인의 '윤리의식', '도덕성' 을 바탕으로 하는 의무론적 윤리에 초점을 맞춤으로써 개인의 윤리행위를 평가하고 규정할 수 있는 '행위준거' 에 대한 담론이 주류를 이루었지만, 이는 '윤리현실' (개인주체와 사회구조가 복합적으로 상호작용하는 총체로서의 현실)에서의 실효성이 의문시된다는 비판을 받아 왔다(정은근, 김홍식, 2000). 즉 현대사회에서의 스포츠는 지나친 상업주의와 승리지상주의에 의해 윤리문제가 심각하여 이의 해결을 위해서는 전통적 관념에 기초를 둔 개인적 수준의 문제뿐 만 아니라 집단의 도덕적 수준의 문제로도 논의되어야 하는 것이다(남중웅, 김동규, 2004).

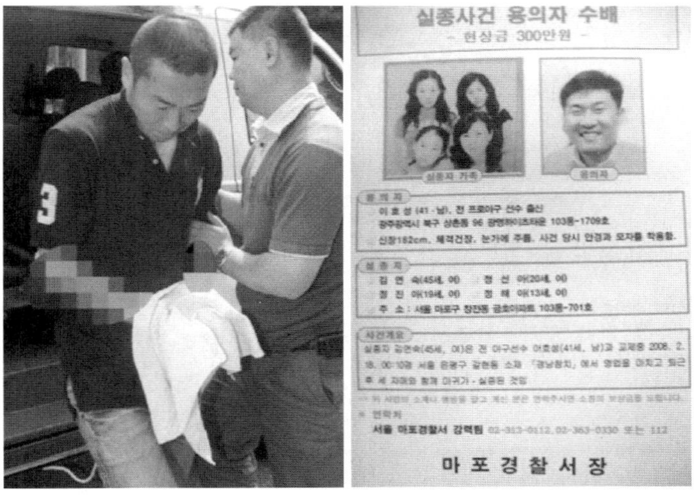

[그림 12-6] 프로야구 선수 정수근과 이호성 등은 폭행 등과 관련된 비윤리적/반사회적 행동들로 큰 비난과 사회적 이슈를 일으켰다.

이를 해결하기 위한 또 하나의 답을 덕 윤리에서 찾을 수 있을 것이다. 즉 덕에 대한 견해로 표준적 견해, 결과주의식 견해, 목적론적 견해, 상식적 견해(장동익, 2002a)가 제기되고 있듯이 복합적인 추론이 필요하다. 인간의 삶은 모두 그 시간성과 장소성, 역사와 사회를 떠나서는 이루어질 수 없으며, 그것들이 그대로 문화와 윤리의 내용을 만들고 있다. 그리고 그것이 바로 우리들을 이끌어 가고 있는 정신적 세계인 것이다(김형석, 1992). 이처럼 스포츠 행위가 바탕이 된 상태에서는 개인과 타자, 결과와 과정, 시간과 장소 등의 맥락이 고려되어야 한다. 스포츠에서의 주체는 스포츠행위와 행위자이고, 이를 통한 해석과 그에 규범이 필요하다. 결론적으로 스포츠윤리의 지향점은 보편성이라는 큰 과제를 추구해야 하는 것이다.

3. 스포츠윤리의 실천과제

우리의 사고방식, 우리의 세계관, 가치관 일반 , 그리고 윤리적 사고도 근본적인 사고의 전환이 있어야만 한다. 그냥 변화가 아니라 혁명이 있어야 한다. 오늘날 모든 차원에서 사고의 혁신이 필요하지만 그 중에도 윤리적 사고에서 혁명이 더 중요하고 급하다(박이문, 1996). 이러한 상황은 스포츠현장에서도 예외가 될 수 없다. 스포츠가 존속되고 유지되기 위해서는 윤리적인 문제가 더 이상 방치할 수 없는 수준에 이르렀다고 볼 수 있다. 스포츠는 이제 문화현상으로 접근해야 한다.

빈번하게 목격할 수 있는 스포츠계의 적당주의와 온정주의는 비판의 대상은 물론 개혁의 대상이다. 이러한 문제점을 극복하기 위하여 스포츠계의 실천과제를 다음과 같이 제시하고자 한다.

1) 스포츠 윤리의식의 패러다임 전환

사회경쟁에 있어서의 승패가 실력과 정당한 노력에 의해 좌우되는 것이 아니라, 수완 또는 술수에 따라 결정되는 풍토가 한동안 지속되었다. 이러한 풍토는 인격, 실력, 기술 등의 내실을 기하기보다는 외양과 호칭 또는 명성 따위의 외형적인 것의 획득으로 내닫는 태도를 촉진하였다(전정태, 2002). 이와 같은 현상은 스포츠계에서도 쉽게 발견할 수 있다. 승리지상주의, 물질만능주의와 같은 결과지상주의가 스포츠계에 오랫동안 내재된 관행으로 간주되고 있으며, 일부에서는 당연한 것으로 받아들이고 있다. 그러나 이러한 인식의 타파 없이는 스포츠의 본질을 구하고, 스포츠 윤리를 보편화 시킬 수 없게 된다. 이와 관련한 문제의 해결을 위해 다음과 같은 과제를 제시하고자 한다.

첫째, 스포츠현상에서 정신적 가치에 대한 재조명이 필요하다. 현대의 스포츠 상황은 신체기술과 그의 발달을 위한 과학지상주의에 의해 인간적 가치나 정신적 가치를 도외시 해 왔다. 현대인이 당면하고 있는 근본적인 문제의 하나인 인간소외를 극복하기 위해서는 스포츠현상에서도 스포츠 본연의 모습을 회복하여야 할 것이다.

둘째, 합리성에 기반 한 공동체 의식이 강화되어야 한다. 이는 스포츠계에 만연되고 있는 이기주의적인 태도에 공동체 의식의 발현을 요구하는 것이다. 오늘날 스포츠계의 현실은 공동체에 대한 배려가 부족한 수준이다. 이를 극복할 수 있는 대안은 결국 합리적 정신이다. 합리적 정신이 기반이 된 공동체 의식은 쉽게 붕괴되지 않는다. 하지만 현재의 스포츠계는 이러한 접근에 아쉬움이 있다. 합리성을 바탕으로 한 스포츠계의 공동체 의식은 '공정성' 을 보장하게 될 것이다.

셋째, 스포츠의 상업화에 대한 균형감각을 유지해야 한다. 현대사회에 있어서 스포츠의 상업화를 반대만 할 수는 없다. 그럼에도 불구하고, 스포츠현장은 자신의 신체 탁월성의 평가를 위한 것이어야 한다(이학준, 1999)는 입장을 간과해서 안 된다. 단지 맹목적이기만 한 승리에 대한 집념과 상업화, 그리고 물질주의는 제고의 여지가 있으며, 이는 스포츠의 본질을 훼손할 수 있다. 따라서 스포츠의 상업화는 윤리의식을 기반으로 시행되어야 하며, 상업화의 부작용을 최소화하려는 노력이 동반되어야 하는 것이다. 이는 개인적 차원은 물론 사회적인 차원에서도 고려되어야 할 문제이다.

넷째, 승패에 대한 이분법적 사고를 지양해야 한다. 스포츠상황에서는 승리와 패배가 분명하다. 그러하더라도 극단적인 이분법적인 사고는 극복되어야 한다. 왜냐하면 사실 그 자체를 왜곡시킬 수 있기 때문이다. 즉 스포츠에서의 승리는 다른 관점에서(의미와 실재)보면 패배일 수 있다. 반면에 패배는 또 다른 의미(현상과 결과)로 승리일 수 있다. 따라서 스포츠에서 승리와 패배의 의미는 스포츠에 참여하여 체험하는 본인, 즉 행위자에 의하여 규정될 수 있는 것으로 남겨 놓아야 한다(이학준, 1999)는 열린 사고가 필요하다.

요즘 우리는 자유를 '어떤 것이든 할 수 있는 권리' 라고 생각하는 시대에 살고 있다. 해서 안 되는 것은 아무것도 없다는 생각만큼 한심한 것이 없으며, 그런 생각을 실천하는 이보다 더 위험한 것은 없다는 것을 사람들은 별로 반성하지 않는다(윤병태, 2005). 그렇다고 해서 구속과 강제가 살길은 아니다. 인식의 전환과 사회환경의 변화에 대응하면서 살아야 한다. 오늘날의 스포츠계 위기를 극복하기 위해서는 '신체활동' 보다는 바른 가치관으로 바른 판단을 할 수 있게 하는 '스포츠정신' 의 부각이 더 중요한 것이 되고 있다.

그 동안 우리 스포츠계의 인식 속에는 '건강한 신체에서 건전한 정신이 나온다.' 라는 슬로건에 사로잡혀 있었다. 유물론적 체육관에 입각한 이러한 사고는 전환되어야 한다. 그러한 사고방식이 스포츠를 도구로 여기고, 스포츠 저변을 확대하는 단계에서는 적합하였을지 모르나, 오늘날 스포츠가 '삶의 방식' 으로 자리한 상황에서는 그러한 패러다임의 전환이 필요한 시점이다(김미숙, 2004).

2) 스포츠 윤리강령 제정 및 조정시스템 구축

사회적인 변화방향에 자신의 의지가 아무런 역할도 할 수 없는 세계에서 개인이 삶의 객관적 의미를 붙잡기는 어렵고, 나와 나를 둘러싸고 있는 세계와의 관계를 확인하기 어려울 수밖에 없다. 이러한 면에서 윤리적인 삶을 가능케 할 현실적 조건들을 마련하는 일에 동참하는 구체적 실천 속에서 자신이 타인과 세계와 엮어 있음을 확인하는 체험이 중요한 것이다. 이런 실천은 공유하는 삶의 의미를 부활시키는 데에도 필수적이다(허라금, 2001). 윤리란 결국 실천성과 직접적인 관계에 있으므로 이에 대한 합리적인 시스템을 구축하고 실천하는 문제가 중요하다고 볼 수 있다.

이처럼 스포츠 윤리에서도 실천성을 강조하기 위한 제도적 장치는 필수적이다. 보편적 기준을 설정하기가 쉽지 않고, 그것을 지키기가 어렵겠지만 바람직하지 않은 행동을 최소화하고, 확률을 감소시키기 위한 노력은 필수적이다. 이와 함께 스포츠계가 대외적으로 윤리성을 전제하는 집단이라는 이미지를 선포할 필요가 있다. 이를 통한 스포츠인의 이미지 제고는 스포츠의 긍정적인 측면을 더욱 강화할 것이다. 이를 위한 구체적인 과제는 다음과 같다.

첫째, 스포츠 윤리강령의 제정 및 선포이다. 대한체육회를 비롯하여 일부 경기단체에서 체육인 윤리강령을 제정하고 있지만, 그 내용이 보다 구체적일 필요가 있다. 또 스포츠집단이 윤리성을 기반으로 하는 공동체라는 이미지를 대외적으로 선포하기 위한 적극적인 홍보가 요구되고 있다. '형식' 이 아닌 대국민 홍보활동을 통한 실질적인 모습을 표출해야 하는 것이다. 이러한 시도는 비윤리적인 행위가 발생했을 경우, 합법적인 조치를 내릴 수 있는 근거가 될 수도 있다.

둘째, 스포츠계 내부의 온정주의를 합리적인 시스템으로 극복해야 한다. 스포츠계는 지금까지 '우리' 라는 개념의 해석오류로 公私를 구별하지 못하면서 많은 시행착오를 경험하였다. 비윤리적 행위에 대한 처방은 임시방편적이었고, 여론에 따라 움직일 때도 있었다. 이는 스포츠인의 명예실추는 물론 스포츠계의 퇴보를 초래하게 된다. 스포츠계의 반성적 성찰만이 스포츠 윤리문제를 해결하는 단초가 될 수 있다. 따라서 우리에게 필요한 것은 합리성에 근거한 시스템의 구축 및 냉정한 조치와 실천이다. 스포츠계의 공동목표를 허물어서는 안 되는 것이다.

[그림 12-7] 학원스포츠는 정상화되어야 한다!

셋째, 스포츠법의 제도화 및 실용화이다. 스포츠계에 법적인 판단이 요구되는 문제들이 늘어나면서 윤리적인 문제 또한 법의 제도화를 요구하는 경우가 확대되었다. 일부 프로구단의 선수독식, 선수의 권리와 인권, 스포츠시설의 사용과 안전문제, 학생운동선수의 학업권, 국가 간의 스포츠분쟁 등 많은 문제들이 스포츠법적 대상이 될 수 있다. 그리하여 이를 관리하고 보완할 수 있는 스포츠법의 실용화가 요구되어진다.

스포츠계는 통상적으로 수단과 방법, 그리고 절차에 있어 윤리적으로 문제가 되더라도 양호한 결과만 도출되면 모든 것이 용납되는 풍조가 만연하였다. 그러나 어떠한 경우든 스포츠계에 도핑, 반칙, 폭력 등이 정당화 될 수는 없다. 승리를 유일한 목적으로 보는 견해는 선수들을 비인간화 시킬 가능성이 높은 것이다(이학준, 1999). 따라서 스포츠는 더 이상 법적인 특권이나 국가의 맹목적인 보호를 받는 치외법권적 존재가 될 수 없다. 그리하여 스포츠법의 실용화는 스포츠윤리를 회복하는 측면적 지원이 될 수 있는 것이다.

3) 스포츠행위자에 대한 교육

윤리적 태도 또는 가치관을 어떻게 갖느냐를 최종적으로 결정하는 것은 각자의 의지와 노력이므로 가장 중요한 것은 자기를 반성하고 스스로의 생활태도를 고치는 일이다(전정태, 2002). 그리고 인간의 역사와 문화가 정신도야의 과정이며, 그 발전사라는 것은 교육을 통해서 진정한 인간으로 되어간다는 뜻이다. 그리하여 교육을 받아야 할 의무와 권리는 이성적이고, 사회적 인간형성의 기본적 조건이다(윤병태, 2005). 따라서 스포츠의 주체자인 스포츠행위자에 대해서도 윤리성의 확보를 위한 교육을 통해 인위적인 조정이 있어야 한다.

스포츠행위자는 스포츠에 직접 참여하는 선수, 관람자, 지도자, 심판 등으로 규정할 수 있다. 이들 모두 스포츠의 윤리문제와 직 · 간접적으로 관계되어 있으며, 교육대상에서도 예외가 될 수 없다. 이와 관련된 과제를 제시하면 다음과 같다.

첫째, 운동선수에 대한 윤리교육의 강화이다. 도덕적 문제는 무엇보다도 행위에 연계되고, 윤리적 문제는 사람됨, 즉 사람의 품성에 관계된다. 행위는 원리원칙에 비추어 '옳고' '그름' 의 판단을 받게 되고, 품성은 '좋고' '나쁨' 이라는 관점 에서 평가된다(박이문, 1996). 그리하여 운동선수는 자신의 도덕성을 유지하기 위해서 자신이 도덕적일 수밖에 없으며, 또한 승리에 대한 정당한 가치를 부여하기 위해서라도(이호근, 이학준, 2001) 도덕적이기 위한 노력을 하여야 한다. 이는 운동선수들을 대상으로 한 직접적인 교육에 의해서 강화될 수 있다. 행위와 품성에 대한 교육을 통해 의식이 변화할 수 있기 때문이다.

둘째, 스포츠관람자에 대한 교육이다. 운동선수에 대한 교육이 직접적인 교육이라면, 관람자에 대한 교육은 간접적인 교육이라고 볼 수 있다. 이를 위해서는 정부의 관련기관, 대한체육회, 국민생활체육협의회, 각종 경기단체 등이 스포츠 윤리문제에 대해 대국민 홍보를 실시해야 할 것이다. 경기관람 수칙, 경기장 질서문제, 스포츠의 긍정적 효과 등이 이에 해당된다. 이는 교육이라는 측면보다는 계

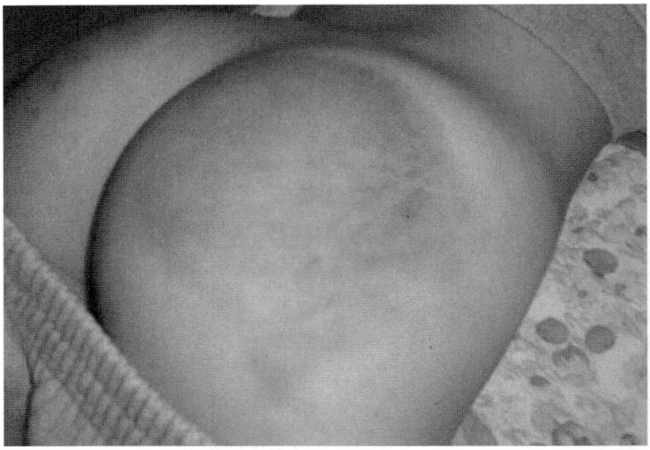

[그림 12-8] 코치에게 맞아 심하게 멍이 든 초등학교 운동부 선수

몽 혹은 홍보라는 측면이 강하다고 볼 수 있다.

셋째, 지도자와 심판에 대한 교육이다. 지도자와 심판은 경기에 직접적으로 영향을 미치는 인적 구성이나, 그들에 대한 교육은 소홀한 편이다. 스포츠계에서 발생하는 대부분의 문제가 이들과 관련되어 있음에 비추어 볼 때 이들에 대한 교육의 부실은 개선의 여지가 있다. 우선 그들에게 기본적인 권리를 보장하고, 처우를 개선하여 명예를 향상시키는 것이 중요하다. 이를 통하여 의무준수, 즉 자질과 윤리적인 문제를 강화할 수 있는 기반이 조성되기 때문이다. 이와 함께 이들에 대한 고도화되고 전문화된 교육시스템을 도입하고, 합리적인 검증시스템을 구축하여 윤리의식을 강화하여야 한다. 권리와 의무의 균형을 의미하는 것이다.

스포츠 윤리문제의 해결을 위해서는 스포츠학계에서도 '덕의 습관화' 를 통한 건전한 스포츠인을 양성하기 위한 세부적인 덕목을 설정해야 할 것이다. 덕 윤리가 행위자나 그들의 성향을 기초로 삼는 이론이기 때문에 행위지침을 결여 한다는 비판이 제기되기도 한다. 그러나 이러한 비판은 무력한 것이다. 왜냐하면 덕 윤리가 행위가 아니라 성향을 강조한다는 점에 근거해서 행위 규범성이 없다는 비판은 설득력을 가진 것처럼 보일지 모르나, 덕 윤리가 제시하는 덕들은 행위를 이끄는 것이 분명(장동익, 2001)하기 때문이다.

4) 녹색윤리의 지향

과학기술의 발달이 한없이 향상되고 있음에도 불구하고, 우리에게는 과학기술을 통한 희망은 어쩔 수 없는 한계에 부딪히고 있다. 이러한 사실은 이제 우리의 삶의 터전인 환경에 대한 일대 의식의 전환을 요구하고 있다(최병환, 2001). 우리는 이러한 사고, 세계관의 전환을 녹색혁명이라고 부르고, 이러한 혁명 밑바닥에 깔려 있는 이념을 녹색주의(greenism)라 이름 지을 수 있다(박이문, 1996).

앞에서 제기하였듯이 규범윤리에 대해 전통적으로 유명한 두 가지 접근방식은 결과주의인 공리주의와 형식주의인 의무주의이다. 이들은 옮음이나 좋음 그 자체가 무엇인가라는 메타윤리적 문제에 대해서가 아니라 옳은 것과 그른 것이 무엇인가라는 규범윤리적 문제에 대해 서로 대립적인 이견을 제시하고 있다(Darwall, 1998). 그렇다면 이 둘 중 하나는 타당한 이론이어야 하는 반면에, 다른 하나는 그렇지 못해야 한다. 그러나 이 두 이론은 모두 다수의 분명한 확증사례와 반증사례를 동시에 갖고 있다(정원규, 2002). 이러한 관점에서의 새로운 접근과 새로운 방향, 그리고 변화된 윤리적 사고가 요구되고 있으며, 그것을 대체할 수 있는 것이 녹색윤리이다. 이처럼 녹색윤리가 기존의 윤리에 비추어 근원적 전환을 의미한다면 그것은 윤리공동체의 확장과 나아가서 근본적 개방을 의미한다(박이문, 1996).

녹색주의는 인간중심주의를 비판한다. 즉 환경파괴는 인간 중심주의의 행동규범에 기인한 것이므로 이를 포기해야 한다는 것이다. 인간중심주의는 도덕적 '선' 의 기준을 인간에게 둔다. 즉 인간을 모든 사고나 행동의 목적자체로 간주하고, 그 밖의 모든 자연사물은 수단으로 여겨 자연을 지배와 기술적 조작, 그리고 한정 없는 착취의 대상으로 삼는다는 것이다. 이러한 배경에서 스포츠와 환경의 갈등을 우리 눈앞에서 볼 수 있다.

녹색윤리는 지구를 살리고 인간의 존속을 위해서 우리들의 세계관만이 아니라 현 상태의 자본주의적 경제체제에 혁신이 있어야 한다고 믿는다. 오늘날 나날이 가속적인 소비주의가 근본적으로 비판되고, 일종의 금욕주의와 대치되어야 하며, 나날이 팽창하는 물질주의가 일종의 정신주의로 대치되어야 한다고 주장한다(박이문, 1996).

그러한 관점에서 보면, 현대사회의 스포츠는 이제 겸손의 미덕을 익혀 실천해야 한다는 교훈을 되새겨야 한다. 스포츠세계의 인간중심적 사고가 배타적 윤리관과 이원적 사고를 양산하여 윤리문제의 해결점을 찾는데 방해가 되고 있는 것이다. 물질만능주의, 승리지상주의, 결과지향주의 등은 인간중심의 사고에서 비롯된 부산물이다.

생태윤리학적 관점에서 볼 때 스포츠는 자연환경의 유지 · 보호를 저해하는 적대자로서 파악된다. 거대한 복합경기장, 골프장, 스키장, 자동차경주장 등은 자연파괴의 대명사로 알려지고 있다(정응근, 박현우, 1995). 그러므로 소비주의에 매몰된 현대사회의 스포츠가 윤리성을 회복하기 위해서는 절제정신에 기반을 두고 소박함을 지향하는 녹색윤리의 수혈을 통해 정화하려는 노력이 수반되어야 할 것이다.

스포츠윤리의 목표

스포츠에 대한 윤리적 접근의 목표는 인간교육의 대의를 추구하는 것과 일맥상통하는 것으로서 이는 체육 · 스포츠의 궁극적인 목표라고 볼 수 있다. 이러한 관점에서 스포츠윤리의 목표를 제시하면 다음과 같다.

1. 건강한 신체와 정신의 배양

스포츠윤리학자에 의하면 건강한 신체와 정신의 배양 그 자체로서 윤리교육은 물론 인간교육을 실현할 수 있다. 이는 건강한 체력이 외관상으로 관찰할 수 있는 신체기능이나 생리적 효율성 이상의 가치가 함축되어 있고, 건전한 정신력도 인간으로서 갖추어야 할 도덕적 덕목, 건전한 가치관, 민주적 태도 등의 기본요건이 됨을 의미한다.

Hellison은 활발하고 역동적인 신체활동은 신체 수행능력과 함께 신체능력에 대한 인지를 발달시키는 계기를 제공하는데 이것이 자아인식의 변화를 유발하여 다른 요인의 자기 평가에서도 변화를 일으키게 한다고 보았다. 또 Wenkerk도 인간의 신체활동을 설명하면서 신체활동은 존재에 대한 자기 의식적인 감정을 제공해 주고, 수용사실에 대한 영향력 있는 대안을 제공하고 강화한다고 하였다(김동규 외, 1996).

2. 도덕적 가치 및 인간애적 태도 확립

스포츠가 추구해야 할 또 하나의 덕목으로서 인간의 도덕적 가치와 인간존중의 인간애적 태도확립이 있다. 스포츠는 본질적으로 신체활동을 통하여 신체를 객관적으로 배우게 하기보다는 주관적으로 신체를 인식하게 함으로써 인간존재의 인식에 공헌한다고 볼 수 있다. 그리하여 인간은 스포츠를 통하여 존엄하고 보편적인 인간으로서의 자아를 체험할 수 있다. 따라서 스포츠는 현실세계에 존재하는 오랜 부정적 습관과 편견, 그리고 제도상의 관료성에 기인하는 불평등과 구속 · 억압 등이 있음에도 불구하고 신분, 계층, 지위, 성,

종교, 인종간의 대립과 갈등이 배제된 인류보편의 평등원칙과 애호주의 정신을 함양하는 기능이 수행되도록 추구되어야 한다(김동규, 1992).

3. 민주적인 사고 함양과 절차의 준수

체육 · 스포츠가 과거부터 학교에서 정식 교과과정으로 채택되어 적극 장려되고 발달되어 온 이유는 그것이 학생들의 신체적 건강과 함께 고등 정신문화를 형성하고 바람직한 내적 성향을 형성할 수 있는 효과적인 수단이 되기 때문이다. 즉 체육 · 스포츠활동에 참가함으로써 가정과 학교뿐만 아니라 사회적으로도 건전한 생활제도, 민주시민 정신의 함양, 규칙과 질서의 준수, 합법적이고 이성적인 가치습득 등의 민주적인 가치체계를 형성하게 되기 때문이다. 이러한 근거는 체육 · 스포츠를 지지하는 체육학자와 사회학자 등의 연구에 의하여 입증이 되었다. 즉 아동기 때부터 놀이나 스포츠문화를 경험한 자는 그렇지 못한 자보다 사회에 대한 적응력이 높고, 비행이나 범죄를 저지를 확률이 낮으며, 민주적인 법질서 및 그에 대한 인식이 높게 나타난다는 것이다(김동규 외, 1996).

결국, 체육 · 스포츠에의 참가는 민주적 시민정신, 도덕적 인격, 기존권위에 대한 존중심, 가치 및 행동이 형성 발달되며, 체육인 헌장에서도 이와 같은 측면을 강조하고 있다(Leonard, 1980). 따라서 체육 · 스포츠는 이러한 본질적인 가치가 최대로 구현되도록 하는 노력이 있어야 할 것이다.

4. 미적인 탐구자세의 고취와 생활화

일찍이 Platon은 신은 인간에게 음악과 체조라는 두 예술을 주어 이들이 각각 정신과 신체에 봉사하여 이의 조화가 인간을 최고도로 아름답게 한다고 하였다. 그리고 Aristoteles도 고대 그리스인은 인간의 고귀한 삶을 완전성의 추구, 신체와 정신의 미적 구현에 두었는데, 생활철학이 모든 스포츠활동에 내재되어 있다고 강조하였다(김창룡, 1986). 그리하여 스포츠는 여가시간을 활용하는 문화적 표현으로서 경기에 참여하는 동안 일시적으로 현실과 단절되어 일상생활을 잊어버린 채 자기의 멋진 묘기로서 당대의 문화를 형성한다.

최근 스포츠가 프로화 되고 수단과 방법을 가리지 않고 이기려는 'Win at all cost' 혹은 'losing is like dying' 과 같은 철학이 전 세계적으로 만연되어 가고 있으나 스포츠 철학자 Keating이 주장한대로 스포츠의 최고 목적은 승리가 아니다(김영환, 1985). 훌륭한 교육이란 우리의 몸과 마음을 아름답고 완전하게 하는 것이다. 그러므로 스포츠는 미적인 생활태도를 고취하고 이를 생활화함으로써 몸과 마음을 아름답게 하고, 인간사회를 소중한 것으로 여기는 문화예술의 태도를 생활화하도록 해야 한다.

5. 적응력 있는 사회성원 배양

Sanborn(1982)은 체육 · 스포츠의 경험을 첫째, 사회적 기준에 따라 적응 · 발달시키기 위한 경험, 둘째, 사회적 효율성을 증진시키기 위한 경험, 셋째, 사회적 효과와 개인적 안녕을 발달시키기 위한 경험, 넷째, 인생의 전문분야에서 개인의 잠재력을 개발시키기 위한 경험, 다섯째, 개인을 지적 · 정서적 및 신체적으로 발달시키기 위한 방법 등으로 분류하였다. 그리하여 체육 · 스포츠에 있어서 인간교육의 의의는 인간이 사회에서 복합적이고 다양한 관계를 맺고, 사회를 떠나서 살수 없음을 전제할 때 유능하고 적응력 있는 성원으로서 생존케 함이다. 이를 위해서는 체육 · 스포츠교육을 통해 그러한 기술적 잠재능력과 적응력을 배양하는 것이 진실한 의미의 실천 윤리교육이 될 수 있을 것이다.

chapter 13

스포츠와 일탈행위

스포츠와 사회일탈

일탈행동이란 긍정적 측면에서 보면 사회의 발전성과 창조성을 야기하게 되나, 부정적 측면에서의 일탈행동은 소속된 집단이나 사회규범 또는 행동기준, 사회적 기대에 상반되는 사고 · 행동 · 감정이라고 정의할 수 있다. 일탈행위는 중요한 사회규범에 대한 위반행위로서 많은 사람들에 의해 부정적으로 평가되는 것으로 간주되고 있다. 이와 같은 개념규정과 관련해서 일탈행위란 어떤 절대적인 기

[그림 13-1] 미디어에 보도된 체육과 신입생 길들이기의 실제 현장

준에 의해 규정될 수 있는 성질의 것이 아님을 거듭 강조해 둘 필요가 있다. 왜냐하면 규범은 사회에 따라 다르고, 또 사회가 변함에 따라 달라지기 때문이다.

스포츠의 규범과 사회규범은 서로 표면적으로 상반된 것처럼 보이지만, 상호 동일한 본질을 지니며 유기적 관계를 맺고 있다. 스포츠 일탈행동은 스포츠내의 제도와 수단 간의 불일치 현상에서 오는 스포츠일탈 행동이라고 볼 수 있다. 그러나 일탈은 상대적, 주관적인 용어이다. 즉 시간과 공간의 영향을 많이 받는 용어이다. 이러한 관점에서 스포츠일탈의 행위자체가 지니는 속성을 중심으로 살펴볼 경우 스포츠일탈의 형태는 긍정적 일탈과 부정적 일탈, 그리고 상대성 일탈로서 그 성격을 구분할 수 있다. 스포츠일탈에는 다양한 행동들이 있으나 대표적인 유형으로는 약물복용, 폭력, 부정행위 등을 들 수 있다. 약물복용의 원인과 대책, 부정행위에 대한 유형, 그리고 폭력의 발생 원인에 대한 관점도 살펴보았다. 결국 이러한 문제는 보다 정확한 통계자료와 구체적인 실증연구를 토대로 보다 엄밀하게 연구해야 할 과제라고 할 수 있다.

스포츠일탈의 개념

스포츠일탈은 스포츠체계 속에서 발생하는 다양한 규범위반(rule violations) 행동을 의미한다. 일반적으로 스포츠일탈의 개념은 사회일탈의 개념과 본질적으로 동일선 상에서 설명될 수 있다. 사회일탈과 스포츠일탈 모두 규범위반의 차원에서 접근하기 때문이다. 이 절에서는 스포츠일탈의 개념을 보다 구체화하기 위하여 좀 더 포괄적인 사회일탈의 개념부터 살펴본 후 스포츠일탈의 개념을 알아보기로 한다.

1. 사회일탈의 개념

일탈(deviance)을 연구한 초기 사회학자들은 대개 사회적 가치 및 규범이라는 개념을 기초로 하여 일탈을 개념화하기 시작하였다. 그들에게는 일탈이란 바로 규범의 위반으로 간주되었다. Clinard(1968)는 일탈행동이란 집단규범에 대한 일정한 형태의 위반 행동이며, 특정한 방식으로 금지된 행동인 것이다. 그러나 1960년대 이후의 일부 학자들은 일탈을 규범위반으로 개념화하기보다는 오히려 사회적 규정으로 보기 시작하였다. 이러한 변화는 학자들이 일탈행동의 상대성에 초점을 맞추기 시작하면서 일어났다. 곧 일탈행동이란 그 행동자체의 본질에 의해 결정되는 것이 아니라 사회적 반응의 산물, 즉 그 행동에 대해서 사회가 어떻게 반응하는가에 따라 달라진다는 사실을 인식하면서 일탈을 사회적 규정으로 개념화하기 시작한 것이다. 이러한 일탈의 개념화는 일탈에 대한 사회적 반응을 지나치게 강조할 경우 적절한 해결책을 찾을 수 없는 속성을 내포하고 있다.

이와 같은 생각을 한 대표적인 학자인 Becker(1963)에 의하면 일탈자(deviant)는 낙인(烙印)이 성공적으로 적용된 사람이고, 일탈행동이란 사람들이 그렇게 낙인되는 행동이다. 이처럼 특정 행동이 일탈행동인가 아닌가 하는 것은 특정 시대의 특정 사회가 그 행동을 일탈행동으로 규정하느냐, 않느냐에 따라 달라진다. 결국 일탈을 보는 기본 시각은 그것을 규범위반으로 보는 측과, 사회적 규정으로 보는 측으로 나누어져 있다고 하겠다.

사회학에서는 일탈행위를 다음 세 가지로 구분하여 생각하고 있다(최경칠, 1995).

첫째, 구체적 일탈(concrete deviance)의 행위로는 단순하게 통계적 '평균(average)' 으로부터 상당히 벗어난 특성으로 비전형적인 특성을 지닌다. 즉 불구자, 기형아, 난쟁이, 프로레슬링선수, 노처녀, 노총각, 왼손잡이, 천재 또는 저능아 등의 사람들이 모두 일탈자의 범주에 속하기 때문이다. 이러한 개념규정은 누가, 어떤 사람이 과연 대표적인 특성을 가진 것인지를 밝힐 때 다수에다 기준을 두게 될 것이다.

둘째, 행동적 일탈(behavioral deviance)의 행위는 사회전체 또는 사회의 일정한 개인들에게 위협적이라고 공동체 성원들이 생각하는 행동을 일컫는다. 보통 '범죄행위' 라는 것이 여기에 속한다. 그런데 이러한 개념규정에서는 반드시 사회나 공동체에 위협적이 아닌데도 불구하고 범죄행위라고 낙인찍는 행위를 포함시킬 수 없다는 제한이 있다. 예를 들어 쇠고기를 먹지 못하게 한다든가, 또는 개고기를 먹지 못하게 하는 어떤 의식을 원칙대로 준수하지 않는 등의 일은 사회에 위험한 행동이 될 근거가 없지만, 어떤 사회에서는 이런 행위를 규제하는 법이나 규칙을 만들기도 한다. 이러한 것은 어떤 사회에서 널리 합의가 이루어져 있고 그에 대한 법규 같은 것이 분명하기 때문이다.

셋째, 평가적 일탈(valuative deviance)의 행위이다. 이 행위는 사회적 동의가 이루어지기 어려운 행동에 대한 연구를 할 때는 유용한 개념이라 하겠다. 평가적 일탈행위의 현상으로서 사회규범은 시간에 따라 변하고 장소에 따라 다르기 때문에 동일한 현상이 어떤 때는 병리적인 것으로, 어떤 때에는 병리적이지 않는 것으로 다루어져야 한다는 문제가 제기된다. 그러나 사회질서는 어떤 의미에서 하나의 이상에 지나지 않는다. 그것은 어떤 사회나 집단에서도 기대된 방향에서 이탈해 나가는 사람들이 있게 마련이기 때문이다. 이와 같이 사회집단이나 사회체제 안에서 이탈되거나 상반되는 행동을 사회적 일탈행위(social deviant behavior)라고 한다(김경동, 1979).

또한 Leonard(1980)는 '일탈행위' 를 특정집단이나 사회의 행위기준 혹은 사회적 기대에 반대되는 사고, 행동, 감정이라 정의하고 있으며, 비록 관용되는 행동의 범위가 있기는 하지만 규칙을 위반하는 행위(rule breaking behavior)로서 일탈자란 규칙을 위반하는 행위에 참여하는 사람이라고 한다. Cohen(1968)은 일탈행동을 "일정한 사회체제에서 정당한 것으로 인정된 기대를 깨뜨리는 행동" 이라 하였으며, Wheeler(1967)는 일탈행동을 "사회규범을 깨뜨리는 행동" 이라 하였다. Merton(1980)은 일탈행동을 "사람들이 그들의 사회적 지위와 관계된 규범으로부터 상당히 벗어나는 행동"이라고 정의하였고, Coser(1962)는 일탈행동은 "한 사회가 변동에 적응하는 하나의 방법일 수 있으며, 일탈자들은 사회체계의 불안정성과 긴장상태에다 관심을 갖게 하는 혁신자들일 수 있다"고 하였다.

[그림 13-2] NFL 수퍼스타 쿼터백인 Michael Vick과 그의 투견. Vick은 그의 저택 뒷마당에서 투견을 해서 리그와 사회에서 동시에 퇴장을 당했다. 미국은 투견을 사회규범을 깨뜨리는 행동으로 인지하고 있다.

이와 같은 여러 학자들의 정의를 종합해 보면, 일탈행동이란 긍정적 측면에서 보면 사회의 발전성과 창조성을 야기하게 되나 부정적인 측면에서의 일탈행동은 소속된 집단이나 사회의 규범 또는 행동기준, 사회적 기대에 상반되는 사고, 행동, 감정이라고 정의할 수 있다. 즉 일탈행위란 중요한 사회규범에 대한 위반 행위로서 많은 사람들에 의해 부정적으로 평가되는 것으로 규정함이 가장 적절하다. 이와 같은 개념규정에 관련해서 고려되어야 할 것은 일탈행위란 어떤 절대적인 기준에 의해서 규정될 수 있는 성질의 것이 아님을 거듭 강조해 둘 필요가 있다. 왜냐하면 규범은 사회에 따라 다르고 또한 사회가 변함에 따라 달라지기 때문이다.

2. 스포츠일탈의 의미

1) 스포츠일탈의 정의

사회는 전 구성원에 대하여 성공의 규범을 제시하고 있는데, 스포츠에서는 선수, 코치, 트레이너 등의 역할 담당자에게 성공이란 곧 승리를 의미한다. 사회는 이와 같은 목적이 성취될 수 있는 경로나 수단이 마련되어 있는 반면, 스포츠에서는 결국 승자와 패자로 귀결되기 때문에 선수들은 승리를 위하여 합법적이건 비합법적이건 모든 수단을 동원한다. 스포츠 현장에서의 합법적, 즉 긍정적 일탈행동의 대표적인 예가 Fosbury Flop(배면뛰기)이다. 높이뛰기에서 전통적인 방법 대신에 전혀 다른 방법으로 접근을 시도한 것이 배면뛰기이다. 비합법적, 즉 부정적 일탈행동으로는 폭행, 약물중독, 승부조작, 선수선발을 둘러싼 금품거래, 범죄행동 등을 들 수 있다. 사회적으로 문제시되는 것이 부정적 일탈행동이며, 이의 뒤에는 수단과 방법을 가리지 않은 승리지상주의가 자리잡고 있다.

Sabock(1973)은 코치의 선임과 해임의 이유가 승패에 달려 있다고 주장하였다. 스포츠 현장에서 일탈행동을 규정지을 때 특히 주의 할 점은 공격자와 수비자 중 누구의 행동을 규칙위반이라고 단정하느냐 하는 점과 그 행동을 무엇이라고 규정짓고 넘어갈 것인가 하는 점이다. 경기자의 규칙위반 행동은 동시성과 양면성을 가지고 있기 때문에 특별한 주의를 가져야 한다. 공격자 반칙과 수비자 반칙은 동시에 발생한 행동을 가지고 누구를 기준으로 판단하느냐에 따라 판정의 기준이 달라진다. 그래서 때로는 정당한 행동이 반칙이 되고 반칙 행동이 정당한 행동으로 판정되기도 한다.

스포츠의 규범과 사회규범은 서로 표면적으로 상반된 것처럼 보이지만, 상호 동일한 본질을 지니고 있으며 유기적 관계를 맺고 있다. 스포츠일탈도 일반사회의 규범적 범주를 전제로 하기 때문에 스포츠의 규범위반이라는 시각에서 접근한다. Eitzen(1981)은 경기규칙을 위반하는 행동, 스포츠맨십(sportsmanship)과 페어플레이(fair play) 정신 등 보편적 가치에서 벗어나는 행동, 비합법적으로 행동하는 사람, 용구, 재산에 손해를 가하는 행동 등으로 스포츠일탈을 규정하였다. 이러한 관점에서 스포츠일탈의 행위 자체가 지니는 속성을 중심으로 살펴 볼 경우 스포츠일탈의 형태는 긍정적 일탈과 부정적 일탈, 그리고 상대적 일탈로서 그 성격을 구분할 수 있다. 대부분의 사회학적 연구는 부정적 일탈(negative deviance: 규칙위반, 부정행위, 폭력, 약물복용, 도박, 선수 스카웃 부정 등)로서 바람직하지 못한 규정위반 행동의 요인과 사회질서나 변동에 관한 사회적 관심이 주 연구 대상이었다. 그러나 최근에 들어와서 부정적인 일탈과는 서로 다른 일탈 행위인 긍정적 일탈(positive deviance)에 대한 관심도 높아지고 있다.

[그림 13-3] 전 Temple대 농구감독 John Chaney, 전 Indiana대 농구감독 Bobby Knight. 대단한 성공 커리어를 가진 이들도 자신의 선수 또는 상대학교 선수에게 상해를 입힌 일탈행동이 원인이 되어 각 학교 감독직으로부터 사직하였다.

스포츠의 일탈행동에 대한 관심은 최근에 와서야 고조되고 있기 때문에 스포츠일탈의 개념적 규정에 대한 학문적 논의가 일반화되지 못하였을 뿐만 아니라 스포츠에 있어서는 일탈로 규정될 수 있는 행위가 매우 다양하기 때문에 스포츠

일탈의 명확한 개념규정에 대한 합의가 이루어져 있지 못한 실정이다(임번장, 1994). 그러나 굳이 정의하자면 스포츠일탈은 스포츠의 규범을 위반하는 행동으로 규정할 수 있다. 스포츠 현장에서 발생하는 일탈행동은 다양하다. 스포츠는 규범적인 제도를 강조하는 것과 동시에 승리를 추구해야 하는 양립 불가능한 가치지향의 모순성이 있다. 또한 허용된 시간만으로 훈련을 해서 승리를 하기란 그리 쉽지가 않다. 또한 선수의 신념적인 행동으로 야기되는 폭행, 속임수 등의 일탈행동은 스포츠내의 제도와 수단간의 불일치 현상에서 오는 스포츠일탈 행동이라고 볼 수 있다.

2) 스포츠일탈에 대한 설명

(1) 스포츠일탈의 기능

스포츠일탈은 대부분의 사람들로부터 부정적인 반응을 불러일으키는 규범위반 행위로 규정할 수 있다. 일반대중은 대체로 스포츠일탈을 사회나 스포츠체계에 부정적인 결과를 초래하는 행위로 보는 것이 지배적이다. 그러나 스포츠일탈은 스포츠와 사회의 조화와 질서에 위협을 주고 긴장과 갈등을 초래하는 부정적인 역기능만을 수행하는 것이 아니라 발전적인 사회변동을 유도시키는 긍정적인 순기능도 수행한다. 이와 같이 스포츠일탈은 이 경우 역기능적인 부정적 측면과 순기능적인 긍정적 측면으로 구별해 볼 수 있다. 일반적으로 스포츠일탈의 순기능적인 측면은 스포츠 자체의 정체성을 지탱하는 중요한 요소로서 작용하며, 사회적인 안전판(safety value) 역할을 하게 되는 것이다. 그러나 문제는 역기능적인 부정적 측면으로서 스포츠 규범으로부터 일탈이 만연될 경우 스포츠내의 질서붕괴와 스포츠 참가자의 사회화(socialization)에 부정적인 영향을 미칠 수 있게 되는 것이다. 현대 스포츠의 폭력과 파벌성은 비평가들로 하여금 운동경기는 젊은이들에게 호전적인 가치관을 심어주고, 관객들에게는 비합리적으로 지역적 · 민족적 자만심을 주입하며, 가장 강력한 남성우월주의 요새의 하나로 기능한다는 주장을 하게끔 한다. 이와 같이 다소 비판적인 시각에서의 스포츠일탈은 스포츠내의 질서를 위협하고 긴장과 불안을 조성하지만 많은 경우에 있어 스포츠의 일탈은 다른 사회제도와 마찬가지로 발전적 사회변동을 촉발시키는 긍정적인 순기능의 일탈을 수용하고 강화시켜 준다고 할 수 있다.

(2) 스포츠일탈의 상대적 가변성

스포츠일탈은 시간에 따라 다양하다. 올림프스 산의 평원에서 개최되었던 초기의 고대 올림픽 경기에서는 모든 선수가 벌거벗은 나체로 경기에 임하였다. 당시에는 그러한 행위가 당연한 것이었으나 오늘날에는 일탈행위로 규정된다. 스포츠일탈은 장소에 따라 다양하다. 인디언 종족인 주니(Zuni)족의 달리기 선수는 자신의 경쟁자를 계속적으로 능가하려고 노력하지 않는다. 이러한 그들의 행동은 그 지역사회에서는 당연시되고 용인되는 행동이다. 일반적인 시각에서 그러한 행동은 일탈의 낙인이 찍힌다. 또한 뉴질랜드의 럭비풋볼 경기에서는 팔이 없는 상

[그림 13-4] Adam Sandler 주연의 영화 Happy Gilmore. 주인공은 하키선수 출신으로 우연히 골프를 접하게 되는데, 일반적으로 고급스런 골프이미지와 정숙을 요구하는 라운딩과는 달리, 음주, 폭력, 소음을 동반하며 일탈행위들을 보여준다.

의를 입고 경기를 하지만 다른 지역에서 그러한 유니폼의 착용은 비정상적인 일탈행위로 간주된다.

스포츠일탈은 상황에 따라서도 다양하게 나타난다. 복싱의 경우 격렬한 신체적 가격을 통해서 상대방을 완전히 격퇴시키는데 목적을 두고 있으나, 골프 경기에서 그러한 행위는 일탈로 간주한다. 수영복 착용은 수영경기에서는 바람직한 동조행위 (conformity behavior)이나 테니스 경기에서는 일탈행위이다. 또한 관중들의 관전태도에서 축구경기에서는 관중의 소란스러운 응원이 자연스러운 행동이 되지만, 테니스경기나 골프경기에서는 침착하고 조용한 관전이 요구된다.

이상과 같이 스포츠일탈을 판단하는 기준은 시간과 장소에 따라 가변적이며, 그러한 행동이 발생한 사회적 상황과 평가하는 사람의 기준에 따라 결정된다. 즉 스포츠에서 어떤 행동이 발생한 사회적 상황과 평가하는 사람에 따라 결정된다.

즉 스포츠에서 어떤 행동이 일탈이며 어떤 사람이 일탈자가 되는가 하는 문제는 시간, 장소, 그리고 사회적 상황에 따라서 달라진다. 이러한 점에서 스포츠일탈을 이해하고자 할 때에는 먼저 그러한 행위가 발생한 사회적 맥락을 고려하는 것이 매우 중요하다(임번장, 1998).

스포츠일탈의 발생원인과 유형

1. 스포츠일탈의 발생원인

스포츠일탈의 발생원인은 승리제일주의에 기인하는 것이다. 장영인(1988)의「스포츠 기사를 중심으로 본 일탈행동」에 관한 연구 결과에 따르면, 우리나라의 경우 심판 판정에 대한 시비와 불복에서 야기된 사태가 16건으로 전체의 33.3%를 차지하고 있고, 다음으로 관중의 흥분으로 인한 일탈행동이 10건으로 20.8%, 규정위반이 16.4%, 부정선수를 출전시킨 것이 원인이 된 경우가 10.4%, 선수의 스카웃 과정에서 파생된 행위가 역시 10.4%, 상금문제와 기타가 4.3%, 기록저조에 따른 일탈행동이 1건 2.1%로 나타났다. 규칙이 엄격하게 준수되어야 할 스포츠에서 심판의 판정에 의한 시비와 불복이 원인이 된 경우가 30% 이상을 차지하고 있다는 사실은 심판의 자질도 문제이거니와 페어플레이를 행하여 스포츠맨십을 추구해야 하는 선수들에게도 많은 시사점을 주고 있다. 또 규정위반과 스카웃에 의한 일탈행동이 각각 16.4%와 10.4%로 나타난 것은 프로스포츠의 활성화와 선수에 대한 금품제공 등이 만연된 사태가 이 같은 결과를 파생시킨 것으로 간주된다. 스포츠에서 부정적인 일탈행위로는 폭행, 약물중독, 부정선수 출전, 승부조작, 담합, 선수선발을 둘러싼 금품거래, 범죄행위 등을 들 수 있다.

사회적으로 문제가 되는 것은 부정적 일탈행위이며, 그 원인은 경기에서 수단과 방법을 가리지 않고 승리(winning at any cost)하려는데 있다. 규칙과 규범을 엄격하게 적용하고 실행해야 할 스포츠의 장에서 벌어지고 있는 각종 일탈행위는 현대사회에서 스포츠가 대중화되고 고도화됨에 따라 그 정도가 점점 심화되어 가고 있으며 스포츠의 본질을 크게 위협하고 있다(안우홍, 임수원, 1992).

장영인(1988)의 연구에서도 나타난 바와 같이 무엇보다 스포츠일탈의 발생원인은 현대 스포츠가 점차 상업화, 직업화되어 감에 따른 승리제일주의 사고방식에 의한 것이다. 이러한 관점에서 승리만을 위한 경기운영은 문화적 목표와 수단을 거부하게 되는 원인이 되므로 일탈행동은 경기장 내에서 어떤 형태로든 발생하게 마련이다. 이와 같은 경기장 내의 일탈행동은 다음의 몇 가지 기본적 전제에서 발생한다고 볼 수 있다.

첫째, 출전선수들은 개인이 아닌 집단성원으로서 반응하고 학습하기 때문에 응집력이 강하여 집단 전체가 일탈행동에 쉽게 동조하면 그 개인도 쉽게 행동의 변화를 일으켜 동조하게 된다고 Schacter는 지적하였다.

둘째, 경기장 내에서 선수가 공격성을 성공적으로 이용하여 공격성이 강화되면 공격성의 기질도 강화된다. 이러한 면에서 볼 때, 일탈행동의 심리는 선천적이 아닌 사회화 과정을 통한 학습임을 엿볼 수 있다.

셋째, 스포츠 육성정책과 관리자의 인식 부족에 따른 기본과정이 문제이다. 이는 곧 수단과 방법을 가리지 않고 승리해야 한다는 사고로 일탈의 요인이 된다.

넷째, 실제 경기 중 합법적인 방법이나 운영으로 목표달성이 되지 않을 때 일탈적 방식의 채택이 가능하다. 경기 중 지고 있는 팀은 정당한 방법으로 승리가 불가능해 질 때 경기자들은 스포츠맨십이나 페어플레이와 같은 도덕률에서 벗어나 수단과 방법을 가리지 않고 이겨야 한다는 문화적 목표를 지향하게 된다. 이성적 감각이 둔화되고 감정적 흥분만 고조되어 도덕률의 굴레를 벗어나며, 특히 이때에 지도자까지 동조하면 선수들은 놀랄 정도로 일탈행위를 과감히 저지르게 된다.

[그림 13-5] 쿠바 태권도 대표선수 마토스는 심판판정에 불복하여 시합에서나 쓸 왼발 돌려차기로 심판을 가격하여 징계를 받았다.

1) 스포츠일탈의 구조적 근원

(1) 양립 불가능한 가치 지향

인간이 추구하는 사회적 행동은 개인이 지향하는 가치에 의해 결정된다. 스포츠에서 수용되는 가치 지향은 서로 모순적이며 대립적이다. 구체적으로 스포츠에서는 스포츠맨십, 페어플레이 정신, 참가에 의의를 두는 등 스포츠 참가자가 그 존엄성을 유지하기 위해 지켜야 할 행동양식이 설정되어 있다. 그러나 다른 한편으로 스포츠에 참가하는 가장 중요한 목표는 모든 수단을 동원하여 승리하려는데 있다. 이와 같은 두 가지 가치풍토(value atmosphere)는 서로 상충하는 것이기 때문에 양자를 동시에 실현시키기란 매우 어려운 일이다. 따라서 스포츠에 있어서 일탈 행동이 일어나는 것은 필연적 귀결이라 할 수 있다.

스포츠에서 이와 같은 가치의 대립현상은 임의적이고 일시적인 현상이 아니다. 스포츠에 내재되어 구조화된 영속적인 현상이기 때문에 스포츠 참가자는 항상 승리추구라는 현실적 목표와 승패에 집착하지 않고 공정하게 경기에 임해야 하는 도덕적 규범간의 양립 불가능한 가치가 상호 대립하는 상황에 직면하게 된다. 결국 어떠한 가치를 지향하는가에 따라서 스포츠 참가자의 일탈정도가 결정된다고 할 수 있다.

(2) 가치 및 규범과 성공강박간의 불일치

일반적으로 공식적인 규정시간을 이용하여 정상적으로 훈련하는 것만으로는 승리를 위한 유리한 고지를 점령하는데 제한점이 있다. 따라서 승리에 대한 압박과 연습시간의 제한에 비례하여 상대보다 유리한 위치를 점유하기 위한 여러 가지 속임수가 사용된다. 우리나라 대부분의 학원스포츠 현실은 가치 및 규범과 성공에 대한 강박간의 불일치로 인하여 상대보다 유리한 위치를 점유하기 위해 허용된 학업을 외면하고 비공식적인 연습에 몰두하고 있다. 그리고 공식적으로 허용된 연습시간 외에도 오히려 수업을 철폐하고 연습에만 전념하는 비정상적인 훈련을 하게 되는 것이다. 승리를 쟁취하여 상급학교 진학을 위한 특기자 혜택을 받기 위해서는 속임수, 폭력, 반칙, 담합 등과 같은 일탈행동을 필연적으로 일으키게 된다는 것이다.

(3) 경쟁적 보상 구조

사회는 질서의 유지와 존속을 위하여 사회적으로 용인된 규칙과 규범을 필요로 한다. 스포츠 또한 일정한 규칙이 없으면 존재할 수 없다. 스포츠의 경쟁적 상황에 참가함으로써 경기규칙을 준수하고 스포츠 밖에서도 규칙과 규범을 준수하도록 하는 지침을 제공한다. 이러한 긍정적인 측면에도 불구하고 스포츠의 경쟁은 일탈행동의 여지를 내포하고 있다. 구체적으로 스포츠일탈은 경쟁적 보상구조(competitive reward structures)가 클 때 발생하게 된다. 승리가 성공의 유일한 척도이고, 승리에 대한 보상이 큰 경우 사람들은 스포츠에서 성공기회를 포착하기 위한 수단으로서 일탈행동을 범하게 된다.

스포츠에서 일탈행동의 발생빈도에 대한 정확한 정보를 알아내기는 매우 어렵다. 따라서 경쟁과 경쟁적 성공이 중요해짐에 따라 일탈률도 증가하는가에 대

[그림 13-6] 축구시합 중의 물리적 일탈행위들. 중국과 일본간의 축구시합 중 일어난 폭행사건과 미국대학 축구 수비선수의 시합 중 폭력행위.

한 체계적 연구는 이루어지지 못하고 있다. 그러나 스포츠의 보상구조가 일탈행동과 분리된 것이 아니라 일탈행동을 유발하는 중요한 사회적 근원이라는 것은 명백한 사실이다(Coakley, 1986).

(4) 역할 갈등

역할이란 사회적 지위의 점유자에게 기대되고 요구되며 예측되는 행동을 말하는데 이는 항상 타인과의 상호작용에 의하여 구체화된다. 특정한 사회적 지위를 차지하고 있는 사람에게는 전체사회 또는 사회내의 하위집단이 지니는 권리와 의무에 대한 기대로서의 규범이 존재하며, 개인의 역할에 따른 행동유형은 이와 같은 규범에 적합한 것이어야 한다. 각 개인은 사회 속에서 다수의 지위를 점유하기 때문에 다양한 역할수행이 기대되며, 이와 같이 개인에게 기대되는 다양한 역할을 동시에 충족시키려 할 때 역할갈등(role conflict)이 나타나고, 그 결과로써 일탈행동이 발생하게 된다. 예를 들면 고등학교 운동선수는 일반학생으로서 수업에 빠짐없이 출석하고 학급생활을 열심히 하여 우수한 성적을 거두도록 기대될 뿐만 아니라, 운동선수로서는 시합에 참가하여 승리하기 위하여 열심히 연습에 참가하도록 기대된다. 이러한 양자의 역할은 서로 모순될 뿐만 아니라, 역할에 대한 기대를 동시에 충족시킬 시간적 여유가 없기 때문에 양자 간에는 역할갈등이 발생하게 된다.

일탈행동은 경기장의 질적인 향상 및 저하를 결정하는 요인으로서 경기장의 활성화에 직접적인 영향을 준다고 볼 수 있다. 상해를 입히거나 경기장의 관객동원을 침체시킬 우려가 있는 한계를 벗어난 일탈은 금지되어야 한다. 더욱이 스포츠의 대중화 및 보편화에 따른 잠재적인 사회화 수단으로 현대생활에 미치는 영향이 지대함을 감안할 때 부정적 일탈행위에 대한 규제는 매우 절실한 과제라고 하겠다.

2. 스포츠일탈의 세 유형

스포츠에서 일탈행동이 발생하는 가장 현실적인 원인은 경기에서 계속 승리하여 보다 많은 사회적 보상을 획득하고 유지하려는데 있다. 스포츠에서는 여러 가지의 일탈행동 유형이 다양하게 발생될 수가 있다. 그 중에서 약물사용과 폭력행위, 그리고 부정행위가 대표적인 일탈행위라고 할 수 있다. 약물복용과 폭력은 다른 장에서 심도 있게 다루고 있으므로 본 장에서는 개괄적인 내용만 소개하고자 한다.

1) 약물복용

(1) 도핑이란 무엇인가?

운동선수의 약물오용은 긴 역사를 가지고 있다. 약물사용을 의미하는 도핑(Doping)은 남아프리카 원주민들이 종교행사에서 흥분하기 위하여 사용한 술인 "Dop"이 그 어원이다. 도핑의 정의는 경기에 특정선수 또는 단체가 경기력에 영향을 줄 목적으로 쓰는 약리적, 의학적, 그 밖의 모든 처방이라고 할 수 있다. 다시 말해서 경기에 이기려고 인위적으로 선수들에게 약리학적, 물리적, 심리학적인 특수처방을 함으로써 육체적, 정신적 상태를 증진시켜 일시적으로 경기력 향상을 증대시키는 것을 말한다. 도핑으로 사용되는 약물은 과연 의학적으로 안전한 것일까? 도핑이 유해하다는 것은 그로 인한 사망사고가 실제로 증명하고 있다.

약의 효과는 개인차가 커서 약의 사용량을 일방적으로 정하기는 매우 어렵다. 자칫 도핑으로 인하여 예기치 못하게 선수를 위험한 상태로 빠뜨리는 결과를 낳을 수 있기 때문이다. 습관성이 있는 약물에 있어서는 사용량이 일방적으로 증가하게 되어 폐인과 같이 되거나 사망사고를 유발할 수 있다. 사망사고의 위험성은 혈관확장제를 병용하거나 과격한 운동을 하거나 심한 더위나 태양의 직사광선을 쬐거나 하여 생체의 부담이 커졌을 때 일어나기 쉽다. 최근 많이 사용되는 단백질동화호르몬은 대량 사용으로 인하여 간 장해, 골 장해, 대사장해, 성기능 장해, 여성의 남성화, 월경장애 등의 원인이 되고 있다.

1964년의 동경올림픽 때 개최된 국제스포츠과학회의의 도핑특별회의에서는 다음과 같은 도핑의 정의가 채택되었다. "도핑이란 경기에 즈음하여 선수의 능력을 인공적으로 공정치 않은 태도로 증강하기만을 생각한 나머지 생리적으로 존재하지 않는 물질에 관해서는 어떠한 방법으로든지, 또한 생리적으로 존재하는 물질에 관해서는 정상량을 넘거나 정상이 아닌 방법으로써 선수에게 투여하거나 선수가 사용하는 것을 말한다." 1967년의 IOC 의료위원회에서는 도핑에 대한 IOC의 방침을 명확히 하고, 도핑리스트를 작성하여 도핑 · 컨트롤 규칙을 확립했다.

도핑에 관하여는 크게 두 가지 문제가 있다. 첫째는 도덕적 · 윤리적 문제이며, 둘째는 의학적 문제이다. 이긴다는 목적만을 추구한 나머지 약물을 사용한다는 것이 과연 옳은 일일까? 원래 스포츠란 평상시의 트레이닝으로서 배양된 실력을 겨루는 것이다. 자연스러운 생리적 조건으로 실력을 겨루어야 할 것을 부자연스러운 방법으로 이기려 하면 스포츠정신에 위배되는 것이 아닐까? 약의 힘에 의지하려는 것은 자기에 대한 자신이 없음이며, 상대에 대한 공포와 불안에서 나오는 것이다. 인간의 능력을 급속히 높이는 약물은 의심스러운 존재이며, 그런 것들은 도리어 평소의 심신단련으로써 극복하여야 하는 것이다. 의학적 입장에서도 도핑은 잘못된 것이 명백하며, 의사나 트레이너는 그 유해성을 인식하여 도핑이 없도록 지도할 의무가 있는 것이다. 따라서 IOC는 선수건강보호와 공정한 경기를 보장하고자 금지약물 복용여부 검사를 엄격히 시행하도록 올림픽헌장 제29조에 약물복용을 금하며, 여성선수들에게 여성검사를 요구하고 있고, 이를 위반하였을 때는 엄격한 제재조치를 하도록 명문화하고 있다. 이러한 노력에도 불구하고 최근 약물 종류의 다양화로 인해 약물사용 은폐와 노력이 지속되고 있는 실정이다.

(2) 스포츠에서 약물남용이 가능한 이유

운동선수들은 많은 유형의 약물을 남용한다. 약물남용에 대한 근원적인 문제를 살펴보면 다양한 이유가 내포되어 있다. 스포츠에서 약물남용이 가능한 원인에 관한 논의는 섭취한 물질의 형태에 따라 다양하다. 약물이용의 원인은 신체적, 심리적, 사회적인 이유로 대별할 수 있다. 구체적 내용은 다음과 같다.

첫째, 신체적 원인이다. 운동선수에게 요구되는 성공과 이에 따른 압력, 코치들의 승리를 위한 집착 등으로 인해 운동선수들은 운동수행 능력을 높이기 위하여 모든 가능한 수단을 찾는다는 것은 놀라운 일이 아니다. 또 고통과 상해의 회복에 대처, 체중조절, 불쾌한 감정으로부터 가장 편안하게 벗어나려는 심리적 원인, 스트레스와 불안, 훈련 외 상황에 대한 지루함의 극복, 중요 타자(significant others)의 지지부족과 같은 개인적 문제로 인한 심리적 허탈감의 극복, 낮은 자기확신, 슈퍼맨 콤플렉스, 완전주의에의 집착 등으로 선수들은 약물복용의 유혹으로부터 자유롭지 못하다.

둘째, 사회적 원인이다. 사회적 압력에 대한 반응은 약물주입에 굴복하는 중요한 원인이 된다. 스테로이드(steroids)의 복용으로 인한 근육의 크기 및 힘의 증가는 동료와 코치 사이에서 수용과 인정을 얻을 수 있다. 사회적 지지의 부재는 운동수행 능력의 향상, 그리고 스트레스에 대처하고 지루함을 줄이는 매개체로써 선수들의 약품의존성을 형성할 것이다.

(3) 스포츠에서 약물금지 정책

경쟁적 스포츠에서 약물금지 정책은 왜 존재하는가? 운동선수들이 원하는 물질이면 어떤 것이든 취할 수 있도록 왜 허용하지 않는가? 약물을 금지하는 전형적인 이유는 법적 근거, 윤리적 문제(부정한 운동수행의 이점을 얻거나 속이는 문제) 및 의학적인 문제들과 관계가 있다. 약물금지 정책의 근본목적은 선수들을 보호하기 위해서이다. 약물복용 금지규정이 없다면 많은 선수들은 위험을 무릅쓰고 그들의 운동수행을 향상시키기 위하여 해로운 방법일지라도 어떠한 약물을 이용하여 할 것이다. 이를 구체적으로 살펴보면 다음과 같다.

첫째, 법적 근거이다. 어떤 약물, 특히 환각제 범주에 속하는 약물은 법률에 위배된다. 예를 들면, 마리화나를 피우고 코카인을 섭취하면 벌금형 또는 감금형을 받는다. 그러한 약물은 신체의 정보처리 과정을 지연시키고 시각을 방해하기 때문에 운동선수의 개인적 안전에 위험한 영향을 줄 수 있다. 이러한 문제에 대한 매체의 보도는 운동선수들의 행동을 조정할 책임이 있는 사용자 및 조직을 당황하게 할 것이다. 그리고 종종 후원의 단절이나 지도자의 해임이 뒤따른다. 또한 약물남용은 사회적으로 범죄행위나 폭력을 수반하고 개인과 사회재원 스포츠에 대한 부정적인 이미지를 초래한다.

둘째, 윤리적 문제이다. 스포츠 조직에서 약물이 금지되는 중요한 이유의 하나는 운동수행을 용이하게 할 수 있다는 이유 때문이다. 운동수행능력 향상을 위하여 금지된 약물을 주입하는 선수는 부당한 경쟁적 이점을 얻으려는 속임수이다.

이는 윤리적 문제이다. Bueter(1972)는 '스포츠에서 약물 복용에 대한 엄격한 통제는 참가자들 사이의 공평성을 확립하는 출발선이다. 만약 우리가 약물복용을 알면서도 스포츠를 지속한다면 선수들은 불이익을 당할 것이다.' 라고 했다.

셋째, 의학적 문제이다. 스포츠에서 약물이용의 가장 중요한 문제는 건강과 복지에 대한 치명적인 영향이다. 의학적으로 약물이용의 치명적인 영향에 관한 명백한 증거를 제시하는 많은 연구가 있다. 예를 들면 오스트레일리아의 시드니에 있는 Daily Telegraph(1989)의 보고에 따르면, 23세의 보디빌딩 선수가 오스트레일리아 경연대회에 참가하기 수 시간 전에 사망하였다. 경찰의 발표에 의하면, "그는 24시간 이내에 칼륨 염화물 20정제와 이뇨제(diuretics) 정제를 먹었다." 이러한 사건이 지적하는 바는 어떤 운동선수들은 실제로 모든 희생을 치르더라도 성공하려고 한다는 것이다. 엘리트스포츠 선수의 죽음 및 치명적 질병에 관한 최근의 광범위한 매체보도는 약물남용이 잠재적으로 의학적인 측면에 치명적인 영향을 미친다는 것을 입증한다.

스포츠와 관련된 약물남용으로 인한 죽음의 원인은 급성질병(탈수, 열사병, 심장정지 등) 및 만성질병(간암, 임파선, 심혈관 질병 등) 모두 포함된다. 또한 덜 치명적인 만성질병(신장결석, 불규칙적인 심박수, 불임, 고혈압 등) 및 심리적 문제(높은 불안증세, 자살적 경향, 주의력 상실, 억압, 공격성, 정신분열증 등)가 보고되었다. 약물이용이 지니고 있는 또 다른 문제는 중독성이다. Julien(1981)은 "신체적으로 약물에 의존하는 사람은 정상적 기능을 하기 위해 약물이 필요하다."라고 했다. 예를 들면 각성제의 갑작스런 중단은 신경전달 물질을 고갈시킨다. 그리고 우울, 흥분 및 만성피로 등을 수반한다. 심각한 신체적, 정신적 문제를 일으킬 수 있는 어떤 사건을 미리 예방하는 조치에 의해 사회는 시민을, 특히 스포츠선수들을 보호할 의무가 있다.

[그림 13-7] 미국의 대표적인 여자 육상스타였던 Marion Jones는 스테로이드 복용을 이유로 올림픽 메달이 박탈되었다.

2) 폭력

폭력행위는 일상생활에서 중대한 일탈행동으로 취급되며, 법적으로 형사처벌의 대상이 된다. 이러한 측면에서 스포츠폭력 현상은 의도적일 수도 있고 비의도적일 수도 있으며, 신체적 · 재산적 손실을 유발할 수 있다. 오늘날 스포츠의 폭력 현상은 심각한 정도로 빈번하게 발생하고 있다. 실제로 경기에 참가하는 선수간의 폭력행동은 물론이고, 선수와 심판간의 폭력사건도 비일비재하다. 관중의 폭력이 경기장에서 큰 참사를 불러일으키고 급기야는 국가 간의 전쟁으로 비화한 사례까지 있다. 국내의 경우, 스포츠폭력이 급증한 것은 프로스포츠 리그가 발족하여 점차 활성화된 시기와 맥을 같이 하고 있다. 특히 최근에 들어서서 야구, 축구, 농구 등 프로스포츠의 시즌 중에는 선수 폭력뿐만 아니라, 관중난동이 위험수위에 이르고 있다. 지난 1991년 발생한 청주대 하키선수들의 심판폭행 사건은 커다란 사회적 물의를 일으켜 주동급 선수들이 구속되고, 청주대의 하키부는 해체되고 말았다(최경칠, 1995).

이러한 폭력이 발생하는 이유는 무엇인가? 스포츠에서 폭력현상이 왜 두드러지게 증가하고 있는가에 대해서 여러 가지 원인분석이 나오고 있다. 스포츠폭력의 발생원인은 스포츠계의 구조적 변화와 밀접한 관계가 있다는 사실이다. Coakley(1981)는 그 몇 가지 제도적 특성을 다음과 같이 열거하고 있다.

첫째, 스포츠의 상업화와 관련된 폭력발생이다. 즉 많은 관중을 끌어들여 선수들의 거친 행동과 감정적인 폭력표출을 미화하고 정당화한다는 것이다. 또한 경기결과의 승리라는 목표 아래 금전적 보상을 지급하는 것은 결국 전략적인 폭력행위를 야기 할 수밖에 없다.

둘째, 스포츠 팀의 구조적 특성에 의한 폭력사태로, 스포츠 팀은 코치와 감독의 억압적 통제하에 놓여 있으며, 팀 내부의 억압적 고조는 선수로 하여금 경기장에서 폭력을 일으키게 하고, 그러한 행위를 유도한다고 주장한다. 이러한 요인들은 선수개인의 도덕적 가치와 어른임을 증명하는 성인지위에 대한 의구심의 욕구, 그리고 선수자신은 남성다운 기질이라며 공격적이고 폭력적인 행동을 부추기는 원인이 된다.

한편, 힘든 신체적 노력과 경쟁 및 신체적 접촉이 운동선수들에게 감정의 순화를 제공한다는 신념은 오래 전부터 선수들에 의해 믿어져 온 사실이다. 또한 어떤 관찰자들은 잠재적으로 해로운 감정적인 경기와 공격적인 경기가 그에 수반되는 폭력성을 통하여 배출된다고 믿고 있다. 따라서 운동경기는 조절된 배출구를 제공하여 위험한 인성특성을 통제하는 방법을 제공하고 있는 것이다. 이러한 운동의 카타르시스로서의 작용에 대한 믿음은 물론 관중에게도 확산되었다. 즉 관중들은 공격적이고 폭력적인 경기를 관람함으로써 운동선수들에 의해 행해지는 것들을 가상적으로 경험하게 되어 그들과 비슷하게 감정을 순화시키고 있는 것이다.

[그림 13-8] MLB와 NHL에는 일정수준의 용인되는 폭력이 스포츠에 공존하는데, 많은 수의 관중이나 시청자들의 대부분은 일탈행위가 아닌 선수를 통한 감정의 순화로 인지하고 있다.

이러한 것을 근간으로 해보면 반사회적 행위를 일으킬 가능성이 있는 감정이 운동경기를 관람함으로써 덜어진다는 것을 알 수 있으며, 그것의 가치는 운동경기 참가자와 관중 모두의 사회적 용납을 증진시킬 것이다. 이러한 입장은 보통 운동경기에서의 폭력을 허용하는 사람들에 의하여 지지를 받고 있으나 그것을 입증할 만한 증거는 많지 않은 실정이다. 그와 반대로 대부분의 증거들은 경쟁경기를 통하여 폭력은 또 다른 폭력을 부른다는 것을 입증하고 있다. 공격성에 대한 운동참여의 효력이 또 다른 폭력을 부르게 되는 것이다. 공격성에 대한 운동 참여의 효과는 수많은 연구자들에 의해 조사되어 왔으며, 그 결과는 계속적으로 운동참여와 공격도 간의 양성적 관계를 논증하고 있다. 선수들은 선수가 아닌 사람들보다 더욱 공격적으로 보이게 되는데, 단순히 공격적인 개인이 공격적이지 않은 개인보다 경기에 적극적으로 참여한다는 것이 밝혀지고 있다. 즉 공격이 학습된 행동이라는 것은 확실하다. 공격성이 눈에 보이고 권유되며, 보상받는 환경에 처해 있을 때 개인은 더욱 공격적으로 되기 쉬우며, 이러한 것은 축구나 아이스하키, 복싱 등의 경기를 해온 이전의 선수들의 보고에 의해 밝혀지고 있다. 또한 공격성에 대한 경쟁경기의 순간적인 효과는 계속적으로 밝혀져 왔다. 이러한 발견은 카타르시스로서의 활동 대신에 경쟁이 공격의 정도를 증가시키고 있다고 지적하고 있으며, 특히 상당한 폭력이 존재하는 경기에서 선수들은 확실히 경기시작 전보다 경기를 진행하면서 더욱 공격적인 양상을 보이고 있는데 관중들도 비슷한 형태로 따른다는 것이 특별한 관심사이다. 또한 공격적인 감정 및 폭력과 관련된 행위들은 경기가 시작되기 전보다는 경기가 끝난 후에 상당히 커지게 되는데, 관람객의 파괴주의와 난폭주의의 행동들은 경기장에 있어서의 공격과 폭력에 의해 만들어지는 부분처럼 보인다.

스포츠에 있어서의 폭력에 관해 학습되어야 하는 것이 많이 있으며, 그것을 발생시키는 요인과 참가선수 및 관중 모두에 있어서의 폭력성에 대한 단기와 장기 효과 및 스포츠에서의 폭력의 필요성 등은 최고의 관심을 끄는 의문들인 것이다. 독단적으로 인성특성으로서의 공격성이 나쁘다고 제안되는 것은 그릇된 것이지만 공격성이 고의적인 폭력을 불러일으키거나, 상대에 대한 신체적 또는 심리적 피해의도를 가졌을 때는 그것이 옳지 못하며, 이러한 유형의 공격은 어떠한 상황에서도 정당화될 수 없다(박용연, 권양기, 1991).

3) 부정행위

승리의 쟁취를 위하여 선수와 코치는 여러 가지 불법적인 수단도 활용하려 한다. 스포츠에의 부정행위는 크게 제도적 부정행위(institutional cheating)와 일탈적 부정행위(deviant cheating)의 두 가지 유형으로 구분할 수 있다. 제도적 부정행위는 계획적이고 이성적이며 전술적인 행동으로서 제도화된 형태로 목표를 달

[그림 13-9] 홈런왕 Semi Sosa는 규정에 위반하는 코르크 배트를 사용했으며 스테로이드 복용도 의심받아왔다. 그리고 유벤투스를 비롯한 많은 이태리 프로축구팀의 선수들이 2006 월드컵 이후에 자국리그의 승부조작에 가담한 것으로 징계를 받았다.

성하기 위한 전략적 차원에서 사용된다. 그 예로 야유와 술책으로 상대팀을 심리적 불안정 상태로 유도하는 행위, 농구선수가 코치로부터 상대선수의 옷을 잡아당기도록 지시 받고 이에 따르는 행위 등을 들 수 있다.

일탈적 부정행위는 엄격한 제재를 받는 행위로서 이 행위가 반영될 경우 전체 스포츠체제의 질서가 무너지고 스포츠의 본질에도 큰 변화를 가져 올 수 있다. 그 예로 경주마에 약물투여를 한다든지 경기성적의 조작, 상대편 경기운영 계획 및 전술탐색 행위 등이다. 이러한 부정행위는 경기규칙에 따라 정정당당하게 경쟁한다는 스포츠의 가장 중요한 규범을 위배하는 것으로서 제재나 비난의 대상이 되며, 스포츠의 당위성을 지지해온 가정과 스포츠팬들에게 전인적 인격의 함양과 사회적 가치에 중대한 문제를 제기 할 것이다. 따라서 일탈적 부정행위에 대한 경각심을 가지고 그러한 행위가 발생할 수 있는 여지를 사전에 예방하는 것이 중요하다. 일탈적 부정행위의 예를 들면 다음과 같다(임번장, 1994).

- 불법적인 경기용구의 사용(규정 크기를 초과하는 라켓, 배트, 스틱 등).
- 경주마에 약물투여.
- 골프선수의 공이 놓인 바닥을 고르는 행위.
- 상대편 경기용구의 훼손.
- 담합에 의한 경기성적의 조작.
- 상대편을 무리한 경기에 출전하도록 유인하기 위해 자신의 능력 이하로 경기하는 행위.
- 상대편의 경기 운영계획 및 전술 시나리오를 염탐하는 행위.
- 경기장 표면에 변화를 가하는 행위(상대팀이 도루하는데 방해되도록 주루에 물을 뿌리는 행위).

chapter 14

스포츠 실천의 진보

스포츠실천의 진보

낭만주의자들이 뭐라고 하든 오늘날 스포츠는 역사상 그 어느 때보다 거대한 것이 되었다. 말하자면 전세계적 인기와 인지도, 그리고 중요한 것으로 총 매출액 면에서 더 성장하고 있다는 것이다. 역사상 어느 때 보다 우리는 스포츠를 보는데 더 많은 시간을 쓰고 있다. 우리가 광고와 마케팅에서 그토록 많은 스포츠 이미지들에 노출된 적은 한 번도 없다. 그리고 지금 우리는 스포츠를 보는 데뿐만 아니라 스포츠와 연관된 상품을 구매하는 데 훨씬 더 많은 돈을 쓰고 있다.

스포츠는 역사적 산물이다. 인간행동의 오랜 역사적 과정에서 순화된 결과가 스포츠이며, 규칙성과 경쟁성이라고 하는 본질을 기반으로 사회적 환경과 맥락을 유지하면서 발전되어온 과정이 스포츠인 것이다. 그리하여 스포츠에 참여한다는 것은 자발적인 참여를 바탕으로 규칙의 통제를 수용하겠다는 과정을 내포하고 있으며, 이는 관람의 의미에서도 마찬가지이다. 이와 함께 스포츠가 소중한 문화자원이라는 시각도 시대적으로 의미가 있다. 스포츠에 함축된 뜻이 다양할 뿐만 아니라, 문화와 스포츠의 동질성이 확대되고 있음은 스포츠문화의 비중이 확대되고 있음을 반증하고 있다. 즉 정보화, 세계화는 물론 과학기술의 발달과 여가시간의 확대라는 측면에서 스포츠문화의 중요성이 확대되고 있는 것이다.

현대화가 세계적 차원으로 확대되면서 스포츠 역시 세계화를 지향하고 있다. 스포츠의 세계화는 현대화의 확산을 반영하는 것이면서 단일한 현대화의 논리가 모든 스포츠로 파고들어가는 것을 보여준다. 이는 스포츠의 보편성으로부터 스포츠는 세계인의 공통어가 되었음을 의미한다(캐시모어, 2001). 사회적 환경과 스포츠의 연관성이 점증되어가는 현 시점에서 볼 때 스포츠실천에 대한 개념화와 방향이 명확하게 설정될 필요가 있다. 그러나 그에 대한 의미 있는 발전의 형태가 나타나지 않고 있음은 안타까운 일이 아닐 수 없다.

한국의 스포츠체계는 과거의 의미와 형태에서 벗어나지 못하고 외형적인 틀만 확장되고 있는 실정이다. 스포츠를 행하는 사람과 종목의 형태는 변화되었지만 스포츠가 추구하고자 하는 지향점은 진보되지 못하고 있는 것이다. 따라서 이 장에서는 스포츠의 실천문제를 상생과 소통이라고 하는 맥락에서 대중스포츠와 엘리트스포츠, 그리고 이의 종합적인 관점에 대한 새로운 모색을 통해 진보의 길을 제시할 것이다. 스포츠가 '인류의 진보' 라고 하는 보편성과 '대중스포츠와 엘리트스포츠의 균형발전' 이라고 하는 개별성과의 조화를 도모한다는 미래스포츠를 위한 토대가 될 것이다.

또한 이장에서는 다양한 관점에서의 미래 스포츠를 조망하고자 한다. 스포츠실천의 진보를 통한 이론적 토대를 구축한 만큼 현실세계에서 나타날 수 있는 기술적, 사회문화적, 가치윤리적인 현상을 간단하게 제시하려고 한다. 특히 앞으로 스포츠라는 학문적 틀에서 연구의 방향과 특성이 어떻게 진행할 것인지에 대한 방향을 조금이나마 구성하여 미래스포츠를 예견하는데 도움이 되고자 한다.

현대 스포츠의 구조적 특성

1. 문화와 스포츠의 동질성 확대

문화는 인간의 사회적 행동을 이해함에 있어서 기본이 되는 요소로서 오랜 시간 동안 지속적으로 반복되는 과정으로 형성된다. 스포츠문화 역시 다른 문화적 요소와 끊임없이 영향을 주고받는 과정에서 사회의 축소판이라고 할 수 있는 사회제도로 발전하게 되었다. 즉 스포츠는 사회문화적 현상을 반영하며, 스포츠의 본질, 구조, 조직 등도 역시 사회문화적 현상이 존재하고 있는 사회집단과 긴밀한 관련성을 맺고 있다(한광걸, 김동규, 2004). 이처럼 스포츠는 한 사회의 사회문화적 산물로서 전통(tradition), 전환(transition), 변화(transformation) 등의 특성을 지니고 있으며, 특정사회에서 스포츠가 지니는 의미는 그 사회의 가치관은 물론 정치적, 경제적 구조와도 깊은 관계를 갖고 있다(원영신, 김숙영, 1997).

스포츠가 문화적 차원으로 접근이 가능하게 되면서 사회현상과의 동질적인 부분이 강화되고 있다. 동질성의 강화에 의해 스포츠는 대중화가 급속하게 진행되고 있는 것이다. 여가시간의 증대, 프로스포츠의 발달, 미디어의 발달, 스포츠 사건의 사회적 영향력 증가 등과 같은 요인들에 의해 스포츠의 산업적 가치와 영역이 확대되고 상관성은 더욱 커지게 되었다. 점차 개개인의 삶의 질을 우선시하는 현대인들에게 있어서 여가나 건강이 중요한 관심사인데 오늘날 스포츠가 사실상 이를 충족시켜주는 중추적인 역할을 수행하고 있는 것이다(김석희, 2004). 이러한 측면에서 현대사회에서 스포츠의 위치는 문화와의 동질성과 유사성이라고 하는 특성을 기반으로 성장하고 있다고 볼 수 있다.

고대 그리스인들에게는 스포츠와 교육, 문화가 서로 분리되어 있지 않았다. 그것들 모두는 총체적 존재를 양육하는 것이었다. 그리스인들은 현대 서구인들과 달리 정신과 육체를 이원적인 것으로 보지 않고 동일한 총체의 부분으로 보았다.

그래서 그리스에는 적어도 우리가 이해하는 방식에서의 스포츠가 존재한적이 없다. 일단 이 점을 이해하면 왜 그토록 많은 체육의 이미지가 그리스 예술과 유물을 장식하고 있는지 분명해질 것이다. 고대 그리스에서는 스포츠를 숭배했다. 그것을 가장 완벽하게 표현한 것이 올림픽 경기이다(캐시모어, 2001). 이처럼 스포츠를 하나의 하위문화로 인식하고 있는 현재의 특성은 지간이 지남에 따라 총체적인 관점으로 회귀할 것으로 예상된다. 인간의 행위와 그 행위로 인한 결과물의 우위는 쉽게 판정할 수 없기 때문일 것이다.

2. 미디어를 통한 스포츠의 세계화

매스미디어는 스포츠가 상품으로 인식되어 경제적 가치로 환산되는 과정에서 매개자의 역할을 하기 때문에 스포츠산업의 작동 메커니즘에서 가장 중요한 해석도구이다. 역사적으로 매스미디어의 발전과정에서 스포츠는 놀이적 요소가 강한 비즈니스적 컨텐츠로 작용해 왔다(김영갑, 2008). 또한 스포츠의 경기규칙과 일정을 변화시키고, 스포츠를 포장하여 세계시장에서 교환의 대상으

[그림 14-1] NBA 커미셔너 David Stern은 NBA의 세계화를 진두지휘하고 있다. 유럽과 아시아에서 많은 선수를 스카우트하며, 또한 세계 여러 국가의 기업들과 스폰서 제휴를 맺고 있다.

로 인식되게 하였다. 이러한 부분은 스포츠의 산업적 가치를 극대화 시켰으며 스포츠와 미디어의 공존의 틀을 가지게 된 것이다.

세계화를 이해하는데 있어서 국가의 개념은 더 이상 질서체계로 인정받을 수 없다. 미디어를 통한 세계화, 더 정확하게 말하면 미디어를 통해 스포츠 민족주의를 자극하여 세계시민들의 시선을 모으고 있는 것이다. 이의 이면에는 미국의 미디어 제국주의가 기반이 되어 있다. 즉 미국의 미디어 제국주의적 요소가 각국의 민족주의를 자극하는 방식으로 미국은 스포츠시장을 개척하고 확대시켜 나가고 있는 것이다. 결국 스포츠를 통한 민족주의의 자극과 미디어를 통한 제국주의 부활은 스포츠문화의 새로운 관점에서 접근될 수 있다.

이처럼 세계화를 글로벌과 지역 간의 상호 유기적 관계 및 상호의존성이 증가하는 과정으로 이론화 할 경우 특정 사회현상을 더 이상 집단 내의 문제로만 볼 수 없다는 결론에 도달한다. 따라서 한국 사회의 정치적, 경제적, 문화적 차원에서 진행되는 다양한 사회적 분석대상들 또한 세계화 과정에서 구성 또는 재구성되는 것임을 인식하는 것이 중요하다. 이는 행위자, 즉 민족, 지역공동체, 개개의 행동주체 등의 사회적 실천 및 담론생산에 대한 이해는 세계화의 맥락화(contextualization)를 통하지 않고는 자칫 일면적이고 부분적인 이해에 그칠 수 있다는 사실을 의미한다(김방출, 권순용, 2007). 세계화와 지방화의 측면에서 스포츠를 미디어와 유기적인 관계로 보는 과정이 현대스포츠를 이해하는 또 하나의 길이 될 것이다.

특히 미디어 기업들은 스포츠가 지닌 오락으로서의 잠재력을 조사해 왔으며, 계속 그것을 약탈적으로 추적할 것이다. 앞으로 몇 년 동안 스포츠가 나아갈 방향을 결정하는 데 있어서 미디어 기업들이 거대한 요인으로 작용할 것이다. 앞으로 수 년 간에 걸쳐 통신회사들은 기존 기술의 적용방법과 사이버 공간의 조직방법, 그리고 아마도 가장 중요한 것으로 판매의 방법에 대해 배우게 될 것이다. 전자매체에 적극적인 관심을 기울였던 회사들이 스포츠에 대한 관심도 키워가고 있는 것은 결코 우연이 아니다. 이것은 스포츠가 운영되는 방식뿐만 아니라 우리의 소비방식에도 깊은 영향을 미치게 될 것이다(캐시모어, 2001). 지속적으로 결과를 양산하는 스포츠는 컨텐츠로서 충분할 역할을 담당할 수 있는 매개체이기 때문에 그 이상의 컨텐츠는 없을 것으로 확신한다.

3. 스포츠 휴머니즘으로의 복귀

스포츠는 과학기술의 발달과 그 역사를 같이 하고 있다. 경기력은 물론 시설, 용구, 의류 등과 같은 다양한 분야에서 비약적인 발전을 거듭하고 있는 것이다. 이에 편승하여 스포츠과학 또한 세분화, 전문화의 길을 일관되게 지향하고 있다. 그러나 독자적인 학문체계를 구축하고 연구방법을 개발하기보다는 모학문의 형태를 답습하고 모방하면서 과학만능주의로 흘러 그에 따른 부작용 또한 만만치 않다. 즉 스포츠과학의 실체가 인간의 주체성보다는 스포츠경쟁에서 승리하기 위한 방법과 세계화의 경쟁에서 생존할 수 있는 대안 찾기에 주력하게 된 것이다.

최근 이에 대한 우려의 목소리가 커져가고 있다. 즉 과학만능주의에 대한 비판적 입장이 제기되고 있는 것이다. 한광걸, 김동규(2004)는 탈과학화를 주장하는 입장에 대해 "과학만능주의에 반기를 드는 것이며, 서구 합리주의에서 비롯된 과학기술 이성주의에 의한 인간소외 현상, 비인간화 현상 등의 문제에 관심을 기울이는 신인문주의경향을 띠고 있다" 고 하였다. 결국 과학화로 인한 병폐에 대한 반성의 목소리가 커져가고 있으며, 결과에 의해 부정적인 과정이 정당화 될 수 없다는 입장인 것이다.

과학중심의 스포츠계에 인간중심의 논리가 확산되면서 최근 운동선수들의 학습권에 대한 심각한 고민, 약물복용에 대한 엄격한 대처, 지도자의 폭행에 대한 비판 등과 같은 휴머니즘적 대안이 대두되고 있다. 즉 스포츠윤리에 대한 사회적 환경이 과거 스포츠자체 문제로서 인식되어 오던 관점에서 벗어나 현재에는 사회문제로 전이되면서 스포츠계 자성의 목소리가 커져가고 있는 것이다. 경쟁의 결과는 하나의 현상일 뿐이다. 이 사회가 맹신하고 있는 승리지상주의와 물질만능주의적 사고에 의한 많은 병폐들을 경험하면서 스포츠계는 휴머니즘으로의 회귀가 필연적 과정임을 인식하게 된 것이다.

스포츠의 외형적 모습은 과학주의에 편승하여 합리적으로 발전하고 있으나 스포츠의 본질은 인간애, 즉 스포츠휴머니티를 주장하고 있다. 그것은 스포츠가 바로 인간의 경쟁과 놀이라는 본질적인 특성을 가지고 있기 때문이다. 과학주의로 인해 기록이 향상되고, 물질 만능주의가 확산되는 만큼, 역설적이게도 스포츠 현장에서는 반대하는 이론이 등장할 수밖에 없다. 운동선수와 생활체육을 즐기는 동호인들의 가치관은 변화할 수 있지만 스포츠의 규칙과 보편성은 훼손되지 않기 때문에 이러한 가정이 성립한다고 볼 수 있다. 즉 스포츠를 통한 휴머니즘의 회복은 사회문제를 해결하는 하나의 대안이 될 수 있을 것이다.

4. 스포츠의 다양화와 상업화

현대사회에서 스포츠의 흐름 중 가장 확연하게 표출되고 있는 현상이 다양화와 상업화이다. 스포츠의 다양화는 건강의 추구와 개성의 표출로 인해 구체화 되고 있다. 스포츠의 분류는 이제 학교스포츠, 대중스포츠, 엘리트스포츠 등으로 구분하는 전통적인 형태는 한계에 도달했다고 볼 수 있다. 건강추구와 관련해서는 예방의학적 접근과 의료스포츠의 등장이 있고, 개인의 개성표출과 관련해서는 익스트림(X-game) 스포츠, 이종격투기, 레저스포츠 등의 출현으로 상징화될 수 있다. 2008년 베이징올림픽에서 정식종목으로 채택된 Cycling BMX의 경우를 보면, 스포츠를 전통적으로 구분하기에는 다양성이 너무나 광범위하게 확산되어 있음을 알 수 있다.

스포츠의 상업화는 1984년 LA 올림픽을 기점으로 본격화 되었다고 볼 수 있다. 최근에는 스포츠이벤트의 상품화 경향이 증가하고 있다. 스포츠의 유 · 무형적인 상품의 가치는 미디어를 통해 포장되지만 이러한 기저에는 다국적 기업의 등장이 주원인일 것이다. 다국적 기업의 등장으로 인해 스포츠는 더욱 상품적 가치를 평가 받고 있다. 시간, 공간, 국가를 초월하는 스포츠의 특성과 다국적 기업이 추구하는 목표가 정확하게 일치하면서 스포츠의 상품화는 가속화되고 있으며, 스포츠스타의 경우에도 같은 맥락에서 이해할 수 있을 것이다. 그러나 스포츠의 상업화는 비인기종목의 소외를 가속화 시킬 수 있다는 우려를 내포하고 있다.

그럼에도 불구하고 스포츠비즈니스는 빠르게 성장하고 있다. 그 규모 면에서 보면 미국이 자랑하는 자동차 산업의 두 배가 넘고, 또 할리우드 산업보다 무려 일곱 배를 넘는 규모를 자랑한다. 한국도 마찬가지이다. 주택건설업의 전망에 따르면 2005년 레저산업은 38조원 규모에 달하는 황금시장이다. 앞으로 더 많은 사람들이 스포츠나 여가활동을 하게 될 것이라고 가정하면 스포츠의 상업적 가치와 다양성은 더욱 확대될 것이다.

대중스포츠의 진보

대중스포츠라는 용어는 우리가 다양하게 사용하고 있는 사회체육, 생활체육, 생활스포츠, 대중체육 등을 포괄하는 개념으로서 엘리트스포츠와 구분되는 스포츠영역 을 의미한다. 대중스포츠는 스포츠가 추구하는 본질적인 특성인 유희성과 자율성을 기반으로 하고 있지만, 한국의 현실은 이와 상반된 현상으로 나타나고 있다. 즉 관이나 관변단체가 행사의 주도권을 행사하고 있으며, 재정집행의 자율권 또한 보장 받지 못하고 있다. 이러한 현실은 대중스포츠의 기반을 약화시키는 문제임에 틀림없다. 경쟁성이 강화되면서 유희성이 퇴색되고, 관이 주도하면서 참여자의 자발성이 훼손되며, 행사위주의 재정집행에 의해 참여자에게 배분되어야 할 실질적인 혜택이 감소되고 있는 것이다. 이러한 점에 대한 평가와 대안으로서 유희성과 자율성, 민간주도형으로의 전환, 경비의 자부담 원칙 등의 소주제를 선정하여 이의 해결과제를 제시하고자 한다.

1. 유희성과 자율성

지난 100여 년간 스포츠는 수많은 제도와 규칙의 변화를 통해서 경쟁성의 강화를 이끌어 내었다. 현대스포츠에 있어서 경쟁적 요인이 강화된 가장 큰 이유는 자본주의의 발달이다. 자본주의는 경쟁의 원리에 의해 성립되고 있다. 특히 미국이 주도하고 있는 신자유주의는 경쟁의 원리를 모든 요소에 적용하기를 강요한다. 또한 뉴미디어의 등장과 관련한 스포츠의 양적 팽창으로 인해 스포츠는 본래의 성향인 '유희성' 이라는 특성을 감소시키고 있는 것이다.

스포츠에 있어서 유희성과 경쟁성은 본질적인 요소로서 어느 한쪽에 치우침 없이 균형을 이루는 것이 바람직한 형태라고 볼 수 있다. 그러나 현대사회에서의 스포츠는 경쟁성이 특히 강화되고 있다. 스포츠는 과거 일방적인 관점에서 접근되는 경우 경쟁성과 유희성을 독립적인 가치로 구분되는 시절이 있었다. 하지만 현대사회에서 경쟁성과 유희성은 공존하고 있고, 일반대중들의 관심 또한 이분법적인 논리와는 거리가 멀어지고 있다. 그렇다면 엘리트스포츠는 '경쟁' , 대중스포츠는 '유희'라는 개념에 대한 새로운 접근이 필요하다.

스포츠세계에 있어 수단적 가치추구의 대표적인 예가 엘리트스포츠이며, 내재적 가치추구를 근본으로 하는 경우가 대중스포츠이다. 이러한 이유에서 대중스포츠의 장은 유희성과 자율성이 보장되는 놀이의 마당이 되어야 한다. 권민혁

(2008)은 "생활체육(대중스포츠)의 궁극적인 목적은 국민의 행복을 증진시키는 것이어야 한다고 주장하고 있다. 그리고 행복의 필요조건으로서 건강을 비롯하여 체육활동을 통해서 얻을 수 있는 즐거움이나 공동체 의식, 사회적 결속력, 타인과의 원만한 관계" 등을 들고 있다.

그러나 이러한 요소들도 목적만 중요하게 여겨 모든 행위를 수단의 위치로 전락시키게 되면 활동 자체에서 발현되는 환희는 뒷전으로 밀려나게 된다. 특히 생활체육대제전과 같은 대회에 있어서도 전국체육대회의 경우와 같이 '종합순위'에 연연하고, 종목별 경기에 있어서 지나치게 경쟁성이 개입된다면 이는 유희성과 자율성이 배제된 타율의 장으로 추락하게 되어 과정지향적 입장에서 벗어나게 된다. 결과지향의 지나친 경쟁은 스포츠가 우리에게 줄 수 있는 많은 즐거움과 가치들을 상실케 하는 것이다.

따라서 현대 스포츠의 추세가 경쟁성을 보다 강화하는 방향으로 가더라도 대중스포츠에 있어서만은 유희성을 기반으로 해야 한다. 대중스포츠의 장은 '승리'에서 오는 기쁨과 환희보다는 '러너스 하이(runner's high)', '크라임스 하이(climber's high)', '운동 후 상쾌함', '강건해 짐', '여가선용', '사람 사귐' 등과 같은 요인에서 보상이 기대될 수 있다. 이 또한 계획된 보상이 아닌 활동과 동반되는 부가적인 보상이다.

2. 민간주도형 운영

한국 대중스포츠의 전개방식은 관주도의 형태와 전시효과를 목적으로 진행되어 왔다고 해도 과언이 아니다. 김민철(2003)은 관주도 스포츠에 대해 "국가의 권위적인 개입에 의해 직접적으로 관리되고 통제되는 스포츠 관행"이라고 했다. 즉 국가가 개입하면서 스포츠행위가 인위적인 형태로 발전되어 왔다는 것이다. 또한 스포츠의 전시효과는 스포츠가 가지고 있는 정치적 상징성을 통해 부각되었으며, 지역애와 민족주의의 근간이 되기도 하는 스포츠의 상징성은 정치 지도자들에게 통치수단으로써 효과적으로 사용되었다. 관이 주도하는 스포츠는 지역 간, 국가 간 경쟁에서의 결과를 정치와 동일시하려는 의도가 내포되어 있는 것이다.

대중스포츠는 스포츠의 정치성으로 인해 가장 큰 피해를 입은 분야이다. 자발적이고, 자율적으로 이루어져야 하는 참가와 진행방식이 관주도의 형태에서 벗어나지 못하고 있음은 오랜 관행의 결과이다. 이러한 결과로 유희성과 자율성이 보장되어야 하는 대중스포츠가 효율성의 추구와 수단 지향으로 인해 자생력을 상실하게 되었다. 그리하여 관주도의 대중스포츠와 전시행정으로서의 대중스포츠는 현대사회에서 지양되어야 하는 부분이다. 관주도에서의 탈피는 원래의 주인에게 되돌려 주는 것이다. 국민의 삶의 질과 생활양식이 변하였고, 국민이 수용할 수 있는 정보의 양과 지식수준은 과거와는 확연하게 다르다. 오늘날의 대중스포츠는 민간 스스로 운영할 능력이 있는 것이다.

정책적 지원이나 시설설치 등과 같은 인프라는 정부에서 주도하고, 운영과 참여주체는 민간이 되어야 한다. 최소한의 정책개입과 기반구축은 정부의 몫이긴 하나, 대중스포츠는 자생적이면서 민간주도의 형태로 변하여야 한다. 정부의 개입이나 지배이념의 종속에서 벗어나 존속되어야 하는 것이다. 인간중심의 프로그램과 스포츠의 생활화, 시설의 접근성을 기반으로 하여 자율적인 형태로 진행되

[그림 14-2] 생활스포츠는 여전히 관주도에서 탈피하지 못하고 있다.

어야 한다. 이를 기반으로 한 스포츠의 대중화는 정치와 정권의 영향력에서 벗어나 본래의 모습으로 환생할 수 있을 것이다.

3. 경비자부담의 원칙

스포츠의 참여를 '엘리트스포츠'와 '대중스포츠'로 구분할 때 엘리트스포츠는 각 급 학교나 직장, 국가 등의 대표로 출전하여 소속단체의 홍보 및 국위선양과 직접적인 관계가 있다. 그러나 대중스포츠의 참여는 그러한 목적보다는 참여하여 즐기는 그 자체에 목적을 두고 있는 것이다. 그러한 점에서 엘리트스포츠의 참가는 해당 소속기관에서 훈련비, 출전비, 지도자 인건비 등에 대해 재정을 지원하는 것이 통상적인 관례이나 대중스포츠는 스포츠 동호인들의 활동이기 때문에 그에 대한 명분이 약하다.

선진국에서는 이미 엘리트스포츠계에 있어서 조차 자부담 원칙이 정착되어 있으며, 최근 우리나라에서도 각 급 학교에서 제반 경비를 학생들이 자부담하고 있는 경우가 늘어나고 있다. 이는 학교 스포츠의 장에서 경쟁을 완화하고, 학습권이 보장되는 계기가 될 수 있다는 장점이 있다. 또한 학교에서 재정문제로 인해 운동부를 해체하겠다는 명분을 약화시킬 수 있을 것이다. 문제가 있다면 학교 운동부의 지도자 인건비까지 학생들이 자부담하는 것이다. 다른 부분에 있어서 학생들이 자부담하는 것은 선진국형 엘리트스포츠 시스템으로 가는 길이라고 볼 수 있지만, 지도자의 인건비만은 학교당국에서 책임지는 제도가 정착되어야 한다. 이러한 부분은 지도자와 관련된 부작용을 최소화 할 수 있을 것이다.

그렇다면 대중스포츠의 참가와 관련한 재정은 어떠한 방법으로 지원되어야 할 것인가? 대중스포츠의 예산을 보면 국민생활체육협의회는 전액 국민체육기금으로 편성되어 있으며, 지방자치단체의 생활체육협의회 예산은 국민생활체육협의회의 지원과 시 · 도 자치단체의 지원에 의존하고 있다. 문제는 이러한 예산을 어디에 어떻게 배분할 것이냐 이다. 참가경비, 대회개최, 인건비, 시설확충, 프로그램 보급 등 대중스포츠가 지향해야 할 부분을 명확히 할 필요가 있다.

또한 참가자의 입장에서 보면 대중스포츠의 참여경비는 자부담이 원칙이다. '경기' 에의 참여가 되었건, '운동웰빙 프로그램' 의 참여하였건 간에 자기 경비로 즐기도록 해야 한다는 것이다. 왜냐하면 대중스포츠는 자율성에 의해 성립되고, 승리가 목표이거나 대외홍보 등과 관련이 없기 때문에 누구의 지원을 받아서 참여한다는 것 자체가 모순이다. 따라서 생활체육협의회 혹은 시 · 도의 예산은 대회개최, 시설보완, 운동 웰빙 프로그램의 기획과 운영 등에 투자되어야 한다. 출전경비로의 직접적인 지원은 동호인의 스포츠축제라고 하는 본래의 취지에서 벗어난 것이다.

문제를 지적하기 위해 매년 개최되고 있는 전국국민생활체육대축전의 예산집행을 살펴보면 아쉬움이 남는다. 2008년도 D시에서 개최된 대회의 경우를 보면, 국민생활체육협의회의 지원 1억 원과 D시 지원 32억 원 등 총 33억 원의 예산으로 집행되었는데 개폐회식의 소요경비가 16억 원(48.5%)으로서 거의 절반에 해당된다. 반면 시설의 개 · 보수경비는 4천만 원(1.25%)으로써 대회의 외형적인 모양새 갖추기에 대부분의 예산이 투입되고 있는 현상임을 알 수 있다. 효율성 면에서 보면 내실 있고 합리적인 예산편성이라고 보기에는 한계가 있는 것이다.

대중스포츠 정착단계에서 시행된 행사위주의 재정지원은 이제 개선되어야 한다. 예산축소를 의미하는 것이 아니라 단발성 대회개최나 출전에 소요되는 경비를 줄이고, 프로그램의 개선이나 다수인이 이용할 수 있도록 시설에 대한 투자가 이루어져야 함을 의미하는 것이다. 이를 통해 더욱 많은 사람들이 자발적으로 참여할 수 있는 것이다. 겉모습의 화려함이나 홍보, 환영영접 등에 대한 예산의 집행은 대중스포츠의 본질적인 모습이 아니다. 정치성향이 배제되면서 소박하고 겸손한 모습이 대중스포츠의 참 가치인 것이다. 참가경비는 자율적으로 본인이 부담하고, 행사를 위한 기반과 환경을 구축하여 제공하는 것이 대중스포츠 영역이 담당해야 할 몫인 것이다.

엘리트스포츠의 진보

한국 엘리트스포츠의 경우 정치적인 측면으로 사회통합, 민족단합, 체제의 정통성 확보, 국가 친선 및 남북 간의 이념적 갈등 해소 등에 이용되어 왔으며, 경제적인 측면에서는 외화획득, 고용기회 확대, 개인의 부와 명예의 향상, 스포츠산업의 발전 등 국가 경쟁력 확보에 활용되고 있다(이종각, 2007). 하지만 엘리트스포츠계에는 긍정적인 면 못지않게 일탈문제가 안팎으로 심각하게 누적되어 있다.

과도한 경쟁에 의한 윤리성 상실, 학생선수 학습권의 피폐화, 선수선발 및 대회운영의 부정사례 등 다양한 문제들이 엘리트스포츠의 근본을 훼손하고 있는 것이다. 따라서 이 장에서는 엘리트스포츠의 핵심적인 과제로서 경쟁성을 보완할 윤리문제와 운동선수의 학습권 회복, 지역 간 균형발전, 아마스포츠와 프로스포츠의 소통문제, 그리고 운동선수의 재사회화 등을 중심으로 논의를 전개하고자 한다.

1. 아카데미즘의 회복과 윤리성 구축

윤리적 상황의 개선문제는 어느 곳에서나 정도의 차이는 있지만 현시대의 가장 절실한 요청으로 자리 잡은 지 오래이다. 그러나 많은 경우 이의 개선을 위해 제기되는 주장들이 구체성을 띄지 못하고 막연하고 추상적인 당위만을 역설하는데 그쳐 각 사회의 특성에 따른 효과적인 윤리적 대안을 마련하는데 도움을 주지 못하고 있는 점 또한 부인할 수가 없다(박종훈, 2006). 이와 같은 현상은 실제상황에 대한 분석적인 접근이 미흡하기 때문일 것이다.

이러한 맥락에서 보면 엘리트스포츠의 윤리문제 또한 제고의 여지가 많다. 엘리트스포츠는 원칙적으로 규칙성을 기반으로 한 경쟁의 장이긴 하나 그렇다고 윤리문제가 배제될 수 있다는 것은 아니다. 규칙과 규정만 강조하고 윤리문제를 방

[그림 14-3] 사인 거래와 운동부 파행 운영

치하게 되면 스포츠의 장은 동물싸움장으로 추락하게 된다. 스포츠윤리 문제는 약물복용, 판정조작, 폭력 등과 같은 전통적인 사안에서부터 최근 등장하고 있는 한국 축구 N리그의 '승부조작' 사건이나 프로야구선수들의 '사인 거래'까지 다양한 형태로 나타나고 있다. 이러한 현상은 스포츠계 자체의 문제가 아니라 사회적 파장과 스포츠의 존폐까지도 걱정해야 할 사안들이다.

이처럼 스포츠의 윤리성에 대한 문제는 단지 선수만의 문제가 아니라 스포츠계 전반의 문제라는 인식이 중요하다. 그리하여 스포츠의 윤리성 회복은 선수는 물론 지도자, 심판, 행정책임자, 경우에 따라서는 관람자의 행위와 태도에까지 귀결된다. 이와 관련하여 정응근, 김홍식(2000)은 "윤리문제는 자유와 책임귀속의 문제를 발생시킨다."고 하였다. 권리와 책임의 공존을 의미하는 것으로서 윤리성은 이를 기반으로 성립되는 것이다. 최근 정부와 한나라당협의회에서 한국체육과학연구원의 지도자과정에 인권교육과목을 신설하고, 스포츠인권 가이드라인과 매뉴얼을 공급하겠다는 결정(고석태, 2008)은 스포츠계에 대한 과학만능주의의 한계를 단적으로 증명하는 것이라고 볼 수 있다. 엘리트스포츠에 있어서 윤리성의 회복은 스포츠행위와 태도의 정당성을 밝히는 중요한 기준이 된다. 따라서 경쟁성의 부작용을 최소화하기 위해서는 스포츠윤리의식에 대한 패러다임의 전환이 필요하다.

이와 함께 운동선수들의 학습권이 윤리적 차원에서 접근될 수 있는 제일차적인 문제임을 지적하고자 한다. 최근 언론에서 제기된 '학교체육 교실로 돌아가자' 는 구호처럼 학생운동선수들의 학습권 보장은 일탈행위에 대한 대처 못지않게 스포츠현장에서 윤리성의 회복으로 이어질 수 있는 문제인 것이다. 학생선수들에 대한 학습권의 박탈은 어떠한 일탈행위 못지않은 기성세대의 비윤리적인 행위가 될 수 있다. 오직 운동에만 자기의 인생을 의탁해버리는 한국 운동선수들에게는 '승리' 가 지상과제다. 그리하여 경쟁에서 승리하기 위해서는 수단과 방법을 가리지 않아야 하고, 윤리에 어긋난 행동도 가능한 것이 될 수 있다. 따라서 학생운동선수들에 대한 학습권의 보장은 한국 엘리트스포츠의 근본적인 구조를 변화시켜 선진형 시스템으로 도약할 수 있는 결정적인 계기가 될 수 있다. 이에 대해 이강두(2008)는 다음과 같이 현상을 분석하고 있다.

> 일본과 미국, 독일 등 주요 선진국의 학생선수들은 운동에만 '올인' 하지 않는다. 일본에서는 학생선수들이 공부 못하면 운동도 그만둬야 하고, 미국에서는 아무리 스타라도 성적이 나쁘면 대회에 나가지 못하게 제도화되어 있다. 때문에 공부하면서도 올림픽 금메달을 딸 수 있다. 운동 못지않게 학업에 충실하다 보니 중도에 운동을 그만두더라도 다른 직업을 선택할 수 있다. 학생선수는 운동선수 이전에 학생이다. 운동은 인생을 풍요롭게 만드는 삶의 일부분일 뿐, 인생 승부의 대상이 아니다. 선수들은 학업에 대한 의무가 있으며, 학교는 선수들이 운동뿐 아니라 인생에 대한 설계를 하도록 도와줄 책무가 있다. 학생선수들이 스포츠도 즐기고, 지식과 마음의 양식을 살찌울 수 있도록 정부와 우리 사회가 길라잡이 역할을 해야 한다. 모든 학생들이 부담 없이 스포츠 활동에 참여하고, 그들 중 재능 있는 학생들이 전문 직업선수가 되는 체육환경을 만들어야 한다.
>
> (이강두, 2008년 11. 15. 사설)

스포츠현장에서 승리하는 것은 중요하고, 운동에 전념하여 선수개인의 꿈을 이루는 것도 소중하다. 하지만 스포츠장에서의 승리는 상대적인 것이고, 스포츠로서의 꿈은 실현되지 않을 확률이 더 높을 수 있다. 그러므로 스포츠장에서의 윤리성 회복은 학생운동선수들의 학습권 보장과 직접적으로 연결되어 있으며, 순환구조를 가지고 있다는 인식이 중요하다. 최근 정부와 한나라당협의회에서 1년간의 유예기간을 거쳐 2010년부터 중학교 1학년 선수들을 대상으로 최저학력제를 실시하고, 단계적으로 중 · 고교선수 전체로 확대하기로 한 결정(고석태, 2008)은 의미가 있다고 본다. 이에 대한 문제해결은 일시적으로 부분적인 접근보다는 종합적이고 복합적인 접근이 타당한 것이 된다.

2. 지역간 균형

스포츠의 지역 간 균형문제는 두 가지 측면에서 접근될 수 있다. 경기개최지와 시설문제이다. 이의 조화는 스포츠에 있어 지역 간의 차별적인 요소를 없애고 공정한 경쟁의 기반이 될 수 있다. 또한 학생들에게 학습권을 보장해줄 수 있는 근본적인 대책으로의 역할이 가능하고, 지방의 스포츠를 활성화 시킬 수 있는 대안이 될 수 있을 것이다. 이는 다음과 같이 논의될 수 있다.

첫째, 경기개최지의 균형이다. 서울에 집중되어 있고, 일부지역에 한정되어 개최되는 대회는 지방운동선수들에게 희생을 강요할 수밖에 없다. 재정적인 문제는 물론 시간적인 낭비가 심각한 것이다. 이의 해결을 위해서는 대회의 순환개최와 분산개최가 대안이 될 수 있다. 각 경기단체에서 기준을 설정하고 효율적인 제도의 개선이 필요한 것이다. 경기개최지의 균형은 대회 수를 축소하고, 주말경기, 홈앤드 어웨이 식의 경기운영방식 등이 도입되는 제도적 장치가 병행되어야 가능하게 된다.

둘째, 지역 간 시설의 균형적인 배치이다. 한국의 체육시설은 엘리트스포츠시

[그림 14-4] 2002월드컵 이후 서울 상암경기장은 꾸준히 국가대표경기가 집중적으로 열리며 그 외에도 대규모 대회를 축구협회에서 유치하지만, 지역의 경기장들은 개점휴업상태이다.

설과 대중스포츠시설로 구분되고 있다. 엘리트스포츠시설은 엘리트선수들이 주로 이용하는 태릉선수촌, 올림픽 개최시설, 각 시도의 월드컵 경기장, 전국체전 개최시설 등이 있고, 대중스포츠시설로는 사설 스포츠센터, 지역 문화회관, 공원 및 학교시설 등이 있다. 하지만 스포츠시설을 엘리트와 대중으로 구분하는 방식은 바람직하지도 않고, 전문적인 측면에서 구분해 보면 중앙과 지방의 차이가 확연하게 드러나고 있다. 이의 해결방법으로는 시설의 공조개념이 중요하다. 어떠한 시설은 엘리트스포츠의 전유물이고, 어떠한 시설은 대중스포츠만의 것이라는 인식이 변해야 한다. 이와 함께 이용식, 오연풍(2008)은 "우리나라의 경우에도 시도에 스포츠과학지원과 같은 센터를 건립해야 한다. 주요 기능으로는 신인선수 발굴, 기초 단위 꿈나무 육성 프로그램 담당, 전국체전 선수들의 훈련 시 스포츠과학 지원, 종목별 경기단체와 연계한 국가대표 및 후보 선수 지원 등을 담당해야 한다"고 주장하여 스포츠기관의 분산을 제안하였다. 즉 스포츠의 균형적 발전은 시설의 균형적인 배치에 의해 출발할 수 있을 것이다.

3. 아마추어스포츠와 프로스포츠의 소통

프로스포츠의 시장확대는 이 사회에서 프로스포츠의 가치를 향상시켰지만 내 · 외의환경 속에서 끊임없이 경쟁하거나 조화를 이루면서 수요를 창출하는 자생적 능력을 지속하여야 한다는 과제도 동시에 제공한다. 또한 급속한 변화의 환경에서 프로스포츠가 그 영역을 확대하고 유지시키기 위해서는 프로스포츠 분야의 기술적인 능력과 세부적 운영방법을 개선하는 것도 필요하지만, 정기적으로 프로스포츠의 기반을 진단 · 평가하여 그에 따른 문제점을 보완해가는 전체적 변화를 지속적으로 가져야 뿌리가 튼튼한 프로스포츠 시스템을 구축할 수 있다(전호문, 이상행, 2007).

이와 더불어 프로스포츠는 아마추어스포츠와의 소통이 중요하다. 두 영역의 관계를 유지하고 인적, 물적 교류를 통한 기반을 만드는 것이 필요한 것이다. 그 이유는 아마추어스포츠가 프로스포츠의 근간이 될 수 있기 때문이다. 프로스포츠가 기반으로 하는 지역과 각 급 학교에 대한 지원과 연계를 통해 합리적인 틀을 구성할 수 있을 것이다. 지금까지 아마추어 스포츠와 프로스포츠의 교류는 한국스포츠산업의 변화속도에 비해 낮은 수준에 머물고 있다. 프로스포츠는 아마추어스포츠의 인적 자원이 잠재적 시장임을 인식하여야 하고, 아마추어스포츠의 체계적 관리가 프로스포츠 발전의 기반이라는 사실을 인식하여야 한다. 따라서 Win-Win 할 수 있는 전략적 관계형성과 소통이 필요한 것이다.

11월 17일 손민석(2008)에 의해 "日 사회인야구 출신 투수 다자와, 결국 보스턴 行"이라는 기사가 인터넷 판에 실렸다. 일본인 사회인 투수 다자와 준이치 (신일본석유)가 MLB로 진출 한 것이다. 이러한 상황은 우리나라의 경우에 비추어보면 파격적인 부분이다. 물론 구조적인 측면이 다르긴 하지만 아마추어스포츠와 프로스포츠가 이분법적으로 구분된 한국의 상황에 비추어 본다면 부러운 일이 아닐 수 없다. 프로스포츠만이 살길이 아니라 실업스포츠, 학교스포츠, 대중스포츠가 공존하면서 서로의 부족함을 보완해 나가야 하는 것이다.

스포츠는 경쟁이나 운동의 즐거움을 찾는 인간의 기본적 욕구에 근거하고 있지만 그것은 본능적으로 충족하는 행동으로써 구체화 되는 것이 아니고, 이러한 욕구충족을 보다 풍부하게 하기 위한 사람들에게 공유된 수단으로서 인간에 의해 만들어진 것이라고 할 수 있다(이강우, 김석기, 2002). 따라서 스포츠의 본질적인 측면에서 볼 때 각각의 스포츠영역이 스스로 자생할 수 있다고 생각되지만, 공유되고 소통되지 않는 스포츠분야는 발전의 속도가 늦을 수밖에 없다. 아마추어스포츠와 프로스포츠가 공존의 길을 모색하는 것은 서로의 공통분모가 존재하기 때문에 가능한 것이다.

스포츠실천의 진보

한국의 스포츠는 제한된 시간과 자원을 바탕으로 일정수준 이상의 결과를 기대하기 때문에 필연적으로 속도효과를 경험할 수밖에 없었다(김민철, 2003). 스포츠의 운영과정은 관주도의 인위적인 형태로 변질된 것이다. 또한 중앙집권적인 행정을 기반으로 하는 교육, 문화, 사회, 경제 등의 정책기조도 스포츠계에 영향을 미쳐 균형 있는 발전을 저해하였다. 그러하니 스포츠실천의 양상은 과거의 관습에서 벗어나지 못하는 행태를 전개할 수밖에 없었다. 따라서 향후의 스포츠계가 선진화를 지향하기 위해서는 진보의 논리를 기반으로 실천되어야 함을 전제하면서 그 과제로서 용어의 보편성, 대중스포츠와 엘리트스포츠의 상생적 소통, 그리고 운동선수의 재사회화 등을 선정하여 대안을 제시하려고 한다.

1. 용어의 보편성

'체육' 과 '스포츠' 는 원래 다른 용어이다. 한국어와 외래어라고 하는 차이 외에 '교육적 행위' 와 '

놀이'라고 하는 본질적인 차이가 있다. 그러나 우리나라에서는 개념형성의 근본이 다름에도 불구하고 두 용어가 혼용되고 있다. '엘리트스포츠'와 '생활체육' 모두 '스포츠'라고 하는 틀 내에서 성립되나 어떻게 해서 한쪽은 '스포츠'이고 한쪽은 '체육'이 되었는지 이해할 수가 없다. 'sport for all'이라는 이념은 현재 중국에서는 '대중체육', 일본은 '생애체육'으로 표기되고 있으며, 한국도 '사회체육'을 거쳐 현재는 '생활체육'이라는 용어가 일반화되어 있다. 일본과 중국은 원래 스포츠라고 하는 표기가 일반화되어 있지 못하나, 한국에서의 스포츠는 일반화 된지 오래되었다. 그러므로 'sport for all'은 본래의 의미대로 '대중스포츠'로 표기함이 옳다고 본다.

현재 문화체육관광부 등의 공공기관에서는 체육, 스포츠 모두 '체육'으로 표기하고 있다. 즉 엘리트스포츠는 '전문체육', sport for all은 '생활체육'으로 표기하고 있다. 그러나 이 또한 전문적인 검증과정을 거쳐 확정했다기보다는 편의상 그렇게 표기하고 있는듯하다. 그러므로 전문적 입장에서 보면 찬동할 수 없지만 혼란을 방지하는 차원에서 sport에 대한 표기를 일본이나 중국처럼 아예 모두 '체육'으로 표기하든지, 그렇지 않으면 체육교육관련 용어는 '체육', 스포츠관련 용어는 '스포츠'로 통일하여 표기하여야 전문성이 확보되고 체육분야의 정체성이 확립될 수 있다. 이는 용어 사용의 보편성을 확립하자는 의미이다.

[그림 14-5] 체육과 스포츠의 용어가 분명히 재정립되어야 한다.

그러한 차원에서 보면 대한체육회, 전국체육대회 등에 사용되고 있는 '체육'의 용어도 정비되어야 한다. 한국어로는 '체육', 외래어로는 'sport'로 표기되고 있는데, 이에 대한 입장이 정리되어야 한다. 'sport'를 스포츠로 표기하든지, '체육'으로 표기하든지 간에 이에 대한 보편적 기준이 요구되는 것이다. 이러한 문제가 정립되지 못한 관계로 체육학을 전공하는 대학의 학과명칭 또한 춘추전국시대를 방불케 하고 있다. 2000년 연구자의 조사에 의하면, 한국의 체육학 전공학과 명칭은 체육학, 체육교육 외에 사회체육, 생활체육, 운동처방, 보건체육, 태권도, 스포츠경영, 스포츠과학, 경기지도, 해양스포츠, 특수체육, 격기, 유도, 경호, 체육경호, 건강관리, 레크리에이션, 무도, 무용, 생활무용 등이 난무하고 있었다(김동규, 2000).

체육 · 스포츠 관련 용어는 정비되어야 한다. 합리적인 미래의 예측을 위해서는 여러 관념 속에서 공통요소를 추상하여 종합하는 하나의 관념, 즉 '개념'을 명확하게 설정한 후 한 관념이나 대상을 지시하는 명칭(백종현, 1995)을 정확하게 도출시켜야 하는 것이다. 이는 하나의 개념을 전개하기 위해서는 모든 이에게 동일한 현상을 지시할 수 있는 언어적 상징을 명료하게 정의해야 하는 작업이 필요하다는 맥락이다 (김동규, 2000). 결국 어떠한 논리로 체육과 스포츠의 용어가 정의된다 하더라도 보편성의 확립은 시급한 과제인 것이다.

2. 대중스포츠와 엘리트스포츠의 상생적 소통

대중스포츠를 기반으로 하여 엘리트스포츠를 활성화해야 한다는 전제는 주지의 사실이다. 하지만 엘리트스포츠는 단기적이며 현시적인 효과만 추구하다 보니 엘리트스포츠의 발달을 기반으로 하여 대중스포츠의 체계가 활성화되는 기형적 현상을 초래하게 되었다(김민철, 2003). 이러한 현상은 소통의 과정이 정당화되지 못했기 때문이다. 그리하여 소통불능상태를 해결하기 위해서는 인적구조적인 시스템을 재편해야 한다.

과거 피라미드 형식의 체계인 학교체육, 대중스포츠, 엘리트스포츠 등으로 구분되는 경직된 시스템은 한계에 도달했다고 볼 수 있다. 그러한 구조는 수직적인 체계에 의존한 한계를 지닐 수밖에 없었으므로 수평적인 구조로의 전환을 생각할 수 있다. 수평적인 구조는 인적 자원에 대한 정보의 교류를 통하여 선수선발과 육성을 포괄적으로 할 수 있게 된다. 즉 대중스포츠에서의 참여자가 엘리트스포츠 선수로 발탁될 수 있고, 또 엘리트스포츠 선수출신이 대중스포츠의 지도자로서 직업선택의 기회를 가지게 되는 것이다. 이는 상비군제도나 클럽제도를 양성화할 수 있는 기반조성으로 이어질 것이다. 현재 논의되고 있는 체육단체의 통폐합은 대중스포츠와 엘리트스포츠의 소통을 기반으로 재편되어야 한다.

수평적인 구조가 성공하기 위해서는 시스템의 재편뿐만 아니라 예산의 균형적인 편성이 전제되어야 한다. 대중스포츠와 엘리트스포츠의 균형적인 예산배분

[그림 14-6] NBA 선수 Emeka Okafor는 Connecticut대를 NCAA 우승으로 이끌며, NCAA 최우수선수에 이어 드래프트 1라운드 2순위로 NBA에 입성하였다. 하지만, 또 다른 그의 모습은 대학선수시절 3.8/4.0의 우수한 성적으로 조기졸업하였고, 전미우수학생선수로도 선발되었다. 이는 학생의 개인적 노력과 카운셀링 프로그램(Counseling Program for Intercollegiate athletes) 등의 운동선수의 학습권을 위한 제도가 뒷받침되었다.

을 통해서 상생하는 전략이 필요한 것이다. 중복되는 부분을 배제하고, 집중할 수 있는 부분에 예산을 배정하는 행정은 업무의 효율성을 증대시킬 수 있다. 이와 함께 특히 유념해야 할 점은 정치성향에 따른 임기응변적인 배분을 지양하고, 장기적인 계획 하에서 거시적 차원으로 목표가 설정되고 예산이 배분되어야 함이다.

3. 운동선수의 재사회화

운동선수의 사회문제는 어제 오늘의 일이 아니다. 인권의 사각지대에서 운동선수들은 정체성을 상실해 가고 있다. 학생 운동선수들은 학습권을 박탈 당한지 오래되었고, 학업에 매진하지 않고도 졸업하는데 익숙해져 있다. 이는 기성세대의 잘못된 관행에서 비롯된 결과로 볼 수 있다. 본인의 의지와 상관없이 움직이고, 생활하는 조건은 용납될 수 없는 부분인 것이다.

이러한 문제점은 프로선수들에게 그대로 연결될 수밖에 없다. 선수은퇴 후 지도자의 길은 극소수에 불과한 점을 고려할 때 학창시절 학업을 도외시 한 운동선수들이 선수종료와 동시에 자아정체성을 상실함은 당연한 것이다. 최근 사회적 문제로 대두되고 있는 운동선수에 대한 문제는 근본적인 부분에서 해결책을 찾아야 한다. 이를 위한 해결책을 제시하면 다음과 같다.

첫째, 학생 운동선수들에게 학습권을 보장하여야 한다. 학교스포츠계에서 조차 만연되어 있는 승리지상주의는 이제 종식되어야 하며, 더 이상 학생 운동선수들의 희생을 강요해서는 안 된다. 이를 위한 인식의 전환과 함께 제도적인 장치가 마련되어야 한다. 미국대학경기연맹(NCAA)은 1991년 운동선수들에 대한 학습권 보장의 지원을 학교에 의무화했고, 2003년에는 '40-60-80 규칙' 을 만들어 선수들은 입학 후 2년간 학위 취득에 필요한 학점의 40%, 3년간 60%, 4년간 80%를 이수하도록 규정하여 장학금, 퇴학 등과 연계시켰다. 이와 함께 고려되어야 할 사상은 국가에 기여한 운동선수들에 대한 국가의 무한책임이다. 국가대표 선수들이 대회에 출전하거나 합숙훈련을 할 때 학업을 병행할 수 있는 시스템이 구축되어야 하는 것이다.

둘째, 학생 운동선수들에게 대학 전공 선택의 자유가 보장되어야 한다. 한국이 1999년부터 일부 관료들의 몰이해에 의해 운동선수들을 체육계열학과에만 진학케 하고 있으나, 전공 선택의 자유는 선진국에서 이미 보편화되어 있는 현상으로서 운동선수들에게 학습권이 보장되면 이는 더욱 당연한 조치가 된다. 그리고 전공 선택의 자유는 직업선택의 폭이 다양함으로 그대로 연결된다.

셋째, 지도자 문제에 대한 개혁이 필요하다. 학교 스포츠계에서 조차 경기성적이 지도자의 계약, 연봉, 승진 등과 연계가 되어 있음은 학생들을 볼모로 많은 부작용을 초래하게 된다. 체육지도자들에 대한 신분보장과 함께 보수는 학교가 책임을 져야 할 부분이고, 지도자에 대한 지속적인 재교육의 실시도 지도자의 자질과 윤리의식의 고취를 위해 중요한 조치이다. 이를 기반으로 할 때 지도자에 대한 책임, 즉 학생들의 인권과 학습권, 그리고 윤리문제 등을 물을 수 있게 된다.

넷째, 운동선수들에 대한 재교육기관의 설립이 필요하다. 이는 운동선수가 학창시절동안 최소한의 학업능력을 갖추게 하는 제도적 장치와 선수은퇴 후 사회에 적응할 수 있는 능력을 배양하는 재교육에 대한 장치를 의미하는 것이다. 학업과 관련해서는 지식교육은 물론 문화, 예술, 정보, 어학 등과 같은 전인교육의 토대를 학교당국에서 마련하는 것이며, 재교육에 대한 장치는 스포츠기관이나 공동의 교육기관을 설립하여 대처해야 함을 의미한다.

그동안 우리는 운동선수들에게 많은 희생을 강요해왔다. 그들의 노력과 결과에 비해 부족한 정책대안과 지원이 이루어진 것도 사실이다. 많은 난제들은 운동선수는 물론 지도자, 행정가, 정부 등이 모두 연계되어 있다. 국민의 여론을 수합하여 국민과 지역, 학교 등에 부합되는 제도가 마련되어야 할 것이다. 이러한 부분은 사회문제와 연계되어 있다는 측면에서도 심각히 검토되어야 할 것이다.

이상의 논의를 통해 현대사회에서 진행되고 있는 스포츠실천의 문제를 대중

스포츠와 엘리트스포츠로 구분하여 문제점을 찾아보고 이를 토대로 진보적 과제를 제시하였다. 부분적이고, 세분화된 입장과 함께 통합적이고 종합적인 방안 또한 제시되었다. 위에서 논의된 제안들은 고정관념에 사로잡혀 있는 기성세대들로서는 수용하기 쉽지 않은 과제들이고, 또 이의 실현을 위해서는 과도기적 과정을 거쳐야 하겠지만, 한국의 체육계가 선진화를 이루기 위해서는 시급히 해결해야 할 과제들이다. 진보는 개혁적인 변화의 추구이기도 하지만, 시간이 필요한 장기적인 과정이 요구되기도 한다. 오늘날 실현되지 못하고 있는 많은 문제점들이 이해의 부족에서 오는 경우도 있지만, 대부분 실천력의 상실에 의한 경우가 많다.

따라서 이 연구에 제안된 내용들은 강력한 실천적 의지로써 극복될 수 있다고 본다.

미래 스포츠에 대한 단상

우리는 지금까지 스포츠현장에서 실천할 수 있는 대안을 제시하였다. 이상적인 문구가 아님에도 불구하고 아직까지 실천하지 못하는 것은 스포츠를 연구하는 연구자와 스포츠 현장에서 노력하는 실무자의 소통이 원활하지 못했기 때문이다.

그렇다고 해서 미래의 전망이 어두운 것은 아니다. 과거처럼 단절에서 오는 문제가 조금씩 해결되기 때문이다. 사람과 미디어, 그리고 대다수의 국민들이 노력한다면 이러한 실천의 과제가 어렵지는 않은 과제일 것이다. 이러한 문제가 해결된다면 스포츠현상은 새로운 국면을 맞이하게 될 것이다. 그것이 미래스포츠를 명확하게 해줄 것이다. 마지막으로 미래스포츠를 전망한다면 다음과 같을 것이다. 이 전망은 급진적인 변화보다는 우리 사회의 일반적 상황 및 관계의 변화와 맥을 같이 한다는 가정하에 설정하였다.

첫째, 스포츠이벤트에 대한 관심이 확대될 것이다. 즉 스포츠현상이기보다는 이제 대중문화로 위치한 스포츠이벤트에 대한 관심은 상업화와 세계화를 기반으로 더욱 확대될 것이다. 이러한 부분은 월드컵, 올림픽, WBC, 아시안게임, 세계육상선수권대회, 프로스포츠 등의 활성화로 연계되면서 선수들의 이동현상이 가속화될 것이다. 결국 국가 간의 경쟁이지만 국민들의 관심은 클럽이나 선수 개인에게 이목이 집중될 수 있다.

둘째, 스포츠현장에서 환경적인 문제가 대두될 것이다. 지금도 녹색스포츠, 녹색 그라운드라는 표현을 사용하기 시작하였다. 자연을 훼손하지 않으면서 즐길 수 있는 스포츠가 등장할 것이다. 무엇보다 기존의 스포츠현장에서 에너지의 절약, 자원의 재활용 등 다양한 방법이 강구될 것이다. 녹색성장에서 스포츠의 영역도 예외는 아닐 것으로 예상할 수 있다.

셋째, 보건과 건강, 그리고 복지적 차원에서의 스포츠의 필요성이 증대될 것이다. 스포츠는 이제 여가의 수단으로서가 아닌 국민들의 정서적, 신체적인 건강을 책임져야 하는 영역으로 부상하였다. 국가가 담당해야 하는 지금까지의 보건 의료는 치료적 차원에 집중 되었다면 미래는 예방적 차원에서 진행될 것이다. 이러한 측면에서 스포츠의 역할이 점점 확대될 수 있다는 것이다.

넷째, 스포츠의 영역이 점점 세분화, 다양화, 전문화 될 것이다. 이러한 사실은 지금까지 현재 진행형이다. 하지만 앞으로의 경우 더욱 확대될 것이다. 즉 기존의 영역은 물론 유아스포츠, 장애인 스포츠, 실버 스포츠 등 그 영역은 더욱 성장하게 될 것이다. 핵가족 사회, 환경 공해, 고령화 사회 등이 이러한 영역을 새롭게 형성하게 한 배경이 되는 것이다. 또한 운동기구의 발달, 용품의 발달 등은 물론 스포츠 영역의 지도자들에 대한 인식의 전환도 이루어 질 것이다. 이에 대한 스포츠 영역의 준비도 병행되어야 할 것이다. 그러나 통합과 소통의 노력도 중요할 것이다.

다섯째, 스포츠산업의 확대이다. 단순한 스포츠의 산업이 아니라 구체화된다는 것이다. 스포츠의 기록과 정보 등에 대한 관심이 높아지면서 다양한 전문가를 요구하고, 스포츠 스타의 활용 가치도 높아 질 것이다. 또한 스포츠시설과 서비스의 확대도 예상된다. 즉 지금까지 하나의 산업으로써 구분되지 못한 스포츠산업이 새로운 미래 영역으로 성장하게 될 것이다. 스포츠미디어의 확대와 스포츠마케팅의 영역 또한 같은 맥락으로 볼 수 있다.

여섯째, 경쟁과 수단으로서의 스포츠의미는 감소되며 스포츠의 주요 키워드는 재미와 여가의 의미로 전환될 것이다. 물론 스포츠를 통한 경쟁과 건강이라는 것의 쟁취는 중요한 부분이다. 하지만 그러한 방법적인 부분에 있어서 재미의 요소를 배제할 수는 없다. 따라서 모든 신체활동의 요소에 '재미' 라는 핵심적 요소가 추가될 것이다. 이러한 부분이 지속적으로 포함되어야만 다른 여가문화와 더불어 발전할 수 있을 것이다.

[그림 14-7] 미래의 스포츠는 재미요소가 더욱 많이 포함되며 환경파괴를 줄이고, 안전하고 더 많은 상호작용을 이루는 방향으로 발전하게 될 것이다.

이러한 가치 개념의 변화에 대해 김동규(2010)는 "현대사회에서 스포츠가 지닌 중요성이 증가함에 따라 사람들은 미래스포츠의 가능성에 대해 보다 주의 깊게 살펴볼 것"을 요구하고 있다. 아울러 급속한 사회변화에 따른 가치관의 혼란과 비인간화 현상을 초래하게 될 미래사회에 있어 이러한 문제점들을 해결하고 인간의 '삶의 질'을 높일 수 있는 미래스포츠의 역할은 매우 중요한 것이다. 이에 따라 대다수의 사람들이 앞에서 전망한 선수와 관중을 위해 고도로 조직화된 기교스포츠에서 자연적이고 놀이성이 짙은 자연스포츠에 이르기까지 다양하게 참여할 것이다. 이러한 전망을 토대로 볼 때 미래스포츠가 자발성과 표현성이 상실된 기교스포츠나 경쟁성과 투쟁성이 상실된 자연스포츠의 극단적인 형태로 변화될 경우 참여자들에게 의미 있는 경험을 제공할 수 없다고 하겠다.

따라서 스포츠가 변화해야 될 새로운 모습을 보다 폭넓게 전망하고 이러한 변화를 가능케 하는 혁신적인 대안들이 제시되어야 할 것이다. 이를 위해 스포츠의 의미를 개인적 차원이나 사회적 차원에서 재조명해야 하며, 나아가 스포츠를 단순히 현대사회를 반영하는 것 이상의 어떤 것으로 만드는 것도 가능할 것이다. 또한 스포츠문화는 사회현상과 더불어 가는 공동체 운명으로 인식될 날이 곧 올 것이다.

참고문헌

강병길 등(1999). 현대체육의 이해. 서울 : 건국대학교 출판부.

강은정(2008). 교육수준과 건강 불평등-매개 요인의 탐색. 한국보건경제정책학회, 14(1), 51-74.

강일영(2004). 덕윤리와 의무윤리의 통합교육론- 덕성과 자율성의 조화를 위한 교육적 대안 모색-. 미간행 석사학위논문. 연세대학교 교육대학원.

강준호(2004). 스포츠산업의 비전과 과제. 한국체육학회 국민체육진흥세미나 자료집. 서울: 한국체육학회

강준호(2005). 스포츠산업의 개념과 분류. 체육과학연구. 16(3), 118-130.

경남 남해시(2000). 자연을 보호하면서 즐기는 것이 진정한 낚시. http://www.namhae.

고범서(1993). 변혁기의 사회윤리. 춘천 : 한림대학교 출판부.

고범서(1993). 사회 윤리학. 서울 : 나남.

고석태(2008년 12. 3). 학업성적 나쁜 학생선수 경기출전 금지 적극 추진. 조선일보, A 2.

고영복(1973). 현대 사회학. 서울 : 법문사.

공진성, 김동수 역(1995). 일본의 스포츠마케팅. 엘지에드 커뮤니케이션 총서 (3).

구강본(2005). 체육의 맥락주의적 접근. 한국체육학회지. 44(5), 79-87.

구강본(2007). 문화변동에 따른 스포츠관광의 내재적 의미. 한국체육철학회지, 15(4), 55-72.

구강본, 김동규(2008). 정치개입에 따른 스포츠현상의 유형과 상징성. 한국체육학회지, 47(5), 25-36.

국민체육진흥법(1989). 제31조.

권민혁(2006). 초등학교 체육수업에서의 또래 갈등 분석. 체육과학연구, 17(4), 113-124.

권민혁(2008).신정부 학교/생활체육의 정책방향과 세부방안. 신정부의 체육정책기조와 방향. 제46회 체육주간 기념 제27회 국민체육진흥세미나, 21-39.

권순용(1992). 스포츠의 사회통제적 요인과 운동선수 비행의 관계. 미간행 석사학위논문. 서울대학교 대학원.

김 종 외 5인(1998). 한국 스포츠마케팅 발전과제 연구. 서울 : 한국체육과학연구원.

김 종, 김종환 역(1997). 스포츠마케팅 어떻게 할 것인가?. 서울 : 보경문화사.

김 철(1995). 비교 스포츠학. 서울 : 학문사.

김경동(1979). 현대의 사회학. 서울 : 박영사.

김귀곤 외 6인(1994). 한국의 골프장 계획 이론과 실무. 서울 : 도서출판 조경.

김귀순(1998). 환경친화적 아시안 게임 개최를 위한 시민 참여방안. 환경친화적 아시안 게임 개

최 를 위한 정책 제언집. 부산녹색연합.
김낙회, 김호 역(1999). 스포츠마케팅. 서울 : 나남출판.
김남영, 김석봉 등 역(1996). 스포츠와 가치. 서울 : 태근문화사.
김동규 등(1999). 아마츄어리즘과 프로패셔날리즘의 조화. 한국스포츠?무용철학회지. 7(2).
김동규(1992). 스포츠 휴머니티의 목표와 실천과제. 한국체육학회지. 31(2).
김동규(1992). 현대 휴머니즘을 중심으로 한 체육?스포츠의 본질 및 목표설정에 관한 연구. 미간행 박사학위논문. 한국체육대학교 대학원.
김동규(1992). 현대휴머니즘을 중심으로 한 체육, 스포츠의 본질 및 목표설정에 관한 연구. 미간행 박사학위논문. 한국체육대학 대학원.
김동규(1996). 체육원리의 제 문제. 경북 : 영남대학교 출판부.
김동규(2000). 體育原理의 諸問題. 경북 : 영남대학교 출판부.
김동규(2000). 체육학에로의 회귀. 한국체육학회지, 39(1), 81-88.
김동규(2010). 체육원리의 제문제. 영남대학교 출판부 : 경산.
김동규, 구강본(2007). 스포츠 윤리의 정초와 실천과제. 한국체육학회지. 46(5), 105-107.
김동규, 구강본(2009). 스포츠 실천의 진보. 한국체육학회지. 17(1), 51-69.
김동규, 김영갑(2006). 스포츠의 사회운동적 이해. 경북 : 영남대학교 출판부.
김동일(1994). 성의 사회학. 서울 : 문음사.
김동진(1987). 체육교사와 일반교사간의 스포츠맨십 태도에 대한 비교 연구. 한국체육학회지. 26(2).
김동하(1980). 매스컴이 스포츠에 미치는 영향에 관한 고찰. 미간행 석사학위논문. 서울대학교 대학원.
김만의(1994). 현대스포츠의 비판이론 구축을 위한 마르크스주의적 접근. 미간행 박사학위논문. 경북대학교 대학원.
김명자(1993). 과학기술의 발전과 환경윤리. 환경행정. 1(1).
김문겸(1993). 여가의 사회학. 서울 : 한울.
김문조(2004). 정보화와 한국사회 불평등체계의 변화. 담론 201, 7(1), 5-41.
김미숙(2004). 북한의 스포츠이념과 남북 스포츠교류의 한계에 관한 연구. 한국체육철학회지, 12(2). 343-361.
김미숙(2004). 스포츠 윤리 문제의 원인 분석에 대한 일 고찰. 한국체육철학회지, 12(1), 26-38.
김민철(2003). 압축적 근대성과 한국 엘리트스포츠의 재인식. 한국체육학회지, 42(4), 205-213.
김민현, 정욕락 역(1999). 응용 스포츠 심리학. 서울 : 홍경출판사.
김방출, 권순용(2007). 스포츠 민족주의 재인식: 전지구화, 스포츠, 기업 민족주의. 체육과학연구, 18(1), 75-85.
김번웅, 오영석(1997). 환경행정론. 서울 : 대영문화사.
김범식, 김응식, 홍계희, 박진경, 박종진, 조규정, 최병호, 장희전, 전정우, 홍룡(2002). 현대사회와 스포츠, 서울 : 홍경.

김병식(1996). 스포츠경영학. 서울 : 대한미디어.
김병철(2000). 팔당호 상수원 보호구역 내 골프장 내년부터 맹독 농약 못쓴다.
김사엽(1998). 현대스포츠 사회학의 이해. 서울 : 학문사.
김상균(1994). 복지와 체육. 복지정책으로서의 문화와 체육의 접목방안에 관한 세미나. 서울 : 서울대학교 체육연구소.
김석희(2004). 스포츠의 사회?문화적 가치에 관한 소고. 한국체육학회지, 43(4), 35-44.
김숙자 & 허현미(2000). 스포츠시설 개발과 환경 보전 방안. 한국스포츠사회학회지, 13(2), 411-426.
김영갑(2008). 스포츠문화의 심층기반으로서 시간 메커니즘적 의미 읽기. 한국체육학회지, 47(2), 29-39.
김영갑(2008). 스포츠산업의 작동 메커니즘: 정보기술, 매스미디어, 민족주의. 한국사회체육학회지, 32, 273-281.
김영갑, 구강본(2006). 건강제일주의 이해를 위한 선행 변수들 : 압축적 근대성장, 가족이념, 매스미디어. 한국체육철학회지, 14(1), 215-225.
김영명(2005). 신한국론: 단일사회 한국, 그 빛과 그림자. 고양 : 인간사랑.
김영수(1993). "도핑", 한국체육과학연구원, 스포츠 과학. 제46호, 32-35.
김영식(2010). 스포츠와 사회화. 임수원, 이정래, 권기남, 구희곤, 이혁기, 김영식 (2010). 스포츠문화의 이해.90-109.
김영준(1998). 스포츠의학. 서울 : 세종출판사.
김영환 등(1987). 체육원리의 비교 연구. 서울 : 도서출판 금광.
김용규, 구강본(2008). 스포츠현상의 불평등 구조 탐색. 한국체육철학회지. 16(4). 105-120.
김운용(1992). TV 방영권. 위대한 올림픽. 185.
김원제(2004). 미디어스포츠의 기원 및 변동과정 : Elias의 결합태 이론 적용, 한국스포츠사회학회지, 17(2)
김인호(1998). 일본의 자연교육 프로그램. 숲과 자연교육. 서울 : 수문출판사.
김정명(1995). 도덕성 회복과 체육의 딜레마. 제14회 국민체육진흥세미나. 한국체육학회.
김준환 등(1993). 국제 환경규제의 영향과 대응방안. 서울 : 산업연구원.
김찬룡(2008). 지니계수를 이용한 PGA 선수들의 대회 상금 소득 불평등 분석. 한국스포츠사회학회지, 12(1), 173-186.
김창룡(1986). 스포츠의 미학적 고찰. 미간행 석사학위논문. 서울대학교 대학원.
김창룡(1991). 스포츠의 미학적 개념 정립에 관한 연구. 미간행 박사학위논문. 서울대학교 대학원.
김치조(1993). 스포츠 마케팅. 서울 : 태근문화사.
김태홍(1996). 건강과 스포츠. 서울 : 한올출판사.
김학찬(2000). 부산 연안 해양오염 심각. http://news.dreamwiz.com/news(자료 검색일 : 2000년 9월 3일).

김한주(1998). 경제성장과 스포츠 보도량과의 관계. 미간행 석사학위논문. 서울대학교 대학원.
김해식 역(1996). 비판이론으로서의 문화연구. 서울 : 풀무질.
김형석(1992). 윤리학. 서울 : 철학과 현실사
김홍수(1995). 체육학의 구성원리. 서울 : 도서출판 대경.
남상섭, 조병철(2005). 정보격차와 사회적 불평등의 순환기제. 창업정보학회지, 8(4). 67-83.
남중웅(2007). 스포츠학개론. 서울 : 한올출판사.
남중웅, 김동규(2004). 스포츠현상에서의 共同善: 어떻게 찾아야 하나?. 한국체육학회지, 43(3), 53-63.
네이버 사전(사이트 명기)
丹羽召力昭(1986). スポ-ツと生活. 東京 : 朝倉書店.
대한올림픽위원회(1998). KOC규정. 제9장 23-24조.
대한체육회(1995). 월간 체육. 6월. 24.
동아일보(2007, 01, 08). 따뜻한 겨울, 울고 웃는 지구촌, A19.
문종민(1996). 스포츠 행위의 윤리학적 고찰. 미간행 박사학위논문. 성균관대학교 대학원.
문화관광부(2007). 체육백서. 문화관광부 : 서울.
박동근(1998). 환경친화적 아시안게임을 위한 정책방향. 환경친화적 아시안게임 개최를 위한 정책제언집. 부산 녹색연합.
박병기(1993). 포스트모던 시대의 사회윤리학. 서울 : 인간사랑.
박병기(1994). 사회윤리에 있어서 책임의 주체에 관한 연구. 미간행 박사학위논문. 서울대학교 대학원.
박병기, 추기완(1996). 윤리학과 도덕교육. 서울 : 인간사랑.
박봉식(1985). 직업으로서의 정치. 서울 : 박영사.
박영옥, 이용식, 김 호, 김경배(1998). 한국스포츠산업 육성방안 연구. 서울 : 한국체육과학연구원.
박용연, 권양기(1991). 현대체육학원론. 서울 : 보경문화사.
박이문(1996). 자비의 윤리학. 서울 : 철학과 현실사.
박정근, 문익수, 전진효(1999). 현대사회와 스포츠. 서울 : 21세기 교육사.
박종훈(2006). 倫理文化의 類型. 국민윤리연구, 62, 1-23.
박진경(2000). 스포츠마케팅. http://www.sm21c.co.kr/.
박찬구(2004). 덕 윤리와 칸트 윤리. 국민윤리연구, 57, 1-25.
박철빈(1995). 건강과 운동. 서울 : 태근문화사.
박현종(1996). 스포츠 스폰서쉽과 스포츠광고의 효과에 관한 장기연구. 광고연구 가을호.
박현종(1997). 스포츠 스폰서쉽의 활용방안에 관한 연구. 서울 : 금강기획 마케팅전략연구소. Marketing Communication Review. 13(1), 102-122.
박현종(1997). 스포츠마케팅의 이론적 체계. 금강기획 사보 '다이아몬드 애드'. 7~8월호.
박현종, 박영옥(1998). 스포츠마케팅의 활용을 통한 경기단체 및 대회 활성화 전략에 관한 연구. 서울 : 한국체육과학연구원.

박호성(2002). 국제 스포츠활동과 사회통합의 상관성, 가능성과 한계. 국제정치논총, 42(2), 93-110.
박홍규, 정홍익, 임현진(1991). 스포츠사회학. 서울 : 나남.
박홍규, 정홍익, 임현진(1996). 스포츠 사회학. 서울 : 나남.
방정배, 송해룡 역(1998). 스포츠 저널리즘과 스포츠 마케팅. 서울 : 커뮤니케이션 북스.
백종현(1995, 봄). 개념. 철학과 현실. 철학문화연구소.
변호광(1988). 체육사회학. 서울 : 교음사.
사회문화연구소편(1994). 오늘의 사회학 입문. 서울 : 사회문화연구소 출판부.
서울대학교 대학원.
서희진(1994). 미디어 수용자의 스포츠 소비자 역할 사회와의 관계. 미간행 석사학위논문. 서울대학교 대학원.
서희진(1994). 미디어 수용자의 스포츠 소비자역할 사회와의 관계. 미간행 석사학위논문.
세계철학대사전(1980). 서울 : 교육출판공사.
손민석(2008년 11. 17.). 日 사회인야구 출신 투수 다자와, 결국 보스턴 行. 조이뉴스 인터넷 판. http://joynews.inews24. com/php/ news_view. php?g_menu= 702110 &g_serial=375412
송해룡(1993). 스포츠 커뮤니케이션론. 서울 : 전예원.
송해룡(1998). 한국의 스포츠 저널리즘 그 현주소와 진단. Korean Society for Journalism & Communication Study. 제26호.
송형석(1998). 스포츠와 환경 : 공존을 위한 윤리적 이념 모색. 한국체육학회지. 37(1).
송형석(1999). 스포츠윤리 모형의 비판적 고찰 : 독일스포츠윤리 모형을 중심으로. 제37회 한국체육학회 학술발표회.
송형석(2000). 스포츠윤리 모형의 비판적 고찰. 한국사회체육학회지, 14.
송형석(2000). 환경위기시대 스포츠윤리학의 이념으로서 공존. 제50회 스포츠철학연구회 세미나. 경북 : 스포츠철학연구회.
스포츠비지니스(2000). 스포츠 마케팅대행사. 월간 스포츠비지니스. 3월호.
스포츠조선(1990). 1990. 3. 20일자.
스포츠조선(2000). 3월 16일자 게재.
스포츠조선(2010, 6, 21). 현대-기아차, 남아공 월드컵 홍보효과 톡톡. http://www.sportsseoul.com/news2/economy/hot/2010/0621/ 2010062110116010 0000000_ 8440573218.html
신정현(1993). 정치학 '과학과 사유의 전개'. 서울 : 법문사.
신현군(1995). 포스트모더니즘과 스포츠 : 현대 스포츠의 특성을 초월하여. 한국체육학회보. (63).
안경숙(1999). 국제경기의 자연친화적인 사례와 성공적 월드컵 개최를 위한 제언. 2002년 월드컵을 친환경적으로 치루기 위한 연찬회 자료집. 환경부, 대구광역시.

안민석(2000). 통합이론으로서의 헤게모니이론(Hegemony Theory). 한국스포츠사회학회지, 13(2), 427-442.
안민석, 정홍익, 임현진(2002). 새로운 스포츠사회학. 서울: 백산서당.
안우홍, 임수원(1992). 스포츠 사회학. 서울 : 형설출판사.
안종배(1999). 국내기업의 해외스포츠마케팅 사례. IAA사보. 9월호.
안창식, 이봉식 외 역(1998). 스포츠의학 개론. 서울 : 웅보출판사.
안치민(2003). 사회정책사상과 불평등 문제. 사회복지정책, 6, 7-25.
앨리스 캐시모어/정준영 역(2001). 스포츠 그 열광의 사회학. 서울 : 한울아카데미.
양순창(2003). 스포츠의 정치적 상징성과 상징조작 기제에 관한 연구. 국제정치논집. 43(3), 53-72.
예종이(1987). 체육원리 신강. 서울 : 형설출판사.
오동변(1985). 올림픽정치사. 서울 : 보경문화사.
오명근, 이종수(1991). 사회학. 서울 : 민영사.
오순근(1994). 스포츠 참가와 도덕성 발달의 관계. 미간행 석사학위논문. 서울대학교 대학원.
오일영 & 채재성(2004). 현대스포츠사회학. 서울 : 대한미디어.
오현택, 정웅근(2006). 철학함으로서의 체육철학. 한국체육학회지, 45(1), 55-64.
원영신(1993). 스포츠와 여성의 새로운 연구. 한국스포츠사회학회 세미나자료집.
원영신(1994). 2000년대 여성체육의 역할과 연구방향. 한국스포츠사회학회 세미나 자료집.
원영신, 김숙영(1997). 문화적 관점에서 살펴본 스포츠. 체육연구논문집, 4(1), 97-107.
위성제, 이제홍(1996). 사회체육학개론. 서울 : 도서출판 대경.
윤인진, 김상운(2005). 여가활동의 사회집단별 차이와 불평등. 사회과학연구, 13(2), 162-203.
윤태진(1998). 스포츠 보도의 '비(非)전문성' 과 '이데올로기성'. Korean Society for Journalism & Communication Study. 제26호.
윤호진(1998). TV스포츠 방송의 의미 구조 분석. Korean Society for Journalism & Communication Study. 제26호.
이강두(2008년 11. 25.). [초점] 학교에선 공부전념… 운동은 스포츠 클럽서. 조선일보 인터넷 판. http://news.chosun.com/site/data/html_dir/2008/11/25/2008112501587.html
이강우(1999). 스포츠와 권력에 관한 담론-헤게모니적 관점에서-. 한국스포츠사회학회지, 12, 15-26.
이강우, 김석기(2002). 대중문화적 상황의 한국 스포츠문화의 발생과 전개과정에 관한 연구. 한국체육철학회지, 10(2), 51-77.
이동연 외 9인(1998). 스포츠 어떻게 읽을 것인가. 서울 : 삼인.
이동철(1999). 스포츠마케팅의 전략화 연구. http://www.sm21c.co.kr/.
이래화(1988). 스포츠 기능의 현대적 병리와 과제 그리고 전망. 경북대학교 체육과학 연구지. 제4집.
이래화(1993). 현대스포츠의 병리. 경북 : 경북대학교 출판부.
이문웅(1994). 문화와 체육. 복지정책으로서의 문화와 체육의 접목방안에 관한 세미나. 서울 : 서울대학교 체육연구소.
이미숙(2005). 한국 성인의 건강 불평등. 한국사회학회지, 39(6), 183-209.

이민경(1996). 아노미와 의복의 과시적 소비행동에 관한 연구. 미간행 박사학위논문. 상명대학교 대학원.
이상구, 강효민, 한광령(2007). 스포츠사회학. 서울: 대경북스.
이상률 역(1991). 소비의 사회. 서울 : 문예출판사.
이상철(1990). 스포츠 사회학개론. 서울 : 형설출판사.
이승희(1994). 여성운동과 정치이론. 서울 : 도서출판 녹돌.
이여탁(1981). 사회학 원론. 서울 : 법문사.
이영자(1993). 성 평등의 사회학. 서울 : 한올출판사.
이용식, 오연풍(2008). 우리나라와 독일의 엘리트체육 체계 비교. 체육과학연구, 17(1), 131-140.
이은미(1991). 스포츠 참여와 대중매체의 상호관계에 관한 연구. 미간행 석사학위논문. 이화여자대학교 대학원.
이장오(2000). 빨리 빨리 고질병이 국립공원 망친다. 사람과 산. 8.
이장현(1982). 사회학의 이해. 서울 : 법문사.
이재정(1986). 하키경기에서의 일탈행동에 관한 조사연구. 미간행 석사학위논문. 서울대학교 대학원.
이정전(1996). 녹색경제학. 서울 : 한길사.
이종각(2007). 북경올림픽… 그 고비를 넘고 또 미래를 준비해야. 스포츠과학, 101, 2-9.
이종왕(2006). 스포츠 윤리의 정초. 한국체육철학회지, 15(1). 1- 15.
이진수 역(1995). 스포츠철학. 서울 : 교학연구사.
이진수 외 3인(1989). 체육스포츠철학. 서울 : 교학연구사.
이창섭 & 남상우(2009). 스포츠사회학. 서울 : 궁미디어.
이창섭 & 이종호(2002). 생태관관으로서의 골프관광 활성화 방안. 한국체육교육학회지, 7(3), 64-73.
이학래 외 3인(1998). 현대사회와 스포츠. 서울 : 도서출판 사람과 사람.
이학준(1999). 스포츠에서의 승리와 패배의 함의. 한국체육학회지. 38(2). 68-76.
이한주, 이형일(2003). 우리나라와 미국여성의 올림픽 경기 참여 실태와 성 평등에 관한 연구. 한국체육철학회지, 11(2), 83-100.
이현옥(2000). 스포츠의 공격성에 대한 사회생물학적 고찰. 미간행 박사학위논문. 경북대학교 대학원.
이호근, 이학준(2001). 운동선수는 왜 도덕적으로 보여져야 하는가?. 한국체육철학회지, 9(2), 75-84.
이효재, 장하진 역(1984). 사회학. 서울 : 경문사.
임경섭(1996). 스포츠에서 발생한 일탈행동에 관한 조사연구. 미간행 석사학위논문. 한국교원대학교 대학원. 임번장(1994). 스포츠 사회학개론. 서울 : 동화문화사.
임번장(1979). 스포츠 및 그 유사개념의 정의와 분류에 관한 고찰. 서울대 사대논총. (19).
임번장(1986). 스포츠 사회화에 있어서 경기성향에 관한 연구. 미간행 박사학위논문. 한양대학교 대학원.
임번장(1990). 도덕성 함양을 위한 사회체육의 역할. 부산 : 부산사회체육진흥회.

임번장(1994). 스포츠 사회학 개론. 서울 : 동화문화사.
임번장(1994). 스포츠 사회학개론. 서울 : 동화문화사.
임번장(1998). 스포츠 사회학개론. 서울 : 동화문화사.
임번장(2006). 스포츠사회학개론. 서울: 동화문화사.
임수원(1999). 스포츠와 하위문화. '99년도 한국 스포츠사회학회 논문집. 한국 스포츠사회학회.
임재구(2009). 스포츠미디어를 통한 헤게모니와 영웅주의. 움직임의 철학: 한국체육철학회지, 17(3), 35-52.
임혜옥, 김영선(2005). 도덕교육으로서의 스포츠의 과제. 한국체육철학회지, 13(1).
임희섭 역(1990). 아노미의 사회학. 서울 : 나남.
장동익(2001). 새 규범윤리학으로서의 덕 윤리의 가능성. 철학, 68, 285-305.
장동익(2002a). 덕 윤리학의 정당화를 위한 연구-의무 윤리학에 대한 한 대안으로서-. 미간행 박사학위논문. 성균관대학교 대학원.
장동익(2002b). 의무 윤리학(Duty Ethics)의 난점과 덕성 윤리학적 해결가능성. 철학, 71.
장미경(1996). 오늘의 페미니즘 : 세계 여성운동. 서울 : 문원.
장미경(1997). 신체담론과 페미니즘. 서울 : 연세대학교 여성연구소.
장성수(2007). 체육의 경쟁성에 대한 철학적 이해. 한국체육학회지, 46(4), 39-50.
장영인(1988). 스포츠 기사를 중심으로 본 일탈행동. 순천대학교 논문집 : 인문사회과학편. 제7집.
藏原健古(1983). 體育과 民族國家. 道和書院.
전매희, 조창남, 백영수(1997). 스포츠과학 세미나. 서울 : 도서출판 산과 들.
전상돈(1989). 해방이후 한국신문 스포츠기사의 경향연구. 미간행 석사학위논문. 서울대학교 대학원.
전상돈(1998). 스포츠보도의 현황과 문제점. Korean Society for Journalism & Communication Study. 제26호.
전석호(1999). 정보사회론 : 커뮤니케이션 혁명과 뉴미디어. 서울 : 나남출판.
전순태, 김기남(1997). 사회학의 이해. 서울 : 삼영사.
전정태(2002). 한국 윤리사상이 과제와 방향 연구. 한국사상과 문화, 17, 393-420.
전호문, 이상행(2007). 프로스포츠 기반강화를 위한 전략 모색. 한국스포츠산업경영학회지, 2(4), 39-59.
정규호(1994). 환경문제 심화에 따른 생태적 공동체에 대한 연구. 미간행 석사학위 논문. 서울대학교 환경대학원.
정금자 역(1986). 여성학의 이론. 서울 : 을유문화사.
정동성(1997). 스포츠와 정치. 서울 : 도서출판 사람과 사람.
정범모(1991). 미래의 인간과 교육. 서울 : 나남출판사.
정영남(2008). 미디어스포츠. 서울 : 대한미디어.
정원규(2002). 현대사회와 윤리개념의 분화. 철학연구, 59, 253-272.

정은근, 박현우(1995). 과학적 스포츠윤리학의 기초 정립을 위한 새로운 시각. 서울대학교 체육과학연구논집, 16(1). 65-78.
정웅근(1999). 스포츠윤리담론에 관한 계보학적 고찰. 서울대 체육연구소 논문집. 20(1).
정웅근, 김홍식(2000). 스포츠 윤리 담론의 새로운 방향. 한국체육학회지, 39(2), 67-76.
정웅근, 박현우(1995). 과학적 스포츠 윤리학의 기초 정립을 위한 새로운 시각. 서울대 체육연구소 논문집. 16(1).
정재춘 · 류재근(1999). 폐기물 관리정책, 환경정책론. 서울 : 신광문화사.
정준영(2003). 열광하는 스포츠 은폐된 이데올로기. 서울 : 책세상.
정치학사전(1975). 한국정치학회. 서울 : 박영사.
정홍익, 임현진(1988). 현대 자본주의와 스포츠. 서울 : 도서출판 나남.
정희준, 이광용(2000). 세계화 과정속의 한국 프로스포츠: 그 현실과 미래에 대한 사회학적 접근. 한국체육학회지, 39(1), 242-253.
조선일보(2006, 6, 17). 삼성전자, 영첼시에 스폰서.. 광고효과 650억 원 A3.
조선일보(2010-2-23). 한국골프장경영협회조사. http://www.chosun.com/site/data/html_dir/2010/02/23/2010022300690.html
조성봉 외 역(1998). 운동과 건강. 서울 : 홍경출판사.
조성식(1994). 성 불평등의 생산과 재생산의 영역으로서 스포츠. 한국스포츠사회학회지, 2, 63-74.
중부일보, (3-22, 2010). 경기대 축구부 지휘부 징계검토 내홍확산. http://www.joongboo.com/Article/News_View.asp?IDX=357100&div=3
진재수(1992). 스포츠가 외교에 미치는 영향. 미간행 석사학위논문. 고려대학교 대학원.
채석완(1999). 영국프로축구의 마케팅. http://www.sm21c.co.kr/.
최경칠(1995). 스포츠문화와 복지사회에 관한 고찰. 시립인천전문대학 : 스포츠과학연구 논문집. 제6집.
최관기(1988). 사회계층과 스포츠매체 및 매체스포츠 선호의 관계. 미간행 석사학위논문. 서울대학교 대학원.
최병두(1995). 환경사회이론과 국제환경문제. 서울 : 한울.
최병두(1999). 환경갈등과 불평등. 서울 : 한울.
최병환(2001). 생명중심주의 윤리의 전망. 동서철학연구, 21, 125-146.
최선철(1996). 스포츠의 윤리적 행위준칙으로서 스포츠맨십이 갖는 의미. 미간행 석사학위논문. 서울대학교 대학원.
최성욱(2006). 스포츠를 읽어라. 서울 : 스포츠인코퍼레이션.
최정호(1996). 매스미디어와 사회. 서울 : 나남.
최종고 역(1992). 법과 윤리. 서울 : 경세원.
최진우(1990). 신문방송학개론. 서울 : 대광문화사.
파이낸셜뉴스, (11-17-2008). 네티즌 일평균 인터넷이용시간 4.4시간. http://www.fnnews.com/viewra=Sent1201m_View&corp=fnnews&arcid=00000921485937&cDateYear=

2008&cDateMonth=11&cDateDay=17
하남길(1996). 영국 신사의 스포츠와 제국주의. 서울 : 21세기 교육사.
하남길(1997). 스포츠의 세계. 서울 : 21세기 교육사.
하남길, 권판근 역(1997). 페어플레이. 서울 : 21세기 교육사.
한경희, 유연식(1997). 스포츠 사회학. 서울 : 교학연구사.
한광걸, 김동규(2004). 스포츠의 사회학적 이해. 경북: 영남대학교 출판부.
한국사회학회 편(1999). 정보화시대의 미디어와 문화. 서울 : 나남출판.
한국산업사회학회(1998). 사회학. 서울: 한울아카데미.
한국스키장경영협회(2009). 스키장현황. http://www.tour.go.kr/stat/IS2/IS_ski_lst.asp
한국철학사상연구회 편(1998). 철학 소사전. 서울 : 도서출판 동녘.
한양순(1996). 여성스포츠에 관한 브리튼 성명서. 한국스포츠사회학회보. 9호.
한완상 & 한균자(2008). 인간과 사회. 서울 : 한국방송통신대학교출판부.
한왕택(1995). 스포츠교육의 역사. 서울 : 태근문화사.
한이석(1999). 스포츠 사회학. 서울 : 도서출판 홍경.
한준영& Kane, G. (2008). 2008 North American Society for Sport Management Conference Abstract.
허라금(2001). 의미를 상실한 시대의 윤리학. 철학연구, 53, 367-385.
환경운동연합(1997b). 국내 야생동물의 실태 및 밀렵 그리고 멸종 위기의 극복. 반달곰 공청회 자료집.
환경운동연합(2000). 샛강을 살리는 낚시법. 생활실천정보.
환경운동연합(1997a). 골프장 부지 내 숙박시설 허용 철회하라. 환경운동연합 설명서.
황정미 역(1995). 미셸 푸코, 섹슈얼리티의 정치와 페미니즘. 서울 : 새 물결.
황진영(2007). 민족적, 종교적 이질성과 소득불평등. 2007 경제학 공동학술대회, 서울: 한국경제학회.
Abruzzese, A.(1988). Toward a sociological body. Cultural Studies. 2, 181-195.
Altheide, L., & Robert, D.(1978). Sport and the mass media : Urban life, New York : Atherton Press.
Ambush marketing is becoming popular event at Olympic games.(1988, February). The Wall Street Journal, 25.
An, M. & Sage, G. H.(1992). The Golf Boom in South Korea : Serving Hegemonic Interests. Sociology of Sport Journal, 9.
Andrews, P. (2005). Sports Journalism: A Practical Introduction. Thousand Oaks, CA: Sage.
Annual Report(1998). A progress report on women in sports. Sporting Goods Association.
Barrett, M.(1980). Women's oppression today : Problems in Marxist feminist analysis. London : Verso Editions and NLB.
Becker, H.(1963). Outsiders. New York : Macmillan.

Birrell, S., & Loy, J. W.(1979). Sport consumption via the mass media : Patterns, Perspectives and Paradigms. The Fourth National Meeting of the Popular Culture Association. Milwaukee, May.

Blanchard, K., & Bowles, S.(1993). Raving fans : A revolutionary approach to customer service. New York : William Morrow & Co.

Blishen, B. R.(1967). A Socio-Economic Idex for Occupation in Canada. Canadian Review of Sociology and Anthropology, 4, 41-53.

Bogart, L.(1956). Societal developmental. New York : Atherton Press.

Bottomore, T.(1979). Political Sociology. London : Hutchinson.

Boutilier, M. A., & Giovanni, L.(1983). The Sporting Woman. Champaign, IL : Human Kinetics.

Bowie, W. J., & Coemming, M. M.(1972). The female athletes. St. Louis, MI : The C. V. Mosby.

Brill, R.(1979). The achieving society. Princeton, NJ: Van Nostrand.

Brill, S.(1979). Media sport : Hot and cool. International Review of Sport Sociology. 14, 5-19.

Brim, O. G. (1968). Socialization through the life cycle. In O. G. Brim and S. Wheeler (Eds.). Socialization after Childhood: Two essays (pp. 1-50). NY : Wiley.

Bryant, J.(1977). A two year selective investigation of the female in sport as reported in the paper media. Arena Review. 4(2), 32-44.

Bueter, R. J.(1972). The use of drugs in sports : An ethical perspective. The Christian Century, 89. Burgess Publishing Company.

Calhaun, O. (1981). Sport, Culture and Personality. West Pont, NY: Leisure Press.

Carson, R.(1962). Silent Spring. New york : Fawcett Crest.

Clausen, J. A. (1968). A historical and comparative view of socialization theory and research. In J.A.Clausen(Ed.), Socialization and Soceity(pp. 18-72). Boston, MA: Little Brown.

Cliff, M.(1981). The role of media in sport. New York : Atherton Press.

Clinard, M. B.(1964). Anomie and deviant behavior. New York : The Press of Glencoe.

Clinard, M. B.(1968). Sociology of deviant behavior. New York : Hort Rinehart & Wilston.

Coakley, J. (1993). Socialization and sport. In R. N. Singer, M. Murphy, & L. K. Tennant (eds.), Handbook of Research on Sport Psychology(pp. 571-586). NY: MacMillan.

Coakley, J. (2009). Sports in SocietyL Isssue and Controversies. NY: McGrawhill.

Coakley, J. J.(1981). The Sociological Perspective : Alternate Causations or Violence in Sport. Arena Review. 5, 98.

Coakley, J. J.(1986). Sport in society : Issues and controversies. St. Louis, MI : Times Mirror/Mosby.

Coakley, J. J.(1998). Sport in society : Issues and controversies. (6th edition.). Boston : McGraw-Hill.

Cohen, A. K.(1968). Deviant Behavior : In international Encyclopedia of Social Science. Vol 4. David, L(Ed.). New York : Macmillan Press.

Cohen, A.(1968). Deviance and control. Englewood Cliffs, NJ : Prentice-Hall. Inc.
Cole, C. L., & Birrell, S.(1986). Resisting the canon : Feminist cultural studies. Paper presented at the North American Society for the Sociology of Sport Annual Meetings, Las Vegas.
Coser, L. A.(1962). Function of Deviant Behavior. American journal of Sociology. Contemporary Issue. 1, 7-8.
Court, K.(1995). Ethics & The unity of sport science. International review for the sociology of sport. R. Oldenbourg Verlag. Munich.
Cozens, F., & Stumpf, F.(1953). Sport in American Life. Chicago : University of Chicago Press.
Daddario, G.(1997). Gender sports programming : 1992 Summer Olympic coverage and the feminine narrative form. Sociology of Sport Journal. 14, 103-120.
Dahrendorf, R.(1959). Class and class conflict in industrial society. Stanford, CA : Stanford University Press.
Daily, Telegraph(1987). An Annual doping report. Sydney : Australia.
Daly, M.(1978). Gyn/Ecology : The metaethics of radical feminism. Boston : Beacon Press.
De Fleur, M. L.(1970). Theories of mass communication (2nd Ed.). New York : McKay.
Dickason, A.(1977). The feminine as a universal. In M. Vetterling Brabbin., F. A. Elliston., & J.
English(Eds.), Feminism and philosophy(pp. 79-100). Totowa, New Jersey : Rowman and Littlefield.
Duncan, M. C.(1990). Sports photographs and sexual difference : Images of women and men in the 1984 and 1988 Olympic Games. Sociology of Sport Journal. 7, 22-43.
Dunlap, R.(1951). Caesar and Christ. New York : Simon And Schuster.
Dunning, E., & Maguire, J.(1996). Process-Sociological Notes on Sport, Gender Relations and Violence Control. International Review for the Sociology of Sport. 31.
Duquin, M.(1977). Differential sex role socialization toward amplitude appropriation. Research Quarterly. 48.
Durkheim, E.(1938). The Prison community. New York : Holt, Rinehart & Winston.
Durkheim, E.(1951). Suicide : A study in sociology. (J. A. Spaulding and G. Simpson, Trans). New York : Free Press.
Durkheim, E., Suicide, T., John, A., & George, S.(1951). Glance. NY : Free Press.
Dworkin, A.(1981). Pornography : Men possessing women. New York : Perigee Books.
Dworkin, S. L., & Wachs, F. L.(1998). "Discipline the Body" : HIV-positive male athletes, media surveillance, and the policing of sexuality. Sociology of Sport Journal. 15, 1-20.
Eckersley, R.(1995). Environmentalism and Political Theory : Towards an Ecocentric Approach. London : UCL Press.
Edwards, H. (1973). Sociology of Sport. Homewood, IL: Dorsey.
Edwards, H.(1969). The revolt of the black athlete. New York : The Free Press.

Eitzen, D. S.(1981). Sport and deviance. In G. R. F. Luschen., & G. H. Sage(Eds.), Handbook of social science of sport. Champaign, IL : Stipes.

Eitzen, D. S., & Sage, G. H.(1978). Sociology of American sport(1st Eds.). Dubuque, IW : Wm. C. Brown.

Eitzen, D. S., & Sage, G. H.(1978). Sociology of American Sport. Dubuque, IW : Wm. C. Brown.

Eitzen, D. S., & Sage, G. H.(1982). Sociology of American sport(2nd Eds.). Dubuque, IW : Wm. C. Brown.

Eitzen, D. S., & Sage, G. H.(1997). Sociology of American sport(4th Eds.). Dubuque, IW : Wm. C. Brown.

Elias, M., & Dunning, E.(1970). The Quest for excitement in unexciting societies. In G, Luschen(Eds), The cross-cultural analysis of sport and games. Champaign Stipes III. 31-52.

Erlely, G.(1971). Role Conflict and the teacher. London : Routledge & Kegan Paul.

Featherstone, M.(1993). "소비문화 속의 축제". 문화과학 4호. 서울 : 문화과학사.

Frank, A. W.(1991). For a Sociology of the body : an Analytical Review. Mike Featherstone.,

Hepworth. M., & Bryan. S. Turner(Eds), The Body(1991). London/Newbury Park/New Delhi : Sage Publication,

Fukuskima, T., Kureha, M., Ozaki, N., Fukimori, Y., & Harasawa, H. (2003). Influences of air temperature change on leisure industries: Case study on ski activities. Mitigation and Adatation Strategies for Climate Change, 7, 173-189.

Fuss, D.(1989). Essentially speaking : Feminism, nature & difference. New York : Routledge.

Gatens, M.(1991). Feminism and philosophy : Perspectives on difference and equality. Bloomington : Indiana University Press.

Gendola, J. C.(1985). Homophobia : The red herring in girls' and women's sport. Unpublished manuscript. New York : Baruch College.

Gerth, J. & Mills, L.(1954). Theories of mass communication(2nd Ed.). New York : McKay.

Giddens, A. (2006). Sociology (5th ed.). Cambridge: Polity.

Giddens, A.(1992). The Transformation of Intimacy. Stanford University Press.

Gilder, G.(1981). Wealth and Poverty. New York : Basic Books.

Gitlin, T.(1978). Media sociology : The dominant paradigm. Theory & Society. 6, 205-253.

Gmelch, G.(1971). Baseball Magic. Transaction, 8.

Goffman, E.(1967). Interaction Ritual : Essays in Face to Face Behavior. Chicago : Aldine.

Gornick, V., & Morgan, B. K.(1971). Introduction. In V. Gornick, & B.K. Morgan(Eds.), Woman in sexist society : Studies in power and powerlessness(pp. ix-xxi). New York : Basic Books, Inc.

Gramsci, A.(1971). Selections from the prison notebooks of Antonio Gramsci (Q. Hoare., & G. N. Smith, Eds, & Trans.). New York : International Publishers.

Gramsci, A.(1971). Selections from the prison notebooks. London: Lawrence and Wishart.

Grimshaw, J.(1986). Philosophy and feminist thinking. Minneapolis : University of Minnesota Press.

Grossberg, L.(1983). Cultural studies revisited and revised. In M. S. Mander(Ed.), Communication in transition : Issues and debates in current research(pp. 39-70). New York : Praeger.

Gruneau, R. S.(1978). Elites, Class and Corporate Power in Canadian Sport: Some preliminary Findings. W. Orban and F. Landry(eds.), Sociology of sport. Miami : Sympsia Specialist. 120

Gruneau, R.(1982). Sport and the debate of the state. In H. Cantelon & R. Gruneau(Eds.), Sport, culture, and the modern state(pp. 1-38). Toronto : University of Toronto Press.

Guttmann, A.(1986). Sport spectators. New York : Columbia University Press.

Guttmann, A.(1978). The Nature of Modern Sports. New York : Columbia University Press.

Haarris, D.(1986). The league : The rise and decline of the NFL. New York : Bantam Books.

Hall, S.(1977). Culture, the media and ideological effects. In J. Curran(Ed.), Mass communication and society(pp. 135-348). London : Edward Arnold.

Hall, S.(1982). The rediscovery of ideology : The return of the repressed in media studies. In M. Gurevitch, T. Bennett, J. Curran, & J. Woollacott(Eds.), Culture, society and the me - dia(pp. 56-90). London : Methuen.

Hall, S.(1985). Signification, representation, ideology : Althusser and the post-structuralist debates. Critical Studies in Mass Communications. 2, 91-114.

Hanks, M., & Eckland, B. K. (1976). Athletics and social participation in the educational achievement. Social Science Quarterly, 60, 482-496.

Hardy, S.(1996). Matt Levine : The "Father" of modern sport marketing. Sport Marketing Quarterly. 5, 5-7.

Hargreaves, J.(1982). Sport and hegemony : Some theoretical problems. In H. Cantelon & R. Gruneau(Eds.), Sport, culture, and the modern state(pp. 103-135). Toronto : University of Toronto Press.

Hargreaves, J.(1986). Sport, Power and Culture-A Social and Historical Analysis of Popular Sports in Britain. Oxford : Polity Press.

Hartley, J.(1982). Understanding news. London : Methuen.

Hartmann, D. (2008). High school sports participation and educational attainment : recognizing, assessing and utilizing the relationship. report to the LA 84 Foundation.

Hellison, D. R.(1973). Humanistic Physical Education. New Jersey : Prentice-Hall Inc.

Herman, P. (2002). Special treatment: Individualization, Technology and the New Stratification, Paper Presented at the 15th. World International Sociological Association Congress, July 7-13, Brisbane, Australia.

Hess, R. D. (1971). The acquisition of feeling of political efficacy in pre adults. In G. Abcarian and J. W. Soole(eds.), Social Psychology an Political Behavior: Problems and Prospects(pp. 59-78). Columbus, OH: C. E. Merrill.

Hills, K.(1980). The society of captices. Princeton, NJ : Princeton University Press.

Hirschi, T.(1969). Causes of delinquency. Los Angeles : University of California Press.

Hoch, W. A.(1972). The Changing US. Sunday Newspaper. Journalism Quarterly. 40, 70-74.

Holmstrom, N.(1986). Do women have a distinct nature? In M. Pearsall (Ed.), Women and Values(pp. 51-61). Belmant, California : Wadsworth Publishing Company.

Holtzman, J.(1986, January, 3). Barnum of baseball made sure fans were entertained. Chicago Tribune. D-1, D-3.

House, J. S. (2001). Understanding Social Factors and Inequalities in Health : 20th Century Progress and 21th Century Prospects. Journal of Health & Social Behavior, 43, 125-142.

http://kfem.or.kr/board/list.php3 : table : todays news

http://www.naver.com 네이버 백과사전

http://www.plaza.snu.ac.kr/~ksss/.

http://www.sm21c.co.kr/

http://www.sm21c.co.kr/.

Hughes, M. & Kroehler, C. J. (2005). Sociology: The Core(7th ed.). NY: McGrawhill.

Huizinga, J.(1955). Homo Ludens. Boston : Beacon Press.

Ibrahim, H.(1976). Sport and Society : An Introduction to Sociology of Sport. London Beach, CA : Hwong Publishing Co..

Ingham, A. G., & Donnelly, P.(1997). A sociology of North American Sociology of Sport : Disunity in unity, 1965 to 1996. Sociology of Sport Journal. 14, 362-418.

Ingham, A.(1973). Delineation of Sport Sociology : 1972. International Review of Sport Sociology, 8.

International Olympic Committee(1997). Olympic Charter. 4장 31조 5항.

International Olympic Committee(1998). Olympic Marketing Guide. 1, 39, 2-6.

Irigaray, L.(1985). This sex which is not one(C. porter, Trans.). Ithaca, New York : Cornell University Press.

ISL(1994). Sponsorship. Marketing Manual. 23-26.

Jaggar, A. M.(1983). Feminist politics and human nature. Totowa, New Jersey : Rowman & Allanheld.

Jamieson, K. M.(1998). Reading Nancy Lopez : Decoding representations of race, class, and sexuality. Sociology of Sport Journal. 15, 343-358.

Johnson, H. M.(1960). Sociology : A Systematic Introduction. New York : Harcourt. Brace.
Julien, L.(1981). Drugs in sport. Sport Illustrated, 23.
Kane, M. J.(1998). Fictional denials of female empowerment : A feminist analysis of young adult sports fiction. Sociology of Sport Journal. 15, 231-262.
Katz, E., Gurevitch, M., & Hass, H.(1973). On the use of the mass media for important things. American Sociological Review. 38, 164-181.
Kenyon, G. S.(1974). A Sociology of Sport : On becoming a subdiscipline in Sport and American Society. Massachusetts : Addison-Wesley Publishing Co..
Kenyon, G. S., & McPherson, B. D.(1981). Becoming involved in physical activity and sport : A process of socialization. In Loy, J. W., McPherson, B. P., & Kenyon, G. S. (Eds.), Sport Culture and Society. Philadelphia : Lea Fibiger. 217-237.
Kingdom, P.(1991). Government and Politics in the United Kingdom. Cambridge : Ploity Press.
Koppett, L.(1981). Sport in society. New York : McGraw-Hill Co.
Kotler, P.(1997). Marketing management : Analysis, planning, implementation and control. Upper Saddle River, NJ : Prentice Hall.
Kuhn, R.(1970). The structure of scientific revolutions. Chicago, IL : University of Chicago Press. kyongnam.kr/namhae gun/trip-namhae(자료 검색일 : 2000년 9월 10일).
Leonard, W. H.(1980). A sociological perspective of sport. Minneapolis, MN: Burgess Publishing Company.
Leonard, W. M.(1988). A Sociological perspective of sport(3rd Ed.). New York : Macmillan.
Leonard, W. M.(1990). A sociological perspective of sport. Minneapolis, MN : Burgess Publishing Company.
Levin, C.(1976). Nationalism in sport. Unpublished master's thesis. C. S. U. L. B.
Levy, M. J.(1952). The Structure of Society Princeton : Princeton University Press.
Lieper, W.(1981). Sport power and culture. New York : St. Martin's Press.
Lipski, S., & McBoyle, G. (1991). The impact of global warming on downhill skiing in Michigan. East Lakes Geographer, 26, 37-51.
Liska, A. E.(1981). Perspectives on deviance. Englewood Cliffs, NJ : Prentice-Hall.
Loy, J. W., & Kenyon, G. S.(1978). Sport, Culture, and Society. New York : MacMillan.
Loy, J. W., McPerson, B. D., & Kenyon, G. S.(1978). Sport and Social System. Reading, MA : Addison Wesley.
Loy, J. W., McPerson, B. D., & Kenyon, G. S.(1978). Sport and Social Sytem. Champaign, IL : Human Kinetics.
Loy, W., & Kenyon, G. S.(1978). Sport and social systems. Reading, MA : Addison-Wesley.
Loy, W., & McPherson, B. D., & Kenyon, G. S.(1978). Sport and social systems. MA : Addison-Wesley Publishing Company.

Luschen, G.(1976). Cheating in Sport. In D. M. Landers(Eds.), Social Problems in Athletics : Essays the Sociology of Sport. Urbana, IL : University of Illinois Press.

Macchiette, B., & Roy, A.(1992). Affinity marketing : What is it and how does it work?. The Journal of Services Marketing. 6, 47.

MacKinnon, C. A.(1979). Sexual harassment of working women : A case of sex discrimination. New Haven : Yale University Press.

MacKinnon, C. A.(1982). Feminism, marxism, method, and the state : An agenda for theory. Journal of Women in Culture and Society. 7, 515-547.

Mahen, R.(1962). Sport and Culture. International Journal of Adult and Youth Education, 14.

Malssialas, B.(1969). Education and political system. Reading, MA : Addison-Wesley.

Mangan, J. A.(1981). Athleticism in the Victorian and Edwardian Public School : The emergence and consolidation of an educational ideology. Cambridge : Cambridge University Press.

Margaret, M.(1994). Active Women, Media Representations, and Ideology. In Susan, B., & Cheryl, L. C.(Eds.), Women, sport, and culture. Human Kinetics.

McCarthy, E. J., & Perreault, W. D.(1988). Essentials of marketing. Homewood, IL : Richard D. Irwin.

McDonald, M. A.(1996). Service quality and customer lifetime value in professional sport franchises. Unpublished doctoral dissertation. University of Massachusetts, Amherst.

McDonald, M. A., Sutton, W. A., & Milne, G. R.(1995). TEAMQual : Measuring service quality in professional sports. Sport Marketing Quarterly. 4, 9-15.

McElory, M.(1980). Significant Others Professionalized Sport Attitude. Reserch Quarterly, 51.

McIntosh, P. C.(1963). Sport and Society. London.

McKay, J., & Rowe, D.(1987). Ideology, the media, and Australian sport. Sociology of Sport Journal. 4, 258-273.

McKenna, R.(1991). Relationship marketing. Reading, MA : Addison-Wesley Publishers.

McLuhan, M.(1966). The medium is communication. New York : Bantan Book Co.

McPherson, B. D.(1976). Socialization into the role of sport consumer : A theory and causal model. Canadian Review of Sociology and Anthropology. 13, 165-177.

McPherson, B. D.(1978). Consumer role socialization : A within system model. Sportwissen-Schaft. 6, 144-154.

McPherson, B. D.(1989). The sociology of small groups. Englewood Cliffs, NJ : Prentice-Hall.

McPherson, B. D., Kenyon, G. S., & Loy, W.(1989). The social significance of sport : An introduction to the sociology of sport. Champaign, IL : Human Kinetics.

Meier, K. V.(1988). Embodiment, sport, and meaning. In W. J. Morgan, & K. V. Meier (Eds.), Philosophic inquiry in sport(pp. 93-101). Champaign : Human Kinetics Publishers. Inc.

Merton, R. K.(1975). Social theory and social structure. Glencoe, IL : Free Press.

Merton, R. K.(1980). Social theory and social structure. New York : Free Press.

Messener, M. A., & Sabo, D. F.(1990). Sport, Men, and the Gender Order : critical feminist perspectives. Champaign, IL : Human Kinetics

Michael, Payne(1997). An overview of sports marketing trends in the world. Marketing of Sports. 16-22.

Morgan, W. J.(1997). Yet another critical look at hegemony theory : A response to Ingham and Beamish. Sociology of Sport Journal. 14, 187-195.

Mullin, B.(1983). Sport marketing. Champaign, IL : Human Kinetics.

Murdock, G. P. (1965). Culture and Society. Pittsburgh, PA: University of Pittsburgh Press.

Musgrave, P. W. (1987). Socializing Contexts: The Subject in Society. Boston, MA: Allen & Unwin.

Newsweek.(1980). An Olympic boycott? January, 28, 22∼28.

Nixon, H. L.(1974). Idealized functions of sport : Religious and Political Socialization through Sport. Journal of Sport and Social Issues. 6, 1-11.

Office of National Statistics. (2005). Focus on Ethnicity and Identity, London: ONS.

Olberman, K., & Patrick, D.(1997). The big show : Inside ESPN's Sports Center. New York : Pocket books.

Olsen, M.(1968). The Process of Social Oganization. New York : Holt, Rinchart and Winston.

O'Sullivan, T., Hartley, D., Saunders, D., & Fiske, J.(1983). Key concepts in communication. London : Methuen.

Patricia, J. M.(1988). Sport and Gender. In Leonard, W. M II.(Ed.), A sociological perspective of sport. London : Macmillan Publishing Company.

Phil Schaaf(1995). Sports Marketing : It's not just a game anymore. New York : Prometheus Books.

Rakow, L. F.(1989). Feminist studies : The next stage. Critical Studies in Mass Communication. 6, 209-215.

Real, M., & Mechikoff, R.(1989). Mirror images, the Olympic Games in Cold War rhetoric : U. S. and Soviet press coverage of the 1980 and 1984 Summer Olympics. The Olympic Movement and the mass media : Past, present and future issues. Calgary, Canada : Hurford Enterprise LTD.

Reconsidered. Glencoe, ILL.

Rehberg, R. A., & Cohen, M.(1976). Political attitude and participation in extracurricular activities. In D. M. Landers(Ed.), Social problems in athletics. Urbana, IL : University of Illinois Press.

Ries, A., & Trout, J.(1993). The 22 immutable laws of marketing. New York : Harper Business.

Riesman, D., & Denney, R.(1954). Football in America(Riesman, D. Eds.), Individualism

Roberts, R., & Olson, J.(1989). Winning is the only thing : Sports in American society since 1945. Baltimore : Johns Hopkins University Press.

Sabock, T. J.(1973). Aspects of Contemporary Sport Sociology. Chicago : The Athletic Institute.

Saeki, T.(1991). Quality life and sport-humanity - sport for all in achieving the future Japanese society. Elsevier Science Publishers B. V.

Sage, G. (1974). sport and American Society : Selected readings (2nd ed.). Redding, MA: Addison Wesley.

Sage, G. H.(1990). Power and ideology in American sport : A critical perspective. Champaign, IL : Human Kinetics Books.

Sage, G.(1997). Power and ideology in American sports. IL: Huamn Kinetics.

Sanborn, Marion., Alice, Hartma., & Betty, G.(1982). Issues in Physical Education(3rd Ed.). Philadelphia : Lea and Febigen

Sarano, J.(1966). The meaning of the body(J. H. Farley, Trans.). Philadelphia : The Weaatminister Press.

Sarbin, T., & Allen, V.(1968). Role Theory. In G. Lindzey and E. Anderson(Eds.), Handbooks of Social Psychology, Vol, 1. Reading, MA : Addison Wesley.

Sartre, J. P.(1956). Being and nothingness : An essay on phenomenological ontology(H. E. Barnes, Trans.). New York : Philosophical Library.

Schafer, W. E.(1971). Sport, Socialization, and the School : Toward Maturity or Enculturation?. Waterloo, Ont.

Schafer, W. E., & Armer, J. M. (1968). Athletes are not inferior students. Trans-action, 6(2), 21-26.

Schrag, C. O.(19880. The lived body as a phenomenological datum. In W. J. Morgan., & K. V. Meier(Eds.), Philosophic inquiry in sport(pp. 109-124). Champaign : Human Kinetics Publishers. Inc.

Schule.(1928). Korperkurter. Versuch einer Philosophie der Leibeserziehung. Munchen.

Shecter, L.(1970). The Jacks. New York : Paperbook Library.

Siedentop, Darly.(1980). Physical Education : introductory analysis. (3rd.). Dubuque, Iowa : Wm. C. Brown Company.

Slack, J. D., & Alor, M.(1983). The political epistemological constituents of critical communication research. Journal of Communication. 33, 208-218.

Slusher, H. S.(1967). Man, Sport and Existence : A Critical Analysis. Philadelphia : Lea and Febiger.

Smith, G. J., & Blackman, L.(1978). A study of a sports journalist. International Review of Sport Sociology. 11(3), 5-26.

Smith, M. D.(1974). Significant others' influence on the assaultive behavior of young hockey players. International Review for the Sociology of Sport. 9, 3-4.

Snyder, E. E.(1965). Social Aspects of Sport. Englewood Cliffs, NJ : Prentice-Hall.

Snyner, E., & Spreizer, E. (1983). Social aspects of sport(2nd ed.). Englewood Cliffs, NJ : Prentice Hall.

Sparks, R. E. C.(1985). Knowledge structures in sport and physical education. Sociology of Sport Journal. 2, 1-18.

Spears, B., & Richard, J. S.(1978). Prologue : The myth. In A. M. Rose(Ed.), Human Behavior and Social Processes. Boston : Houghton Mifflin.

Stephen Darwall (1998). Philosophical Ethics, Westview Press.

Stevenson, C. L. (1999). Becoming an elite international athlete: Making decisions about identity, In J. Coakley & P. Donnelly(eds.), Inside Sports (pp. 86-95). London: Routledge.

Stoll, S. K., & Beller, J. M. (1998). Can character be measured? Journal of Phsycial Education, Recreation, and Dance, 69(1), 18-24.

Strasser, J. B., & Becklund, L.(1991). Swoosh : The unauthorized story of Nike and the men who played there. New York : Harcourt Brace Jovanovich.

Sugar, B.(1978). Hit the sign and sin a free suit of clothes from Harry Finklestein. Chicago : Contemporary Books Inc.

Sutton, W. A.(1997). SMQ profile/interview, Don Johnson. Sport Marketing Quarterly. 6, 5-8.

Sutton, W. A., McDonald, M. A., Milne, G. R., & Cimperman, J.(1997). Creating and fostering fan identification in professional sports. Sport Marketing Quarterly. 6, 15-22.

Sutton-Smith, B. R.(1963). Game Involvement in Adult. Journal of Social Psychology, 60.

Taylor, P. W./김영진 옮김(2006). 윤리학의 기본원리. 경기 : 서광사.

The Sports Marketing Letter(1994, March). "Wendy's ambush of McDonald's snatched away official glow." 6(1), S-2.

Theberge, N.(1985). Toward a feminist alternative to sport as a male preserve. Quest. 10, 193-202.

Thompson, L. A.(1986). Professional Wrestling in Japan : Media and Message. International Review for Sociology of Sport, 21.

Thorlindsson, T. (1999). Sport participation, smoking, and drug and alcohol abuse among Icelandic youth. Sociology of Sport Journal, 6, 136-143.

Turner, B. S.(1991). "Recent Developments in The Theory of The Baby", The Body-Social Process and Cultural Theory. Mike Featherstone., Mike Hepw-Orth., Bryan. S. Turner(Eds). Sage Publications.

Twin, S. L.(1979). Out of the bleachers : Writings on women and sport. New York : McGraw-Hill.

Tyler, E. B.(1871). Primitive Culture. New York : Holt.

Vavra, T. G.(1992). After marketing. New York : Richard D. Irwin.

Vaz, E.(1972). The Culture of Young Hockey Player : Some Initial Observations. In A. W. Taylor(Ed.), Training-Scientific Basis and Application. Springfield, IL : Charles C. Thomas.

Veeck, B., & Linn, E.(1965). The hustler's handbook. New York : G. P. Putnam's Sons.
Weiss, J. S.(1971). Content analysis in communication research. New York : The Free Press.
Weiss, P.(1969). Sport : A Philosophical Inquiry. London : Southern Illinois University.
Wenner, L. (1998). Mediasports, London : Routledge.
Wentwroth, W. M. (1980). Context and Understanding : An Inquiry into Socialization Theory. NY : Elsevier.
Wheeler, E. H.(1967). Approaches to deviance. New York : Hunt Publishing Company.
Whitbeck, C.(1986). Theories of sex difference. In M. Pearsall(Ed.), Women and values (pp. 34-50). Belmont, California : Wadsworth Publishing Company.
White, L. A.(1977). The Concept of Culture. American Anthropologist, 61.
White, L. Jr.(1967). Historical Roots of Our Ecologic Crisis. Science. 155.
Williams, R. (1970). American Society: A Sociological Interpretation. NY: Alfred A. Knopf.
Williams, R. (1983). Key words, London: Fontana.
Wilmore, W.(1974). Biophysical perspectives in The American Women in Sport. Reading, MA : Addison-Wesley.
Yi, Ho. Kum.(1995). The Mind/Body Problem in Western Culture : Ethical Implication for Sport. Ohio State University Dissertation.
Young, I. M.(1980). Throwing like a girl : A phenomenology of feminine body comportment mobility and spatiality. Human Studies. 3, 137-156.
Zagzebski, L. T. (1996). Virtues of the Mind. Cambrige University Press.